· 数智化转型系列丛书 ·

数智金融_与产业赋能

曹彤◎主编

张建锋　肖利华　刘伟光 ◎著

电子工业出版社·

Publishing House of Electronics Industry

北京·BEIJING

内容简介

本书从科技推动产业转型升级的发展历程入手，分析产业链、供应链在数智化大潮中发生的解构和重构，以中小微企业融资"难、贵、慢"问题作为切入点，着重分析了数智理念和数智技术对传统产业和新兴产业的影响，及各产业获取金融服务的新需求。与此同时，金融业也在依托数智科技快速转型和升级服务，广泛链接和精准服务客户。在此背景下，本书分析了产业数智金融各相关方的新定位和新变化，着力勾画出一幅产业数智金融生态体系的大图。在产业数智金融生态三层体系中，金融机构基于数智基础设施，联合生态伙伴共同构建四个支撑体系和五项能力体系，强化服务产业的能力。本书结合国内外实践，进一步印证了产业、金融、科技形成的良性互动格局，将成为未来十年的重要发展方向。

本书为关注对公服务的金融从业者和关注中小微融资的从业者提供了实现金融服务模式创新的新思路，也为相关政策制定者和研究者提供了行业实践参考。

图书在版编目（CIP）数据

数智金融与产业赋能 / 曹彤主编；张建锋等著. —北京：电子工业出版社，2022.2
ISBN 978-7-121-42976-7

Ⅰ. ①数… Ⅱ. ①曹… ②张… Ⅲ. ①数字技术—应用—金融业—作用—产业发展—研究—中国 Ⅳ. ① F832-39 ② F269.2

中国版本图书馆 CIP 数据核字（2022）第 028016 号

责任编辑：张彦红
印　　刷：天津图文方嘉印刷有限公司
装　　订：天津图文方嘉印刷有限公司
出版发行：电子工业出版社
　　　　　北京市海淀区万寿路 173 信箱　　邮编 100036
开　　本：880×1230　1/32　印张：16　字数：430 千字
版　　次：2022 年 2 月第 1 版
印　　次：2022 年 2 月第 1 次印刷
印　　数：4000 册　定价：109.00 元

本书编委会

顾问：

王洪章　李礼辉　陈小宪

策划人：

肖利华　王宁桥

总执行：

任　妍

写作组：

张建锋　肖利华　刘伟光　李志杰　王宁桥　任　妍　王阳雯

刘小娟　刘　毅　魏娇娇　余　婧　付晓岩　王冰倩　刘高远

潘苏瑜　高　畅　薛皓月　张卓一　段一凡　张家梁　刘逸成

曾楷尧　顾雨星　王文泽　刘益彤　徐晨杨　康琪琳　陈雪凌

学术指导专家：

王化成　李建军　章德春　程　峰　黄金老　罗　军　王鹏举

李志刚　王彦博　邹传伟　安筱鹏　唐家才　李振华　丁宏伟

实践指导专家：

庄伟雄　朱从双　刘宏洲　张　强　姚　尧　邵可弟　罗　杰

娄　恒　张　翅　华　兵　陈荣奇　李大山　李中雨　黄博远

丘　剑　杨哲超　赵　威　张影强　钱洪岗　邓校锋　徐　鹏

曹 彤

瀚德科技董事长
中国中小企业协会金融科技分会创始会长

　　曾任深圳前海微众银行首任行长、中国进出口银行副行长、中信银行副行长。兼任中国人民大学国际货币研究所联席理事长，厦门市资产证券化协会会长，中国金融科技领军人物，2018全球金融科技大使，广东省金融专家顾问委员会委员。中国人民大学财政学本科、金融学硕士，东北财经大学经济学博士，师从银行家陈小宪，获美国亚利桑那州立大学管理学博士（DBA）学位，师从2004年诺贝尔经济学奖获得者Edward Prescott，获高级经济师职称。

　　曾荣获"全国金融青年五四奖章"（2002）（国家金融工委颁发），"中国最有前途的青年银行家"（2008）（*The Asian Banker* 颁发），"年度青年银行家"（2011）（《第一财经》颁发），"中国金融科技领军人物"（2016）（《环球人物》颁发），"中国中小企业百名优秀企业家"（2017）（中国中小企业协会颁发）。

　　主要著作有《中国私人银行》《财政危机下的金融困局与突破：国际金融形势评论》《区块链金融》《金融区块链》和《金融科技启示录》等。

张建锋（花名：行癫）

阿里云智能总裁、阿里巴巴达摩院院长

负责阿里巴巴云与科技板块。于2004年加入阿里巴巴，曾主导阿里巴巴系统架构迭代升级的全过程，推动阿里巴巴迅速成长为国内最大的电子商务交易平台；曾负责天猫、淘宝、聚划算等业务板块，并创办阿里巴巴达摩院，布局基础科研领域；创新地提出"云智能""新一代以云为核心的技术创新体系"等发展战略与理念。

带领阿里巴巴云与科技板块发展成为以核心技术为引领、产业发展为牵引的数字经济基础设施，通过技术的突破与创新服务国家重大信息化工程与产业数字化转型升级；荣获全国争先创新奖、国家技术发明奖二等奖，浙江省科技大奖。

肖利华（花名：肖博）

阿里巴巴集团副总裁、阿里云研究院院长

清华大学博士后，中科院管理学博士，多所著名大学特聘教授/客座教授。

战略—品牌—供应链—数智化转型—运营等领域教练/培训专家/咨询爱好者、理论与实践者、知行合一者，乐于学习和分享。

荣获中国智慧零售卓越开拓人物、中国品牌经济人物、中国电子商务行业十大新锐人物、中国信息化十大CIO领军人物、中国服装物流杰出风云人物。

曾任特步集团副总裁、特步电商总经理、特步电商学院院长、雅戈尔集团副CIO兼CTO等职。

所负责的项目曾荣获中国企业信息化500强"最佳信息化战略奖""最佳技术战略奖""中国信息化建设项目成就奖""中国信息化进程突出贡献奖""最佳供应链管理（SCM）应用奖"等奖项。

著有《数智驱动新增长》《打造"0"库存：案例解析以品牌为核心的快速供应链》《成功手记：揭开生活和管理的制胜密码》《打造以品牌为核心的快速供应链》《数字基建：通向数字孪生世界的迁徙之路》等图书，在国内外核心刊物发表论文100余篇。

刘伟光（花名：令宸）

阿里巴巴集团副总裁、阿里云新金融&互联网事业部总经理

毕业于清华大学电子工程系。加入阿里云之前，在蚂蚁金服负责金融科技的商业推广和生态建设工作以及蚂蚁区块链的商业拓展工作。

在企业软件市场深耕多年，曾创建Pivotal软件大中华区分公司，开创了企业级大数据以及企业级云计算PaaS平台的市场先河。在创建Pivotal中国软件公司之前，曾经担任EMC公司大中国区数据计算事业部总经理，在Oracle公司工作多年，创建了Exadata大中国区的产品事业部并担任事业部总监。

专注于互联网与金融数字化转型领域，在《中国金融》《金融电子化》《财经》等主流媒体发表《中小银行平台化战略实施路径》《全分布式架构引领核心系统架构转型新趋势》《疫除即发的"云金融"时代》等多篇文章，主笔编写《重塑保险硬核科技》《浅析银行数字化转型路径》《"核聚变"——核心系统转型之路》等专题文章，参与编写《银行数字化转型：路径与策略》等图书。

数据、人工智能、区块链、云计算等数字资源与技术的创新和应用正在改变我们的经济社会，重构金融服务模式，推动产业结构升级。产业数智金融应运而生。本书深入探讨了产业数智金融的内涵和基本框架，系统归纳了金融领域数据驱动、能力建设和安全保障的路径和策略，具体勾画了农业、物流、快消、双碳、科技等产业数智金融服务的新图景。作者思想敏锐，视野开阔。案例生动实在，多姿多彩。

李礼辉

中国银行原行长、中国互联网金融协会区块链研究工作组组长

随着数智时代的到来，银行传统的风险理念已不能完全适应数字经济时代金融支持实体经济的切实需求。借助大数据、区块链、人工智能等一系列新兴技术，形成一套新时期的风控理念与实践路径，帮助银行机构更好地服务于产业、服务于中小微企业的融资需求，这本书的出版为我们提供了新思路、新实践与新方法，期盼共同学习，共同推动中国数字普惠。

陈小宪

中信银行原行长

在数字经济时代的背景下，数据成为重要的战略资源，借助数智技术的力量，将数据转化为信用评价模型，为开展普惠金融提供了可能性。产业的发展离不开金融的支持，产业链上中小微企业的发展更需要金融的支持，数智技术的发展必将帮助产业、产业链、产业平台上的中小微企业缓解融资难的问题。这本书的出版为银行对公业务转型提供了可借鉴的方案。

王化成

中国人民大学商学院教授

产业与金融的结合发展在一百多年间经历了多种模式，从"以产助融"，到"以融助产"，股权、债券、证券化等金融工具不断融合演进。在发达国家，世界500强企业的产融实践跌宕起伏，充分证明了产融结合是现代金融与产业发展的内在趋势。今天，我们立足数字经济时代，以数字化、智能化的视角观察金融与产业的双向赋能，从领先实践中提炼新思路、发现新模式、开拓新业态，对于金融和产业都有很好的借鉴意义。

杨涛

国家金融与发展实验室副主任，中国社科院产业金融研究基地主任、支付清算研究中心主任

5G、人工智能、大数据、物联网、分布式账本等数智技术的广泛运用预示了数智时代的到来，数智技术与金融的结合推动产业金融的发展，进一步缓解产业链上中小微企业融资难的问题，助力其高质量发展。本书的出版为产业金融的数智化转型提供了参考和经验借鉴。

李建军

中央财经大学金融学院院长

数智技术的快速迭代发展颠覆了传统产业金融业务，也催生出了产业金融的新模式与新业态。以解决中小企业融资"难、贵、慢"为切入点，《数智金融与产业赋能》一书的问世恰逢其时。通过对新产业金融的基础框架构建、行业场景分析和最佳实践提炼，这本书可以帮助我们重新思考新时代产业金融的内涵逻辑、发展机制、关键要素，为推进金融赋能实体经济的高质量发展提供创新思路。

贲圣林

浙江大学国际联合商学院院长、浙江大学金融科技研究院院长

数字经济已成为我国经济转型升级的新引擎和高质量发展的主导力量，其中产业和金融都是数智化大潮中的弄潮儿，《数智金融与产业赋能》一书选取了部分传统产业和新兴产业作为切口，深入分析其融资方面的难点，有针对性地提出解法，为我们呈现了产业发展与金融服务互相促进、协同升级的新思路。

黄运成

中国证监会政策研究室原副主任、同济大学教授、博士生导师

数智化转型对于产业各领域和金融行业的影响是系统性的和战略性的，如何更好地发挥数智化对于金融服务实体经济的促进作用，尤其是在支持普惠、绿色发展和科技创新等领域，一直是大家热议的话题。《数智金融与产业赋能》一书提出了多方合作的生态体系，剖析了国内外实践，对我们推动机制创新、完善数智化的治理体系，构建适应数字经济时代的产业金融模式提供了重要参考。

姜振兴

上海高金金融研究院金融科技研究中心原执行主任

金融发展的终极追求应该是普惠性、个性化、低成本。科技进步正在推动金融业加速迈向终极追求目标，传统金融企业因此面临巨大挑战。与此同时，许多行业依然面临融资难、融资贵的严峻形势。要实现银行等传统金融业的转型升级，同时解决许多行业融资难、融资贵的难题，唯一的途径是充分利用现代科技，实现金融业的数字化、智能化转型和蜕变。瀚德科技作为中国中小企业协会金融科技分会的发起单位，和阿里云多年来致力于运用金融科技构建产业金融生态圈和生态链，取得了骄人业绩，积累了丰富经验。他们将行业内先进的实战经验总结成为专著出版。相信该书一定能够促进我国银行等金融机构的数字化、智能化转型，对所有金融从业人员和企业家都有重要参考价值。

向松祚

深圳市大湾区金融研究院院长

《新经济学》《新资本论》作者

数据和算力成为数字时代的重要生产力，推动了机制和业务模式创新，本书结合金融机构、科技公司、产业服务平台的实践，呈现出多方合作，价值共生的良性互动新格局。肖利华博士将数智化转型"五部曲"的理念推演到金融科技领域，开创性地提出了多方协同的产业数智金融生态体系，填补了产业与金融交叉领域的研究空白，对产业和金融的从业者都有很好的借鉴意义。

刘民

香港中文大学EMBA项目主任、教授

科技使金融更简单、更便利。通过数字技术可以改造现在的产业金融，使其升级为数字产业金融，提高产业金融的效率，促进中国的产业升级。本书演绎了这一过程，具有开创意义。

黄金老

江苏省互联网金融协会会长、江苏苏宁银行董事长

金融科技带来了产业金融的全新模式，数智化产业金融让金融可以更好地服务实体经济、服务小微企业，为金融机构的高质量发展开创了更好的道路。本书的出版恰逢其时，提供的信息，无论在理念上还是在实际运用中，都有借鉴参考价值。

王鹏举

厦门国际银行首席信息官

应用金融科技协助解决产业链上中小微企业融资需求，赋能产业经济，畅通循环链条，激活发展动能，本书向我们展示了数智金融服务产业的新前景。

程峰

众邦银行行长

数字经济正在成为重组要素资源、重塑经济结构、改变竞争格局的关键性力量。我们从犀牛智造、斯兰一品嘉等案例中看到各领域在数字化、智能化的助力下，产业链上下游实现了更好的协同和更优的安排。本书从数智化对产业链的解构和重构出发，分析了产业对金融

服务需求的变化，勾画出了产业、金融、科技协同的生态体系，帮助身处产业变革和金融转型过程中的我们深入思考和付诸实践。

黄健

摩根大通环球企业银行中国区总裁

各产业的高质量发展是社会经济发展的重中之重，不仅包括大型企业的技术进步和升级转型，也包括亿万家中小微企业的健康发展。中小微企业发展的难点不仅限于融资，还有内部管理、产业链完整性、运营问题、财税问题等，本书从业界实践提炼出金融服务的新思路和新模式，即从产业链整体发展的视角，与政务服务机构、产业服务平台，以及其他生态伙伴合作，为企业客户提供多元化、多层次的服务，成为中小微企业发展成长的陪伴者，指出生态创新发展趋势，给研究者和实践者带来新的启示。

张都兴

中国工商银行资产管理部副总经理

中小企业融资难、融资贵、融资慢等现象已成为推动供给侧改革、实现高质量发展的难题，而大数据、人工智能等技术的迅猛发展为破解这些难题提供了新思路，也为科技赋能金融服务提质增效和金融机构转型发展提供了新动力。《数智金融与产业赋能》不仅从理论方面阐述了数智技术应用于产业金融的方法论，还对国内外案例进行了较为翔实的分析，是产业金融数智化转型新蓝海中的一盏明灯。

罗军

广西壮族自治区农村信用社联合社党委书记、理事长金融服务实体经济需要贯通商流、物流、信息流、资金流、技术流、人才流让企业和金融互信、互通。在数智化的大潮中，产业链各方能够更紧密地连接和互动，新五流合一得以从理念走向现实，相信书中呈现的实践是一个开始，期待见证更多的创新不断迸发出来。

齐晓菲

光大银行上海分行营业部总经理助理

数智化是促进传统经济与数字经济融合的重要纽带，我们在产业互联网和消费互联网快速发展创新的过程中，结合产业场景的大数据智能赋能金融服务，延伸金融服务能力，极大便利了产业链上广大中小微企业获得金融的便利性和可得性。肖利华博士等人的新作为金融服务和产业金融实践者提供了新思路。

梅昕

全球金融科技实验室主任、普华永道及IBM原全球咨询服务高管

数智化的风控体系是金融服务实体经济的关键要素。如何使基础数据形成有价值的信用信息和风控模型，有两个难点：一是如何及时、低成本获取丰富的基础数据；二是如何定义关键指标，跑出对金融风控有意义的模型。应对这两个问题，既需要深度理解领域运行规律，又要广泛触达产业组织，还需要具有技术能力和数据能力，如何满足这么多的要求，《数智金融与产业赋能》提出了解决思路，以自身五项能力建设为基础，以生态开放为原则，兼收并蓄，合规共赢。以大格局解决重点问题是本书的价值所在。

肖志

《中国战略新兴产业》杂志社，中国战略新兴产业五十人论坛秘书长

我国经济正从"高速度"转向"高质量"发展路线，传统粗放式的经济增长模式已不再适应新发展时期的要求，相应地，传统金融也难以满足多元化、个性化、实时性等诉求，要实现全渠道、全过程的金融服务，在数智化的支持下，金融业务模式和服务能力都发生了显著变化。本书提出了产业数智金融的新模式，数智化的金融可以更好地洞察、理解和服务产业链客户，数智化的产业在数智金融服务的灌溉下高质量发展，反向支持金融的发展和创新。

邱世梁

浙商证券研究所联席所长，CFA，CPA

以曹彤博士和阿里巴巴的高管为主的作者，利用多年研究金融科技服务小微企业的成熟经验，组织编写了《数智金融与产业赋能》一书，无疑是契合抗击新冠肺炎疫情，支持中小企业融入以国内大循环为主体、国内国际双循环相互促进的新发展格局的时代要求的，把对金融科技的研究上升到数智科技与产业金融融合的更高层次，其目标是服务产业升级场景，成就共创生态。这是目前我接触到的最系统、最权威的关于金融与普惠、数字金融与产业转型、数智如何驱动产业金融等理论与实践结合的专著，很高兴能为这本当下的前沿作品作序。

产业数字化转型不断催生和促进数智金融的服务供给，数智金融的服务提升也将推动产业的数字化转型，形成双向赋能。金融支持中小微企业创新数字普惠金融新模式，带有鲜明的中国特色，是新时代深化金融供给侧结构性改革的应有之意，是实现"第二个百年奋斗目标"的重要一环，对金融企业来讲是一项重大的历史责任。

当前，普惠金融也是缓解金融供需矛盾的重要抓手，是助推构建双循环新发展格局，实现共同富裕的有效举措。我国经济的高质量发展，离不开基数庞大的中小企业，畅通国内大循环，实现国内国际双循环，需要调动社会各方，特别是中小企业的力量。中小企业就像人体的毛细血管，将氧气和营养输送到人体的各个部位，使其保持旺盛的机能。中小企业的独特及普惠作用在于，它把社会生产、流通，以及居民收入和消费等广泛串联起来，实现了有效的微循环，用强大而众多的微循环支持国内国际双循环，并且惠及全社会。

中小企业融资难、融资贵，到现在为止还是一个比较突出的问题，但我们面临的问题不同于其他一些发展中国家。过去几年，人们津津乐道于孟加拉国的格莱珉银行模式，并视之为普惠金融。而我们要解决的是千百万家承担着就业和经济建设任务的中小企业问题，与格莱珉银行主要资助妇女、扶贫济困不同，而且其仅依赖于落后的人工服务方式和有限的信息沟通，无法提供高效和高质量的金融服务，在我国不可持续。更何况，我们已完成脱贫攻坚任务，正在迈向乡村振兴的新征程，要解决的是众多中小企业的发展和可持续问题，是服务面更广，服务层次、服务质量、服务效率更高的普惠金融，并且解决中小企业融资难、融资贵的问题已经成为我们的国家行为，成为实现经济双循环新发展格局和高质量发展的战略选择，这个高度是任何一个国家无法比拟的。

从世界各国的企业来看，小微企业存在的问题是共性的，在我国也同样，生命周期短，抗风险能力弱，而且缺少规范的财务报表，缺少抵押物，也难以找到合适的担保主体，导致难以获得融资服务。此外，涉及小微企业融资的公共基础设施也不够完善，公共服务手段、公共信息响应等方面还存在着完善的空间。信息系统的公共平台建设现在也不够，甚至有些方面还不足或者没有，信息竖井、"信息孤岛"现象在一些省市依然存在，信息的碎片化导致信息的集成难度很大。从金融供给端来看，各类金融主体在敢贷、能贷、愿贷的服务能力与供给的效果方面差异比较大。当前尽管初步形成了多种普惠金融服务模式，但还存在着不平衡、不充分，整体的资金供给规模和服务覆盖面仍然有很大的潜力。

近十年，数字普惠金融得到了快速发展，这些实践和认知是金融业科技进步和经营理念转变的结果，顺应了数字时代的脉动。在政府、银行和企业的各类主体的共同努力下，特别是在科技赋能、数字普惠金融模式的加持下，中小企业融资难题也正逐步得到解决。到2020年末，我国小微企业的贷款余额和用户数量和2015年底的相比，均实现了翻一番。

从国际上看，普惠金融的概念是2005年提出来的，这确实是一个世界性的难题。2016年G20峰会上讨论并通过了三个关于普惠金融的文件：《G20数字普惠金融高级原则》《G20普惠金融指标体系》《G20中小企业融资行动计划落实框架》，从普遍原则上指出要重视社会各个阶层和群体的金融需求，在成本可负担的基础上提供适当有效的金融服务。

中小企业的融资问题有四个方面：小、少、散、难。小指的是企业太小，甚至有的企业找不到、看不着，是在一个胡同里面、在乡下偏远的山区；少是个体需求的贷款量太小，难以给金融机构提供动力；散是指像天上的星星那样分散，让金融机构很难顾及；难是贷款条件不具备，贷款审查难，催债也难，这对金融机构来讲是个现实的问题。

在如此困难的情况下，近十年来金融机构为中小微企业服务采取的措施，包括利用金融科技、数字化和流程再造，回过头来看，和国际同行相比，能够大面积解决中小企业融资难问题的，应该说非中国莫属。在金融科技方兴未艾和数字化转型的趋势下，持续加大对中小企业的支持力度，我们应该还有能力做得更好，我们已经处于抗击新冠肺炎疫情和艰难复工复产的关键时期，金融科技在疫情持续期间表现出的非接触性持续服务能力，使我们运用数字技术服务中小企业更有信心和动力。

我们在技术和管理方面可以做很多事情：一是信息集成。在数字经济时代背景下，数据成为重要的战略资源，对多元的数字化信息进行汇总集成，基于算法和模型将信息转化为信用，成为开展数字普惠金融的前提基础和信息集成，这在数字化普惠金融方面更为重要。二是流程重构。普惠金融产品的背后需要复杂的授信管理、业务模式、数据采集、数据分析等模型和流程支撑，科技赋能要在调整内部生产关系和企业级建模以及流程重构上多下功夫，在企业级的技术架构上，集成主体、集成服务、集成工具和集成应用，这样才有了企业服务载体和依托，才能真正实现普惠金融的数字化和可持续性。三是数据要素管控，要防止"数据孤岛"和数据壁垒，推进数据要素的流动、流通和交易，现在这个方面还没有大规模开展，让数据更大限度地发挥它的市场价值和存在价值，形成数据要素市场，鼓励和支持包括银行在内的各方将数据作为资产进行社会化生产和交易，来提升数据的价值。四是场景化服务，以平台作为重要的模式来支持，加强线上的平台建设，形成服务的场景，提供一站式的综合金融服务，今后从平台建设到场景化服务是为中小微企业服务的一个重要方向，进而以开放银行方式，广泛连接形成整个社会服务的大的生态体系。五是"三新"结合，新技术、新模式、新业态的演变密切关联。根据创新创业的主体和创新要素的变化趋势，持续改进服务手段，改进服务方法。在这些要素的共同的作用下，数字和普惠金融的有机结合和践行，一定会改变普惠金融的行业面貌和经营模式。

对未来的数字金融，我有几点建议。

（1）要丰富数据要素的供给，数据要素是数字普惠金融发展的关键。除了企业数据外，还需要广泛连接政府及第三方信息平台，持续引入公共数据，搭建国家级信息数据共享平台，形成数字化的生态共同体。

（2）要加强金融科技的应用，让数字普惠金融能够做到无处不在。不能因小而不为，应该让普惠金融"横向到顶、竖向到底"，使普惠金融能够惠及众多的中小微企业。在这方面金融科技需要加强，一是依托金融科技来推动数字普惠业务架构的优化，通过大数据、人工智能、数据化、物联网等技术工具来降低整体的运营成本；二是要构建场景金融，不是单一的一个平台，而是要有一个场景，几个平台加在一起能够形成为中小企业服务的综合化的金融场景；三是技术共享，大中小银行、互联网金融公司可以共建数字化的生态，深化技术合作，推进创新。同时，金融科技方面的新型风险也面临一些挑战，比如通过抢占渠道汇聚大量的信息流，甚至有的机构把它做成数据的寡头或者生态的垄断。比如新技术带来的业务、技术和网络的三重风险的叠加，所以完善相应的数字金融的风险监测、预警和管理体系，还有很多的工作需要做。

（3）要完善多元的数字化的普惠金融的供给体系。银行应该加强数据化运营，持续推进线上的改造和下沉的服务，在提供线上服务的同时也要发挥好线下网点的优势，特别是银行这方面的优势更加明显，线上和线下联动，为中小企业提供便捷综合的金融服务。互联网金融机构应找准自身在普惠金融当中的地位，利用科技力量、平台优势，灵活机动形成有利的互补。另外，金融行业当中的保险、信托、租赁、基金等非银行金融机构也应该积极参与数字普惠金融的供给侧结构改革，满足中小企业多样化的需求。

（4）要清醒地认识到数字普惠并没有实质性消除金融业的风险，无论是传统风险还是新金融风险，包括科技风险和未来的数字化转型的风险，还会带来一些新的监管方面的挑战，需要完善与数字金融相适应的监管政策，在鼓励创新和有效防范风险之间找到平衡。一方面可能要给予适度的容忍，激发数字普惠金融创新的实践，对金融科技平台等节点性介入的机构，应该适配相应层级的管理。另一方面根据数字普惠发展的态势来调整监管方式，比如建立跨部门的金融科技协调监管小组，创新运用监管沙盒，在充分理解数字普惠技术模式和服务业态的基础上要跟进监管，同时还要关注数据安全问题。数字普惠金融加速了信息的运用，可能也容易带来信息的泄露风险，而监管机构应当从消费者权益保护的角度出发，统筹规范商业银行等各类金融主体搭建数据安全管理框架。

金融服务是无止境的，科学技术的发展也是无止境的，期望这本书对金融机构、金融科技企业、产业平台等机构共同解决中小微企业的融资难题有一定的帮助，启发大家共同思考和讨论，并且在实践中不断地让科技与金融深度结合，为中小企业提供良好的金融服务方案。

王洪章

中国建设银行原董事长

我们正处于一个变革时代，传统的思维与工具正在逐步被替代，新理念、新机制、新要素、新型基础设施等纷至沓来。这些不同层面的创新为数字经济社会高质量发展提供了巨大的推动力，而科技创新正是多层次创新和各领域快速发展的源动力，科技的飞跃式发展推动决策变革、工具变革和流程变革不断深化。

回顾改革开放四十余年的历程，各产业从机械化到数字化，从批量化到定制化，从标准化到多样化持续发展，平均每十年经历一个迭代发展阶段，我们以压缩式、并行式的模式追赶发达国家的工业化发展进程，在以人工智能、云计算、区块链等新技术推动的第四次工业革命中，我国已跻身于世界各国的第一梯队。

当前，社会经济从"高速度"向"高质量"迈进，产业、市场和组织都在发生巨变。从产业发展格局来看，产业链、供应链逐步实现上下游贯通，将促进各环节持续优化和重构，网络高效协同支撑产业链跨地域布局，参与全球竞争。资本与技术推动发展模式向专业化、精细化、特色化、新颖化发展。从市场格局来看，消费端的需求瞬息万变，服务创新千姿百态，拉动产业端的供给能力快速提升，进而要求产业链供应链上的企业建立起高效联动的新发展模式，尤其是众多小微企业，在接入产业链平台的过程中，需要被看到、被支持。从市场主体的组织形态来看，企业逐步从边界分明的组织营盘向柔性业态敏捷组织转变，要保持组织对市场变化的灵动性，就需要组织和人才的数智化转型。

在此过程中，各领域企业对政策和资源的诉求发生了变化，尤其是中小微企业，其生存发展与产业链、供应链紧密连接，也需要金融服务更多元化、个性化，服务形式更及时、更便捷。

在金融行业，我们看到数智化转型同样如火如荼。因基础扎实、资源丰富、数据密集，数智化转型得以快速推进。尤其在消费金融领域，依托新技术提升服务能力，汇聚多源数据，将金融服务与生活场景紧密连接。这种以场景为引领、以技术为支撑、以数据为驱动的新型生态体系逐步发展成为行业趋势。

然而，对公服务的数智化尚有巨大空间，传统的对公服务需要大量人工参与的半自动化模式。传统的对公服务往往需要大量人工参与，当面对普惠、科技、绿色等新挑战时，需要在有限的资源约束下服务更多领域和企业，还要确保风险可控，因此，迫切需要引入新理念和新技术实现降本增效。

因为，我们将实现金融与产业的顺畅连接、场景嵌入和服务迭代问题作为研究的重点。本书提出了产业数智金融生态的框架，即基于数智化基础设施和数智化服务能力，金融携手生态伙伴，与产业良性互动，实现促进共生，产业与金融共同呈螺旋式递进的发展格局。

交叉领域的研究充满挑战，我们一方面基于产业数智化的变迁，尝试挖掘传统和新兴产业对金融服务需求的新变化，一方面深入研究金融服务产业的先进实践，力求从中找到可复制推广的新理念和新模式。

本书是阿里云研究院联合中国中小企业协会金融科技分会、众多金融机构、行业专家，在金融支持实体经济方向上的一次探索。与人民银行最近发布的《金融科技发展规划（2022—2025年）》提出的"打造新型数字基础设施"、"释放数据要素潜能"、培育"数字、智慧、绿色、公平的金融服务能力"、助力实体经济创新发展、落实乡村振兴、双碳战略等一脉相承。

　　未来十年，数智金融与数智产业的融合发展是一片新蓝海，希望将本次的研究作为一个新起点，引领我们与金融机构和产业组织同行，用数智科技打造公平普惠、高质量发展的金融服务新格局。

张建锋（行癫）

阿里云智能总裁、阿里巴巴达摩院院长

　　2021年是"十四五"开局之年，亦是中国数字经济方兴未艾、蓬勃发展之年。回顾过去一年，新冠肺炎疫情对全球产业链、供应链造成了巨大冲击，而我国的数字经济发展则逆势而上，大数据、区块链、人工智能、5G通信等新兴技术为经济注入新动能，也催生了线上办公、城市数字化治理、产业平台化发展等新兴业态。数字科技向经济领域的渗透日益深入和多元，成为拉动经济增长、促进经济高质量发展的关键引擎。在金融供给侧结构性改革不断深化过程中，中国金融体系的核心痛点尚有两个：一是中小微企业的普惠金融问题，二是低评级企业的直接融资问题。根据相关机构测算，银行贷款主要投放给大中型企业，大型企业贷款覆盖率为100%，中型企业为90%，小微企业则只有不到30%。对部分中小微企业来说，限于银行对抵质押物、担保主体的要求，以及信息对称性等原因，几乎从没有成功获取过银行贷款。

一、中小微企业的融资为什么还是世界性的难题

　　在我国商业银行中，小微企业贷款做得好的，无非走了三条技术路线：第一类是早期的德国IPC模式，区分还款意愿与能力，但是这种模式的效率比较低，数据来源仍是线下和面谈；第二类是新加坡淡马锡信贷工厂模式，该模式基于信贷流程的调整可以解决效率低的问题，但增加了风险的弹性控制问题；第三类是这几年正在尝试的互联

网银行模式，它是全在线的小额贷款，有一部分小企业主正使用这些几万、十几万元的小额贷款维持自己的小生意，可以说"C端"是成功的，"小B端"仍在摸索中。小微风控的基本逻辑是，实现信息、数据、信用递进对称，体现高频数据、在线风控、全流程信息对称的特点。现在，绝大部分银行离这个目标还有距离，尤其是囿于本地的城商、农商、村镇银行。

商业银行本质上是一部风险加工机器，能识别和抵御风险，是商业银行与其他商业组织的核心差异。以风险为主脉，可以涵盖商业银行的全部业务和流程。中小微企业普惠金融的本质问题仍是风险理念和管理技术。传统中，银行的风控逻辑是以财务数据为主，但财务数据适用于大中型企业，对小微企业不敏感。同时，中小微企业存在很多不确定性，也没有硬资产做抵押，即使有抵押担保，银行线下的运营也大大限制了业务的效率，不能实现实时的在线快速贷款，与很多小微企业灵活的用款需求不匹配，也与银行自身的成本效用比不匹配，无法长期有效运营。这就是核心问题所在。

二、有没有可能找到一种新的模式

数字经济的快速发展，数据要素已成为重要驱动力。数据的快速积累为我们解决中小微企业的普惠金融问题带来了全新的机遇，为我们探索出一条全新的道路提供了可能性，这就是本书主要的立意所在，限于篇幅，本书以商业银行为典型金融机构，以产业和基于产业的中小微企业普惠金融为典型业务，以大数据、云管端+AIoT（人工智能物联网）等新技术群落为典型技术，大体上勾画出"产业数智金融"的全貌，以及产业数智金融在解决中小微企业融资中所发挥的独特作用。

什么是数智金融？数智金融是在数字经济背景下，以数智理念和方法论所构建和实施的一系列金融体系和行为，因风险理念的突破而涵盖更多的服务对象，因交互方式的突破而产生全新的客户体验，因管理效率的突破而大幅度提升运营成本的管控能力。

产业数智金融是数智金融在数字产业生态上的运用。伴随着产业端数字化进程的加速，产业端的核心企业、垂直产业平台、产业生态链、跨产业互联网平台等新兴业态持续涌现，它们向着产业内外输出数字产品和服务，产业生态上下游的中小微企业也因此而提升了自身的数字化服务水平和能力。在这些结构性数字化演进的过程中，数智金融日益成为内嵌在这些产业生态中的"金融原生"，为传统风控理念和流程提供了重要的补充，甚至是逐步地替代。从趋势上看，产业数智金融带来的绝不仅仅是核心企业的融资便利，更重要的是上下游中小微企业融资环境的根本性改变。我们希望通过本书能揭示出这一趋势的内在机理，也更希望通过本书能引起各方面人士和机构对这一趋势的重视和参与意愿。或许我们能为千百万中小微企业引入一种全新的融资模式，诚能如此，所有为本书付梓的努力都值得称赞。

当前，数字经济在自我加速，其发展速度已经超出很多金融从业者的感知，当然一部分金融从业者也已经行进在数智金融的路上。如同任何一个新生事物都需要一个完善的过程一样，场景端、产业端数字化程度的快速发展，也伴随着一些无序的现象，诸如海量数据是否都值得采集和存储，是数据决定模型还是模型定义变量，哪些数据具有金融属性，哪些只是产业属性等，其实这些都是一个实践命题，我们只有以更开放、更包容的心态，不断进行探索和尝试，"混沌"状态才能尽快定型，产业数智金融的模式才能得到更广泛的认可和接纳。当然，产业数智金融并未改变其金融的内在属性，既要关注风险的当期性，更要关注风险的滞后性和外溢性，在金融和各政府部门的监管下，小心求证，大胆探索，为中小微企业融资这一世界性难题，贡献中国智慧和解决方案。"用数"，"用智"，与时代交辉！

我们坚信，金融科技是金融代际跃升的推动力量！

曹彤

瀚德科技董事长

中国中小企业协会金融科技分会创始会长

在数字经济与实体经济深度融合的背景下，金融与产业互促的高质量发展，是时代的重要命题。近年来，互联网、大数据、云计算、人工智能、区块链等技术加速创新，日益融入经济社会发展各领域和全过程，数字经济发展速度之快、辐射范围之广、影响程度之深前所未有，正在成为重组全球要素资源、重塑全球经济结构、改变全球竞争格局的关键力量。

置身百年未有之大变局的伟大时代，数智科技拥抱云原生的智慧金融，赋能传统产业转型升级，提高全要素生产率，助力产业发展，成就共创生态。

一、产业与金融互促发展的时代背景

产业金融是经济成熟到一定阶段的产物。我国产业和金融双双快速发展的时代特征，是研究产业金融演进的基础。

一是金融回归本源。实体经济是金融服务的出发点和落脚点，金融作为现代经济的核心和血脉，通过有效配置资源，支撑和引导经济高质量发展。党的十九大报告提出，要深化金融体制改革，增强金融服务实体经济能力。金融机构在创新产品、服务各产业方面开展了很多实践，然而仍有许多薄弱环节，如中小微企业信贷、农村金融发展等，难以得到充分的金融资源配置。长期以来，信息不对称、信用风险高、决策机制低效等一系列问题阻碍金融业务的开展。对于如何克服这些"顽疾"，数智化手段给予了新的方向与可能。正如书中介绍的数智驱动下的产业在乡村振兴、战略新兴科技、"双碳"战略等领域的实践，通过以数智手段为核心驱动力，让金融更好地服务于时代发展的关键目标。

二是数据要素成为重要驱动力。中共中央、国务院印发的《关于构建更加完善的要素市场化配置体制机制的意见》中，数据与土地、劳动力、资本、技术等传统要素并列为生产要素。数据要素化将提升社会数据资源价值，培育数字经济新产业、新业态和新模式。而数智给予产业金融的赋能正是顺应了这种时代趋势。金融机构一方面全面拥抱数智科技，持续通过技术创新，强化基础设施服务能力，帮助金融机构实现技术、业务、组织的敏捷，更快地感知和应对变化，更快地加速数据处理与可信流转。另一方面深入产业生产经营场景，推动产业链、供应链运转的数智化，加速数据可信流转，释放数据价值，实现金融服务与产业活动高效对接，切实降低实体经济的融资难度与融资成本。

三是新发展理念呼吁产业金融转型。当前，外部环境日趋严峻复杂，国内经济面临需求收缩、供给冲击和预期转弱三重压力。为应对新冠肺炎疫情等不确定因素，支撑经济健康稳定发展，党中央提出稳中求进，实现"双循环"格局下的高质量发展的要求。以此为宏观背景，实体企业正在经历数智化转型发展的过程，需要政策、营商环境、技术创新、组织人才等内外部要素支持，需要更加优质的金融服务助力。同时，"专精特新"中小微企业的培育培优，是贯彻新发展理念的重要内容。"专精特新"企业的规范发展，和对接多层次资本市场，也为产业金融的转型创造了新的机遇。

四是多种技术融合发展成为趋势。云计算、5G、物联网等技术为大数据、人工智能技术的广泛应用，提供了充分的数据和算力支持，在消费互联网领域形成了显著的创新价值；在生产流通领域，其将有更大的应用空间，尤其是与区块链、隐私保护技术、AR/VR技术、量子计算等多种技术融合使用，达到优势互补的效果，为过去存在的问题带来了可行的解决方案，进一步突破了产业金融发展的瓶颈，助力产业和经济高质量发展。

本书以此为缘起，恰逢其时。

二、写作路线

自19世纪末形成了金融主导的产融结合模式以来，产业金融经历了多个阶段，或由产到融，或以融助产。本书立足数字经济时代，侧重研究金融数字化和智能化过程中，推动产业创新发展的新型产业与金融的融合模式，即产业数智金融。相对于传统金融，数智金融服务产业涉及三个重大转变：一是理念转变，从依赖抵押贷款到不依赖传统抵押物，解决信息不对称、信息质量低的问题；二是服务主体转变，从服务大型企业延伸到服务中小微企业，推进金融满足实体经济多样化的金融需求；三是服务手段转变，通过智能化、数字化手段提供形式多样的服务，利用智能化、大数据、算法优化金融业务方法和流程。这三个方面的转变重构产业金融服务逻辑，通过数智化机制，有效解决原有的信息"误差"、数据"时差"、信用"偏差"等问题，帮助金融业务降本增效，推进实体经济与普惠金融的发展。

总体来看，本书以产业数智金融为研究对象，按照"为什么""是什么""怎么做"的逻辑，着力呈现产业、科技与金融协同共生的生态体系全貌。本书以解决中小微企业的融资"难、贵、慢"为切入点，基于金融服务中小微企业迫切需要引入的数智化理念和工具展开论述。在第1篇中，讨论数智全面赋能产业金融的发展动因。在第2篇中，着重分析数智驱动产业金融的理论框架和作用机理，旨在阐释产业数智金融"是什么"。在第3篇中，通过介绍产业金融的数智化基座，提供"怎么做"的方法。在第4篇中，将产业金融聚焦于代表性的行业，描绘数智金融服务传统和新型产业的新图景。同时，本书还对产业数智金融中国内外实践进行分析，让理论与实践结合。

三、产业数智金融是什么

本书研究的产业数智金融不是指产业机构跨界开展金融业务，而是金融借助数智化的理念和手段，与生态伙伴联动，创新服务模式，支持产业链上下游企业高质量发展的一种新型模式，是金融数智化和产业数智化双向赋能的新格局。

第一，产业数智金融以客户为中心。数智化能够真正形成以客户为中心的宗旨。一是清晰界定并深度理解客户，多维度、多视角洞察最终客户的需求；二是从客户出发，而不是从本机构可提供的特定金融服务出发，联动生态伙伴共同向用户提供多元化的服务。

第二，产业数智金融以商流、物流、信息流、资金流和人才流为抓手。这"五流"是现代产业供应链协作体系中的基础要素，产业数智金融重视"五流合一"，以"五流"为支柱，结合数智技术手段，帮助企业降低成本，提升效率。

第三，产业数智金融以金融企业的数据能力、协同能力、运营能力、敏捷能力和开放能力为基础。在"开放、共享、合作、共赢"的生态思维和平台理念下，金融机构间协同创新，并将技术能力延伸、嵌入到产业生态中，协同和开放能力能够促进产融共生，带动金融行业和产业的共同发展。

第四，产业数智金融以企业信用体系、主动风险管控体系、金融服务整合体系、业务创新体系为支撑。信用体系和风控体系是金融服务的核心，数智化推动商业信用体系和主动风控体系优化升级，充分发挥生态参与方的作用，支持金融普惠和风险可控。金融服务整合体系和业务创新体系围绕客户需求，基于数智技术和机制创新，对金融和非金融的服务进行整合，是产业数智金融的创新点。

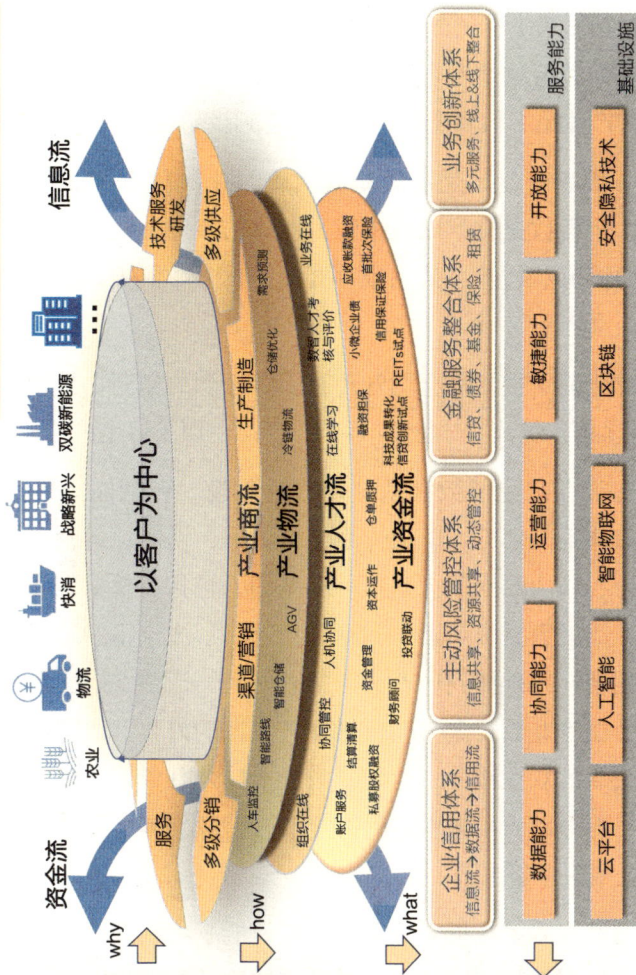

产业数智金融生态体系

四、数智驱动产业金融"怎么做"

产业数智金融是融合了众多参与方的生态体系，主要包括三个层次：数智产业层、数智金融层及数智基础设施层。

其中数智产业层是沿着基础设施云化、触点全面数字化、业务在线化、运营数据化，以及决策智能化的步骤，逐步实现产业转型升级，贯通商流、物流、信息流、资金流、人才流等，以"数智五化"实现"五流合一"。

数智金融层主要是金融管理和服务理念的创新，推动机制流程的创新，进而实现营销、风控、运营、产品、服务等全方位升级优化。

本书重点阐述了数智基础设施的建设，包括能力体系、基础设施和保障体系三部分。能力体系包括数据、协同、运营、敏捷和开放五大能力，其中数据能力是核心和基础，包括高效汇聚和处理海量生态数据，通过数据资产运营和管理体系，形成丰富的数据应用支撑金融业务创新，并延伸到产业服务中。协同、运营、敏捷和开放能力是数据能力在产业数智金融经营管理各方向的外化。协同能力增进内外部高效互动"双在线"；运营能力盘活内外部资源，提升金融服务品质；敏捷能力助力金融服务随需应变，持续发展；开放能力打造价值共创的金融服务新生态。

基础设施体系是指云计算、人工智能、物联网、区块链、安全隐私等技术的创新与应用。在基础设施体系的打造方面，本书从业务现状和难点出发，结合行业中的成功实践，提出典型的解决方案，为产业金融的数智化升级提供思路。

在保障体系部分，本书围绕金融监管和政府部门面临的新挑战，引用依托数智技术实现智慧监管的案例，并研究分析了各地区联合相关机构开展数字化共治模式。此外，为保证数智化的可持续性，本书着重分析了数智人才体系的培养与交流。

五、产业数智金融的先行者

在产业数智金融生态体系的框架下，本书对传统和新兴领域进行分析，包括农业、物流、快消、战略性新兴产业、"双碳"实施领域等，结合产业数智化的发展趋势、金融服务的痛点，提出典型解法。同时，通过对国际先进实践和国内标杆案例的分析，对产业数智金融的生态发展进行验证。如果把产业数智金融的生态体系比作一棵参天大树，则新型数字基础设施和保障体系便是发达的根系，保持其稳定；数智信用、数智风控、金融服务整合和业务创新是主干，通过数据共享交换贯通产业"五流"，为各领域企业的"树冠"提供滋养。

本书从新时代产业金融的发展背景出发，详细阐释了产业数智金融的内涵逻辑、框架体系、实践经验，并对其发展方向进行了前瞻性思考；将理论与实践结合，真诚地希望能为每一位读者呈现清晰易懂、兼具深度与广度的内容。由于时间所限，部分内容的分析不够深入，同时，由于产业数智金融的实践刚起步，发展过程中会受到内外部多重因素影响，部分要素的变化可能影响其发展逻辑和趋势，本书中所分析的案例大多处于"正在进行时"，仍需持续跟进与总结。也期待与读者朋友们共同探讨，共同见证，共同创造。

肖利华

阿里巴巴集团副总裁、阿里云研究院院长

目录
CONTENTS

第3篇　产业金融的数智化基座

第 4 篇　数智金融服务产业新图景

数智金融服务产业新蓝海

第 1 篇

当前，数字经济发展速度之快、辐射范围之广、影响程度之深，前所未有，正在成为重组全球要素资源、重塑全球经济结构、改变全球竞争格局的关键力量。随着数智前沿科技加速创新，以海量数据、强大算力和高效安全算法为依托的数智化力量，与丰富的应用场景深度融合，赋能传统产业转型升级，催生新产业、新业态、新模式，促使金融服务实体经济和社会民生。数智科技助力的产业序幕刚刚开启，各市场主体正积极把握数智化红利，加快转型升级。

随着国内国际双循环的拉动，各个产业对金融精准注入的需求不断提升。同时，金融机构积极实践数智化转型，着力将零售金融客户的数智化服务经验迁移至产业客户服务领域，深度洞察用户需求，创新产品服务。在产业数智化和金融数智化渐行渐近的过程中，本书研究的主旨——产业数智金融应运而生。

产业数智金融是在产业金融的基础上注入了数据这一生产要素，通过资产的数字化，使风险可智能预警和智慧控制，帮助金融机构解耦对主体信用、确权增信和担保抵押的过度依赖，从而为产业组织融资及金融服务提供了基于数据、算法和算力驱动的一种内驱、高效和自洽的全新解决方案。

管中窥豹，三农和乡村振兴是中国的"国民话题"，其中农村普惠金融是解决三农问题的重要抓手和突破口。农村金融需求无法得到有效满足的原因，一方面是金融需求方缺乏有效抵押物和信用信息；另一方面是金融供给方无法有效衡量农户的信用情况，面临高运营成本、低覆盖率和高风险成本的困境。

如今，代号为"大山雀"的卫星遥感技术在数字农村金融中得到应用，如图0-1所示。通过卫星遥感技术结合AI算法，及时识别每块地的农作物面积、种植类型、种植效果及自然灾害检测，对主要粮食作物的识别准确度达到了93%以上，卫星遥感技术帮助金融机构为主要粮食种植大户提供了精准的贷款授信和风控模型，设置了合理的还款周期，三农金融难的痼疾有望迎刃而解。

图0-1 大山雀卫星遥感影像①

无独有偶。产业链长尾中小微企业融资"难、贵、慢"的问题由来已久。数智科技对缓解金融机构和企业间信息不对称的问题提供了多种模式：一是地方政府或金融监管部门牵头建设地方性金融综合服务平台，汇聚辖区内中小微企业的各类公共服务数据，帮助金融机构了解中小微企业及其投融资需求，高效对接供需。以苏州金融综合服务平台为例，服务企业超过3.7万家，融资超过6000亿元②。二是市场化机构牵头的综合金融服务平台，为企业和金融机构提供线上双向选择、智能匹配服务，以及线下资源统筹和撮合。以瀚信综合金融服务平台为例③，其已在13个省市部署，注册企业超过10万家，入驻金融机构400余户，解决融资金额超过7000亿元。瀚信综合金融服务平台服务模式如图0-2所示。

① 资料来源：网商银行卫星遥感信贷技术"大山雀"升级发布会。
② 参见苏州金融综合服务平台网站。
③ 参见瀚信网网站。

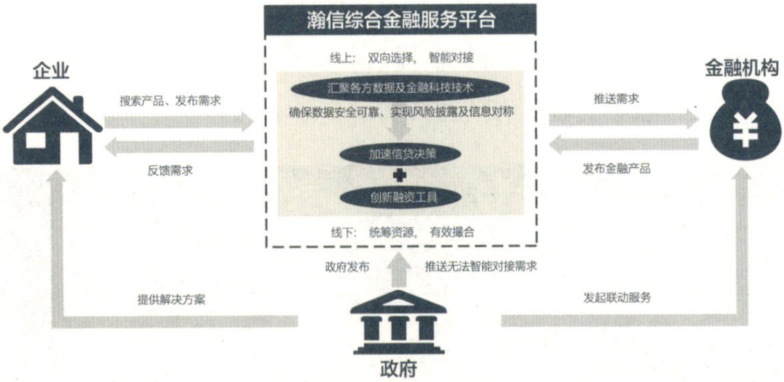

图0-2 瀚信综合金融服务平台服务模式

第1章
数智化浪潮中科技与金融为产业注入活力

数智文明时代的大变局，孕育着数据这一新时代的重要生产要素。环境变化推动着数智科技的发展创新，而数智科技的蓬勃发展也在推动新一次的产业结构升维，打造数智时代下的产业升级体系。每一次产业升维的背后，都有科技创新的赋能与推动，科技是产业变革的主要驱动力，如图1-1所示。

1.1 产业迎数智化新时代

1.1.1 数智化是产业升维新潮流

1. 中国特色工业革命

热播电视节目《闪耀东方》讲述：中国改革开放后的发展，是汇集四次工业革命成果为一体的发展。在改革开放的四十多年里，中国大致每十年就完成一次工业革命，部分领先的行业已经进入第四次工业革命。中国以压缩式、并行式的发展走过了西方国家几百年的工业化路程。如图1-2所示，中国GDP从1978年到2020年，增长了约280倍，实现了震惊世界的经济增长奇迹。

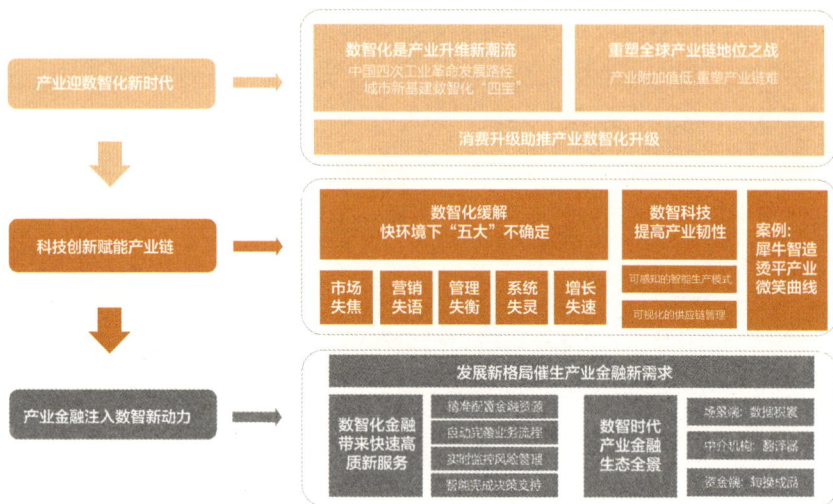

图1-1　数智化浪潮中科技与金融助力产业发展示意图

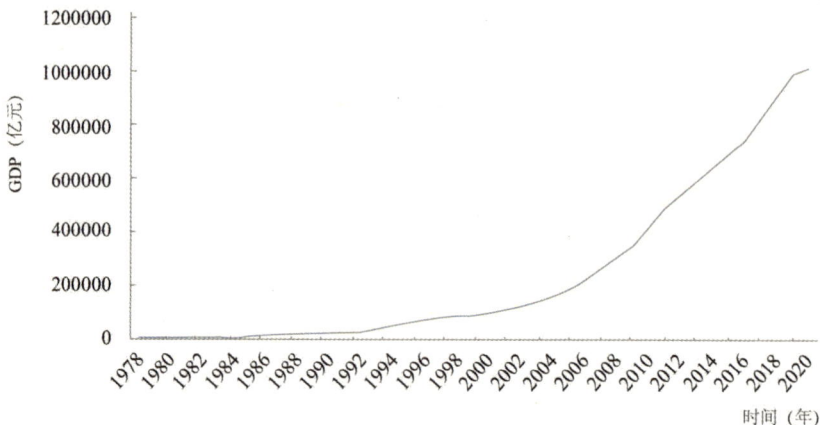

图1-2　中国历年GDP

　　改革开放伊始，以纺织业、农副产品加工业为代表的劳动密集型产业蓬勃发展，令中国正式摆脱了短缺经济；之后，生产方式从大规模、标准化、批量化向机械化、自动化、定制多样化迈进，中国成为世界上最大的制造业国家，形成了全球最大的全面配套的产业链，产品竞争力日益增强。随着移动通信产业的发展，一场浩浩荡荡的信息革命再次为各产业提供了全新的生产方式和组织形式，全球化也为中国在全球范围内开启了广阔市场。

当前，以人工智能、大数据、区块链为代表的第四次工业革命深入推进，中国已跻身全球第四次工业革命的第一方阵。在数字经济的时代背景下，数据以其成本低廉、容易复制及可海量获取的优势，成为重要的生产要素。一方面，传统经济形态将逐步向线上转移，催生新业态、新模式的发展；另一方面，生产、流通、消费各环节的数智化改造将为经济发展带来广阔的增量市场。

四次工业革命的发展路径如图1-3所示。第四次工业革命基于现有生产要素，更新迭代出新的要素，这是时代的更替，也是文明的升维。

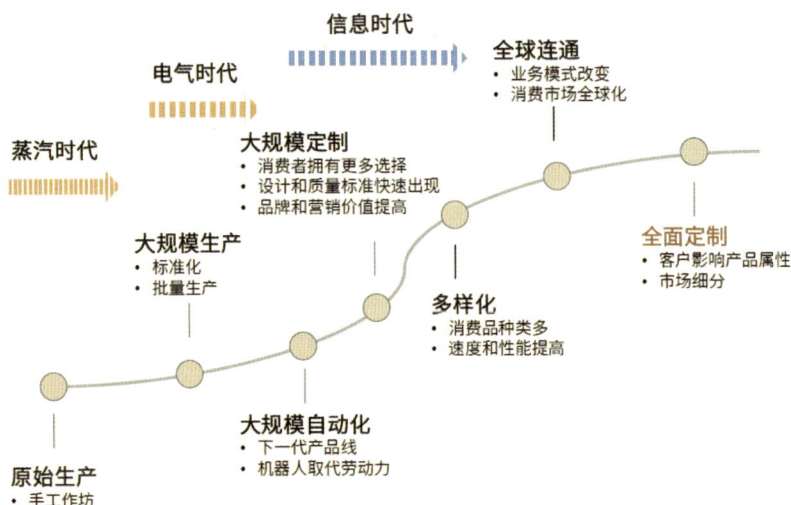

图1-3　四次工业革命的发展路径

2. 新基建数智化"四宝"

传统的基础设施——"铁公机"（铁路、公路、机场），是工业时代的基础设施，而新基建则是基于新兴科技，是数智化时代的基础设施，也是产业数智化转型和数字经济发展的保障。

与产业数智化直接相关的新基建主要有四个方面：5G基站、大数据中心、人工智能和工业互联网，它们在创新生产形式、提高生产效率上有着巨大的潜力。

（1）5G为产业数智化连接赋能

在数字经济蓬勃发展的今天，产业的数智化转型为数字经济提供了强大的动能，其中5G基础设施的建设更是成为推动各行业快速发展的引擎，并由此催生出很多新需求和新服务，推动产业向数字化、智能化、网络化方向发展。

凭借5G高可靠、低延时的特性，技术专家跨国远程装配调试生产设备已经实现。受新冠肺炎疫情影响，湘钢新建棒材厂无法请国外技术专家进行现场指导，在通过5G网络将现场环境视频和第一视角画面实时推送给国外的专家工程师后，后者依托AR的实时标注、冻屏标注、音视频通信、桌面共享等技术，远程指导湘钢现场工程师圆满完成了精密的产线装配工作。

5G凭借速度快、大连接、低时延、高稳定性等优越性能，逐步融入千行百业，从技术上提供了支撑点。目前，我国5G应用创新案例已超过9000个，逐步形成系统领先优势。

（2）大数据中心成为激活数据要素潜能的关键支撑

大数据中心是数字经济时代关键的一环，不仅是现代信息基础建设的重要支撑，还是城市新基建的坚固基石。

数据是贯穿城市新基建这一基础设施建设的生命线，所有的产业组织在数字化时代都面临着如何采集数据、存储数据、应用数据的困扰，而大数据中心就是解决数据存储、分析、应用一系列问题的好帮手。随着不断的演进和发展，过去以机房为载体的大数据中心已经不断向外延伸发展，成为融合了云计算、区块链、人工智能、互联网数据中心等数智科技于一体的数字基础设施，将数据、算力、算法融合贯穿，是超大规模数据要素市场的数字底座。

从2010年至今，我国大数据中心的发展大致可以分为三个阶段：快速扩张阶段、行业引导阶段和优化演进阶段。新冠肺炎疫情的突发迫使很多业务场景转为线上，包括线上教学、线上办公、远程医疗等，生态场景线上化使得对数据中心的需求激增，很多互联网头部企业纷纷入局，对数据中心进行扩容优化。数据中心对产业带来的效益是巨大的，当前我国互联网数据中心（Internet Data Center，IDC）的业务收益保持高速增长，未来仍将保持良好态势。

（3）人工智能是推动新一轮产业变革的核心驱动力

人工智能既是推动社会发展变革的技术，也是产业数智化转型的关键工具，对提升城市软实力起到重要支撑作用，对经济、生活和社会治理的改善效应日益凸显。

基于人工智能的快速发展与布局应用，替代真人的智能客服已被广泛应用，AI基因检测为人们提供了全新方向的医疗健康服务，AI影像识别技术在养殖业中还被用于生物资产盘点。不只如此，产业组织升级、大数据的全面应用、智能机器人代替手工作业等，都是产业变革的重要方向。

作为国家首个人工智能创新应用先导区所在地，上海形成了良好的产业集聚效应。上海将加快推进人工智能产业的发展，努力打造世界级的产业集群，形成了"4+*X*"产业载体，如张江人工智能岛、徐汇西岸国际人工智能中心、闵行马桥人工智能创新试验区、临港新片区"信息飞鱼"全球数字经济创新岛等，产业生态日益完善，全国近三分之一的人工智能人才集聚上海。

（4）工业互联网提高产业的集成智能化水平

随着互联网的应用场景越来越丰富，各种基础设施和软硬件的打造不断成熟，万物互联的生态场景愈发清晰，物联网将在产业转型升级中发挥重要作用。

工业互联网在应用过程中具有实时可控、自动操作、安全和互联互通的特点。通过利用移动通信、数据自动化采集分析决策、可感知可监控的传感器等数智科技，能够提升产品的质量，同时降低能耗缩减成本，将传统工业带入智能化的发展阶段。工业互联网成为工业智能化发展的强大动力。

首钢集团依托云计算构造工业互联网，打造了新一代设备智能运维平台，实现了"一降一升一稳"，即一吨钢检维修费降低 20%，人效提升30%，设备运行时间稳定率提高10%~20%，在提高效率的同时降低成本，全方位优化传统制造行业的各个环节，实现真正的智能制造。

1.1.2　重塑全球产业链地位之战

1. 旧问题：受困微笑曲线中段，产业增值升级难

从微笑曲线看，我国产业升级面临的问题：坐标系的横轴表示产业价值链分工，前端是创意设计打造品牌，中端是生产加工，末端是品牌营销和售后服务等。它的纵轴是在产业价值链的收益率，而且产

业链不同位置其收益水平显著不同。一般来说，生产链条两端的研发设计、品牌服务附加值较高，而处于中间底部的生产制造门槛较低、竞争激烈、可替代性强，附加值较低。

如图1-4所示，以我国制造业为例，目前仍落在产业微笑曲线的中间，处于"大而不强"的状态，产业规模大，但核心竞争优势不突出，收益水平较低。

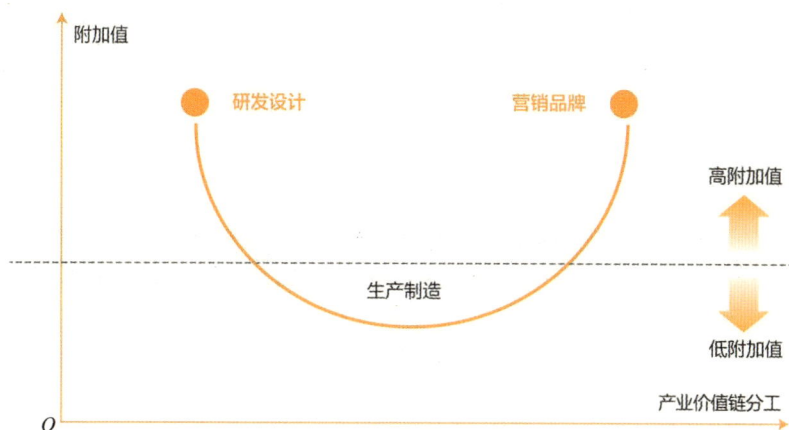

图1-4　产业微笑曲线

部分产业存在重规模、轻研发的隐忧，这固化了我国在产业微笑曲线中间位置的境况。比如，制造业企业更多地追求规模，通过借入资金来购买先进设备，扩大生产规模，这不仅可能造成资源投入的重复和浪费，形成低端竞争，还会阻碍产业组织向高端产业链延伸。相对于美国，我国制造业及相关领域企业的资本投入强度较高，而对数智技术等的研发投入强度相对较低。我国与美国的研发和资本投入强度比较如图1-5所示。

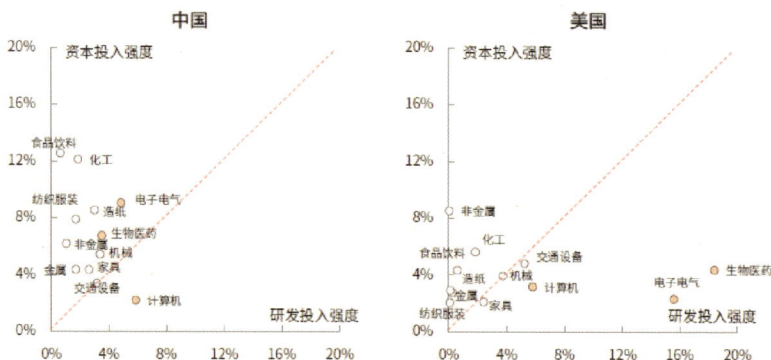

图1-5　我国与美国的研发和资本投入强度比较①

横向来看，我国制造业的创新能力与其他发达国家相比较弱，图1-6展示了不同细分领域的制造业行业，四个国家之间创新能力的比较。

	产品创新				流程创新			
	中国	美国	日本	德国	中国	美国	日本	德国
制造业	28%	33%	28%	20%	34%	41%	29%	35%
资源禀赋型								
化学工业	31%	42%	18%	56%	33%	41%	36%	53%
金属制品	25%	20%	18%	25%	27%	35%	37%	39%
造纸印刷	20%	27%	17%	24%	24%	38%	36%	34%
技术创新型								
计算机	51%	48%		66%	48%	39%		55%
电子电器	45%	41%	21%	42%	42%	38%	36%	47%
生物医药	39%	42%		57%	45%	46%		62%
资本投入型								
机械工业	39%	34%	23%	51%	38%	38%	34%	49%
交通设备	39%	36%	13%	46%	39%	39%	36%	46%
非金属制品	14%	21%		29%	18%	30%		45%
劳动密集型								
食品饮料	26%	32%	26%		27%	40%	36%	32%
纺织服装	21%	27%	16%		24%	31%	35%	38%
家具及其他	21%	22%	17%	38%	22%	32%	29%	38%

图1-6　四个国家在不同细分领域制造业的创新能力比较②

①　参见华制智能的《数字经济赋能制造业，"微笑曲线"或将更加扁平》。

②　参见华制智能的《数字经济赋能制造业，"微笑曲线"或将更加扁平》。

在技术创新型和资本投入型行业产品、流程的创新上，我国企业投入较多，与美国接近持平，和德国相比仍有一定差距，我国资源禀赋型与劳动密集型行业相对落后。这说明我国众多行业亟需增加创新投入进行数智化转型，以提高运营管理效率，追赶世界前沿水平。

2. 新挑战：重塑全球产业链面临难题

（1）逆全球化潮流

此次新冠肺炎疫情主要打击了产业链供应链长、全球化分工程度高、对全球物流链依赖程度高的行业。全世界大范围的隔离阻断和企业的停工停产对全球产业链、供应链和价值链造成了巨大冲击，物流路径的中断和企业产品订单的锐减也使很多企业遭受重创。

（2）产业链断裂风险

从全球视角来看，世界各地根据自身的资源优势进行分工是合理的，但同时也会造成运输距离过长、中间环节冗杂等问题，导致全球产业链断裂风险增加，特别是当出现疫情这种全球性危机时，很容易造成全球产业倒退的情况。

（3）人才缺乏

高端人才和专业技能型人才"两头缺"，尤其是民营企业更缺乏数智科技人才，还需要加强数智科技研发、应用等方面的人才队伍建设。

（4）产业链议价能力弱

一些产业链上的企业出现了"增收不增利"的现象，营收实现了大幅增加，而净利润却下滑，究其原因是企业的议价能力弱。以某家处在产业链中游的食品加工企业为例，其上游是原材料供应商，下游是全国连锁的饮品店。在2021年的上半年，奶茶、咖啡等饮品的销量猛增，带动了该食品企业的订单量，实现了营业收入的大幅增加。但由于全球大宗商品的价格出现暴涨，公司的原料成本猛增，再加上议价能力弱，短期无法向下游传导，使得企业的利润空间被压缩，出现了"增收不增利"的现象。

（5）产业链协同能力不足

很多时候，产业链各环节协同能力不够强大，对重塑产业链构成了威胁。例如，物流与信息流存在脱节的隐患，经常表现为交货延迟；资金流与物流、资金流与信息流存在脱节的隐患，经常表现为客户支付款项不及时，供应商面临巨大资金压力，资金链紧张，甚至断裂的风险；商流与信息流、物流、人才流也存在脱节的隐患，经常表现为热销商品得不到经营者的及时关注和生产运输环节的快速反应，销售端缺货导致失去潜在客户。

1.1.3　消费升级助推产业数智化升级

在经济新常态背景下，传统的"三驾马车"——消费、投资、出口，对经济增长的重要性正在发生改变，投资和出口的贡献比重在不断降低，消费逐步成了经济增长的"第一动能"。消费升级和产业升级相互促进，良性互动，消费升级释放出的强劲需求将催生出新科技、新产业，为产业组织进行数智化改革提供动力，而产业组织的数智化转型又能反过来为消费升级提供强有力的供给。

1. 数智消费时代来临

数智消费时代是以消费者为核心、大数据和技术驱动、数智品牌引领、快速柔性供应链支撑、线上线下全球全网全渠道融合、高效运营的新时代。

在此时代背景下，消费需求和消费方式发生着巨大变化，供给端及时触达消费者是企业的一项重大任务，这就需要企业提前掌握消费者的需求，据此生产出消费者需要的产品并精准营销，从而满足瞬息万变的消费需求。在2021年，来自全国2000个细分产业的120万个商家以及30万个外贸工厂，全面参与天猫的"双11"庆典，其中数智化标杆产业的收益显著，更体现出增长质量和社会价值。利用数智化着力构建更友好的经营环境和更健康的商业生态，显著提升了消费者和商家体验，新增约7万名新商家，65%为中小商家，数智化支持广大中小商家实现交易额的跨越式增长。数智化转型成为企业发展的一大利器。

随着消费的不断升级，我国消费潜力巨大、空间广阔，但传统产业供给端仍存在"不愿意转型""不能够转型""不清楚如何转型"，以及"供需错位"等问题，这些想法阻塞了产业的转型升级，使得供给侧无法完全满足消费升级的需要，从而抑制了消费潜能的释放，导致消费外流严重。

为此，要以促进消费升级为导向，倒逼企业改变对数智化转型望而生畏的想法，促使企业做好用户运营、智能制造、渠道管理、数智化营销、配送等工作和服务，加速产业端的数智化转型，用数据激发产业升级的持久动力，打造数据定义的新供给。

2. 新消费引领新产业，新产业创造新需求

传统的销售模式是B2C，也就是企业生产什么产品，就向客户提供什么产品，消费者的真实需求没有得到足够的重视。但是从现在的发展趋势来看，消费者的话语权越来越大，在未来更多的消费方式是C2B，即由需求牵引供给。这就意味着企业需要花更多的时间、精力和成本洞察消费者的需求，并以此来提供更精准的产品和服务，这已经成了产业供给端的共识和未来的大势所趋。在消费的驱动下，企业

应该更多地运用数智科技来精确定位消费者的消费需求，刻画消费者的画像，从而更好地指导产业的发展，也就是由新消费来引领产业数智化的新发展。

在需求牵引供给（C2B）的同时，供给也会创造需求（B2C）。供给端产业的快速发展，会迅速更新迭代出创新产品，而供给的增加将激发出大量需求。随着目前产业数智化的快速深入，企业对渠道管理、产品开发、销售营销等的数智化赋能，会更好地发挥供给端的产业价值，而产业的不断转型升级，价值链的不断改革，会更加促进消费者的消费，拉动经济增长。

由新消费引领新产业，新产业创造新需求，消费互联网和产业互联网相互促进，快速发展，不断增加对经济增长的拉动力。未来的世界是一个万物互联、万场升级的世界，未来的所有场景都需要进行数智化升级。消费互联网和产业互联网之间的相互促进关系如图1-7所示。

阿里巴巴淘工厂是柔性供应链生产平台，具备快速柔性供应链支撑能力，由平台先将碎片化的需求与闲置产能匹配，从而赋能B端，实现大规模的定制化生产，再通过B端服务C端，实现了"按需生产"和"以销定产"，即C2M的定制生产模式，如图1-8所示。通过人群调研、市场洞察快速打造出商品和爆品，快速得到市场反馈和验证后，再扩展到更多的C端，形成供应端（B端）与消费端（C端）的高效互动新模式，即C2B2C"。在淘工厂的整合下，设计师、品牌商、淘宝店主、加工厂等多方协同实现利益最大化，这既满足了消费者的个性化需求，又帮助店主小批量、多批次降库存，同时闲置的产能也能被释放出来并产生价值。

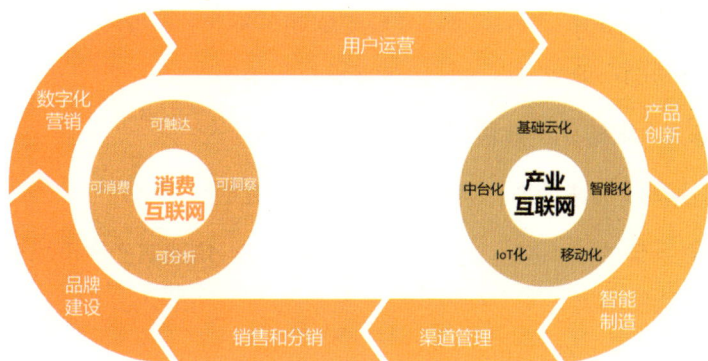

图1-7 消费互联网和产业互联网之间相互促进

图1-8 淘工厂运作机制

1.2 科技创新赋能产业链

产业组织应抓住我国消费升级引导内需不断扩大的机遇，利用数智科技应对产业链创新发展面临的挑战。一方面，数智科技可以精准帮助产业组织缓解"快环境"下所面临的不确定性；另一方面，数智科技可以帮助产业提高韧性，使产业结构升维。

1.2.1　数智化缓解快环境下的不确定性

1. 快环境加速熵增，熵增导致五大不确定性

独立系统的熵不减少，总是增加或者不变。快速演变的市场环境，对产业系统的熵增速度产生影响。产业系统熵增的表现有以下几点。

（1）市场失焦

在市场环境快速变化的同时，消费者的喜好也在快速变化。我们无法准确知道客户是谁、客户的偏好，以及客户的体验和反馈。正是因为我们无法精准定位客户的需求，所以也不确定生产什么产品、生产的数量是多少，无法确定采购和库存，只能用猜测甚至近乎赌博的方式去做决策。

（2）营销失语

在日新月异的今天，在营销时很多情况下我们不知道对谁讲，在哪里讲，讲什么，如何讲，讲的效果如何，不知道怎样才可以给客户讲好产品和服务的故事，不知道如何才能让营销的手段跟上市场的变化。

（3）管理失衡

在管理上，环境的快速变化也会影响组织的管理架构和方法。我们可能面临前台部门无法及时得到后台支持的前后失衡，企业各个部门内部，以及与外部合作商无法有效协同的左右失衡，高层管理者数智化转型的决策不能得到员工支持和响应的上下失衡，企业文化和企业数智化转型要求不匹配的虚实失衡。

（4）系统失灵

大部分企业原有的信息系统建设周期长，架构相对固化，逐渐难以适应环境的快速变化，企业的供应链平台、财务、库存、新品开发的速度跟不上业务发展的需要。

（5）增长失速

随着企业所处环境的不断变化，新模式不断涌现，如果企业仍然保持固有思维来应对未来，新市场往往容易失去竞争优势，带来增长失速。

2. 数智化对产业生态的熵减效应机制体现在五个方面

（1）精准获取客户需求，缓解市场失焦

一直以来，绝大多数企业在定位市场需求的时候，虽然有一定的市场数据和内部运营数据做支撑，但是更多的时候还是根据管理者的经验与洞察力，这样的决策往往会带来一定的主观效应，甚至可能出现失误，从而影响企业后续的生产和销售等环节。在数字化时代，企业应逐步利用数智科技来精准定位客户的需求，然后根据市场需求进行后续的生产和营销等环节，精准获取客户需求是每个企业的期许。

曾经，红茶鸳鸯拿铁只是一款不被店员关注的产品，只出现在线下门店，但喜欢它的客户会在网络社交平台上表达对它的喜爱。将此类客户的评价收集起来，加以分类处理，将消费者的体验重点词作为关键因子，再用这些因子组成一组新的数据，由此发现这款红茶鸳鸯拿铁广受欢迎，很多客户都希望能在网上买到它。阿里巴巴的数智化团队帮助星巴克及时了解客户需求，很快在电商渠道上线了这款产品，且成为爆款精品，这就是利用数智科技精准获取客户需求的一个成功案例。

（2）描绘捕捉客户画像，缓解营销失语

传统营销手段现在面临着巨大挑战，广告投入大、效果无法有效评估、品牌传播和销售推广行为独立等问题都在阻碍着传统营销。

数智化营销通过识别、分析、扩容和触达四步来精准触达消费者。第一步是识别，这是前提，需要收集消费者的信息；第二步是分析，需要对消费者属性、行为进行分析并分类；第三步是扩容，需要利用大数据根据特征标签来匹配更多的消费者；第四步是触达，根据前三步的成果来精准触达目标消费者，实现精准营销这一目的，进而对营销效果进行评估。

蒙牛为了克服传统营销手段带来的不足，建立了蒙牛数据中台。数据中台一方面可以实现对消费环节的全局洞察；另一方面还可以实现对营销活动的全视角监控，包括多渠道收集会员行为和交易数据刻画会员画像，将画像成果与第三方客户画像相结合，进一步了解购买蒙牛商品的用户群体，以及每次购买产品的人群重合度等信息，切实解决了不知道对谁营销及如何营销等问题，从而让蒙牛产品更好地服务消费者。

（3）加快产业组织内外协同，缓解管理失衡

在数智经济快速发展的浪潮中，传统的管理架构已经逐渐被时代所淘汰，当下快速变化的市场环境正在倒逼产业组织进行组织革新。这种革新是要打破传统刚性的组织模式，实现组织的扁平化、生态化、在线化、数据化和平台化，重构一种全新的业态组织运转模式。

未来的组织管理模式将以客户为中心，在客户体验、在线交互、群体创造、接口透明、智能驱动和网络协同等维度上实现数智化。本质是为了适应市场环境的变化，满足自身发展的需要。

要想实现组织管理数智化需要更新理念和技术支撑，钉钉作为

管理协同工具，可以支持组织在线、沟通在线、协同在线、业务在线及生态在线，打造智慧办公、智慧零售和智慧教育等社会化的大协同体。立白集团通过钉钉实现了与1100多家经销商、1800多家销售团队、35000多位导购员、5800多位配送司机的生态链全方位协同，极大地提升了信息传递效率，大幅降低了活动成本，实现了数据的高效协同。

（4）更迭产业信息系统，缓解系统失灵

在新发展格局下，企业所处的内外部环境不断变化，传统的信息处理系统越来越难以满足需求的快速变化，这对企业的供应链管理、生产运营，以及财务管理都提出了更高的要求，以满足订单的需要。

菜鸟物流园区针对传统物流中心存储和拣货效能低的问题，开发了信息系统进行园区整体管理调度，开发出行业首例AGV全流程应用模型和算法系统。物流园区内采用全机器人作业，所有作业员工的走动都用AGV（Automated Guided Vehicle，自动导引车）代替。柔性化AGV机器人打破了传统自动化以输送线、旋转货架等为主的设备状态，在可复制性、模块化和调整柔性上更胜一筹。

（5）有效实施数智战略，缓解增长失速

在这个唯快不破的时代，用过去的方法早已无法获得新的成功，制胜的企业都是在"边开枪，边瞄准，快迭代"中大胆前行。今天，数智化程度逐步放大了企业的差距，以往把所有业务都放在"线下"一个篮子里的企业处境尤为艰难，相比之下，率先布局数智化转型的企业则稍显自如。

2021年阿里云制定了四大战略：做好服务、做深基础、做厚中台和做强生态。做好服务，不仅是为客户交付一个项目，更是沉淀一套体系、留下一支队伍；做深基础，从飞天云操作系统向下延伸定义硬件；做厚中台，将新型操作系统钉钉与阿里云进行深度融合，实现"云钉一体"；做强生态，基于云和新型操作系统，构建一个繁荣的应用服务生态。目前，钉钉用户已突破3亿人，企业组织已突破1500万家。像立白、东方希望、太平洋保险、广东农信等企业基于"云钉一体"的基础设施，开发了数十万种企业应用。

1.2.2 数智科技提高产业韧性

1. 可感知的智能生产模式

在数字经济时代背景下，科技创新和产业跃迁方兴未艾，数智科技的蓬勃发展推进了传统产业数智化转型发展的进程。产业数智化催生了可感知的智能生产模式。这里所说的"智能"并非简单的自动化，而是要让制造业具备具有自我感知能力进行智能判断的"大脑"，以及帮助大脑做决策的"神经系统"。只有拥有了聪明的"大脑"，才能最大效用地发挥自动化"手臂"的作用，人工智能的广泛应用将会解放人类的双手。

阿里巴巴将数智化理念与传统制造业相结合，打造了按需生产、柔性智造模式的"犀牛智造"。犀牛智造通过大数据与科技创新，打通服装产业需求侧和供给侧，实现按需制造。在需求侧，通过大数据和算法推算服装消费趋势，帮助品牌方确定产品线路；在供给侧，以销定产、柔性制造，降低商家库存。犀牛智造相比于传统的制造工厂，可以缩短75%的交货时间、降低30%的库存，以及减少50%的用水量。综上所述，犀牛智造一方面提升了生产效率，另一方面通过数智化技术的使用使生产流程变得更加灵活。

2. 可视化的供应链管理

在数智科技出现以前，供应链管理大多为目视化管理，目视化管理偏重于用最直观的方式，即用"人眼"来进行信息的收集，找出现场管理的缺陷并进行优化，实现生产要素的合理配置，达到降本增效的管理目标。与目视化不同的是，可视化管理更加强调数据方面的可见性，在收集并加工处理有用的数据后，交给管理者做后续的分析与决策。

目视化管理的缺陷是显而易见的，在人眼无法观测到的地方，就无法及时获取到相关信息，而可视化管理的范围是无限的，只要工业互联网可以触达，就可以收集并分析实时数据信息。工业互联网搭建了人、机、物、法、环对话的平台，并实现了生产者、消费者和产品各方的互联，汇集了各方的信息。通过工业互联网平台，可以实时监控机器设备的实施状况，提供最及时的信息，帮助做出精准的判断与决策。从科技创新发展的角度来看，供应链的可视化管理是目视化管理的升级迭代，数智科技为可视化的实现提供了技术上的支持。

供应链由一系列复杂的流程和节点组成，在整个供应链中，由于存在诸多不确定因素，供应链链条存在断裂的可能。供应链的复杂性和不确定性使得想要做好整个链路的供应链管理，不能仅仅依靠目视化管理，必须叠加可视化管理来实现。

总的来看，数智科技与新兴技术的迅猛发展，大力助推了产业结构升级，开启了产业数智化的新阶段。在数智经济时代，数据将精准指挥物理世界的高效运行、精准配置。

1.2.3　犀牛智造熨平产业微笑曲线

在数字时代，传统制造业曾经的成本优势和规模优势逐渐弱化。目前，制造业普遍面临库存严重积压、生产周期较长、流行趋势难以把控等问题。当需要全部为规模化而设计时，想要实现小单快反，就会变成一个复杂问题，因为这意味着整个产业链重构，牵一发而动全身。"新制造"概念在此背景下诞生。与传统产业的规模化、标准化制造不同，新制造讲求智慧化、个性化和定制化。

2020年9月，阿里巴巴为革新传统制造业而创建了全球首个新制造平台"犀牛智造"。犀牛智造构建了按需驱动、数据赋能、全链路协同的"云端智造"体系。这个体系以阿里云的工业互联网平台为核心（"云"，云边一体），通过整个价值链所有端到端的数据的互通互联（"端"），并基于人工智能形成智能决策（"智"），最终通过全链路供应链和制造企业快速响应、协同执行的按需制造，满足消费者个性化需求（"造"）。犀牛智造克服了传统制造所面临的转型升级难题，推动产能向微笑曲线的左右高端推进，拉动产业微笑曲线扁平化，如图1-9所示。

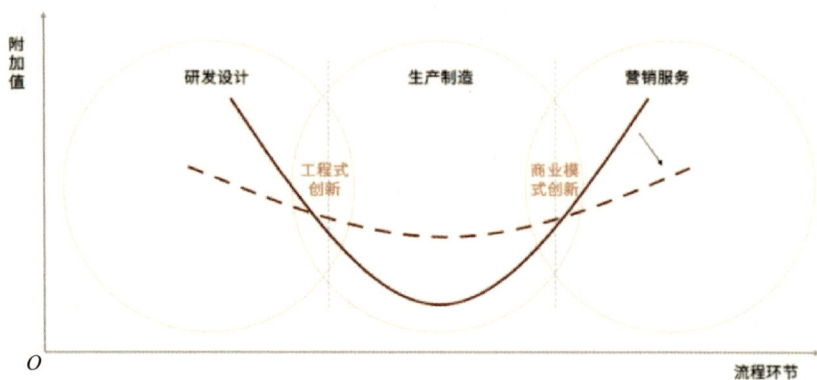

图1-9 数智科技拉动"微笑曲线"扁平化[①]

在生产链条的前端，犀牛智造拥有"需求大脑"，通过大数据对消费者的需求进行洞察，预测流行趋势及销售需求，帮助生产方确定产品路线，实现按需制造。犀牛智造的数字工艺地图可以实现流程的数据化，实现快速打样，联动供需双侧，缩短新品研发周期。数字化模型能够在虚拟的数字空间模拟部件、产品的工艺流程，进行装配等

---

① 参见华制智能的《数字经济赋能制造业，"微笑曲线"或将更加扁平》.

验证工作，大幅缩短产品创新的迭代过程和时间。

在中间环节，犀牛智造将数据这一生产要素与各个环节相结合，实现生产、物流、仓储的降本增效，提升盈利空间。犀牛智造属于柔性智能工厂，一方面，工厂内的设备实现物联网化，通过双轨制车间物料智能传输；另一方面，实现了生产流程数字化，在物料管理产能分配、生产任务与进度、员工效率、流程堵点等方面进行全流程的数字化管理。在柔性制造下，订单可大可小，犀牛智造的最小订单可为100件，7天就可以交货。

在生产链条的后端，智能营销可以快速触达潜在消费者，并建立起"采集—识别—分析"的智能营销体系，在消费环节实现全局洞察后对营销成果做评估，进一步反哺前端的创新。

犀牛智造紧紧抓住内需持续扩大这一机遇，利用科技赋能制造产业，相较于传统制造业取得了较大的进步，与传统服装业在设计、订单、仓储、生产环节及商业模式方面均有所不同，如图1-10所示。

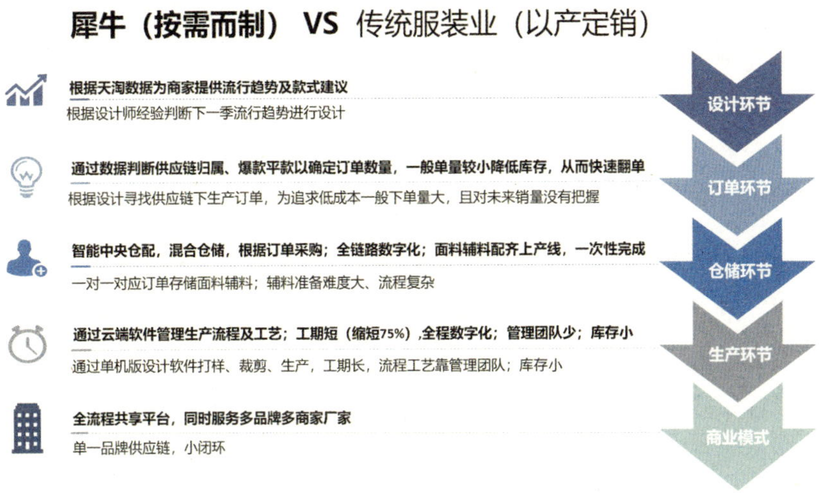

犀牛（按需而制）VS 传统服装业（以产定销）

根据天淘数据为商家提供流行趋势及款式建议
根据设计师经验判断下一季流行趋势进行设计　**设计环节**

通过数据判断供应链归属、爆款平款以确定订单数量，一般单量较小降低库存，从而快速翻单
根据设计寻找供应链下生产订单，为追求低成本一般下单量大，且对未来销量没有把握　**订单环节**

智能中央仓配，混合仓储，根据订单采购；全链路数字化；面料辅料配齐上产线，一次性完成
一对一对应订单存储面料辅料；辅料准备难度大、流程复杂　**仓储环节**

通过云端软件管理生产流程及工艺；工期短（缩短75%），全程数字化；管理团队少；库存小
通过单机版设计软件打样、裁剪、生产，工期长，流程工艺靠管理团队；库存小　**生产环节**

全流程共享平台，同时服务多品牌多商家厂家
单一品牌供应链，小闭环　**商业模式**

图1-10　犀牛与传统服装业对比

1.3 产业金融注入数智新动力

产业的创新发展需要科学技术作为主要驱动力，科学技术的研发应用则需要资金作为支撑，这就对金融资源的精准注入提出了更高的要求。同时，随着新的生产要素数据逐渐进入人们的视野，数据的应用空间逐步拓宽到了金融领域。在数据的赋能下，金融服务数智化可以帮助金融机构精准完善数字画像，为产业赋能的同时，降低金融风险。

1.3.1 新需求

过去几年，我国经济"阵痛"时有发作。细究其"痛点"，源于实体经济结构性供需失衡的有之，表现为供给结构不能适应需求结构的变化，供给质量不能满足人民美好生活和经济转型升级的需求；源于金融和实体经济失衡的亦有之，"脱实向虚"不仅造成实体经济"贫血"，更让金融业本身聚积了风险。凡此种种循环不畅，或体现了生产、流通、分配、消费等主要环节上还存在不同程度的梗阻，或反映了金融与实体经济间出现的断裂和堵塞，都必须引起高度重视。

在数字经济时代的浪潮下，产业转型升级的需求不断迫切起来，随之而来的就是对金融有效服务的需求也在不断扩大，倒逼金融机构提升自身的服务能力。在这样的时代背景下，金融对服务产业的能力亟需提升，数智科技驱动产业金融的优势开始凸显，传统金融机构的转型迫在眉睫。

另外，在产业的演变发展过程中，对金融的具体服务需求开始细分，最开始只需进行单一的货币结算和存贷款，后来随着产业的发展，金融需求开始向直接融资、风险管理、跨境结算、资产管理等多样化需求转变。这不仅给金融机构提出了挑战，同时也推进了产业金融的快速发展。

1.3.2 新服务

1. 精准配置金融资源

金融是各行业中最先拥抱数字化、最先显现效果的行业之一。在数字经济时代，技术应用从后台走向前台，从数字基础设施的云化到业务的数字化，金融机构利用大数据、云计算和人工智能进行快速授信、风险识别、反欺诈等，随着技术与业务的融合逐步加深，分布式账本、数字资产，以及物联网、RPA等技术嵌入投融资业务流程。银行逐步实现轻资产运行，金融资源实现"滴管式"精准配置，彻底改变了当前的存贷差模式。

深层次挖掘和分析产业组织的金融需求，实现个性化、定制化的风险定价，精准刻画客户画像、对客户做到精准营销、为客户提供精准服务，扩展传统金融机构的业务线和客户范围，特别是针对缺乏有效担保的中小微企业，从而精准配置金融资源。

2. 快速定制金融产品

金融产品不再一成不变，会有按客户需求、按场景来快速甚至实时创造的数字原生能力。金融机构根据客户的需求，在符合金融监管和自身管理规定前提下，由产品经理进行现场全流程的数字化金融产品定制。产品实时制造对科技平台的能力要求非常高，要求具有强大的模块化、组件化的业务中台。以往的立项、开发排期、测试、合规检查等，都要求快速完成，还要求强大的云计算能力、高度的AI智能程度、自动化的智能合约审批流程。

3. 实时监控风险管理

在传统金融机构服务实体企业的过程中，风险识别和风险管理是非常重要的一环。通过大数据、人工智能等技术，可以对日常的交易数据进行分析，从而更加精准地判断客户信用等级，提高风险识别和管理能力，减少金融机构和实体企业之间信息不对称的问题。

比如，基于海量对抗样本、机器学习算法以及流式计算等技术，金融机构依托阿里云构建实时风控体系，可以帮助企业识别一站式管理用户注册、营销活动、交易、信贷申请等关键业务中的欺诈风险。同时，具有精准识别和全方位覆盖的风控体系可以保护具有高价值资产的账户，防止出现恶意攻击手段造成的盗号资损、客户投诉及口碑下降。

1.3.3 新生态

当前，产业金融正在加速数智化，传统金融服务的深度、广度已经发生变化。以数字科技为核心打造出的差异化金融产品，具备流程更智能、客户更下沉、服务体验更优质的特点，更加灵活智慧的金融服务将提高产业要素生产率。

在产业金融新生态中，各方都有独特而重要的作用。

1. 产业端、第三方数据源积累数据资产

产业端包含产业组织、供应链及服务产业组织的各大平台，是资金的需求方和使用方。产业端会产生一部分具有金融属性的数据，提炼出客户需求与行为的特征后可以助力产业端的金融行为。目前，部分领域产业端已经完成了一定的数据积累，而且发展速度很快，在3~5年内将有大的迭代跳升。产业供应链及产业物联网机构通过提供服务深入了解产业运行情况，积累线上线下数据，可成为产业与金融相互连接的节点。

第三方数据源主要配合和支持产业端的数据，包含税务、工商、司法等政府机构，以及用电等公共服务类数据。第三方数据源吸收了

一定的产业运行数据，而且已经逐步开始对外共享和服务，并利用新技术满足数据安全、隐私保护等新要求。

2. 中介机构担任翻译器，从数据到信息，再到知识、智慧

律所参与数据的收集与加工、转换过程，将数据变为知识，从知识中获取智慧并支持金融服务。随着相关领域数智化的深入，中介机构的功能也在逐渐完善，监管上对这个群体的包容度也在变化，有时鼓励，有时管理严格。

如何将基础数据、信息、知识、智慧之间的桥梁搭建起来呢？在信息逐渐对称的情况下，从数智金融的角度推动金融支持实体经济就变得更有效率。客观地说，中国已经是数据大国，我们并不缺少数据，中小企业、金融机构、政府部门、金融科技机构等都有大的数据源。问题在于，怎么把这些数据变成模型化的可用信息，再将这些信息与金融机构链接，从而产生新的融资工具和融资行为，即产生信用，这些就是信息金融的内涵和逻辑所在。

遵循这样的内涵和逻辑，瀚德科技已经走在行业前沿，并取得了一定的成绩。瀚德科技旗下的国金ABS云以领先的金融技术和信息技术为依托，以新一代互联网为信息交互和交易流转平台，为中国资产证券化参与机构提供线上线下相结合的全流程综合性服务，包括资产评估、模型研发、信用评级、风险定价、信息披露、存续期管理等，推动业务流程化、电子化、标准化，同时提供资产证券化基础资产甄选、现金流测算，以及资金匹配等相关服务。其首创的国金ABS云平台资产导入量已突破千亿元规模，发展势头迅猛。

3. 资金端将金融数据半成品转换为成品

资金端是指持牌金融机构，主要作用是将中介的半成品加工为成品。以目前的情况来看，持牌金融机构两极分化比较严重，质量参差

不齐，而且持牌金融机构不可能成为真正的中介机构和数据公司，仍需要明确自己的定位和角色，并借助中介机构和数据公司的力量来充实自己。

终端出资人，包含自然人和产业组织，在银行领域中比较突出。在如今的数字经济时代，如果持牌金融机构能够实现对数据的充分利用和深度挖掘，将消解终端出资人和资金需求方的部分信息不对称，满足投资者适当性、KYC等合规要求，为出资人匹配风险适合的资产标的，有效减少终端出资人的疑虑与风险厌恶，从而促进更多资金有效参与流动融通，更好地服务实体企业。

【本章小结】

本章从产业的升维之路讲起，展现了目前产业发展所面临的机遇和挑战，主要从科技创新和金融服务两方面看数智时代下产业的创新变革。

（1）一方面，产业面临附加值低与议价权弱的难题；另一方面，消费升级呼唤产业转型。数智科技就是很好的助力器，帮助产业面对机遇与挑战。

（2）快环境下有五大不确定性：市场失焦、营销失语、管理失衡、系统失灵和增长失速，在数智科技的助力下，这五大不确定性可以得到有效缓解，促进产业链提高韧性，各环节高效协同，从而实现合作共赢。

（3）金融数智化能为产业提供定制化、个性化的金融服务，有效降低金融风险，使产业链上的产业组织更好地享受金融服务的红利，注入发展新动力。

第2章
数智金融破局中小微企业融资

金融乃经济之活水，与产业有着不可分割的关系。金融既是产业闭环的重要组成部分，又是缓解产业痛点，引导产业升级转型的重要抓手，二者的相互渗透存在着逻辑上的必然性。

在数字经济时代，产业的数智化全面推动了产业体系在质量、效率、动力方面的变革。数智科技在金融领域的不断应用促进了产业体系的畅通循环，深化了金融与实体经济的融合，数智金融愈发成为产业转型升级的加速器。开放性和平台化使得金融服务实体经济的渠道拓宽，而随着金融与产业的融合进一步加深，产业的资金和配置需求得到满足和优化。

大型企业是产业链的引领者，也是产业发展的精锐部队，因为具有固定资产等抵押物和规范的财务管理制度，可以用相对成熟的方法衡量，其获得的金融支持相对充分。与之相对的中小微企业，为我国贡献了50%以上的税收，60%以上的GDP，70%以上的技术创新，80%以上的城镇劳动就业，数量占比超90%[1]，是产业生态的重要组成部

---

[1] 参见中国信息通信研究院发布的《中小企业"上云上平台"应用场景及实施路径白皮书（2019）》。

分，但它们却因为抵质押物的缺失等原因，长期面临融资困境。

金融资本天生具有的逐利性促使金融部门的资源更多地流向高收益领域，而忽视了实体经济最"缺血"的部分，真正需要资金的中小微企业举步维艰。中小微企业的融资难题既是我国实体产业体系的一大痛点，同时也是产业体系升级转型的关键点。解决融资难的问题将成为助力实体产业发展创新的重要突破口。

数智金融服务将打破传统金融服务的局限，发挥数据资产的价值，有针对性地解决实体产业发展痛点，破局中小微企业融资困境。

2.1 生态之基：产业解构与创新

中小微企业是我国经济体的"毛细血管"，对构建完整生态、加快产业循环有着举足轻重的作用。探究数智金融破局中小微企业融资的重要一环就是要解构产业循环，了解其发展创新。

产业循环的畅通是双循环格局的核心，也是推动我国经济体系优化升级的有力支撑。在新发展格局下，产业循环的发展创新需要现代产业体系不断完善和升级。以科技和产业创新为核心，产业体系的构建既要增强供应链网络的"弹力"，又要构建要素市场化的"活力"。前者意味着推进"供应链孤岛"向数智化弹性供应链网络发展，提高供应链实时感知、有效预警、动态调节的能力，使产业循环畅通；后者要求促进生产要素协同互动，推进资本要素有效配置，改变传统的生产方式和产业运行机制，激活产业循环的潜在价值。

2.1.1 龙头核心产业链

提起供应链，我们最先想到的可能是从采购原材料开始，再加工制造形成产品，最后进行销售的产品流通链。从严谨的意义上讲，供应链是一个整体的功能网链结构，仅从供应商到消费者的物料链并不能展示供应链的全部内容。

在供应链上，包括供应商、制造商、分销商、零售商和消费者在内的多方参与者作为节点构成了网状连接。在这种网链产业模式下，围绕核心企业，物料、信息、资金得以在上下游众多企业之间流通，同时在过程中实现价值的增值。

图2-1展示了以企业A为核心的鞋服产业的供应链网络。鞋服产品从生产到流通至消费者，企业A与众多合作伙伴建立联系，包括上游提供洗染、剪裁、印花的加工商和为加工商提供植物纤维、化学纤维的原材料供应商，下游负责销售渠道的经销商和零售商，这一系列主体共同构成了鞋服产业的供应链体系。在此基础上，多个龙头企业以各自为核心构成了图2-2所示的供应链体系。值得注意的是，供应链末端的消费者并不是零散而不成体系的，根据其特点可以对其进行群体的划分，而这种分群的现象可能逐渐对上游的企业产生影响，进而影响到整个供应链。

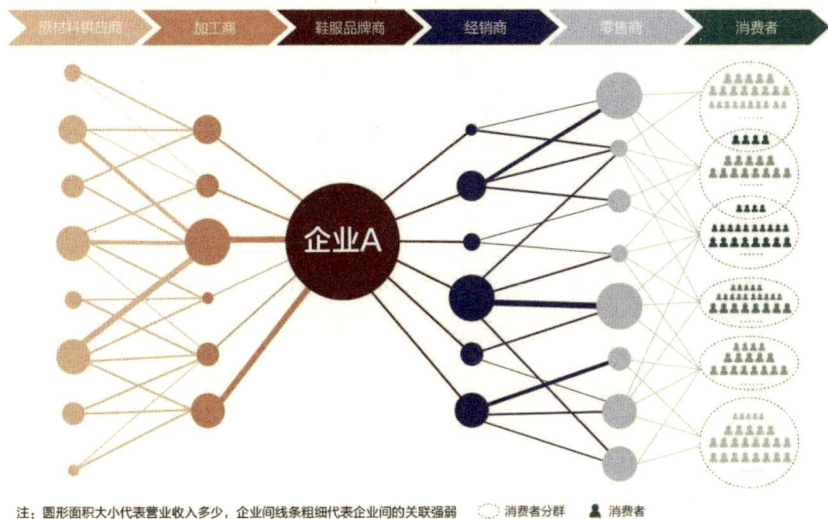

注：圆形面积大小代表营业收入多少，企业间线条粗细代表企业间的关联强弱　⬭ 消费者分群　👤 消费者

图2-1　以龙头企业为核心的供应链模型（一龙头）

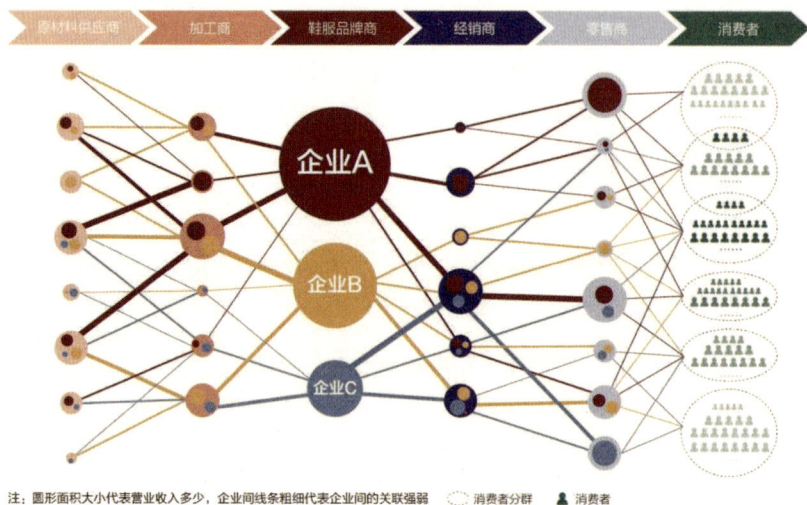

注：图形面积大小代表营业收入多少，企业间线条粗细代表企业间的关联强弱　　消费者分群　消费者

图2-2　以龙头企业为核心的供应链模型（多龙头）

在上述的以龙头企业为核心的传统供应链模式下，中小微企业分散于龙头企业的上下游，其融资的重要来源是供应链金融。而传统的供应链金融服务依赖于链条中的核心企业，金融机构依据与龙头企业的订单等商业信息为企业提供授信和金融服务，覆盖面仅停留在一级供应商或分销商，与龙头企业没有直接交易关系的多级中小微企业融资困难。同时，一级供应商或经销商的融资规模也往往受制于龙头企业的名单和授权额度，同样存在缺口。

随着信息技术的发展和产业互联网的深化，传统供应链金融的弊端愈发凸显，接近产业链条两端的小微企业往往更难以获得融资，产业体系的发展受到极大限制。传统供应链向智慧供应链转型升级的需求愈发迫切。

2.1.2　产业集群

随着产业链供应链的发展演进，各地区因地制宜形成了产业集群发展模式，以福建省的泉州为例，GDP连续领跑福建省20余年，2020年成功跻身GDP"万亿元俱乐部"。泉州是我国最早的民营经济发起地，也是我国主要的鞋服产业聚集地。仅2020年一年，泉州晋江市的制鞋业产值就高达1448亿元。

泉州产业集群取得的成就彰显了产业集群的独特优势。相比于其他的非集群组织模式，图2-3所示的产业集群企业在生产中与产业相关联，有很强的专业分工和合作关系，形成了彼此信任的产业文化。这些企业在地理上的聚集一方面减少了额外的运输费用和投资需求；另一方面促进了信息和技术的交流，营造了良好的创新环境，也为获取金融服务奠定了良好的数字基础。

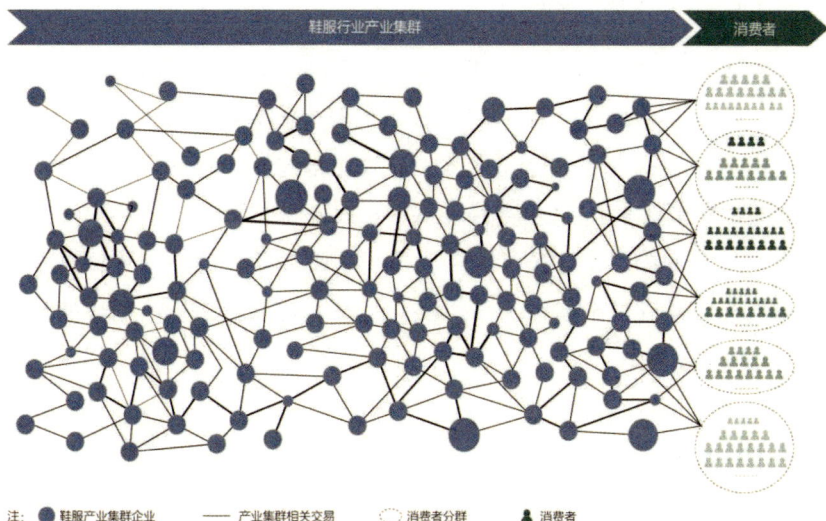

图2-3　产业集群供应链模型

在以中小微企业居多的区域产业集群产业模式下，企业基于社会关系、人际关系等完善产业专业分工，在产业链上与上下游企业构成既竞争又合作的复杂的网络关系。这种不够成熟的区域产业集群的发展具有一定程度的脆弱性，既存在路径依赖的缺点，又常常难以适应经济环境和技术的突变。此外，中小微企业群之间的纵向分工发展不充分、管理水平不高等问题也影响产业带的进一步发展，并对金融机构的风险提出了新挑战。

目前，我国正处于加快产业基础高级化、产业链现代化的战略关键时期，国家不断推进数字产业化和产业数字化。在此情形下，我国产业结构呈现不断升级向好态势，小范围内的上下游企业的产业链及微型、中型生态正在逐步构建中，越来越多的产业集群中的中小微企业的融资需求通过接入产业互联网平台得到了满足。

2.1.3 链带协同网络

数智化技术的不断发展和我国产业升级的迫切需求推动了图2-4所示的"产业带+供应链"协同产业模式的诞生。集群化的产业基地配以产销两端仓配物流基础设施建设，全数智化的供应链从深度、高度、广度全面赋能区域产业经济的进一步发展。这种新型的产业模式依托产业互联网平台，既解决了运输成本高、流通效率低的问题，又促使金融与实体经济紧密联系、高效互动，是数智金融服务产业转型升级的又一有效实践。

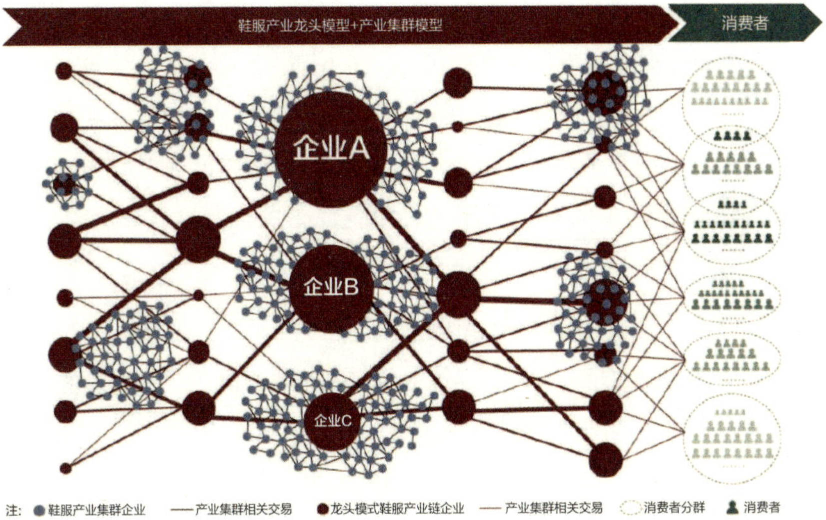

图2-4　"产业带+供应链"协同产业模式

在协同产业模式下，中小微企业众多的产业集群实现了多种产业、领域、模式的协同促进，进一步打通产业全链路，有效实现了集群效应；供应链则实现了生产计划的联动优化、物流的精准分仓、资金的有效释放、渠道的拓展升级。

产业互联网平台在其中承担了供应链组织的重要角色，有效连接了龙头企业、电商平台和中小微企业，推动了生态共建和场景互嵌。与产业集群模式相比，协同产业模式存在一定的差异性，即平台机构与龙头企业之间的合作与博弈。一方面，龙头企业的加入有助于平台机构与龙头企业积累的交易数据进行交叉验证，帮助金融机构更清晰地研判风险，进而对资质良好的企业提供优惠利率；另一方面，龙头企业与上下游企业之间可能存在博弈，平台机构则相对更为中立，能够从促进产业链顺畅运转的角度，帮助金融机构设计产品和提升服务体验。整体而言，数智化平台能够帮助交易各方加强理解，实现担保支付，缓解交易信任问题，使分布于产业链各个环节和产业带中的中小微企业的融资诉求得到切实回应。

从以龙头企业为中心的供应链产业模式和区域产业集群模式，到二者协同叠加的产业模式，数智化赋能使产业循环得到发展和升级。而这三种产业模式也不是互斥的关系，而是共存在我国的产业体系中，共同构成丰富多样的产业生态，发挥重要作用。

2.1.4 产业"五流"循环协同

随着商业要素的在线化与数智化的推进，现代产业供应链协作体系对数智化平台等基础设施提出了更高的要求。智能化的产业供应链协作网络实现了商流、物流、资金流、信息流和人才流的"五流合一"。

物流作为产业链核心的承载点，其不再局限于以往对货物的搬运，而转变为对货物销量的预测、对采购生产的调整及对全链条的优化；商流与物流相辅相成、相互促进，拉动数智化升级后的分销渠道、营销手段等商业模式的发展；智能算法对采购生产端计划的优化、库存周转率的提高，有效释放了企业的资金、提升了资金利用效率；全渠道、全链路的实时数智化，实现了商品从下单到送达信息的透明、可追溯，而透明可靠的信息打通了产融结合之路，方便了数智金融的开展；组织在线、业务在线促使产业链相关岗位人员信息通畅、透明，协同更顺畅，人力资源可以得到更充分的激发，整体形成了巨大的生产力。总的来说，智能协同产业体系，服务产业，重构产业，促进了产业业务多元化、生态化布局，极大地提升了产业效率、增加了效益。

2.2 金融之锚：服务产业与流变

现代产业体系的发展与创新离不开现代金融的参与。企业从设立到清算，整个生命周期离不开资金的支持。金融能够助力企业实现集中资本、提高资源使用效率、生产规模化及降低成本。这些都是所有企业绕不开的关键要素。

2.2.1 数智金融助力产业创新

自改革开放以来，我国的产业金融经历了直接面向单点客户的传统金融服务1.0阶段，延伸至产业上下游的供应链金融2.0阶段，并进一步向依托平台的产业核心生态圈3.0阶段发展。而无论是1.0阶段还是2.0阶段，都过度看重核心企业的主体信用，金融服务半径相对局限，数量庞大的中小微企业深受其困。

数智时代的到来和数智科技的不断发展催生了新场景与新业态，实体产业的金融需求不再仅仅停留在单一的存款贷款、货币结算上，而是不断分化和发展产生了诸如直接融资、风险管理、资产保值等多样化的需求。原有的金融服务审批流程长、服务半径短，具有融资条件限制，难以满足企业高效、便捷的融资需求。在这种情形下，传统金融机构亟需打破原有桎梏、创新服务模式，适应并构建新的能力。

大数据、物联网等数智科技为传统金融机构的自我重塑与升级提供了新的解决方案。在数智科技的参与下，机构、产品、市场、文化等金融要素实现了创新和高效协作，既包括组织的高效协同，也包括万物互联形成的人与物的协同。银行等金融机构在敏捷能力、风控理念与模式、场景生态构建等方面持续升级，向数智化不断转型。

敏捷能力：通过基础设施建设升级，实现更快地感知和适应变化，提升技术、业务、组织的敏捷性。

风控理念与模式：数据与智能融合，释放数据价值，进行智能风控。

场景生态构建：以开放合作的姿态构建生态，不断适应新的场景，提供更大范围的服务。

金融机构传统金融服务与数智化金融服务的差异性，如表2-1所示。

表2-1　金融机构传统金融服务与数智化金融服务的差异性

	传统金融服务	数智化金融服务
金融业务	市场细分度不足； 个性化服务缺失； 市场渗透率较低	数智科技实现低成本业务优势； 实现产品差异化、细分化； 根据客户灵活调整产品及服务
金融拓客	线下网点客流量、交易量缩减； 直营获客难度大； 回报率降低	大数据营销、场景创新服务等形式不断涌现； 获客渠道拓宽
金融风控	缺乏连续性和高效性； 占用大量资源但效果欠佳	从面对面演化为点对点； 多数据交叉验证解决风控难题

1. 银行机构数智化提高产业服务覆盖面

银行贷款是企业最主要的融资方式，在传统金融服务下，银行贷款难以满足在产业发展的每个阶段中企业的融资需求，比如在产业形成期，大量中小微企业受限于资质与信用，会被银行拒之门外。

数智科技的应用为银行贷款带来了更多可能性。以江苏苏宁银行为例，其将数智科技与实践结合，构建出一套覆盖小微企业金融业务全流程的体系：从星象精准营销系统、天衡小微金融风控系统到秋毫风险预警系统、捕逾智能催收系统等。江苏苏宁银行的数智化满足了产业起步、发展期对银行贷款的需求。

截至2021年9月，江苏苏宁银行累计服务28万家小微企业，累计放款349.3亿元，其中小微企业在贷户均8.4万元。银行贷款服务的数智化提高了服务覆盖面，优化了完整产业生态的构建[①]。

---

① 参见《金融科技+场景金融打造普惠金融"精品银行"》——专访江苏苏宁银行董事长黄金老。

2. 证券服务数智化构建产业业务新场景

债权融资与股权融资是企业直接融资的两种方式。我国债券市场分层尚且不足，债券融资更适合大型国有企业和融资政府单位，针对中小企业的债券融资发展不尽如人意；同时，股权市场对中小微企业的整体支持力度也不足。

随着数智科技在证券行业的不断渗透，金融机构的传统业务和运营模式不断升级，证券市场业务场景趋于智能化和多元化。金融机构可以利用数智系统、数智平台降低运营成本，提供更加高效、普惠的服务。比如，浦发银行利用信息接入和展示平台，实现债券交易信息的快速传递、响应和匹配，吸引社会资本向实体经济债券市场流入，降低企业直接融资成本，促进企业与资金更有效的对接。

3. 非银行金融机构数智化优化产业生态

（1）融资租赁机构

融资租赁是目前国际上最普遍的非银行金融形式，其集融资与融物于一体，推动金融资本向产业资本转化。尽管融资租赁具有改善资产结构、促进销售等优点，但也存在信用、代理等方面的风险。

数智化转型下的融资租赁机构提升了资产管理能力，推进了交易结构透明化，缓解了上述风险。其中，智能运营管理系统提高了租赁过程的整体运营效率；智能化平台实现了远程监控，基于设备的相关运营数据，进一步及时评估租赁资产的不良率，调整资产配置，提升租赁资产的风控能力。

（2）融资担保机构

融资担保是担保业务中最主要的品种之一，在传统模式下，其存在线下信用评估/评审耗时长、审核人员审核评判差异大、批量项目较依赖合作机构等一系列痛点。

随着数智科技的成熟与应用，数智化转型成为融资担保机构提高核心竞争力、推动业务开展的必经之路。依托数智科技，融资担保机构围绕目标主体的信用变化及风险行为，通过数据、模型等手段进行动态监控，进而实现风控信息一体化和融资担保业务全面开展。融资担保机构立足自身业务需求，提升了数据治理、风险管控能力，在有效化解金融风险的同时更好地助力实体产业发展升级。

（3）保险机构

保险业是现代经济的重要产业，也是社会保障体系的重要组成部分。在"数字中国"发展战略指引下，拥抱数字化改革成为保险行业的必然选择。

数智科技在传统保险业务模式中的运用，加速了保险业在产品、风控、渠道、服务、生态等方面的迭代；产品设计、精算定价、销售管理、风险核保、出险理赔等环节的流程重塑，将进一步助力保险业发挥保障的功能，优化产业生态，服务实体经济。

> **专题案例** 中华财险的数智化转型之路 🔍

2分58秒，从接入到定损；15分钟，车险赔款到账。疫情期间，中华财险借助云上系统实现了远程、无接触、线上快赔的一站式服务。

中华财险的数智化转型之路始于2020年6月，其基于阿里云技术产品构建起新一代分布式保险核心系统，开启了保险行业数智化创新的先河。截至2021年7月，中华财险的车险报价、理赔资源管理等33个重要系统均已完成上云，核心系统的构建使其研发运维效能得到有效提升，业务形态不断创新。

在营销方面，通过将中华财险语料库与阿里巴巴知识图谱、达摩院算法等技术结合，中华财险加速了销售服务的智能化升级。智能一体化项目在杭州试点以来，家用车续保率提高超6%，首日报价率提高近9%，保费多元化率提高约4%，取得了良好的试点效果。

在产品服务创新方面，通过引入物联网等技术，实现了风险预判和规避。此外，中华财险与阿里云正在展开场景保险产品的共创，首批农业领域产品进入落地实践阶段。

4. 结构化金融数智化提供产业发展新思路

结构化金融是现代金融的创新形式，相比于传统金融更侧重于整体资产。结构化金融利用部分资产进行融资，银行与企业能有效盘活存量，在一定程度上弥补传统金融的不足。ABS（Asset-Backed Securities，资产证券化）、REITs（Real Estate Investment Trusts，房地产投资信托基金）等资产证券化产品就是典型应用。

然而，由于底层资产形态复杂、评估难度大，国内的资产证券化实践普遍存在过度依赖主体信用、忽视资产信用等现象。数智化管理平台能够提取并运算数据，生成资产表现报告，进行可视化跟踪；发行者在数智化系统中可以建立独立管理账簿，从基础资产池回款计划、实际回款表现等维度建立产品画像，呈现产品质量；参与机构和投资者可以登录管理账户，实时监控资产证券化产品运行。

2.2.2　金融支持小微新兴融资

在产业形成、发展、调整和升级的各个阶段中，金融是不可或缺的投资要素。在我国经济体系优化升级的背景下，用更加精准化、个性化、集约化的资金配置方式取代原有"大水漫灌"的方式能够更好地优化资本要素配置、推动金融支持实体经济，帮助中小微企业与新兴行业自我成长与升级。

1. 金融领域的政策性支持

（1）供应链金融

近年来，国家高度重视供应链金融工作，将其视为金融领域改革的重要内容，围绕供应链金融出台了一系列的政策措施。这些政策的提出一方面鼓励供应链金融创新；另一方面打击供应链金融乱象，支撑产业链发展，提升产业链各方价值。供应链金融的相关政策文件如表2-2所示。

表 2-2　供应链金融的相关政策文件

发布时间	发文单位	文件名称	相关内容
2008.3	中国银保监会	《关于银行业金融机构支持服务业加快发展的指导意见》	银行应探索围绕核心企业、开发上下游企业的全景式供应链融资方式
2017.1	商务部等5部门	《商贸物流发展"十三五"规划》、	扩大融资渠道，推广供应链金融。鼓励商贸物流企业通过股权投资、债权融资等方式直接融资
2017.3	中国人民银行、工业和信息化部等5部门	《关于金融支持制造强国建设的指导意见》	大力发展产业链金融产品和服务；充分发挥人民银行应收账款融资服务平台的公共服务功能，降低银企对接成本
2017.5	中国人民银行、工业和信息化部、财政部等7部门	《小微企业应收账款融资专项行动工作方案》	推动地方政府为小微企业开展政府采购项下融资业务提供便利；动员国有大企业、大型民营企业等供应链核心企业支持小微企业供应商开展在线应收账款融资业务

续表

发布时间	发文单位	文件名称	相关内容
2017.10	国务院办公厅	《关于积极推进供应链创新与应用的指导意见》	打造大数据支撑、网络化共享、智能化协作的智慧供应链体系，提升我国经济全球竞争力
2018.4	商务部和信息化部等8部门	《关于开展供应链创新与应用试点的通知》	推动供应链核心企业与商业银行、相关企业开展合作，创新供应链服务模式。共有55个城市，269家企业入选试点城市和企业
2018.5	财政部、商务部	《关于开展2018年流通领域现代供应链建设的通知》	中央财政服务业发展专项资金支持现代供应链体系建设，发挥中央财政资金对社会资本引导作用，支持供应链金融体系中薄弱环节和关键领域建设
2019.4	国务院办公厅	《关于促进中小企业健康发展的指导意见》	研究促进中小企业依托应收账款、供应链金融、特许经营权等进行融资
2019.7	银保监会	《中国银保监会办公厅关于推动供应链金融服务实体经济的指导意见》	银行保险机构应当依托供应链核心企业，基于核心企业与上下游链条企业之间的真实交易，整合物流、信息流、资金流等各类信息，为供应链上下游链条企业提供融资、结算、现金管理等一揽子综合金融服务
2019.11	商务部、中国工商银行	《关于组织供应链领域重点合作项目推荐工作的通知》	为加快推进供应链创新与应用，商务部和中国工商银行围绕重点合作领域，遴选出一批部行合作重点支持项目

发布时间	发文单位	文件名称	相关内容
2020.1	银保监会、商务部、国家外汇管理局	《关于完善外贸金融服务的指导意见》	鼓励银行在有效把控供应链信息流、物流、资金流和完善交易结构的基础上，围绕核心企业开展面向上下游的境内外供应链金融服务
2021	《政府工作报告》		首次单独提及了"创新供应链金融服务模式"

相比于传统模式，数智化的供应链金融实现了覆盖面的增加与融合度、效率的提升。

覆盖面：围绕客户需求不断拓宽服务边界，将核心企业的信用延展到多级供应商。

融合度：通过供应链金融生态圈的打造，实现金融与产业企业的更深对接；以数据共享为手段，形成对物流、信息流等"五流"的闭环管理，推进企业共享、共赢。

效率：大数据画像、智能风控体系更快响应融资需求；全流程的线上化让服务更高效，使用更便捷。

（2）支小再贷款

为精准发力改善中小微企业贷款的薄弱环节，中国人民银行于2014年创设了"支小再贷款"。这一重要的结构性货币政策工具在强化金融服务实体经济，推动中小微企业做大和做强上发挥了重要作用。

以中国人民银行桂林市中心支行的实践为例，中小微企业切实享受了"支小再贷款"的红利。自2014年至2018年，中国人民银行桂林市中心支行对广西壮族自治区内十余个行业范围的1200多户中小微企业给予了资金支持，累计发放"支小再贷款"金额77亿元。根据图2-5可以看出，银行发放的中小微企业贷款加权平均年利率显著低于同期自筹资金贷款[①]。

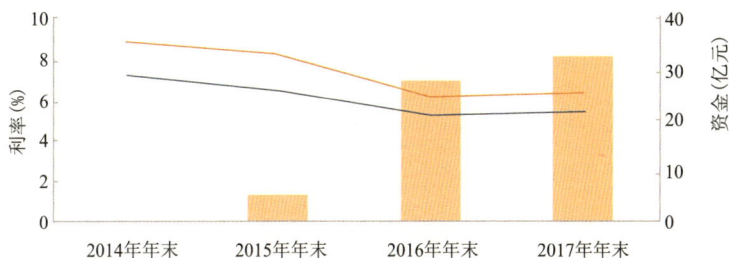

图2-5　桂林银行"支小再贷款"余额、"支小再贷款"利率、自筹资金贷款利率

在2020年疫情期间，"支小再贷款"等工具也为企业复工、复产提供了强有力的支持。在政策指引下，贷款利率下降，再贷款规模增加，中小微企业的融资环境得到一定程度的改善。抗疫期间部分央行"支小再贷款"工具如表2-3所示。

表2-3　抗疫期间部分央行"支小再贷款"工具

时间	操作对象	运用对象	金额	价格
2020.1	地方法人银行	中小微企业	3000亿元	优惠利率
2020.2	三家政策性银行	民营、中小微企业	5000亿元	下调支小和支农再贷款利率0.25至2.5百分点
2020.4	地方法人银行	中小微企业	10 000亿元	再贷款利率维持2.5%

① 支小再贷款　撬动作用大　桂林辖区支小再贷款政策撬动效果显著[J].区域金融研究，2018(06)：93.

2. 金融创新支持

（1）风控联合建模

在传统风控体系中，信息获取和对风险把控不足是阻碍中小微企业融资的因素之一。金融机构普遍存在的"信息孤岛"现象使得数据的搜集和获取困难重重，传统风控体系模型的开发又对开发人员要求颇高，效果时常不尽如人意。

数智科技的创新应用赋予了了金融机构在风控管理、反欺诈、贷前信审、贷后管理等环节敏锐的洞察力。具体而言，金融机构全方位、多维度地收集了中小微企业相关数据，依托智能化风控体系实现对风险的动态监控，取得更为精准的风险评估，进而覆盖到传统风控下服务不到的中小微企业。例如，渤海银行构建中小微企业风险分析模型（图2-6），加强了政采中标企业贷前审批与贷后管理工作，进一步降低了政采中标企业的融资成本，有效提高了对"政采贷"的风控能力[①]。

（2）投贷联动

投贷联动是将信贷投放与股权融资相结合的一种融资方式。这种创新型模式既能帮助银行实现自身转型升级，又能破解新兴行业融资困境。通过投贷联动，商业银行实现了多元化盈利，投资积极性有所提高；中小微企业则以转让较小比例股权的方法，获得了资金支持。

---

① 参见锦江企业科技产品上榜人行成都分行第二批金融科技创新监管试点项目。

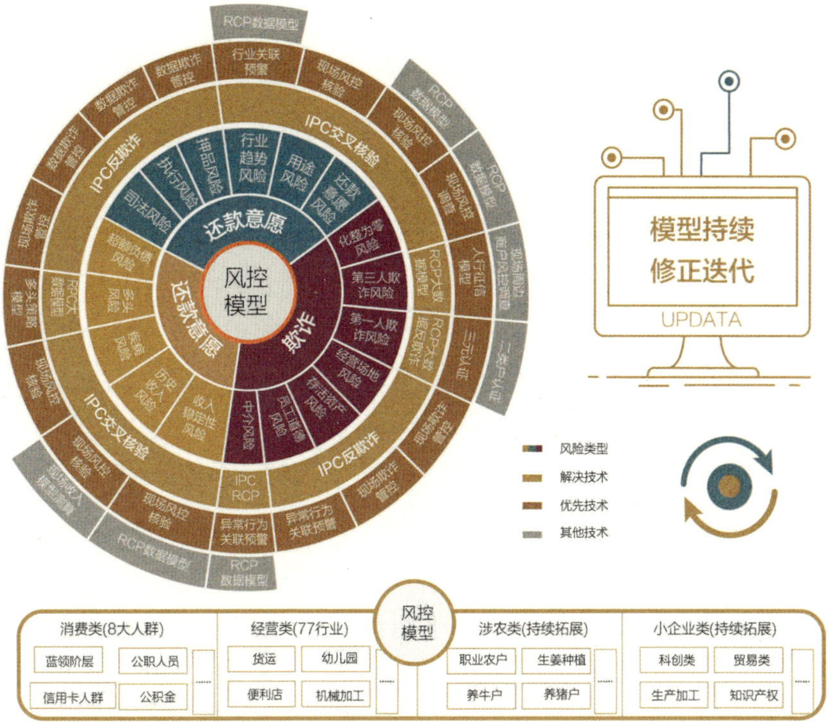

图2-6　基于大数据的辅助风控产品

　　2021年9月，南京银行启动专项行动，以"各方联动、分层营销、逐户服务"模式，推出一揽子面向"专精特新"中小企业的专属金融服务，以江苏省连云港市某食品配料企业为例，在"小股权+大债权"投贷联动业务模式的支持下快速成长，规模不断扩大，经营质态持续改善。2020年，该企业成功入选中华人民共和国工业和信息化部公布的第二批专精特精"小巨人"名单，成为中国精细磷酸盐的标杆企业[①]。

---

① 参见《南京银行启动专项行动赋能"专精特新"中小企业》。

（3）大数据金融

大数据金融同样帮扶中小微企业与新兴行业，满足它们多层次融资需求的重大金融创新。传统金融服务依托海量非结构化数据，借助云计算等技术进行分析，实现了创新升级。

目前，大数据金融可分为平台与供应链金融两种模式。前者以阿里小贷为代表，其充分利用淘宝、支付宝等电子商务平台上的客户数据信息，在确认真实性后，向通常难以从传统渠道获得融资的中小微企业发放小额贷款。后者则是在海量交易信息的基础上，龙头企业与银行等金融机构开展合作，对产业链条中的上下游企业进行融资。在这种合作模式下，龙头企业以未来收益的现金流做担保，获得银行授信，为供应商提供应收账款保理等贷款。

3. 其他类金融支持

资产登记托管系统、清算结算系统等金融基础设施就像是金融体系中的道路和桥梁，是市场稳健、高效运行的保障，也是中小微企业融资的必要支持。制度与规则体系为金融市场运行提供了软约束，用于清算、结算等的机构间多边系统为各类金融活动提供公共服务。

在数智科技环境下，金融基础设施建设迎来更多机遇，支付体系的发展升级就是很好的体现。近年来，我国非现金支付工具不断丰富，二维码支付等支付方式不断涌现，这显著拓展了支付系统的服务范围，为广大使用者提供了便利。从这个角度上看，金融基础设施的发展使得大量长期游离在银行之外的弱势群体受益，有了进入正规金融体系享受到相应服务的机会。

整个体系的发展增强了各金融机构间的协作，降低了交易成本，同时也促进更大规模、更高效率的产业资本积累。安全、高效的金融基础设施成为拓宽普惠金融渠道体系、服务广大企业的重要基础。

2.3 中小微之困：融资挑战与肇因

我国的中小微企业在促进经济增长、贡献税收、提供就业等方面贡献了重大力量，是整个产业体系的关键要素。然而，长期以来中小微企业作为金融业的长尾客户，其所处的融资环境不容乐观。

2.3.1 躬身入局识困境

1. 融资难

目前，我国中小微企业的资金来源以自有资金、企业留存收益等方式为主。这种从内部渠道获得融资的方式具有不稳定、不充足等缺点，企业可能因此错失投资良机，在恶劣的外部经济环境下，甚至会资金链断裂以致破产。

中小微企业也可以采取贷款等外源性融资，然而，以商业银行贷款为主的外部融资却不易获得。如图2-7所示，从2015年至2018年，尽管商业银行提供给小微企业的信贷资金余额不断增加，但小微企业贷款占总贷款的比重并不高，甚至在2017年第四季度后呈现下降趋势[①]。

图2-7 商业银行总资产、小微信贷余额和小微信贷余额占比趋势图

对标国际标杆，我国缺乏扶持中小微企业的专营金融机构，商

---

① 陆岷峰，徐阳洋.数字小微金融:产生场景与发展策略[J].西南金融，2020(01)：62-70.

业银行资金支持占据了中小微企业融资的大部分比重。但商业银行发放贷款首先要考虑安全性，中小微企业的"先天不足"造成了商业银行对其扶持力度有限。此外，一些中小银行偏离主要业务，因法人治理结构不完善、技术支撑和人才储备匮乏、外部激励制度不完善等原因，也未能有效服务中小微企业融资。

2. 融资贵

融资贵是中小微企业面临的又一大困境。一方面，除极少部分优质中小微企业外，大部分中小微企业都承受着偏高的融资利率。传统金融机构针对中小微企业发放贷款的利率会基于基准利率上浮20%甚至更高，中小微企业支付的浮动利息部分更是大于大企业，最终利率波动在5%到10%之间。而商业银行较高的融资门槛使得中小微企业不得不去选择民间贷款等成本更高的融资方式，进而加重利率负担。

另一方面，中小微企业需要支付一系列其他费用。在申请首贷时，部分中小微企业由于缺少有效的抵押物，只能通过担保公司获得贷款，需要支付较高的保证金、担保费、评估费等。而在申请续贷时，企业又必须偿还先前贷款后才能获得下一笔贷款审批，导致一部分企业在还清旧贷款与新贷款获批期间只能通过民间拆借等方式筹集费用，而这类费用时间短、金额高，进一步加大了企业的融资成本。

3. 融资慢

中小微企业融资所面临的第三个困境是融资慢。商业银行贷前调查和制度性的审批流程多而严格。企业办理财产评估、登记、保险等有关手续，从申请到审批完成，至少需要30天，额度大的贷款耗时则会更长，且相当数量的贷款申请存在被否决的可能性。

近年来，为解决中小微企业融资难题，我国政府部门及各大银行都采取了多项措施。政府部门积极推进商事制度改革，针对中小微企业制定税收优惠政策；中国人民银行定向降准，通过中期借贷便利等工具支持中小微企业融资；商业银行加大信贷投放力度、降低融资利率、减少实物资产抵押。一系列举措取得了一定的成效，但政策性的举措所发挥的作用有限，市场性的根本问题未被有效针对，融资难题亟需更有效的解决方案。

2.3.2　跳出画外理成因

1. 误差与时差：信息采信难

造成中小微企业融资困境的因素是多方面的，但首要因素还是中小微企业信息收集上的误差与时差。

信息误差：①相比于大型企业，中小微企业经营规模小，内控意识薄弱，财务管理混乱，信息存在较多误差；②财务制度的不健全也方便了很多中小微企业虚报、瞒报、伪造财务账簿。

信息造假、隐瞒信用等级加上贷款后不按规定使用资金导致了信息误差。

信息时差：中小微企业信息披露机制通常较为落后、不健全，银行在信贷审批时无法及时、准确地获取其真实信息，审批后续的跟踪管理耗时长、成本高。

信息收集的局限性加大了对中小微企业画像的难度，商业银行等金融机构出于风险管理的考虑，会采取提高贷款利率等措施，而这无疑又加剧了中小微企业的融资难度。

2. 风险与信用：担保物缺失

在市场竞争中，由于中小微企业经营规模小、资金实力差、抵抗风险能力弱、利润不稳定、缺少抵押担保物，因此为其提供贷款的机构面临极大的风险。

中小微企业整体信用水平相对较低，一是融资使用情况普遍不规范，资金流向与事前约定不匹配；二是"逃废债"现象屡见不鲜。这些行为会损害中小微企业的整体信用水平，致使更多的金融机构对它们实施更加严格的贷款审批。例如，2014年盐山县爆发的"中海事件"，据相关统计，在该事件发生后盐山实体经济陆续损失金融机构资金近10亿元[①]。此外，在现实当中，对于那些进入清收程序的贷款，即使银行赢了官司，后续也难以收回资金，权益遭受损害。

3. 机制与决策：服务需创新

中小微企业融资具有小、频、急的特征。从金融机构的角度看，为中小微企业提供服务需要专门人员尽职调查，整个过程耗时长、成本高、风控效果没有保障。这严重束缚了银行等金融机构的风控能力，也降低了决策效率，很难提供契合中小微企业融资特征的金融服务方式。

上述原因可以归结为两方面：一是中小微企业信息问题，二是金融机构决策机制问题。这两方面的问题看似"久病难医"，却在数智科技的帮助下有了新的解决方向。区块链、大数据等技术对传统金融领域的经济活动流程进行了重新设计与优化，做到了降本增效；中小微企业信贷流程的重塑也使得金融机构能够打造更加标准化、自动化、高效化的小微金融产品和业务。

2.4 破解之道：金融数智化与突围

数智化的解决方案并非仅靠中小微企业的自身突破。在产业互联网化的趋势下，金融机构、产业组织、第三方机构和政府等多方联合搭建数智化平台，打造优质的产融生态圈，增进产业与金融的相互

---

① 王海燕.沧州市小微企业融资调查[J].河北金融，2019(02)：20-21，31.

理解和互促发展。如图2-8所示，数智化平台集多重数智科技优势于一体，分析产业链积累的数据及政务数据、其他第三方数据等外部数据，并进行交叉验证，实现数据的结构化、动态化、秩序化、信用化和生态化。而中小微企业通过与大企业、产业平台进行对接，能够有效实现数智化和突围。

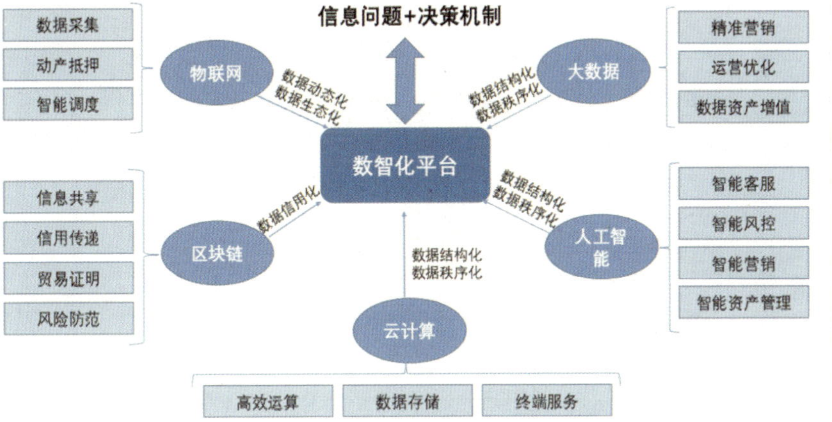

图2-8　中小微企业的数智化解决机制

以飞鸽工业互联网为例，在唐山市政府的支持下，首钢集团联合阿里云结合唐山区域产业特色，以"1平台，4中心，N行业"的模式建设和运营唐山飞鸽工业互联网平台，服务于钢铁冶金、能源化工、港口物流等多个行业中的众多企业。平台集运输、支付、保险、ETC、金融等业务于一体，实现了内部与外部资源整合，全程可视化管理，掌握了真实、全面的物流信息，为银行等金融机构提供信用报告，有效缓解了中小企业的融资压力。

2.4.1　智能物联，集数成海

以数智化平台为依托，智能物联网帮助解决数据流断点问题，实现数据的动态化和生态化。传统动产质押业务依赖人工监管，存在着重复质押、池化管理、以次换好等风险问题，金融机构一般也不愿意接受动产作为抵押物。物联网技术的介入，弥补了动产融资数据流的断点。利用射频识别技术、GPS等，智能物联网可以定位动产，形成动态数据。图2-9所示的智能物联感知平台实现了对贷款企业静态、动态抵押物的实时监控，帮助金融机构准确掌握押品信息。

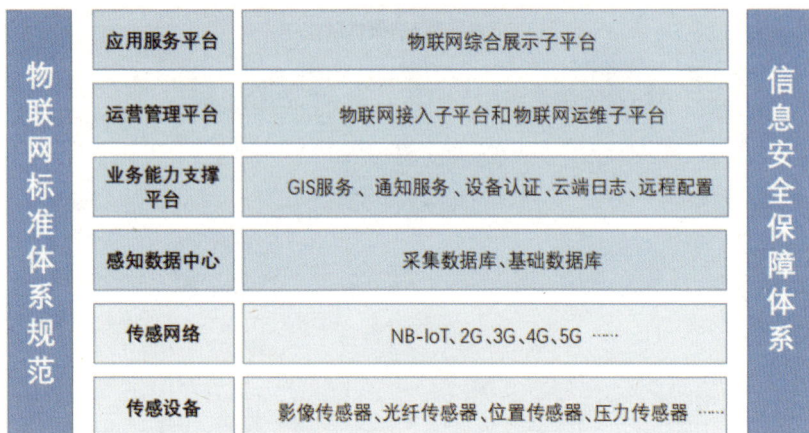

图2-9　智能物联感知平台框架图

江苏银行利用智能物联网，以自主研发的"苏银链"为平台，通过互联网同步平台与银行端的信息，业务全部线上化，实现物流、资金流、信息流、商流、人才流"五流合一"，破解了信息不对称难题。图2-10展示了江苏银行动产质押融资业务的流程。

银行端通过自主研发的动产质押融资业务系统，整合了银行内部网贷平台系统、押品管理系统等各个专业系统，实现了系统间的准确对接，做到了动产质押融资业务的申请、放款、还款、质押、解押各个环节的线上化操作，节省了时间成本。在客户从平台发起融资申请的同时，银行从平台获取企业动产质押的融资信息，分析实时数据，审批通过即可放款。此外，在风险控制方面，银行通过对贷款状态、押品状态的对比分析，能够有效地掌控入出库等活动，一旦出现异常，物联网就能有所感知并立即报警①。

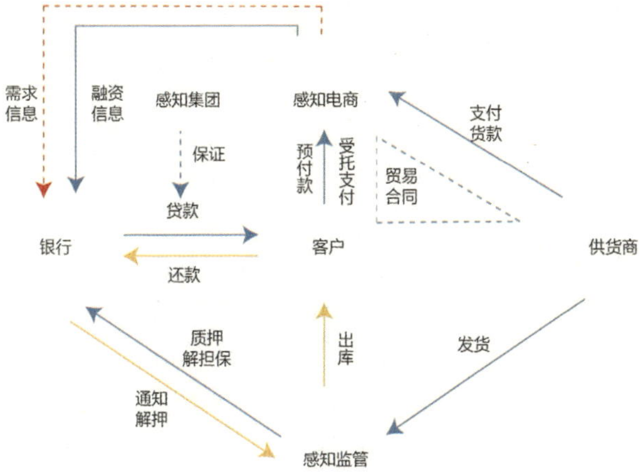

图2-10　江苏银行动产质押融资业务全流程图

江苏银行的这一物联网金融实践极大地提升了中小微企业融资业务办理的效率，也反映了传统金融模式的改革与创新。

2.4.2　智能大数，金融提效

在数智化时代，数据资源得到越来越多的关注。数智科技使数据变得"可视化"，将以往杂乱无章的数据处理，转化为有用的信息资源。目前，越来越多的金融机构将大数据与人工智能结合为社会主体提供金融领域的服务，二者的应用刻画出企业的一系列特征，实现了数据的结构化和秩序化。

大数据可以精准捕捉并连续描绘出中小微企业的信用画像：多维度、全方位地整合中小微企业的各类数据，结合神经网络、随机森

①　周月书，傅子轩."物联网+动产质押"融资模式探析——基于江苏无锡感知集团的调研[J].现代金融，2021(08): 3-6.

林、贝叶斯等各类算法进行建模，实现了如图2-11所展示的"精准画像"，既缓解了信息不对称，又帮助金融机构进行决策。

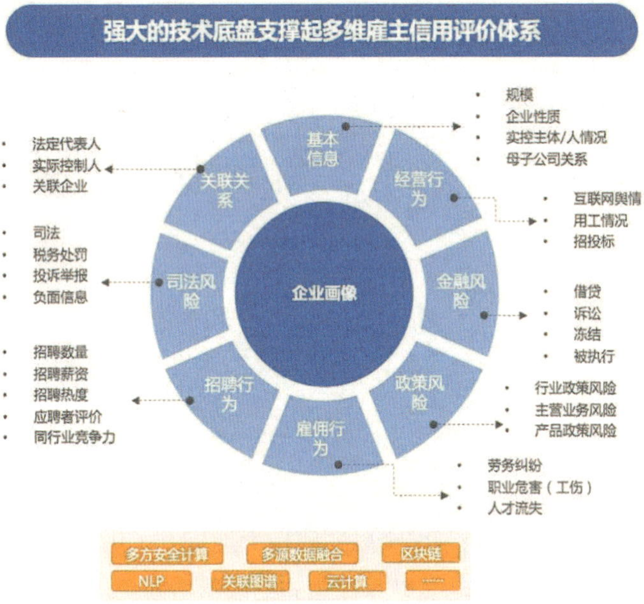

图2-11 企业信用评价体系架构图[①]

人工智能可以分别在前端、中端、后端实现海量数据的自动收集、挖掘、清洗、分析及管理体系的建设。当前，人工智能在金融机构中的应用主要是智能客服、智能机器人、计算机视觉识别及深度学习四个方面。借助大数据与人工智能，金融机构搭建起智能风控体系，实时监控企业的资金流向和生产经营状况，降低了信息不对称的程度，同时有针对性地解决了贷后管理问题。

上海银行运用人工智能、数字证书、大数据、移动互联网等技术

① 智联招聘携手蚂蚁企业信用推出"雇主信用评价体系"，提升网络招聘安全保障[N].中国经济导报/中国经济导报网.

为中小微企业提供了基于移动银行的在线融资产品。产品提供在线申请、自动核额、电子签约、贸易背景核实、放贷还贷等一系列服务。"S行普惠"非接触金融服务解决了银行覆盖面不足的问题，拓宽了中小微企业融资渠道，提高了融资效率和安全性[1]。

2.4.3　区块链，可信新锐

区块链是一种分布式的共享账本，是由各方用户共同参与传递、记录及存储交易数据的开放式自治账簿系统，具有可追溯性、不可篡改性、去中心化、分布式存储、智能合约等特点。这些特点使数据具有高度的可信性，实现了数据的信用化。

（1）可追溯性意味着溯源成本的降低，也表明在一定时间范围内的所有交易信息都可以按照时间顺序被追溯，进而使得企业的历史交易数据变得透明化。

（2）数据加密、防篡改的特性意味着存储好的交易信息上链后难以更改，再利用物联网动态监测供应链贸易数据，实时不断记录，造假的可能性降低。

（3）去中心化存储结构意味着权力不再集中而得以分散，中小微企业大量的交易信息存储于各个节点当中，有效降低了安全风险。

（4）智能合约则是一种特殊的协议，可以固定和明晰资金清算的路径。再加上对支付体系的监督管理，资金挪用、违规违约的行为大幅减少，信用问题得以解决。

当前，区块链技术已经在中小微领域有所应用，比较有代表性的是图2-12展示的"区块链+供应链"模式。这种创新型的模式用区块链技术缓解了信贷、操作、信息泄露等风险短板，有效地弥补了传统供

---

[1]　参见《上海银行：未来三年普惠贷款规模突破1000亿元》。

应链金融的一些缺陷。

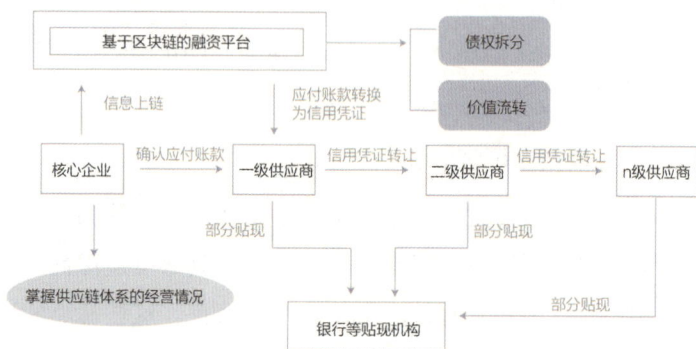

图2-12 "区块链+供应链"模式

传统供应链缺陷及区块链的解决方案如表2-4所示。

表2-4 传统供应链缺陷及区块链的解决方案

传统供应链金融缺陷	区块链的解决方案
供应链上存在"信息孤岛"	共享账本实现数据链上存储、业务链上操作
核心企业信用难以传递	确权凭证可追溯,实现核心企业信用多级传递
贸易场景缺乏可信性	数据上链整合、多维印证,确保贸易行为真实性
结算存在违约、操作风险	智能合约自动执行,保障交易可靠进行

　　双链通平台是"区块链+供应链"模式的代表性应用。该平台通过记录用户的整个交易过程,得到完整的信用报告,在确认后将数据与链上参与者共享,降低信贷风险;以智能合约代替人工契约,省略了手工核算和审计流程,实现了对供应链金融的穿透性管理;分布式账本和非对称加密技术的应用打消了企业对信息泄露的顾虑。

【本章小结】

本章从产业循环的解构与创新出发,将中小微企业作为产业体系升级转型的重要突破口,分析金融服务数智化对产业发展、中小微企业融资的重要性,解读中小微企业融资困境与原因,立足痛点,给出数智化的破解之道。

(1)从以龙头企业为核心的供应链产业模式、区域产业集群产业模式到协同叠加产业模式,在数智化赋能下产业循环得到发展和升级。数智化既增加了供应链网络的"弹力",又提高了要素市场的"活力"。

(2)在数智时代,新场景与新业态不断涌现,实体产业金融需求不断分化,数智化的金融服务将打破传统金融服务的约束,创新服务模式,提高服务能力,更好地服务于产业。

(3)作为产业生态的重要组成部分,中小微企业面临的融资困境不仅限制了自身的发展,更限制了产业体系的转型。通过接入大企业、产业的数智化平台,中小微企业能够有效利用多重技术优势,实现融资困境的数智化突围。

产业数智金融模式架构

第 2 篇

热带雨林是地球上抵抗力、稳定性最高的生态系统，全世界一半以上的植物物种都栖息于此，超过25%的现代药物都是由热带雨林植物提炼而成的。在这个体系中，按食物链法则传递着每一个物种的生存压力，形成了一个庞大的自我运作的规则体系。热带雨林生态的可持续发展得益于其四大特征："多元""冠层""共生"和"进化"，这些也正是产业生态发展的重要特征。

与自然界的雨林生态系统一样，企业组织与其他组织或其所处的环境之间，同样有着千丝万缕的联系。企业之间、企业和中介服务机构之间、企业和政府之间、企业和用户之间，依靠各自的核心能力及优势互补，相互影响、相互作用，以实现价值增值所形成的复杂经济群体。

——张夕勇《创新型产业集群》

在数智科技的支撑下，产业、金融、政府（含监管）与第三方机构等构成了一个新型的数智生态体系，这个生态体系要实现相关方良性互动和整体可持续发展，同样需要一套有效的运行和演进机理。

第3章
产业数智金融内涵和外延

在产业融合与升级的大趋势下，金融服务也将升级为以"云+端+生态"为基础的产业数智金融服务。当前，金融业务从分布式逐步转型云化，金融机构积极应用新技术，建设数智基础设施，汇聚和挖掘数据价值，通过技术、业务、组织的开放，更快地感知和应对变化，践行跨界合作，共筑全场景开放生态，逐步实现产业数智化和金融数智化的双向赋能。

本章将围绕数智"五化"、数智"五流合一"，充分展现数智驱动产业金融的内涵和生态全景。在本章中，产业金融的流程化、企业中台的数据化、主体的生态化都将展示金融产业的一体化，价值共创、资源共享是产业金融生态的特色，也是未来产业新业态的特征。

3.1 产业数智金融的内涵和基本框架

3.1.1 产业数智金融的内涵

如果说产业金融依然是传统金融范畴，那么产业数智金融就是伴随着数智化转型、数据成为新生产要素而产生的新概念，是跳出传统金融范畴的现代金融。产业数智金融符合学者总结出的传统金融向现代金融过渡中的三个重大转变：一是理念转变，从依赖抵押贷款到不依赖传统抵押物，解决信息不对称的问题；二是服务主体的延展，从以服务大型企业为主到融合服务中小微民营企业；三是服务手段转变，通过将产业的数智化转型和金融相融合，从传统的单一提供产业资金服务到为全供应链提供数字化、智能化服务。

1. 产业金融的内涵

第一，产业金融是在现代金融体系趋向综合化的过程中出现的依托并能够有效促进特定产业发展的金融活动的总称。回顾全球的产融发展，产业金融由19世纪的金融熔断资本主导的产融结合模式发展到20世纪末期的产融自由和宽松管制模式。最后，在2008年的金融危机之后，产业金融发展短期停滞，产生"去产融化"。时至现在，产融结合的整体趋势稳步前行。总而言之，产业金融是一个产业发展的金融整体解决方案。

第二，本书阐述的产业金融不同于产业类企业做金融。产业类企业做金融指企业从事金融业务活动，如产业类企业成立财务公司、投资公司等从事金融服务业务，甚至通过收购等方式获得从事某些金融业务的牌照，成为金融中介机构。产业类企业做金融是基于产业的经营需求而诞生的，带着天然的企业经营基因。例如，越秀集团旗下有金控子公司，经营范围包括企业自有资金投资等，旨在为集团提供金融支持。

第三，产业金融不等同于供应链金融，二者体现得更多的是一种包含关系。供应链金融是一种集物流运作、商业运作和金融管理为一体的管理行为和过程，将贸易当中的买方、卖方、第三方物流和金融机构紧密地联系在了一起，实现了用供应链物流盘活资金，同时用资金拉动供应链物流的作用[1]。相比于宋华提出的供应链金融的3.0版本，产业金融的一个特征是去中心化，产业体系中的参与主体都可能成为中心。此外，在生态闭环内涵层面也更丰富，产业金融通过丰富场景、端与端之间的连接，构建生态化的闭环。产业金融、产业类企业做金融和供应链金融之间的对比见表3-1。

表 3-1　三种金融的对比

		产业金融	产业类企业做金融	供应链金融
内涵		在现代金融体系趋向综合化的过程中出现的依托并能够有效促进特定产业发展的金融活动	利用金融为产业服务，产业是根本，金融是工具，利润是目的	集物流运作、商业运作和金融管理为一体的管理行为和过程
特色点	关注点	资源整合分析、系统互联互通和效率提升，场景丰富，关注基于全链综合化、智慧化的综合金融服务体系的构建	以满足生产者的融资需求为主要功能，更关注整个产业中资金的流动	主要是企业与银行之间的交互，更关注供应链中的某个环节
	服务对象范围	从整个产业发展的宏观视角观察，为产业全链提供整体解决方案，从服务大型企业到服务中小微民营企业	从产业中的价值创造者到价值传递者再到最后的价值共享，面向整个产业中的参与者	一般是为单个企业提供融资服务，或者围绕一个核心企业的众多供应商和经销商；强调核心企业的主导作用
包容点		通过全链产业和金融的密切结合，在融合中加快了产业发展；均包含资源的资本化、资产的资本化、未来价值的资本化，为全链产业赋能		

第四，产业金融强调产业与金融共生共赢——产业是根本，金融

---

[1]　宋华. 供应链金融. 北京：中国人民大学出版社，2015.

是手段，共赢是结果。产业是基础平台，金融起到催化剂和倍增剂的作用，金融与产业互动创造新的价值，大大加快了财富积累。从资本的角度做产业，产业的财富放大效应会迅速增加；而金融只有与产业融合才能产生放大效用，产生大价值。在产业金融中，资本不仅是获利手段，还帮助产业链企业和金融机构与合作伙伴形成了关系纽带，在共赢的目标下实现整体共同发展和价值增值。

2. 从产业金融到产业数智金融

在产业金融层面，宋华在《供应链金融》一书中提出，产业金融通过对产业链参与企业的评价，以资产作为资金池，运用丰富的金融产品，借助中介企业的渠道优势，为产业链企业提供全面的金融服务。在数字经济时代，数智技术能够支持金融与产业连接更广泛、理解更全面、交互更便捷、服务更多元、服务成本更低，推动传统产业金融向产业数智金融演化。如果说产业金融是在现代金融体系趋向综合化的过程中有效促进特定产业发展的系统性工程，那么产业数智金融就是以数智技术为基础，产业、金融、监管、中介等机构多方参与的，产业与金融双向赋能，共同持续发展的生态体系。

产业数智金融以资金流与商流、物流、信息流、人才流"五流融合"为抓手，以数智信用体系、主动风控体系、金融服务整合体系、业务创新体系为支柱，支持金融机构着眼于产业链整体的发展趋势和价值判断，面向产业链上下游的各类企业提供更高效、更全面的服务，同时，产业的发展是金融业生存发展的基础，也为金融应用先进技术、创新产品服务提供有效支撑。

以数智化的信贷业务为例，在传统的授信模式下，银行不参与实际生产经营和交易流程，很难准确了解企业经营情况、融资需求和还款能力及意愿等，只能依靠静态的财务信息、有限的合同信息，结合抵质押物的估价，由专家经验判断开展授信和风控。在产业数智金融模式下，通过对产业链经营相关各类数据的深度挖掘，金融机构能够基于整个产业链的信用和价值，为企业，尤其是成长型中小微企业提供有别于点状授信的融资渠道，具有信息发现、风险定价和精准"滴灌"等功能。

可以从以下四个方面进一步理解产业数智金融的内涵。

第一，产业数智金融的本质是依托数智技术缓解产业和金融信息不对称问题。数智科技贯通产业链上下游企业之间的商流、物流、资金流、信息流、人才流，使产业链情况透明化，企业底层资产可视化，潜在风险可控化，帮助金融机构降低过去因信息不对称而产生的风险成本，在风险成本降低、风险可控的基础上，降低了产业金融服务的成本和门槛。

第二，产业数智金融的核心是风险可视可控。产业数智金融通过资产的数字化、风险的可预警和可控化，帮助金融机构摆脱对主体信用、确权增信和担保抵押的过度依赖，实现风险评估的"去中心化"。同时，借助生态合作方（如平台服务商等）构建起市场化的约束激励机制，对违规企业形成多角度的制衡，进而提升风险可控性。

第三，产业数智金融的目标是优化用户体验。通过多种技术手段，优化金融与产业客户的交互方式，面向产业提供数智化的新体验，包括交互界面更友好、服务更易用、产品设计更契合需求、更新迭代速度更快。例如，招商银行在疫情期间推出多种零接触产品，改进服务流程，并加强数字化服务体系的建设，提高普惠服务效率，优化客户体验；利用积极推广的产业金融APP，在零接触的前提下便能够为企业提供智能化、专业化、综合化的金融服务，增加对企业的服务广度和深度；广度与深度的覆盖能为产业绘制新画像，帮助产业完善经营成果。

第四，产业数智金融的关键点是生态协同。在产业数智金融的生态体系中，参与方众多，除了产业和金融两方之外，还包括政府和监管部门，科技公司、产业服务平台等中介组织、出资人等，在不同地方，发展不同产业都有不同的格局，即各参与方承担不同的职责，发挥不同的作用。数智技术将各方更紧密地连接起来，建立更高效的政企互动模式，提升数字治理水平。依托市场化运营模式，建立更合理的激励约束机制，进而实现产业链和产融生态整体的降本增效。

> **专题案例** 安吉白茶数字化管理体系提供数据要素，享受产业数智金融服务[1] 🔍

安吉白茶，是浙江省湖州市安吉县特产，更是国家地理标志产品。在安吉白茶推向市场的过程中，数字化建设起到了重要作用。

2020年以来，安吉县深入推进白茶产业大数据应用整合，与甲骨文超级码、阿里巴巴等国内知名高新技术企业深度合作，建成集"监控、调度、展示"等功能于一体的数字化公共服务中心，打造白茶产业大数据综合管理体系。

第一，夯实数据基础。安吉县对全县20.56万亩[2]茶园开展数字测绘图斑入库，完成1.5万余户茶农确权登记。全面推行安吉白茶生产交易管理平台，在阿里云的帮助下，通过一张安吉全县域GIS地图，安吉白茶产区分布、茶园位置、茶园面积等一目了然，并且集成茶园实时的视频监控信息、气象土壤环境监测信息，搭配安吉白茶标准化种植模型，在地图上展示茶园当前种植状态与

---

① 参见浙江省商务厅的《安吉县以数字化为牵引打造白茶产业"智慧大脑"》。
② 1亩≈666.67平方米。

预计采摘时间、预计产量等，对安吉全县域的白茶产区、生产经营主体进行数字化管理。

第二，强化智能管控。安吉县启动安吉白茶未来工厂建设，在白茶生产企业加装数字化生产控制系统，开发建设数字化产供销一体化管理平台，通过对种养殖环境数据、种养殖过程管理数据、投入品使用数据、用工数据、加工环节数据、流通数据、销售数据等全产业链数据的采集、分析和应用，降低经营成本，提高产品品质。正式上线运行安吉白茶"浙农码"，为安吉白茶建立数字身份，从茶园、种植、加工、包装、储运、销售等方面建立全产业链可闭环的溯源管理系统，通过溯源标识向市场消费者传达安吉白茶的绿色发展理念，将茶园视频监控、气象土壤环境、生产过程、农药化肥使用情况，以及采摘、加工、包装、检测信息传递给市场消费者。

第三，推动产业升级。在安吉白茶核心生产基地完善大棚、大田基地物联网设施，安装全景可视化视频监控、水肥一体化智能灌溉、农产品质量监测等智能管理装备，实时动态采集茶园信息，进行数字化管理。目前，温室大棚外配置3200万像素全景高空摄像头和气象站，大棚内配置高清球形摄像机及附属配套设备、物联网土壤传感器和智能水肥一体化控制系统。全县已设置实时物联网监测点25处，各类病虫害检测器50余套，已建成首批示范性智慧茶园5个，辐射茶园面积1.6万亩。

第四，金融助力产业。中国银行在"金融溯源"理念下，着力打造培育科技创新企业实体，推出"科金产"政策性金融产品和产业溯源产品，完善多元化金融产业服务体系，打通"金融"和"产业"两条赛道。由中国银行湖州安吉支行成立"安吉白茶金溯卡"团队，承担起安吉白茶"原产地保护"的重任。"安吉白茶金溯卡"推出后，茶农通过"金溯卡"实现交易，录入茶叶信息，实现实时收款和产品追溯。此外，为解决茶农的融资难、融资贵的问题，中国银行湖州安吉支行还面向安吉当地金溯卡茶农推出"白茶贷"，满足其在生产经营过程中的资金需求。

3.1.2 产业数智金融的基本框架

在完成了对从"产业金融"到"产业数智金融"基本概念的梳理后，本节将简述产业数智金融的基本框架，如图3-1所示。

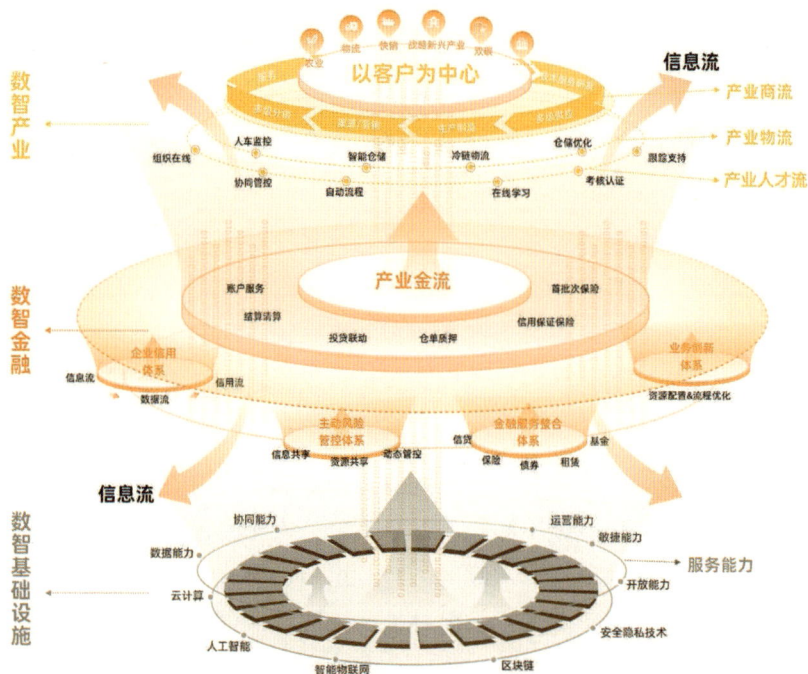

图3-1 数智金融基本框架

数智化浪潮中产业发展迎来了新机遇与新挑战，产业金融走向数智化。在数智驱动下，产业数智金融呈现出"一个中心、五流贯通、四大支柱、五项基本能力"的基本框架。

第一，产业数智金融以客户为中心。无论是传统产业（如农业、物流等）还是新兴产业（如新能源、绿色产业等），在数智化的支撑下，都呈现出快速创新的发展态势。产业数智金融以数据为媒介，以贯通产业链"五流"数据为抓手，全面评估产业链整体的发展情况、发展趋势和风险点，深度理解个体企业在不同时期的发展诉求和投融资需求。一是要清晰界定并深度理解客户，客户不仅包括直接采购产品的下游客户，也包括产业链的最终客户，最终客户视角有助于促进各方协同；二是从客户需求出发，而不单纯从本机构可提供的金融产品出发。全面理解客户多元化的需求，预判客户在不同时期的需求，不限于静态的单一诉求，才能更好地立足客户发展需要，联合生态伙伴共同向用户提供多元化的服务。

第二，产业数智金融以 "五流贯通体系"为抓手。商流、物流、信息流和资金流是供应链产业链协作体系中的基础要素，人才流是数智落地的关键要素，也是数智化组织和生态构建的关键要素。具体而言，商流指商业信息和交易条件的来往；物流指物质资料从供给者到需求者的物理运动，包括商品的运输、仓储、搬运装卸、流通等环节，以及相关的物流信息；信息流指在整条供应链中的各类信息；资金流指采购方支付货款中涉及的财务事项；人才流包括人员跨部门、跨组织、跨领域的流动，在政府、行业组织、企业、金融、科技、产业平台等不同领域之间流动，促进工作协同、信息传递和业务创新。人才流贯穿数智化的全过程，也推动商流、物流、信息流、资金流的融合和利用。

第三，产业数智金融以四大体系为支柱。信用体系和风控体系是金融服务的核心，金融服务整合体系和业务创新体系是围绕客户需求，基于数智技术和机制创新，对金融和非金融的服务进行的整合，也是产业数智金融的创新点。其中企业信用体系侧重于积累商贸信息形成的商业信用，在产业运行的过程中，企业数据会沉淀到多个环节，包括政府公共数据运营机构、产业服务平台、征信机构、金融机构等，各类数据从不同侧面反映了企业的经营情况，形成了"信用流"，汇聚线上与线下数据，交叉验证，有利于形成良好的信用秩序和信用环境。主动风险管控的关键在于"主动"和"管控"。其中"主动"是依托生态协同和数智技术，汇聚实时、多维度的数据，支持金融机构进行事前和事中的风险评估，将风险限制在萌芽状态；"管控"是与生态体系联动，形成风险评估、预警、及时处置的闭环管理模式，同时，依托生态体系，提高违约成本，形成信用与风险体系的互动。

金融服务整合指的是金融企业将信贷、债券、基金、保险、租赁等业务服务进行整合与创新，全面理解企业在不同发展时期的融资需求，联合多家金融机构共同提供一站式的金融服务体验，帮助广大企业降低金融服务门槛。业务创新体系同样从客户视角出发，围绕企业发展的非金融需求，联合生态合作伙伴、技术服务商、产业服务平台，以及法律、财务等其他中介机构，共同向产业客户提供多元化的服务。

第四，产业数智金融以五项基本能力为基础。其中数据能力是核心，协同能力、运营能力、敏捷能力和开放能力是数据能力在不同方向的外化。数据能力包括产业数智金融生态采集和数据汇聚（包括支持产业用户生成和规范数据），高效计算分析数据，科学管理数据资产和数据产品，并为金融业务创新和产业运行提供服务。面对多样且多变的客户需求，金融企业需要通过敏捷的组织架构和文化来提升自身的敏捷响应能力，快速精准地应对市场随时可能发生的变化，捕捉未来商机。为客户创造新的产品和便捷的体验，需要能够建立并维护金融数智化与产业数智化双向赋能的机制，形成双向驱动、螺旋式发展。在"开放、共享、合作、共赢"的生态思维和平台理念下，金融机构将创新融资服务形式，实现技术服务延伸、嵌入和输出到合作伙伴生态中的协同和开放能力，通过内部跨业务高效协同，打开外部和产业用户密切互动的格局，促进产融共生和构建技术、业务、场景融合的共赢新生态，最终带动整个金融行业和产业的共同发展。

3.2 数智"五化"驱动全局"五流合一"

3.2.1 全链路数智化转型升级"五部曲"

一站式全链路数智化转型升级"五部曲"是在"五流合一"的基础上实现的，包括基础设施云化、触点全面数字化、组织业务在线化、运营数据化、决策智能化。其中，打通全链路的"五化"协同也是数智"五化"当中的重要一环，人的协同、组织间的协同和产业之间的协同是共同打造产业数智化转型的重要闭环。基础设施云化致力于打造针对各行业的全链路数字化解决方案，触点全面数字化为全链路的数字普及打下基础，组织业务在线化是完成生态在线化的重要抓手，运营数据化加强了产业之间的数据协同合作，决策智能化是实现数字化改革和端到端智能决策的终点。数智化转型升级"五部曲"不仅仅是产业数智化转型的全链路解决方案，更是一张更加落地的行业数智化转型路线图，如图3-2所示。

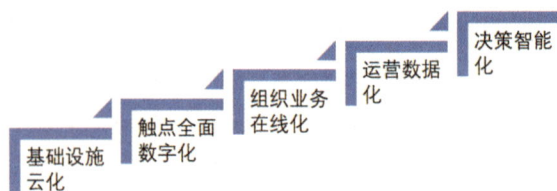

图3-2 数智化转型升级"五部曲"

第一步，基础设施云化。上云是产业升级、降本增效的重要措施，企业业务创新与精准管理需要基于海量数据分析和决策，上云是在成本可控、安全合规的前提下，提供弹性计算和存储资源的最优技术路线选择。在数智化转型过程中，云平台相当于商业操作系统，其在计算、存储、网络、安全等核心服务方面的能力不断提升，部署灵活高效，资源弹性伸缩，资源调度便捷灵敏，安全保障充分，其服务的大中小型客户也越来越多。从支撑局部试点到全量上云，还可以帮助企业与上下游企业协同，并高效连接终端客户，及时洞察终端市场的变化。同时，云服务的内容随着需求的变化也逐步丰富，提升了处理效能，逐步向上和向下延展：向上，在云操作系统的基础上，逐步融入核心系统架构和业务的云原生重构；向下，云服务将深入基础设施层，融合芯片、人工智能等技术，形成软硬一体的发展方向。

第二步，触点全面数字化。触点是产业链运行的终端叶子节点，触点数字化是数智化管理运营的起点，反映了产业链数智化的成熟程度，主要包括消费者触点数字化、交易触点数字化、商品触点数字化、物流触点数字化和生产触点数字化。依托移动互联网、物联网、数据智能、云计算等新技术，构建起层次化的触点网络。

第三步，组织业务在线化。社会组织协同模式的变革，是企业业务在线化的首要选择。业务中台能够帮助企业实现业务在线化，能够帮助DT时代实现更灵活的"大中台、小前台"的业务和企业架构创新机制，也有助于创建数字化时代企业所需的快速商业创新组织管理模式。商品销售、支付等核心业务逐渐实现在线化，与之匹配的则是企业组织在线、沟通在线，在提高消费者体验的同时提高企业效率。由业务中台和数据中台一并构建起数据闭环运转的运营体系，可供企业更高效地进行业务探索和创新，一方面可反哺业务增长；另一方面可提升企业运营效率，构建企业核心差异化竞争力，加快组织业务上下、内外生态在线化的进程。

第四步，运营数据化。在产业链中，从研发设计、生产制造、仓储物流到经销服务等各个环节，运营工作都可以基于数据来优化。基于埋点和过程的监控数据，企业可以制定策略和行动方案，及时发现问题并进行调整，快速迭代优化业务流程、资源配置和管理方式，确保组织能够及时应对市场变化。依托数据中台，企业可以汇聚散落在各个IT系统中的数据，形成数据产品和数据服务，支持各层次的决策，包括选址、货品分析、人员分析，有助于实现产业组织之间的协同合作，提升产业的运营管理效能。

第五步，决策智能化。随着精细化运营需求的不断提升，基于数据的决策将成为主流，依托数据中台和数据服务层，对海量数据进行智能化分析，综合宏观经济形势、行业走势、市场竞争格局等外部因素，以及企业经营和管理等内部因素，为企业各类决策提供参考。前端触点数字化、核心业务在线化，这些关键数据在数据、业务双中台融合后，再通过全站上云的算力加持，倒逼企业进行供应链数字化改革，最终实现端到端的决策智能化。

3.2.2 数智化支撑"五流合一"

传统供应链对于"四流"的定义是发票流、资金流、合同流、货物流。本书所谈及的"四流合一"则有所不同，在产业"四流合一"（商流、物流、资金流和信息流）的定义之上，本书补充人才流，形成产业数智金融的特色"五流合一"体系。在产业体系中，人才流是团队工作流的基础。学界和业界等各界涌入的拥有产业数智化转型思维和金融、计算机复合学科背景的人才是产业数智化转型的强劲动力，源源不断地形成人才流注入产业活力。随着产业金融数智化的发展和人才流的组织在线、业务在线、生态在线的"三线"并行，以人才流为基础的位于产业中的"四流合一"的创新逻辑开始走向时代舞台,统称为"五流合一",满足数智化转型大趋势和各方诉求,在意识层面达成一致。

在企业的经营活动中,商流是起点和前提,商品在时间和空间上的位移产生了物流,连接银行、生产企业、商业企业和客户的交易与支付结算环节产生了资金流,企业内外部的信息形成了信息流。在产业金融体系中,信息流是产业闭环的基础条件,信息流的存在推动了后续资金流的流通、物流的运输;资金流是在产业交易闭环中具体实现的,随着时间的推移,资金流量值和信息流匹配度更高,为后续产业融资等提供关键性的数据支撑;物流则代表了产业体系中实物在时间和空间上的位移;商流本质上是物流、信息流、资金流的另一种表现形式,商流作为产业"四流"闭环的终点,引导着实物的形态变化过程,为协助产业流通、完善产业金融服务提供了有利抓手;在产业的发展成长过程中,人才流作为组织的核心、开展业务的关键、生态构建的核心,为"五流"生态的构建提供基础。换言之,"四流"归一的基础是人才流落地。

借助数智技术和触及产业链上下游的IoT网络,将商流、物流、资金流以信息资源的形式整合至信息流平台,帮助企业实现高效的信息沟通与共享,提高资源利用效率和经营运行效率。而对整条链来讲,从全局打通上下游,从各个节点和环节实现业务开发、流程管理、信息集成、资源共享和协同运作,达到全链的整体调优,实现供应链的增值服务和业务创新,提高全链的整体竞争优势。

专题案例 以"云钉一体"为数字化转型的抓手,全链路数字化重塑特步竞争力

随着潮流更迭速度的加快,品牌获客难和线下流量精准性

低、消费者与品牌方的分离等问题一直阻碍着传统服装行业的发展，特步也在此之列。面对传统弊端和快时尚品牌的双重压力，特步决心进行战略化转型，高度重视信息化和数字化建设，探索依靠技术手段减轻压力。2011年，特步开始了数字化的探索，与SAP合作进行信息系统建设。随着业务扩大"数据孤岛"的问题愈加严重，为了解决这一"孤岛"问题，2016年特步陆续将全球组织以及合作伙伴的1.9万人接入钉钉，2017年特步与阿里云合作进行业务中台建设。基于云钉一体，特步将原本孤立的63个业务壁垒全部打通，构造了全渠道业务中台，并通过钉钉实现人和系统的及时反馈，打造全链路数字化。

疫情期间，特步依托"云钉一体"，满足了自身开设3000多家线上店的爆发性需求，利用数字化手段实现了持续经营的目标。特步的数字化成果主要体现在三个核心关键点。

第一，线上线下一盘棋。特步在全球各区域门店的经营情况等都能在钉钉呈现，实现全国一盘棋。疫情期间，线上的需求集中爆发，后端承受巨大压力，特步通过业务中台，借助钉钉"指挥作战"，通过集团统一调配，实现库存高效流通，销售、运营数据及时公告，重要信息对全员同步。

第二，供应链的快速反应提升运营效率。通过云钉一体，特步实现了供应链的适当柔性，特步内部的商品生命周期协同平台（PLM）通过钉钉与外部数百家供应商进行协同。订货会之后，供应商会自动接收到相关订单。特步会给相应的上游供应商开放权限，并让其直接下载生产技术资料和合同，财务结算也会自动生成，形成闭环管理。通过钉钉平台，管理者能够观测门店经营情况，颗粒度详细到每个门店的实时销量、库存等。借助这套体系，特步的供应链协同效率提升了15%，在同样的生产周期下，货品产量提高了30%。未来，特步将进一步通过RPA机器人和钉钉的结合，实现全链路的智能化，提高运营效率。

第三，数字化平台高度集合系统应用。用低代码系统搭建数字化平台，特步在钉钉上通过低代码平台，短时间内完成多项应用组合，并通过集成各类软件及内外部信息系统，搭建统一的移动办公平台。

如今，云钉已经像神经网络一样深入企业，构建了人与系统间的及时反馈机制，实现了全链路的数字化。未来，以消费者为中心，实现全链路数字化，形成供应链的快速反应机制，都是服装品牌脱颖而出的关键。

3.2.3　以数智"五化"打通全局"五流合一"

当前，数据、算力和算法三大核心要素驱动智能化变革，数智"五化"将通过"数据+算力+算法"打通全局"五流合一"。具体而言，数据主要由智能物联网设备产生，算力主要依靠高性能计算等技术支撑，算法主要依靠机器学习、深度学习等方面的进步，企业的每一个价值链环节都将变得越来越智能化。以盒马为例，盒马在供应链数字化价值赋能方面身处国内领先队列，以数字化为基础的零售产品作为武器，紧紧抓住"五化"思想，推动新零售的商业模式迅速结构化。商业模式的第一层是商品结构，在此基础上，延伸到供应链结构，继而优化人的结构，一层一层之后，实现商业模式的多层进化。在供应链数智化转型之后，零售业进化成一个高度集中的决策体系与中央高度协同的执行体系并存的新零售体系，达到价值链的重重传递和打通了全局"五流合一"。

数智"五化"通过打通全局"五流合一"实现"持续降低数智化信用管理边际成本，提高金融资源可获得性"的目标。普洛斯金融基于对产业经济与金融风险的深刻理解，打造了行业内独特的数字仓单解决方案，让控货类融资业务实现从主体信用到交易信用的转变，从而为企业提供高效、便捷的动产质押、仓单质押等数智供应链金融服务，开辟了控货类融资的创新模式。普洛斯的服务产业数字化转型实现了金融科技为产业高效赋能，进一步激发了金融机构或其他金融公司参与产业金融服务的热情，最终提升了产业金融的供给水平，提高了金融产业服务的可获得性。

数智"五化"通过打通全局"五流合一"实现"产业的数智化升维与金融的包容性成长互促共生"的愿景。产业数智金融着眼于实现"科技创新与产业转型发展互促"的目标，而这个目标的实现就是产业数智金融的愿景。产业数智金融的先行者犀牛智造运用一系列数字化技术，为工厂赋予智慧大脑，连通消费趋势洞察、销售预测和弹性生产，构建云、端、智、造融合的新制造体系，让中国服装制造业实现智能化、个性化、定制化的升级。目前，犀牛智造已经能够实现生产端到端和全链路的数字化。在商品生产前，犀牛智造通过对销售端的数据洞察和销售端与设计、生产端的打通，做到精确预测单品在未来一段时间的销售量，数据为产业赋能，柔性供应链提升了服装产业链对个性化需求的响应能力；产业数智金融展望未来，通过金融数智化服务产业新蓝海，在安全、敏捷、开放、协同的基础上，帮助中小微企业实现融资困境的数智突围。

3.3 产业数智金融的主要特征

3.3.1 变革特征：流程再造全局化

产业数智金融从全局视角进行体系设计，借助数智技术对海量信息的处理能力和计算能力，围绕最终客户的需求，贯通产业链全流程进行优化，使得分布在产业链上的每一个要素更容易找到更优的生产模式、协同模式和服务模式，从而为整个产业创造新的价值空间。

1. 产业自主参与流程再造

随着企业经营业务范围的扩大及市场步伐的加快，传统组织结构所形成的业务流程已经无法适应市场的变动和个性化的消费需求，所以需要我们重新对产业所涉及的每一环节进行评估，把产业中的所有节点企业作为一个整体进行管理。三一集团在"数字化制造转型"中提升了重工行业的硬核实力，致力于建设开放的工业互联网平台，为链上商户赋能，共同探索数字化的转型；同时，三一集团正在积极地利用包括5G、AR、AI、工业互联网等在内的新技术，进行智能化改造和建设，打造更大一批聚焦大型装备制造业的灯塔工厂。企业对工作流程、实物流程和资金流程进行设计、执行、修正和不断地改进，利用现代信息系统优化供应链的运作，降低采购、库存、运输等环节的成本，从而加快资金的流转及提升使用效率，达到提质增效的目标，实现产业具有充分自主性、参与流程再造的目的。

2. 金融机构参与产业的流程再造

金融机构将金融科技能力高效地转化为服务实体产业的优势。赋能企业数字化转型和价值创造，是金融机构与企业合作时需要持续探索的关键点。在产业流程中，采购、生产、销售乃至财资管理各环节都需要加速数字化协同，带动产业互联网的蓬勃兴起。全新的商业模式在不断涌现，产业融合和金融机构的跨界合作成为企业抓住数智化转型的有力抓手。招商银行在数字化产业流程再造方面有许多值得借鉴的经验。围绕客户需求，招商银行从2007年开始打破单一银行账户体系束缚，率先在业内推出跨银行资金管理系统，开创了银行为企业提供财资管理系统服务的先河。招商银行开发了统一视图、全银行收付结算、资金精细化管理、全流程资金风控、全场景投融资管理、智能分析决策支持等六大业务场景下的多元化数智产品，通过生态化闭环持续为客户创造价值。

3.3.2　功能特征：服务节点多样化

1. 服务角色多样化

产业数智金融是一种模式的创新，主要服务B端客户，需要打造产业数字生态圈，其中，金融服务的提供者承担着多种角色。以商业银行为例，不同于为C端提供数智金融服务，银行需要将自身服务嵌入客户的日常生产经营场景。针对自身数字化程度很高的大客户，双方更多体现的是互补关系，实现互联互通；而针对中小型客户，银行则承担赋能和技术输出的角色。

2. 参与主体多样化

第一，产业与金融共同参与。产业与金融之间是一个良性互动螺旋式推进的过程，产业的发展需要巨大的资金支持，而金融的资金支持是重要的资金来源。在产业的发展中，金融业通过不断地提供资金支持，结合产业发展的路径优化自身产品结构，开发新的金融产品，能够很好地与产业共享发展的成果，获得更大的利润回报，进而形成金融业发展的新利润增长点。简而言之，产业与金融相互扶持，协同发展，实现双赢。

第二，金融与非金融机构共同参与。由于产业用户的需求是多元化的，在不同时期需要不同的金融服务和其他专业技术服务，因此金融各种业态机构、金融基础设施、金融科技公司、检测认证等相关组织均有创造价值和获得收益的机会。

第三，创新与监管共同参与。近年来，我国不断推动金融创新发展和金融数智化转型，金融监管也与时俱进。2021年年初发布的《数字金融蓝皮书：中国数字金融创新发展报告（2021）》对数字金融提供监管思路，指出从2016年开始，金融监管层进一步推动金融科技和电子商务的整合，评估互联网金融的风险，建立数字金融的监管体系和市场准入体系，实现数字金融标准规范与金融监管的有机结合。从2019年到2020年，我国数字金融发展和规范并重，完成顶层设计，在监管制度建设过程中平衡监管和创新的关系，推动数字金融回归本源，服务实体经济，满足金融消费者需求。

3.3.3　发展特征：产融生态体系化

产融结合的程度是一个经济体活跃程度的重要指标，资本只有以合理的成本精准地流向实体产业，才能促进经济健康发展。产业数智金融助力实现金融生态化发展和融合，产融结合的生态系统不再是单向流动的价值链，而是能促使多方共赢的商业生态系统，生态体系化具体体现在产业链主体的生态化和产业金融主体的生态化。

1. 产业链主体生态化

由于数据共享和金融科技手段的进步，金融机构可以通过"信用贷"等产业金融平台连接各领域产业组织，促进资本健康地流向实体产业，优化金融生态体系，使得金融能真正服务产业的各类主体，推动商业生态的发展。

产业集团及金融企业可以通过自身实力对产业链上下游开展金融业务进行支持，通过控制合理的金融收益及对业务的透彻理解，在合理控制风险的前提下，帮助产业链生态共同提升硬实力，惠及中小微企业，进行整体生态化转型。

企业是产业链的实施主体，企业联动是构建产业链共生发展生态系统的重要基础；空间布局体现着产业链发展的外在环境，是构建产业链共生发展生态系统的空间载体；创新是产业链发展的根本驱动力，也是产业链共生发展生态系统的动力源泉；实现价值升级是产业链共生发展生态系统的最终目标。因此，不同企业以合作、创新为依托，构建具有规模效应和协同创新优势的产业链和生态圈，最终发展为高水平、深层次、多维度的生态闭环。

2.产业金融主体生态化

产业金融主体主要有金融监管部门及各级政府、金融从业机构、金融科技公司（SaaS服务商），如图3-3所示。

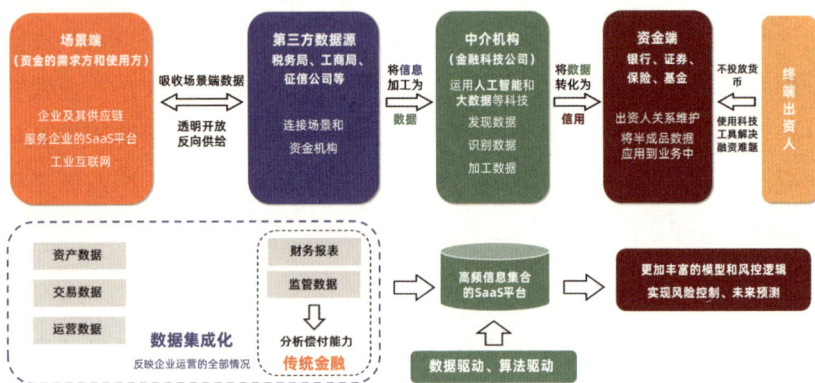

图3-3　产业数智金融生态的参与主体

金融监管部门及各级政府在生态体系中起到监管和支持作用，面对市场环境变化，金融监管机构不断转变新思路进行及时、有效、全面和专业的监管。一是进行产业引导、培育，打造地方产业生态；二是围绕产业发展目标，进一步强链补链，通过重点项目落地和发展实现经济目标；三是与市场化基金协同，推动新兴行业和创新性产业发展；四是通过产融合作，用金融工作支持实体产业的发展，实现政策上的大力支持并推动园区产业的发展，最终达到带动产业带发展的产业升级的效果。

金融从业机构、金融科技公司通过SaaS技术成功达到拓展客户的目的。传统软件服务需要企业自建机房，自购服务器和数据库，再进行本地化的开发、部署、运维，实施成本高、交付周期长、运维烦琐。SaaS服务商CBS基于开放的云平台架构，可以为企业提供轻量化的SaaS云服务，无须企业自建机房和购置硬件设备，具有成本低、周期短、运维便利的优势，并建立了更加丰富的模型和风控逻辑，完善并实现风险控制、未来预测等功能。此外，SaaS还实现了数据集成化，通过资产数据、交易数据、运营数据，反映企业运营的情况。基于云计算的产业服务平台，一方面能够为企业客户提供基础的计算资源，以满足瞬息万变的市场需求；另一方面高效稳定的计算和处理能力，可以更好地支持海量数据处理和AI建模分析，并在产业升级过程中提升其决策效率和运营效率，提升公共服务等大数据场景下的服务效率。

产业数智金融依靠金融机构、科技公司与中介机构的共建形成生态。在数智技术赋能的背景下，科技作为一座桥梁连接起了不同的服务提供商，形成了产业和金融机构融合的大生态，可为实体企业提供多元化金融服务方案，具有面向银行（含投资银行）、券商资管等各类金融机构，以及咨询公司等中介机构提供服务的能力，提升了金融机构间的协同效应，让金融机构间的产品彼此取长补短，形成合力，更加全面地服务实体企业。瀚德科技的瀚企查为B端中小企业提供融资服务，"瀚企查"是瀚德科技旗下瀚信网为聚焦中小企业融资需求设计的，是集企业征信查询及贷款产品在线推荐、咨询、申请于一体的融资服务工具，有助于发挥瀚德科技在金融科技、人工智能、大数据风控方面的优势。其通过大数据风控预估中小企业的贷款可能性，同时用精准营销算法为中小企业匹配银行贷款产品，解决中小企业融资过程中存在的信息不对称问题，减少业务中间环节，提高B端客户融资效率和融资服务体验。

在整个产业金融全景生态中可以看到五类参与主体：

第一，场景端，即数智产业领域。它们是资金的需求方和使用方，涵盖整个供应链的上下游，包括央企、国企、平台的运营方、服务企业的SaaS平台和工业互联网等。

第二，政府与监管机构。它们引导数智产业创新发展，规范和监管数智金融合规创新，包括各级政府、中央监管及各地方金融管理部门，以及其相关单位，如各地大数据中心，金融产品登记、交易、清结算等基础设施，行业协会、联盟等机构。

第三，金融业机构。其面向产业组织提供直接融资和间接融资服务，包括但不限于信贷、债券、股票、基金、保险、担保等，如银行、证券公司、保险公司、投资机构、担保机构、小贷公司、担保公司等。

第四，各类中介服务机构。它们是连接产业与金融的纽带，面向产业或金融提供专业化服务，伴随各类服务形成基础数据，并逐步把数据加工成服务（如信用报告等），实现从信息到数据，从数据到信用的"三级跳"，如律所、金融科技公司、评估认证机构等。

第五，出资人，即资金提供者，包括个人和机构。

产业金融的数智化是一个全新的模式，在落地过程中需要更开放的生态思维联通产业组织、金融机构、金融监管及政府部门、科技公司等中介机构，助力多方主体共同参与，共建生态，从而打造产业数智金融科技平台，这样才能真正实现数字信息技术为金融机构和产业发展全方位赋能，助力中国经济高质量发展。

3.3.4　可持续特征：合规划和绿色化

1. 监管方式友好化

金融业历来高度重视安全性和合规性。在数字经济兴起之前，保护客户的资产和信息仅仅需要物理屏障和计算机防火墙，而如今数智技术的发展在为数据的存储和使用带来便利的同时，也增加了数据欺诈和泄露的风险。产业数智金融高度重视数据的安全性，通过加密处理、多重身份验证等方法提高安全性，做到"数据不出境、得到拥有方授权、使用方可用不可见"。此外，数智化有助于全流程的透明可视，一方面有助于规范各环节操作，降低操作风险，可以实现问题清晰追溯；另一方面可以将监管要求标准化植入接口程序，实现监管自动化、智能化，可有效提升智能监管水平，提高监管效能。

2. 环境方式友好化

坚持绿色可持续发展路线。随着产业数智金融的发展，金融机构通过各种金融手段，把更多的资金源源不断地输送到环保项目中，将环境保护等理念注入金融产品中。河南省阜阳市颍上县是第一批国家农业可持续发展试验示范区暨农业绿色发展试点先行区，为加快绿色农业发展，颍上县通过引入科技公司构建起绿色农业数字化体系，涵盖农业标准化体系、农资监管体系、全产业链质量追溯体系、智慧农业示范基地打造和大数据中心建设，通过对接国家农药、兽药等数据库，实现市场准入、产品认证等数字化管理，为金融资源的引入奠定了良好基础，充分体现了数智科技支持环境友好型产业长足发展。

3.4　建设产业金融体系的原则

第一，产业数智金融以区块链、智能物联网等先进技术为基础。当前，金融科技正蓬勃发展，产业数智金融通过数智技术与金融服务的深度融合，以产业数据为基本生产要素，综合运用5G、物联网、大数据、云计算、区块链等技术，收集、存储、分析、处理和传递数据，挖掘数据的内层价值，促进数智金融和产业的深度融合，进一步满足匹配产业转型升级的需求。

第二，产业数智金融以商流、物流、资金流和信息流为循环，以人才流为执行力。人才流是基础，商流是动机和目的，资金流是条件，信息流是手段，物流是过程；物流的进行伴随着资金流，物流本身的增值特性需要通过资金流来实现，物流顺利进行的前提条件也是资金流的产生；商流是物流的上游，要求商流带动物流，同理物流的正常运行对商流的流动和发展也至关重要。"五流"相互配合才能构建完整的产业数智金融全链体系。

第三，产业数智金融以积极业务创新、主动风险管控为关键。产业数智金融着眼于资源配置和流程优化方面的业务创新，通过信息共享、资源共享，主动探索和实现动态的风险管控，遵循"金融为本、数据为基、预防为主、综合管控"的四大原则，建立"相容激励机制"和"负反馈修正机制"，综合运用数据、算法和计算三大能力，建设智能风控模型、统一身份认证平台、建设数据管理中台和建立业务创新风险评审制度，为产业金融提供更加安全的金融服务。

第四，产业数智金融以数据安全、隐私保护为底线。在产业上游数据所有方要求的强隐私性和产业下游使用者的易用性之间，产业数据流转显得十分重要。流转体系通过隐私计算零知识证明、同态加密和区块链不可篡改与分布式的特性等，来保障"区块链+安全"的身份验证体系，进而实现产业金融数据的可用而不可见，为产业金融提供更加智能、精准、高效、安全的金融服务。

第五，产业数智金融以推动金融服务发展，服务全链产业中的企业为担当。产业数智金融通过对企业间数据信息的深度挖掘，使金融机构能够基于整个产业链的信用和价值，为成长型中小微企业提供有别于点状授信的融资渠道，具有信息发现、定价低廉和精准"滴灌"等功能。在金融科技赋能下，金融业的创新思维与经营理念得到革新，产业数智金融不断催生出新产品、新业态和新模式，为金融服务发展提供源源不断的创新活力。

【本章小结】

在数字经济的时代背景下，数智技术在产业金融中的应用应运而生，传统的产业金融将向更便捷、更高效、交易成本更低的产业数智金融演化，金融与科技开始全面深度融合。本章主要介绍了以下内容。

（1）产业金融是在现代金融体系趋向综合化的过程中出现的依托并能够有效促进特定产业发展的金融活动。

（2）在产业金融走向数智化的过程中，在数智化的驱动下，产业数智金融呈现出"一个中心、"五流"贯通、四大支撑体系，五项基础能力"的基本框架，在商流、物流、信息流和资金流的加持和人才流的基础铺垫作用下，金融机构面向产业的服务包括"融资"和"融智"，即协同生态伙伴共同服务产业客户，实现产融共生，推动金融和产业的共同发展。

（3）数智"五化"驱动全局"五流合一"。产业数智化包括基础设施云化、触点全面数字化、组织业务在线化、运营数据化和决策智能化，可以帮助产业组织降本增效，构建企业核心差异化竞争力，推动组织和业务双在线的智能经营管理体系和内外协同的数智生态体系。

（4）产业数智金融是产业、金融、科技共生的生态体系。其基于理念和机制创新，综合运用数智技术，支持金融机构与产业、监管、中介服务机构等广泛联系，形成高效互动、多层面合作的良性格局。

第4章
构建产业数智金融的服务新体系

产业数智金融突破了信息流通手段和孤立业务架构的约束，金融服务不再局限于金融产品与服务本身，还包括利用数智技术、其他服务等方式，与企业共建产融生态，从产业资源配置优化的需求出发，搭建以企业为核心的数智化平台设施，以数据的开放作为核心要素，从数字资产的积累中挖掘数据价值，形成全新的数字信用，变革生态风控逻辑，并在平台中融入场景化的数智金融能力和创新金融服务，涵盖企业运行的各个板块和产业链的全流程，提供企业服务和金融服务为一体的解决方案。

本章将围绕数智赋能下企业信用体系、金融风控逻辑、产品服务整合和在此基础上的业务创新趋势展开介绍，为读者展开数智金融服务的生态新图景。在这里，金融与产业共同成为生态的参与者，资源共享，价值共创，共同探索金融服务体系的新形态。

4.1 企业信用体系

企业信用体系是由一套完善的法律法规支撑的企业治理机制，

用以记录企业的信用状况，揭示企业的信用优劣，警示企业的信用风险，包括个人信用、企业信用、银行信用、政府信用[①]。其中，企业信用体系是社会信用体系中最重要的组成部分。原因在于，首先，企业是市场经济竞争的主体。作为商品生产和经营的基本单位，企业的信用在信用体系中起着最重要和最积极的作用。其次，商业信用行为主要发生在产业链上下游的企业之间，企业的商业信用构成了信用制度的基本内容，社会经济的信用关系很大程度上是通过企业来完成和建立的。再次，企业信用具有信用经济最完备的属性和特征。企业生产经营、商贸物流、资金流等信息反映了社会经济的基本要素，涵盖了生活经济的主要内容。

作为现代市场经济运行的必要条件，完善的企业信用体系可以提高经济活动的效率，降低交易成本，同时对政府宏观目标的实现起到助力作用。随着我国数字经济规模的不断发展壮大，国内市场对企业信用体系建设的要求也逐步提高，需要继续建立一套适配数字经济发展要求的多层次的企业信用体系。这一体系，从参与主体来看，既包括政府与监管部门主导的公共模式，行业组织主导的会员制模式，又包括商业机构主导的混合模式；从功能定位来看，包括企业的信用标准体系、信用评价体系、信用传播体系和信用监督管理体系；从建设和管理流程来看，包括信用信息收集、信用评价技术开发、标识制度建立和信息系统建设等。

在产业数智金融生态下，企业的信用数据逐步实现广泛的互联、安全合规的归集和高效精准的分析。企业之间信息的联动性不断增强，企业的高清画像将被合规呈现，一方面主体信用的评估更及时、更多元化；另一方面场景化信用水平将被很好地揭示，企业信用体系

---

① 刘建洲.社会信用体系建设：内涵、模式与路径选择.中共中央党校学报，2011，15（03）：50-53.

的核心转向基于更高维度数据的生态信用。

4.1.1　庖丁解牛：企业信用体系的四大环节

企业信用体系建设主要有四个环节：信用信息收集、信用评价技术开发、标识制度建立和信用体系平台建设。

企业信用信息收集是一项统计口径繁杂的大工程，需要多主体参与，各部门协同配合。其中企业基本信息、经营情况、财务状况、信贷水平、偿债能力等分布在不同管理部门和机构。因此，在现有法律框架下，不同主体发挥优势，采集不同维度的数据，形成了各具特色的企业信用信息库。

在信用评价技术开发方面，由于我国经济市场化水平不断提高，市场风险水平也随之提高，因此我国企业信用评价标准需要与时俱进。目前，国外的信用评价技术较为先进，主要包括对内部及外部的经营环境进行分析。信用评价工作由专门的信用评级机构，采取规范化的程序和标准化的流程，对企业的偿债能力和偿债愿望做出合理的评价，并将企业的信用等级状况公示外界。

在收集并合理评估企业信用状况后，就需要进一步对企业信用状况做出标识，以此作为外界评价企业的合理指标，发挥指向性作用。目前，国际上通行的是"四等十级制"评价等级，具体分为AAA、AA、A、BBB、BB、B、CCC、CC、C、D。其中，每一级别又可以用"+"或"-"来描述其在相应等级中的高低排序。

信用体系的平台建设是企业信用建设的基础。从应用端来看，企业信用体系平台能够直观、高效地把企业的信用状况展示给市场和投资者，并帮助投资者形成企业是否履约的预期。同时，高效的企业信用信息平台接受社会不同部门的审查和监督，通过平台的放大效应最大化企业违约的影响，倒逼企业完善内部信用审核机制，净化市场环境，助力市场整体的良性竞争。

> **专题案例** 湖南永州信用体系建设① 🔍

　　目前，中小微企业的信用体系建设已经初见成效，以湖南永州市为例进行说明：永州市位于湘南，毗邻"两广"，是湖南省承接珠三角产业转移的桥头堡，又是对接东盟自由贸易区和北部湾经济圈的前沿地区，但目前还属于典型的经济欠发达的内陆地区，辖内缺少大型企业。

　　中国人民银行永州市中心支行在充分调研的基础上，结合永州市的实际情况，提出了一系列针对性的解决方案：首先明确目标统一认识。基于充分调研和深入分析，明确了惠及各方的目标和意义，获得相关部门的重视和认可，基本扭转了以往企业不提供、不配合、不支持的做法。通过与地方政府交流取得政府高度重视，政府专门下发文件要求各部门配合征信工作，起到了良好效果，基本扭转了企业过去对系统建设的不提供、不配合和不支持的"三不"观念。其次，积极构建长效机制，确保中小微企业有完善的信用信息的采集、更新和共享机制，并通过成立"永州市中小微企业信用体系建设领导小组"，完善部门联动。再次，构建技术平台，进一步提升中小微企业信用系统服务能力，如祁阳村镇银行利用系统平台打造"企业信用共同体"，发放中小微企业贷款5600万元，支持祁阳县宏泰铝业等8个共同体24家中小微企业的发展。最后，注重探索创新，承接产业转移企业信用建设试点取得新成果，选择道县作为试点县，以承接产业转移企业信

---

① 杨辉.中小企业信用体系建设的案例解析——以湖南永州为例.海南金融，2011（06）：85-88.

用建设为重点，利用征信服务平台，设计开发中小微企业非银行信用信息系统，解决银企信息不对称问题。

4.1.2 鞭辟入里：企业信用体系的四大痛点

我国企业信用体系起步晚，国内信用评级机构规模较小、独立性较差，导致我国企业信用体系建设水平仍相对落后，目前依然面临着四大痛点。

第一，制度体系协同不足。当前，我国社会信用制度体系已经初步建立，但由于信用体系涉及范围广，相关部门众多，横纵交错，造成协同难度较大。纵向来看，中央与各地方信用政策各有侧重；横向来看，金融、税务、交通、环保、教育等多领域的主管部门、行业组织都在推动信用体系建设，与社会生活相关的多个行业的运营都涉及社会信用规范。各方不同的规范和要求，造成信用信息的应用、联合惩戒失信主体、信用主体权益保障等方面存在问题。

第二，数据库及服务平台在处理分散数据方面有所欠缺。我国企业分类繁杂，不同行业的数据分布在各自的业务系统中，缺乏统一有效的数据库及服务平台来实现数据的调取、解析、清洗、分析重构和结果呈现。

第三，受主客观条件影响，信用评级准确性待考查，债券的真实信用风险不能被准确揭示。目前，我国商业环境虽有改善，但合同履约比例仍然较低，尤其是在面临疫情带来的不确定性时，债券违约现象依然突出。截至2020年12月10日，2020年新增违约债券134只。从违约金额来看，2014年债券违约金额为13.4亿元，2019年达到1496.04亿元。单只债券违约的平均金额由2014年的2.23亿元上升至2020年的11.2亿元。

第四，数据保护要求日益提升。信息安全问题逐步上升为关系国计民生的重大问题，世界各国陆续明确和提高对个人隐私保护的要求，同时，对企业信息规范管理的要求也在逐步探索和明确。各地区、各类主体建设的企业信用信息数据库面临不断提升的数据安全和合规要求。

4.1.3　数智增权：重塑企业信用体系

产业数智金融对企业信用体系的赋能，不仅在于算力和算法的支持，还包括理念和方法的优化。具体而言，产业数智金融从以下几方面对企业信用体系进行重塑。

第一，多源数据汇聚和交叉验证支持数智化风控体系的构建。一切业务皆数据，多元化数据有助于丰富信用体系。数智科技有效赋能多源数据的挖掘和整合，让产业链上的信息流、商流、资金流、物流、人才流合规而高效地逐步汇聚起来。一方面，这有助于金融机构掌握产业组织生产经营的真实情况；另一方面，基于多维数据的信用评估对基于抵押物的信用评估逐渐产生替代效应，拓宽了金融机构信用评估的途径。此外，在加密计算技术的支持下，企业的信用信息可以逐步实现开放共享，支持跨业态金融机构了解同一家企业的信用和授信情况。

第二，产业数智金融能够扩大企业信用体系的应用范围。传统的企业信用体系主要聚焦资信评级、企业征信、个人征信、信用管理等方面，为金融市场提供有效的信用提示。在数字经济时代，数智技术支持企业信用体系进一步拓宽应用范围，服务于商业保理、公共信用服务、大数据信用服务等法规允许的相关领域，伴随激励约束机制的健全，有助于建立产业链的信用生态环境，降低交易成本。

第三，产业数智金融有助于建立信息安全保障体系。信息安全是数据价值挖掘的前提，数智技术支持相关方构建安全可信的数据共享平台，根据各方的权责义务建立智能化的运行机制，保障产业组织、中介机构、金融机构、政务服务机构等各方的权利义务，促进企业信用数据在产业数智生态体系内的合规流动和利用。

4.1.4 体系中心：从主体信用到生态信用

随着数智科技在企业的生产、运营和管理中的不断渗入，企业之间信息的联动性不断增强，对企业信用的认知也逐步从相对静态的主体信用转向基于全局的、动态的生态信用。

第一，分析视角更广。信用分析从个体向产业链整体延展，不仅关注个体的经营管理情况和履约情况，也关注其上下游的影响，有助于准确判断企业在不同场景中的信用情况。

第二，分析时效性更强。传统的信用评估周期受数据采集周期影响，相对滞后，基于数智科技可以实现更实时的数据汇聚，信用评估从相对静态向动态持续更新演进。

第三，交叉验证更准确。信用分析指标体系从少量关键指标分析向海量数据交叉验证发展，综合分析产业链的商流、物流、信息流、资金流和人才流，有助于金融机构更准确地判断企业经营情况，也在一定程度上减轻了对某些数据的强依赖，增强了信用服务机构的主动性和分析准确性。

产业数智金融驱动企业生态信用体系建设，关键在于其对企业业务链中商流、物流、信息流、资金流、人才流的穿透。基于区块链技术建设分布式账本，实现多方数据的安全、可信、共享有助于打破"数据孤岛"，使多主体间的关键数据信息得以沉淀、存储和共享，让数据安全地交换和共享，让数据价值得以充分挖掘和利用。

构建数智化企业信用体系，需要机制创新和各方协同参与，发挥生态协同的优势。无论是数据采集汇聚、交叉验证，还是指标提炼和模型构建，不仅需要征信公司和金融机构参与，还需要政务服务机构、产业服务平台等第三方机构辅助，共同拓宽渠道建设可信数据采集机制，从线上、线下持续积累整合企业数据，尤其是政务服务数据的有序开放，这对完善企业信用体系大有裨益。

在产业数据分析方面，需要发挥产业服务机构的优势，基于对产业链的深度理解，提炼适合金融分析的关键指标和找到反映特定企业的分析模型。

在企业信用服务方面，可以参考市场化的运营经验，实现信用产品服务的创新和运营模式的创新。

4.2　企业风险管控体系

4.2.1　金融风险管控的逻辑变革

第一，产业小微群体的风控成为产业数智金融的重点。在传统金融体系中，出于风险的控制，金融机构的关注重点集中于业务模式明确、企业活动稳定、收益持续增长的大中型企业。作为一个国家经济生态中最活跃的因素，中小微企业有效的经营信息和资信数据往往较少，经营痕迹不足，对于金融机构而言，若仅仅通过审查财务报表来对企业的运营能力和发展态势做出判断，显然难以精准控制风险。同时，由于经营稳定性较差、平均生命周期短、内部管理制度不健全，在面对宏观环境变化与市场风险时，不同行业和处于不同发展阶段的中小微企业面临的风险类型不同，管理成本较高，金融机构很难实现对中小微企业的差异化风控。

近年来，随着普惠金融的理念深入人心，其带来的改变逐步构筑着金融业的全新形态：贷款和支付呈现出小额高频的交易特征，业务模式向开放式和网络化发展，数据的开放性和服务的个性化提高了金融服务的覆盖面，但也不可避免地带来了形态更多、蔓延范围更大的流动性风险。因此，控制和防范中小微企业的风险将成为数智金融在当下亟待解决的重要课题，既要发现这类长尾客户的融资需求，又要精准判别风险，降低金融服务实体产业的成本。

第二，从人工风控到"人工+大数据"的风控手段革新。数智金融的本质并未发生改变，风险管控仍是金融服务的关键原则和重要任务，愈加丰富的金融业务背后是更加多元化的风控途径和手段做支撑。如图4-1所示，数智金融利用数据智能技术将企业内外部数据的集成作为基础，持续准确地追踪和评估企业的经营状态、资金流量、职工增减等综合信息，通过数据沉淀形成风控闭环，并结合专家经验来弥补数据质量差、算法缺陷和渠道不足等问题，专家与人工智能共同完善算法模型，提高风控流程中的有效性、准确性、时效性和差异性，提升风控的主动性和有效性。

风险图谱	信用风险	市场风险	运营风险	模型风险管理	
风险管理生命周期	风险审批和控制	风险衡量	风险缓释	风险监控升级	风险报告
	✓ 信用评级 ✓ 风险定价 ✓ 风险损益归因分析 ✓ 风险限额设定和复核	✓ 交易对手/产品/头寸风险暴露 ✓ 产业上下游风险预警 ✓ 风险限额管理	✓ 抵质押品管理	✓ 风险限额设定和复核 ✓ 自动风险监测 ✓ 合规测试 ✓ 贷款审核	✓ 模型验证文档化 ✓ 外部和监管报告 ✓ 董事会报告 ✓ 模型治理和报告

图4-1 金融风控的全生命周期与风险要素

第三，联动生态提升风险可控力。以银行信贷为例，一方面，根据（监管）合规性要求，金融机构对风险损失的容忍度较低；另一方面，自身对风险客户的制约力不足。尤其对于小额信贷的坏账损失，从投入产出来看，往往缺乏动力追索损失，也缺乏低成本的渠道来制约产生坏账的客户。如果能够与生态参与方联动，形成对企业客户从生产设计到加工贸易，从物流配送到交付服务全过程的服务，就可以及时发现风险，甄别是否恶意欠款。对于暂时存在困难的企业，可以评估并采取延期等措施；对于确属恶意欠款的企业，联合其他服务方（如公证处或其他环节的服务机构），制约其生产经营的其他环节，对其形成威慑，进而提升银行对风险的把控能力。

4.2.2　打造产融互促的数智金融风控体系

产融互促的数智金融风控体系分为两个层次：一是产业组织生成算料，支持金融机构基于海量数据和对行业逻辑的深度理解，建立起技术支撑体系和协同风控体系。二是金融机构输出技术，帮助企业建立起覆盖生产、运营、财资管理等多维度的数智风控能力，支持实体自主强化风控、保持活力，从源头控制风险。

相比于传统风控，产业数智金融的风控视角和体系创新体现在两个方面：一是评估主体的依据不局限于显性的强特征数据，更多的分散于社会各个层面的具有信用含义和与信用相关的替代数据被用来刻画信用主体的风险系数。二是视角不局限于单主体，以生态的视角看，风险管控不仅能保证金融机构的收益，也是金融服务于整个实体经济产业的重要举措。

产业数智金融的风控要回归服务实体经济本源，主动防范、控制且化解金融风险，用数智化的手段赋能企业，对资金的流动规模和流向进行实时监管，关注企业、行业、生态间的网络关系，降低企业运营不确定性对资金风险的影响，助力中小微企业乃至整个产业生态持续平稳地发展。

1. 数智赋能金融端风控新模式

数智赋能金融端，创新风控新模式。下面主要从以下方面展开介绍：数智科技助力金融机构构建企业风险信息大数据平台，实现算料的集成；通过与政府服务机构、产业服务平台、金融科技企业等生态伙伴的合作，金融机构得以更好地理解千行百业的逻辑，进而找到关键指标，创新差异化的风控模型；将风控边界扩展到整个产业链，以生态的视角服务于产业发展的目标。

（1）算料集成，构建企业风险信息大数据平台

各金融机构着力建设企业级智能风控平台，按照"维度更全、时效更高、信息更准"的原则，以合规获取企业运营过程中的关键业务数据为核心，如资产负债、销量销额、仓储物流等结构化数据，以及关联关系等非结构化数据，如工商信息、专利数量、法律纠纷信息、上下游企业的业务联系等，对经营信息的准确性和违约行为进行核实和跟踪。此外，在各级政府和金融监管部门的支持下，逐步拓宽跨领域的数据共享，如工商、海关、公安、社保等，构建起包含核心交易数据和外围海量数据在内的综合性的风控平台。基于数据中台和服务平台，以可视化风险视图的形式呈现企业运营状况，达到"一图胜千言"的效果，从显性风险的观测上来客观预判中小微企业的发展态势和违约风险，关注高风险企业，合理安排金融资源。

（2）携手生态伙伴，形成对产业风险的深入理解

在产业数智金融的模式下，金融科技公司是关键一环，它们与金融机构之间展开了专业分工合作，金融机构提供全部资金，金融科技公司提供获客、风控与技术等第三方辅助，这种模式更加体现了分工对金融风控的效率提升。银行等金融机构将更多的资源和精力投入与终端出资人的对接当中，而金融科技公司利用自身的技术优势解决传统金融机构面临的业务挑战，通过提供SaaS服务，可以对数据进行半加工处理，使得算料能够直接被输入金融机构端的风险评估模型当中，通过数据连接金融机构和资金需求方，提供覆盖全业务领域、项

目全周期的风险管控服务。在贷前，通过资信数据分析，为金融机构提供欺诈风险评估、信用风险评估和风险定价等服务；在贷中，实时对资产风险及资产质量进行监控，提供风险预警及贷后管理等服务，并且利用对数据的进一步挖掘为金融机构进行营销获客和客户筛选，构成业务闭环。

部分产业服务平台、金融科技公司深耕特定领域多年，深入理解产业运行特征和风险点。同时，其组织和业务生长在线，具有数字原生的先天优势，在经营管理过程中，能够主动运用数智科技提升风控及运营管理能力，可以将风险管理与企业文化、决策、业绩评价、企业战略等因素衔接，开展多层次的风险管控，也在逐步尝试将自身风控模型和能力打造成产品或服务，面向金融机构提升风控能力。

举例而言，蚂蚁科技所打造的AI智能风控引擎——AlphaRisk是赋能金融机构的核心能力之一。它由支付宝风控平台演化而来，包括流计算引擎、变量中心、策略中心、分析中心等模块，在小额信贷申请的场景下，全面监控来自各个渠道的企业属性数据、经营活动数据、交易关系数据，及时发现并预警恶意申请、信贷欺诈的风险，并共享数据特征，使得金融机构也同样具备业务风险中台的能力。

iFRE数信互融科技所提供的村镇银行零售信贷解决方案，将目标定位于各地的农户和中小微企业，开展错位竞争，结合普惠金融的行业经验，提供"线上+线下"的贷前、贷中、贷后风控解决方案。在线下，开展实地调查，以解决信用体系不完善、信息不对称等问题，同时进行人工审核，对真实业务进行诊断，补充软信息、交叉验证，辅助金融机构进行策略设计。在线上，综合客户基本信息、授权查询的征信信息，以及相关行为数据，汇总多渠道的信息对企业进行准入筛选。精准定位问题客户，并结合德尔菲法和AHP层次分析法进行风险评估的专家打分，完善违约评分模型、额度授信模型、风险定价模型进行授信审批及贷后管理。目前，该方案已经打造起基于实地调查、信贷工厂、大数据风控模式融合的风控框架，充分发挥村镇银行扎根农村的优势，累计服务地方金融机构达到40家以上。

（3）升级算法，打造差异化产业风控模型

企业风险数据分析模型的定位是算法的升级。具体而言，它是金融机构针对不同地域、不同产品、不同额度的长尾企业群体制定差异化风险自动监控措施的工具。数智科技帮助金融机构强化对不同细分领域精准建模的能力，金融机构组织来自业务和风控渠道的专业人士进行评审，根据业务经验找到风险点和警戒阈值，综合考虑各项风险指标生成算法逻辑，将隐性行业经验转化为显性算法。随后将信息大数据平台中的海量业务数据沉淀输入至模型当中，自动触发算法的预警机制，提前预警各类风险，有效提升风控体系的主动性。此外，应用人工智能技术，实现模型的自动学习和迭代，能够发现单纯依靠人工难以发现的风险，以应对大量且变化迅速的商业业务逻辑。以某银行的"天眼"大数据风险预警系统为例。该系统充分利用大数据流立方、设备识别等技术，回溯贷款方信贷历史、开户数量、违约次数等，对身份验证、还款意愿、还款能力等进行模型评估，形成"千人千面"的差异化风控能力，与全行的各条业务线都实现了适配化落地，为近20个渠道、10余种贷款产品提供反欺诈的风险控制服务，形成风险数据、模型研发、智能决策、监测预警的风控体系。

专题案例 江苏苏宁银行的全流程风控体系 🔍

江苏苏宁银行的"微商贷"是一款面向小微、个体工商户的纯线上信用贷款产品，具有0抵押0担保、提款快、微信即可操作的特色，小微商户主无须提供繁杂材料，随时随地在线4步即可完成申请，目前已服务众多便利店主、物流承运商、烟草特许经营商、汽修店主、电商平台商户等小微企业主。

在欺诈识别环节，借助自主研发的CSI反欺诈引擎，"微商贷"对申请者的身份、设备、位置、行为、关系、习惯等进行全方位评估，现已打通开户、注册、登录、抽奖、支付等200多个场景，覆盖事前、事中、事后的实时监控，并创新应用到了对公账户风险管控等领域。

在风控环节，结合征信数据、合作平台数据、第三方数据等多数据渠道，运用"天衡"小微金融风控体系，支持江苏苏宁银行小微信贷产品的全线上化智能审批，在企业主、企业、行业、增加信用程度和结合场景五个维度对风险进行综合评判，基于小微企业经营信息、中国人民银行征信信息和社会征信信息等数据源，结合主成分分析、逻辑回归和随机森林等机器学习算法，通过评分模型输出微商分，通过准入模型输出白名单客户，通过额度计算模型输出授信额度，通过用信模型输出单笔放款金额，通过风险定价模型输出贷款利率。

在贷后环节，构建了"秋毫"风险预警系统，对小微企业客户的风险进行全面的监控预警，并在发现企业的风险状况后及时向信贷风控人员推送疑似风险信号。通过挖掘工商、司法、经营异常和资质证书等信息支持小微企业的线上尽调，通过研发企业知识图谱、企业风险信号闭环处置、企业舆情预警等功能，实现小微企业金融风险的穿透监控，通过完善企业信用报告和行业数据智库等模块，提供全面的小微企业信用服务。

在催收环节，构建了"捕逾"智能催收系统，在贷款发生不良时进行智能化的催收处置。通过债务人-催收员评分模型、不良资产评估算法模型、催收话术推荐策略和案件智能匹配策略等催收策略模型，提升催收管理效能。通过语音机器人、催收机器人、质检机器人、预测式外呼、评分卡匹配催收和信息修复等基于AI的智能化系统组件，实现数智科技对催收业务的赋能。

（4）重塑边界，聚焦产业链金融风险控制

当前的数字经济企业主体呈现出了两大趋势：一是中小微企业专业化程度提高，加速向核心企业的产业链上下游聚集；二是工业互联网模式使得大型企业逐步转型为规模化资源整合平台。这样的产业集群效应催生了产业链金融的模式，金融机构与产业链中的核心企业合作，以核心企业的信用资质和产业链的资金流转情况作为担保，以中小微企业的应收账款和动产等作为抵押，为全产业链的企业提供资金作为"溶剂"，提高其流动性，缩短回款周期。同时，金融机构在开展普惠金融的过程中，对产业链末端众多中小微企业或个体工商户提供融资服务，积累的数据反过来又连接产业链，实现对产业链整体风险的分析和管控。

生态化产业金融模式以多元化的金融业务和产业输出连接上下游参与者，打破了单企业边界，将产业链转化为命运共同体，其风险具有传导性、动态性和复杂性等，一旦链上的个别企业出现票据欺诈等情况，风险极易扩散，因而产业链金融的风险管理必须要实现全流程、全企业覆盖，需要全方位关注贷前风险评估、贷中资产审核、贷后运营监管三个环节，对动产进行数字化的审核和监管，对多级供应链进行穿透式实时监控，从中发现信用，传递信用，监测信用，并为信用定价，在主体信用的基础上过渡到对交易信用的聚焦。

以ZX银行为例，以场景和数据为依托，ZX银行构建起上下游延伸拓展的数智普惠金融体系。在产业链上游，以订单票据、应收账款等流动资产作为抵押，以历史履约情况和核心企业信用作为重要依据，创新开发出"订单e贷、政采e贷、信e链、商票e贷、银票e贷"等数字金融产品，高效识别、精准评估、广泛覆盖中小微企业供应商的资金需求。在下游，通过与核心企业的ERP系统互联对接，充分依托信息流、资金流和物流等核心要素，对企业的商业信用和交易信息进行深入挖掘，开发"经销e贷、信e销、保兑仓"等产品，实现风险整体识别、客户批量准入和业务线上操作，解决传统授信模式下中小微企业"准入难、担保难、审批难"的问题。

2. 数智金融助力产业主动风控

金融机构通过数智技术的输出助力企业数智化平台的建设，融入场景化的数智能力，强化企业自身的风控能力，实现企业内部和产业链的价值创造，这是产业金融在企业端的核心。

相比大中型企业，多数中小微企业在基础设施能力上较差，甚至不具备数智化的条件，但它们在转型中却占有优势，可以在接受数智化的理念后迅速进行自上而下的系统性变革，不存在转换成本和路径依赖，采取数智化手段会承担更小的风险。

具体而言，数智化助力企业内部的风控，就是利用数智化的手段从多个维度完善企业的风险管理机制，将传统管理中对人的信任过渡到对算法、技术的信任，将企业内部复杂的风控逻辑转化为对数据的治理。依托于数据、模型和算法，企业风险的识别、预测、评估、模拟与控制和企业的经营管理活动相伴相生。基于技术导向，将风险管理的理念、要素与方法融入数智化运营，推动其转型为生产、营销、财资、人事等一体化风险管理导向的企业。下面主要介绍数智金融赋能企业可行的两种模式：数字孪生和内部管理平台。

（1）数字孪生

数字孪生赋能企业的生产、流通和消费环节。以制造业企业为例，数字孪生技术为企业的产品、设备和工艺建立数字化的虚拟投影，通过在虚拟空间的数字化模拟及现实和虚拟之间的融合，以可视化的形式展现产品从设计、制造、流通到营销全生命周期的变化，并对产品要素进行全方位的指标检测。相应地，风险管理也被映射到数字化空间当中，当业务活动在价值链上发生时，风险也会被动态评估并实时更新：物理实体的建设、传递、运维也伴随着其数智化表达的同步变化，以及风险属性的更新、移交、预测。当价值链某一环节开展风险评价时，同样可以回溯所有历史风险数据，并对未来风险发生的可能性和影响程度进行预测和模拟，以指导和优化物理世界。因此，企业资产运营的过程不仅需要衡量质量和成本，还包括风险水平。数字孪生下的企业风控模式如图4-2所示。

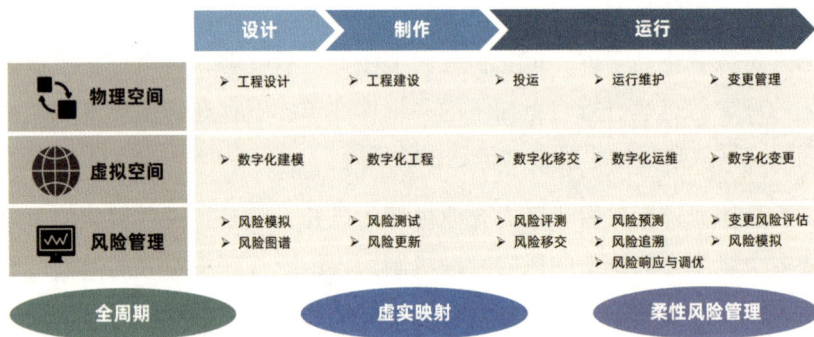

图4-2　数智孪生技术下的企业风险管理模式

在物联网和大数据技术的支持下，企业关注不局限于个人、单设备、单产品的工艺参数和安全风险，而是全景式地防控运行网络、生产工序乃至内部价值链的风险，全息感知人与人、人与机器、机器与机器、人机与环境等各种要素之间的关联关系及其动态变化规律，提前进行关联性分析和风险预警，并在后续环节中有针对性地调整计划，进而形成感知、分析、决策和控制的风险管理闭环。

实践中，部分产业服务平台或公共服务平台在服务中小微企业数智化转型过程中，会帮助企业分析产业链发展情况，强化其风控能力。未来，相关服务形式会更加多样化，成为产业数智金融生态中面向产业的新型服务形式。

（2）内部管理平台

金融机构在服务产业机构的过程中，在提供金融服务的同时，也会利用自身技术优势，支持企业提升数智化经营管理能力。比如某大型商业银行[1]针对企业客户打造跨银行现金管理平台（Cross-bank Solution for Cash Management，CBS），支持企业跨行账户统一视图、全银行收付结算、资金精细化管理、全流程资金风控、全场景投融资管理、智能分析决策支持六大业务场景，目前已经具有跨银行账户管理、交易结算、银行融资、财富管理、票据管理、资金预算、资金监控、内部户管理、内部信贷、跨境资金管理、BI管理驾驶舱等在内的18个应用模块、2000多个服务功能。作为产业链生态和金融生态之间的数字化连接器，CBS一端连接企业内部分散在各部门的系统，另一端则接入各家合作银行的系统，真正做到了以服务产业为核心，将科技能力和金融能力一并转化为企业财资敏捷力。

进一步而言，企业端对于风险管理逐步从传统的资金流动性、经营稳定性向外延伸，跨出企业边界，触达企业所处生态系统的运行情况研判，如需求端的个性化变动、供应端的延迟、政治环境和监管制度的变化、同业机构的产品服务和替代品的发展动态等各种可能影响

---

[1] 参见《商业银行赋能企业数字化转型：客户需求是逻辑起点》。

企业正常运营的风险要素。在面对外部变动时，产业数智金融生态的最大优势在于开放的视野和协同的力量，所有参与主体能够基于数智化带来的可靠信任和连接，将自身获取到的信息与生态共享，敏锐地捕捉瞬息万变的外部信息，消除个体企业的信息不对称，助力企业间共同应对系统性风险，做出科学战略决策，实现企业内部乃至产业链资源的高效配置、产业链的共同进化，将传统竞争的零和博弈转化为共生价值。

4.3　金融服务整合体系

4.3.1　金融服务体系的逻辑变革

长期以来，众多企业，尤其是中小微企业时常遭遇经营资金流紧张的困境，金融服务的支持和助力是帮助中小微企业走出泥沼的重要途径，然而企业在发展的不同阶段，对信贷、债券、保险、担保等金融服务的需求有所不同，传统的服务模式面临需求多变的新挑战。

首先，以银行为代表的传统金融机构在面向中小微企业的业务办理时，仍以"点对点"的传统方式提供金融业务，覆盖广度和服务深度都存在较大提升空间。从金融机构角度看，传统的服务体系难以从全产业链的视角对企业融资需求进行通盘考虑，应收账款、预付账款、回款周期、库存以及未来订单等信息不够齐备，难以全面评估形成整体的融资需求。从企业角度看，中小微企业的扩张速度快、融资需求变化大，虽然当下以核心企业信用为担保的供应链金融能够发挥重要的作用，企业融资环境得到了很大的改善，但数据共享和授信过程很大程度上受制于核心企业的支撑，难以惠及非直接与核心企业交易的广大中小微企业。同时，推出新的金融业务意味着要有全新的风控逻辑支撑，创新金融服务伴随着较大的风险，往往难以达到市场平均收益水平，中小微企业所接触到的金融产品较为传统，主要解决企业某方面或某时段的问题。

其次，为企业提供金融服务的主体相对单一，直接融资市场亟待发展。除商业银行以外，多层次的资本市场是普惠金融发展的重要形式，但目前企业融资形式仍然以银行信贷和自筹资金为主，例如保险机构、股权融资和风险投资机构，由于缺乏与潜力初创企业的对接渠道，成本较高、流程烦琐的背景调查成为考查项目的常规手段，但是在如今高新技术产业蓬勃发展、商业模式革新突破的背景下，供需双方之间的"孤岛"给直接融资带来了极高的门槛，相关金融机构所关注到的企业已经经过多重筛选，仍有大量的中小微企业等待被服务。

再次，针对中小微企业金融业务的机动性不足。中小微企业受市场变化影响较大，其发展情况存在较大不确定性，其用款呈现出小额、灵活、高频等特点，且产业链中的上下游企业分散在全国，信息较为分散，传统网点式的服务模式机动性不足，很难覆盖中小微企业贷款的全生命周期。因此，为这一群体提供金融服务就需要有相应的数智手段，如对专门针对中小微企业贷款的品种、金额、期限进行监控；全国性金融机构探索建立分支机构之间的协同服务机制和利益分配机制；区域性金融机构可通过建立联盟等方式，在服务产业链方面形成协同，提升对风险的掌控能力。

在数智金融时代，金融服务从传统的直接面向单点客户的模式，逐渐演变为沿产业链布局的产业链金融模式，进而形成以产业组织为核心，平台化的产融生态圈服务新体系。商业银行作为庞大的流量入口，有望成为数智金融体系下资源整合和构建协同生态的统筹者。对内跨业务线，实现数据标准化和业务协同；对外跨机构，充分发挥各方金融服务的优势，实现优势互补。通过技术接口和信息的标准化、透明化，将组织的中后台打造成高效智能的赋能中心，在前台顺畅调动内外资源、精准耦合供需双方，打造透明开放的产品和服务，吸引各类金融资源和产业上下游所有环节参与者。

4.3.2　整合资源构筑金融协同服务体系

经济转型和产业升级要求金融服务的新体系，以生态合作为主线，以共享共赢为原则进行资源整合，将政府及监管部门的相关政策、各类金融机构的业务资源、金融科技公司的第三方保障服务进行融合，构建起种类齐全、服务高效、安全稳健、互惠共生的数智化生态协同模式，满足用户对于金融服务多样、高效和专业的需求。

银行作为服务群体最为广泛的金融机构，可以结合场景建设引导各方共建金融合作生态。以数据在体系内的流动作为核心，实现各方资源的合规共享，消除信息鸿沟，打破传统金融服务之间的壁垒，整体架构如图4-3所示。

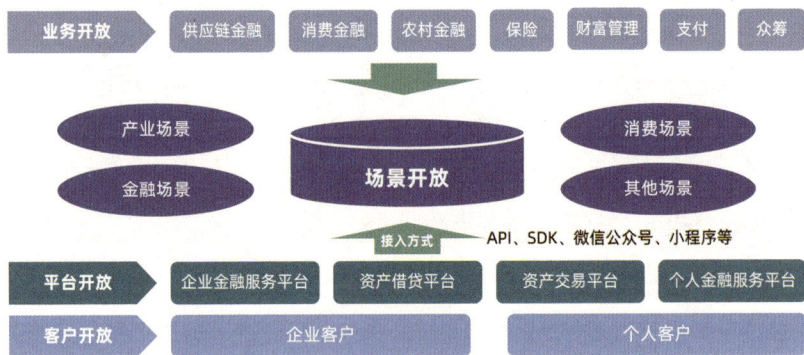

| 业务开放 | 供应链金融 | 消费金融 | 农村金融 | 保险 | 财富管理 | 支付 | 众筹 |

| 产业场景 | | 消费场景 |
| 金融场景 | 场景开放 | 其他场景 |

接入方式　API、SDK、微信公众号、小程序等

| 平台开放 | 企业金融服务平台 | 资产借贷平台 | 资产交易平台 | 个人金融服务平台 |

| 客户开放 | 企业客户 | 个人客户 |

图4-3　开放的金融服务体系图景[①]

对外，广泛连接金融资源。通过开放API对接外部金融资源，让证券、保险、风险投资、信托等的多元化金融产品与服务能够接入开放

---

① 参见毕马威中国与京东数字科技发布的《数字科技服务金融》报告。

平台，如组件般灵活地嵌入不同类别的企业服务场景，与既有业务融合互补。

比如在确保客户授权和安全合规的前提下，银行可以主持联合运营的活动，帮助业绩良好、商业前景清晰的优秀企业对接票据、债券、股票等其他融资渠道，以满足其在不同发展时期的投融资诉求。对于保险基金，通过与其他金融伙伴的合作，将保险资金用于更加宽泛的投资业务中。比如，通过私募基金的形式将保险金引入成熟的较大规模的中小微企业的股权和债券投资中，打破原有的保险金仅能投资于基础设施建设的桎梏，获得更高的收益。对于信托机构，银行与信托机构优势互补，充分发挥银行对资金需求的搜索能力和信托公司担保手段多样、产品设计灵活的特点，合作设计合规的信托计划，扩大信用担保的途径和有效性。

开放银行的模式作为孕育新体系的"土壤"，不再像传统金融机构一样孤立地提供产品和服务，而是将不同的金融生态嵌入其中，由开放平台土壤提供数据、渠道等"养料"，助力金融生态系统协同创造新的价值。

当然，金融领域的创新离不开主管部门的支持，监管的规则可以融入技术平台，帮助金融机构落实监管要求。同时，政务服务数据和监管相关基础设施汇聚的金融市场数据，构成了金融创新的重要基础，可以在合规的要求下，探索公共数据服务和数据开放，帮助金融机构更好地了解金融市场整体情况，也有利于政府和监管部门及时了解金融机构运行情况，及时甄别系统性风险，确保金融生态健康发展。

对于金融科技公司，它们推动新技术在金融领域的应用，并发挥自身在场景、风控等方面的实践经验和流量优势，与金融机构品牌的权威性、业务的专业性相结合，推进全流程线上化、移动化，生态内的主体快速导流和合作，充分挖掘和利用数据，联系场景资金需求方和多元金融合作伙伴，提供实时、个性化、垂直细分的金融服务，构建多元化的开放生态网络，持续向场景丰富、万物互联的数智金融生态平台方向迈进。

在金融机构内部，实现跨业务的互通是创新发展的重要途经。多条产品业务线的跨条线协同，有助于提高对中小微企业内外环境和所在行业形势的认知。正如前文提到的，面向于中小微企业的金融业务通常较为分散，比如传统贷款、资产融资、信用卡、零售支付等，业务的分散化带来了信息的割裂，各条业务线的分立并行，对中小微企业的资质审查和基本信息收集存在大量的重复且片面的工作，难以找出企业完整的全局特征。因此，大中型银行机构结合数据大集中工程，逐步实现对私客户的一本账，在对个人客户服务方面，也更灵活；在对公服务方面，由于数据量不足、考核方式不同、接口标准不同等因素，致使对公与个人客户打通存在较大困难，难以直接整合，只能选取部分区域作为试点，逐步积累新的管理模式，扩大试点范围，形成对公和对私业务的共享和互促。通过内部业务线的信息整合，金融机构能够以中小微企业的需求作为主线，将多类型、标准化的产品进行模块化的解构和重组，整合提供一揽子综合服务；借助完备的信息，金融机构可以在贷款审查、信用评级、流程管控等技术上实现创新，比如根据产品生产流通和贸易融资等情况，对产业链进行整体评估，依托核心企业、产业互联网公司等机构进行进销存监控等，逐步完善金融机构自身的客户关联关系图谱，进而提升风险研判能力。

数智科技实现的多方聚合、资源汇聚的开放金融服务模式，一方面扩大了业务范围覆盖面，让资金真正流向契合实体经济发展方向的关键领域需求，如现代农业、环保产业、"专精特新"等领域的企业都具有极强的外部性，但研发周期较长、前期投入较大，通过数据资源跨地区、跨行业、跨场景、跨层级之间的融合应用，加强了对企业真实运营情况和融资需求的识别，让金融机构和产品能够精准与企业对接；另一方面也降低了中小微企业融入金融服务的门槛。

专题案例 苏州市综合性数智化金融服务体系① 🔍

以苏州市为例，其综合性数智化金融服务体系，充分调动了各类金融资源，并将其精准对接中小微企业和初创企业的多元化资金需求。该体系包括综合金融平台、股权融资服务平台和地方企业征信平台，三者构建起一个完整的金融服务闭环。

（1）综合金融平台

在相关政策的激励下，苏州市政府引导银行、保险公司、创投机构、融资租赁、金融科技公司等机构资源聚集于平台之中，并对接入平台的金融机构的种类和数量严格审查，以创造各类高质量、具有创新性的金融产品供给，使之匹配实体经济关键领域和发展薄弱环节的金融需求。在此平台上，企业可以自主选择符合发展现状的金融产品，将中小微企业在线融资需求和金融机构在线金融产品两者高效对接，提高银行支持民营企业和中小微企业的积极性，推动数字普惠金融创新，赋能实体经济高质量发展。

此外，为增强金融机构助力普惠的积极性，政府还设立了信用保证资金，与银行、保险公司按65∶20∶15的比例共担风险，专为具有研发能力、掌握核心技术和知识产权的企业提供"信保

---

① 周雷, 刘睿, 金吉鸿. 综合金融服务体系服务实体经济高质量发展研究——以苏州市小微企业数字征信实验区为例[J]. 征信. 2019(12)：5.

贷"债券融资服务。截至2020年，该开放金融平台已经累计注册企业超过3万家、对接平台的金融机构超过60家。

（2）股权融资服务平台

该平台聚集优秀的PE/VC（私募股权投资/风险投资）机构，同时，汇聚工商、税务、环保等公共服务数据对辖内企业进行多维度分析，筛选出潜力出众的优质企业，并通过该平台为初创型、成长型等各个生命周期的企业提供项目的展示平台，让供需两端线上对接、线下沟通，进而双向选择，定制股权投资方案，帮助优秀的初创企业度过早期的发展困境。

（3）地方企业征信平台

地方企业征信平台通过与政府部门或公共事业单位等第三方数据源进行对接，对企业相关的数据进行整合与筛选，便于金融机构对企业信息实时查询，并利用持续化的信息监测防范贷款期间风险。这样一方面从降低风险的角度让银行没有贷款给中小微企业的后顾之忧；另一方面增加了初创项目的吸引力，构建起健康稳定的金融服务模式。

金融服务资源整合通常有两种模式：一种是前面的苏州综合金融服务平台，由地方政府牵头，辖内金融机构支持构建，多业态金融机构和中小微企业共同受益；另一种由大中型金融机构牵头构建，比如平安银行通过开放技术、开放客户、开放场景、开放资本，结合合作伙伴能力为用户赋能，搭建起Gamma O平台，针对城市服务、购车购房、医疗健康等多生态圈，通过Open API将金融业务、信息系统和定制需求结合，提供现金管理、支付结算、跨境金融、贸易融资等多层面业务服务，并纳入开发者的技术创新能力，助力新金融产品的快速落地。以银行门户为入口，通过统一的开放技术标准和业务运营流程，政府、企业和开发者多方进行数据交互，更好地利用平台的合作优势为客户创建产品，并能够覆盖全生命周期的客户旅程。同样，单个场景数据的沉淀不足以支撑完整企业画像的绘制，难以形成全局的数据洞察，因此，单个场景的金融服务提供商还会与平安银行进行数据反哺，而平安银行集成多方数据，帮助中小微企业更好地识别和选择金融工具。

中国工商银行搭建了金融云平台，涵盖基础设施云、应用平台云、金融生态云"三朵云"架构，以此为跨界合作的抓手，围绕"用户即客户"的开放理念，服务于生态的各个参与方。工行通过将服务和产品做成标准化的API，一方面将自身服务开放给合作方；另一方面将合作方所服务的生产生活场景与工行的服务类型对接，2019年已覆盖高校、物业、景区、党务等900多个合作场景，以及个人金融、信用卡、网络金融、私人银行等10条业务种类和30多家大型金融机构。同时，借助于该平台，工商银行为多方伙伴提供统一的API生命周期管理流程、统一发布及管理服务，在客户关怀、业务增值、精准营销、风险控制等方面赋能合作机构，提升了生态整体的服务营销效果和效率，打造开放融合、灵活创新的金融生态。

综上所述，构建开放的金融生态既要"引进来"，又要"走出去"。首先，引进新理念和新技术，提升金融生态的获客、风控、运营能力，让银行不仅是资金入口，更是流量入口，拥有客户更多的"眼球"资源和数据资源；其次，聚合金融服务，整合第三方金融机构的产品和服务，不再局限于提供标准金融产品，而是根据行业、场景和客户进行灵活定制和组合，打造开放的"产品集市"，为多家金融机构协同服务客户提供场所与载体；最后，扩展外部场景模式，在更多元化场景下嵌入金融服务，实现金融服务在各类场景中的无缝嵌入，实现引流和赋能。不论是通过流量导入还是技术平台的模式，在未来，用户的洞察、获客和运营都不再是一家银行独有的，而是和合作伙伴共同进行的，金融机构逐步演变成为整合金融服务的基础设施平台。

4.4 业务创新体系

基于协同、动态、灵活的金融服务平台和数智风控手段的革新，下面介绍数智金融服务于产业的三种途径：以产业互联网企业为中介服务产业链、依托政府及公共服务机构赋能产业集群、以多元的企业服务机构合作为中小微企业赋能。从中我们将看到产业数智金融的创新业务开展的形态：①不是被动等待企业客户提出投融资需求，而是以产融共生为导向，主动出击挖掘需求；②不是以某个产品或渠道的服务能力为中心，而是以促进产业链顺畅运行，各产业创新发展为出发点，"融资+融智"，根据产业特点和企业所处不同发展时期所期望的产品或服务来形成多元化的服务组合，进而形成差异性的竞争优势。

4.4.1 数智金融+产业互联网公司模式

我国的供应链金融模式目前仍处于较为传统的阶段，以核心企业为出发点，依托其主导作用和信用优势，帮助金融机构对其直接交易的企业授信并提供融资服务。以核心企业的资质和商业信用为担保的模式在一定程度上控制了风险，服务上下游中小微企业，但往往存在产品服务同质化、核心企业信用额度有限、多级信用传递困难、风险评估主体和用款主体错配等局限性。

数智金融与产业互联网公司合作可以为上述难题带来破局之道。

第一，数智科技助力产业链上下贯通，有利于金融机构获取更丰富的信息，转变信用和风险评估模式，从"点状"主体信用向"网状"生态信用发展。

第二，场景化产业服务为金融产品提供"沃土"。基于场景化的产业互联网公司对产业链企业提供多种服务，深入理解用户需求和经营情况，帮助数智金融以无感化的方式将产品和服务融入生产经营过程。

以建筑装饰工程行业为例，其在2020年全国市场规模达4.8万亿元，但行业极为分散，前30强企业的产值只占行业总规模的3.1%，其余由数以十万计的中小微企业贡献。由于传统中小装饰工程企业的"五流"信息全在线下，很难获得银行授信，融资只能采用强抵押、硬担保甚至民间拆借的形式。针对该难题，建科网络利用大数据技术，为公共装饰企业提供项目管理、采购服务，引入金融机构，提供数智化经营管理支持、金融服务等多维度和多层次的服务。

"公装宝"是SaaS化的工程公司项目管理系统，将传统建筑工程公司建立定制项目管理系统的费用大幅降低，从原本几十万元甚至数百万元的成本，降低到一两万元，截至2021年年底，已有近2000家装饰工程公司使用了"公装宝"系统。

"公装云"平台专注建筑装饰工程公司的材料采购。基于公装项目金额大、工期紧、材料采购时间紧、任务重等特点，"公装云"汇聚了5万多家专业的工程供应商，为装饰工程公司提供线上采购招标系统，在线解决采购难题。具体模式如图4-4所示。

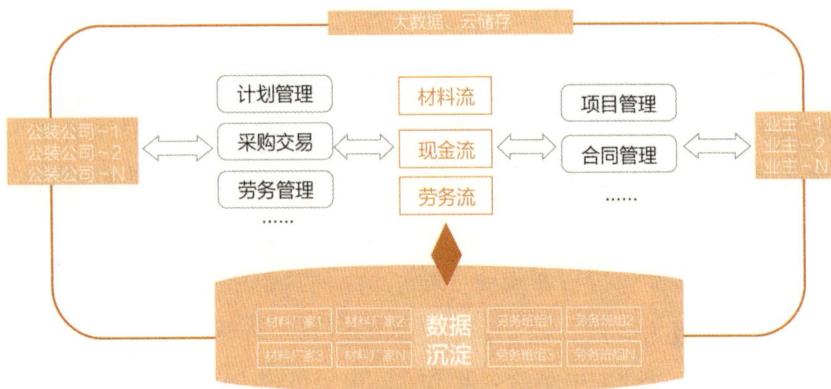

图4-4　公装云整合行业物流、资金流、人才流数据

　　"公装贷"现已对接中国建设银行、兴业银行等多家银行，基于"公装宝"和"公装云"的线上数据，结合企业的开票、纳税、合作核心企业、承接项目等信息，对企业进行无抵押、无担保的纯信用贷款。2021年，单个客户最高授信超过千万元，全行业4000家企业授信总额超过40亿元。"公装贷"大数据风控模式如图4-5所示。

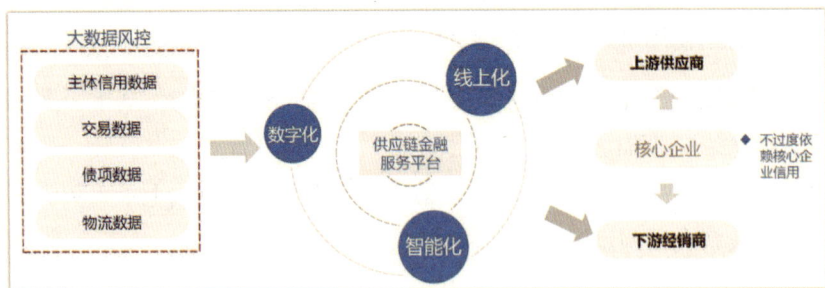

图4-5　"公装贷"大数据风控模式

　　另外，阿里巴巴电商平台与网商银行、菜鸟物流等协同，为广大中小微商户提供采购、销售、管理、库存等服务，基于对商户的理解，帮助金融机构全面洞察商户，结合实际经营情况，以支持诚信商

户顺畅经营为基本原则，设计服务小微商户需要的金融服务与产品，并将金融服务嵌入各类场景，与生产经营活动无缝衔接。

4.4.2 数智金融+政府服务产业集群模式

近年来，中央和地方纷纷打出资金、人才、知识产权保护的政策组合拳，力促战略性新兴产业健康持续快速发展，各地纷纷出台相关政策，着力于建设地方特色产业集群。金融机构积极与地方政府合作，以金融支持产业链创新协同发展为目标，构建由政府主导的，涵盖信贷、债券、基金、保理、融资、投资咨询、管理的全方位的数智金融价值创造体系。

在该体系下，政府主导建立起针对当地产业集群的综合性产业服务平台，吸引多家金融机构加入其中，发展专项基金、完善信用担保体系和银企合作机制，鼓励各金融机构面向创新型产业集群创新金融服务模式，扩大产业集群中上市企业数量和融资规模，推动当地经济健康平稳发展。一方面，成为集中展示金融服务与产品的平台，一站式满足企业各类需求；另一方面，为企业提出融资需求，提供展示平台和供需撮合平台。

此外，依托政府公共服务数据的权威和优势，整合各委办局服务企业过程中积累的政务数据，支持金融机构完善企业画像，提供精准服务。

同时，政府主导的服务平台对创新型中小微企业发展状况、发展规划、发展痛点进行全面评估，利用自身资源禀赋，提供财税、法律、人力资源等方面的培训、培养和培优服务；推动中小微企业的数智化转型，深刻洞察企业发展所面临的业务挑战，根据企业发展特点匹配相应数智技术，通过合理的数智化转型方案，提供助力企业孵化、加速的金融服务和可供合作的大型企业资源。此外，在大型金融机构的助力下，让地方产业集群得以与全国顶级高等院校、科研机构跨区域进行产学研资源对接和知识成果共同转化，让科技创新加速落地。

作为粤港澳大湾区合作示范区和国家自由贸易试验区，广州市南沙区为推动其高新技术产业集群的发展，联合科技创新中心Plug and Play，推动建设全国首个金融+产业创新中心，引入众多国内大型商业银行和国内外顶级创投机构，在南沙打造企业孵化、加速、辅导、金融服务平台，提供产融对接、孵化加速、培训交流等相关服务。同时引进保险科技企业，根据产业特点推陈出新，创新保险产品，为产业集群健康、稳定发展保驾护航。

其中，商业银行与南沙区政府合作，利用数智金融技术实现全量信息的共享，打造粤港澳大湾区的优质项目库，为其他金融机构精准引流，力促金融与实体需求对接，并充分协调多方金融资源，提供信贷支持、项目引荐、产业投资、场景应用、上市辅导、路演培训等综合金融服务。目前，正在逐步建设金融科技、可持续发展、绿色金融三个产融对接的服务子平台，打造"金融+项目+科技"产业循环发展的创新型招商模式。

4.4.3　数智金融+生态协同模式

在产业数智金融的模式下，金融机构虽不直接参与企业经营，但可以充分结合多元化的第三方企业服务机构，优势互补，以更加成熟、完善的科技能力为企业客户数智化转型提供强大助力。让金融服务"破圈"，"兼融"更多领域和种类的企业服务，共同挖掘企业乃至产业发展的隐性需求，将金融服务嵌入更多的场景之中，支持和引导企业、产业的升级方向。

第一，金融服务与企业经营管理服务相结合，赋能企业内部管理数智化。比如，商业银行与人力资源服务企业共同打造"人资+财资"一体化管理系统，用数智化手段打通企业财资管理系统、人力资源管理系统和企业资源规划系统（ERP）等底层架构，在人事考勤、员工信息管理、合同管理的基础上，帮助企业进行灵活的薪资设计、多元场景下的薪资代发、团体福利管理、财务投入与分布、全程费控，以及算薪、发薪、算税、报税等具体服务，对于有股权激励诉求的企业，还可以为其搭配股权激励的系统方案。以杭州银行为例[①]，从2016年开始，围绕政府与企业数智化转型核心需求，构建财资系统并持续迭代升级，形成财资金引擎"智"系列十大场景服务，采用微服务架构、BI智能报表、OER智能识别、RPA流程机器人等技术，融合杭州银行在金融专业、安全保障和用户体验等方面的优势和积累，联合生态合作方，全面洞察客户需求，创新服务模式，实现场景更丰富、数据更全面、交易更快捷、管理更高效。

第二，金融机构构建安全合规的生态基础设施。部分商业银行依托数智科技搭建起产融生态多方参与的可信、安全、可溯源的数智基础设施，根据数据安全管理要求，运用多方安全计算、联邦学习等技术，为数据采集、存储、共享、利用保驾护航。

第三，金融机构与生态伙伴合作，为"专精特新"企业发展提供培训和规划。随着北京证券交易所的建成，前沿创新、自主可控、低碳减排等领域的创新型中小微企业成为实体经济发展的掌上明珠。部分金融机构与初创企业服务机构合作，共同调研此类中小微企业在成长过程中的痛点和金融需求，提供覆盖创新型企业全生命周期的综合服务方案，如帮助企业进行行业政策解读，为其制定碳中和发展规划和企业碳足迹核算体系，针对企业人才提供数智化企业管理、数智

---

① 参见新浪财经的《杭州银行获得"最佳财资管理银行奖"和"最佳产品创新奖"》。

金融等相关培训服务，对种子期、初创期、成长期、辅导期、上市期等不同生命周期的企业提供精准对接的金融资源和培训辅导，形成涵盖培训培优、成长路径规划、金融服务、信息咨询为一体的综合性服务，进而为资本市场输送创新能力强、成长速度快、科技成色足的创新型企业。

【本章小结】

"产业是根本，金融是手段，共赢是结果。"产业的发展需求是金融新体系优化的起点，本章主要介绍了四方面的产业数智金融新体系。

（1）企业信用体系：产业数智金融基础设施将金融与产业广泛链接，实现互信和数据合规共享，构建交叉验证的信用评估机制，完善数智信用体系，强化对中小微企业的服务能力。

（2）主动风控体系：基于开放生态构建智能风控平台，借助替代数据升级风管理念和工具，联合生态各方提升对风险的甄别监控、及时处置、有力管控能力。

（3）金融服务整合体系：对内实现跨业务线的数据贯通和业务整合，对外跨边界打破金融资源壁垒，充分发挥多方金融服务协同的潜能，合力打造场景金融。

（4）业务创新体系：以产业需求为出发点，以支持企业生产经营为导向，通过"融资"与"融智"，与行业服务平台等中介组织合力赋能产业互联网，定制产业发展所需的产品或服务；通过与政府合作，金融+科技共同带动产业集群发展；基于资源整合和数智营销，敏捷精准地直接挖掘企业需求，陪伴产业健康发展。

　　在未来，金融服务模式的多元化、平台化、生态化将成为趋势，不断丰富形成涵盖客户洞察、客户引流、智慧风控等，伴随用户成长全过程的整体解决方案，要实现金融服务与产业发展相伴而行，其背后是数智科技的支撑，形成互信和协同的机制，促成各方共享资源，共创价值。

产业金融的数智化基座

第 3 篇

　　数据资产是产业数智金融的关键要素，是产业数智金融生态体系中促成"五流合一"的重要纽带，而数据资产价值的发挥需要一系列要素激活，既需要适度的政策环境护航，也需要有坚实的技术和能力体系支撑。

　　数据就像留在地上的脚印，直到你有能力去承载和处理，让计算成为基础设施，才能够将沉寂的数据"沙子"变成经济、产业、财富的"金矿"。

——王坚《在线》

第5章
数据驱动产业金融智能创新

数据能力是产业数智金融生态体系中的核心基础能力，从数据生命周期的维度，可分为数据采集汇聚（"汇"）、计算处理（"算"）、管理运营（"管"），以及应用服务能力（"用"）四个阶段。从数据服务主体的维度，既包括金融机构自身的数据管理和应用能力，也包括延伸到产业机构、生态合作伙伴身上，共同服务产业数智化的能力，如图5-1所示。

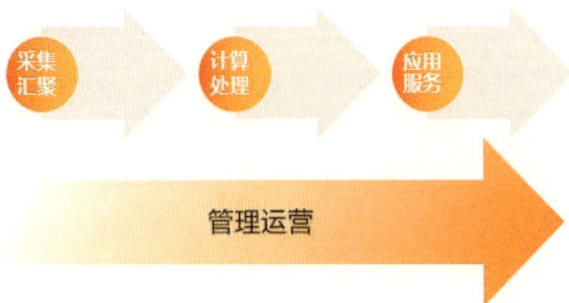

图5-1　数据能力示意图

如果说云计算、物联网、区块链、安全计算等技术是产业数智金融的技术基础设施，为金融服务产业架起畅通的高速路，那么，数据能力就是运行在高速路上的各种车辆，承载着汇聚"五流"的职责，促进产业顺畅发展，支持金融合规创新。

5.1　汇：生态数据采集汇聚能力

数据的采集汇聚是数据分析利用和价值挖掘的起点，及时获取多渠道、多元化的真实数据，是信用评估和风险控制的重要基础。然而，产业金融生态中相关主体繁多，关系错综复杂，产业链各环节数智化能力差异较大，相关设施分散，标准不一，造成数据采集和处理分析难度较大。因此，需要依托数智理念和技术解决数据"生得成""找得到""汇得拢""信得过"几个主要问题。

5.1.1　构建生态找数据

1. 找准赛道

由于各类产业差异较大，金融机构，尤其是区域性金融机构，难以掌握所有产业的发展规律，往往需要在有限资源的约束下，综合分析内外部要素，选择特定的产业方向作为重点，如结合区域经济特点、产业发展空间、产业数字化程度、本机构的禀赋特质（如股东情况、人员能力结构）等。以武汉众邦银行为例，其依托股东优势，结合区位优势和自身特色，布局大健康、大旅游、大建材等赛道，联合生态构建技术体系和服务能力，构建起灵活组装、功能全面、安全稳定的众链贷平台，面向产业机构提供资金结算、账户体系、融资理财等多种金融服务，兼顾业务拓展，支持产业发展。比如依托卓钢链开展邦采业务，截至2021年8月底，经过线上产品的不断优化迭代，授信规模达到85.2亿元，用信余额约17.3亿元。

2. 贯通渠道

部分传统产业缺乏数智化的基础设施，相关生产数据没有形成较为统一的规范和数据采集渠道。金融机构可以依托政府、技术服务机构或平台服务机构，先推动产业机构经营管理和贸易物流的数智化，比如面向中小微企业提供基础云服务、专业SaaS服务等，形成数据生成和汇聚机制，再结合企业生产经营需要，逐步导入金融服务。

比如，浙江、四川、广东等地区建设工业互联网平台（如SupET、飞象、飞龙等），汇聚了千万家中小微企业，为其提供上云、用数、赋智的政策支持和技术辅导。在此过程中，工业企业的生产经营数据能够逐步沉淀下来，成为金融机构了解和服务企业客户，实施智能风控的重要前提。如图5-2所示，以浙江省SupET平台为例，截至2020年8月，平台汇聚了20余万人的物联网开发者，孵化出10个垂直行业级平台，接入工业设备约160万台，提供云化通用软件700多款、工业应用软件30多款，托管工业APP 1.8万个，服务的工业企业达3.63万家。

图5-2 SupET工业互联网平台示意图

5.1.2 链接生态汇数据

1. 标准先行

产业数智金融的生态中，五流合一需要多方进行数据交换和共享，其前提是统一标准。但是，由于产业生态参与方众多，各环节相关的设备、物料、单据等关联复杂，不同场景中的同类主题（如材料）往往编码不同、标准不一，并且产业发展随政策要求和技术进步不断变化，因此，制定兼顾共性特征和个性特征的标准体系，保持适度的弹性至关重要。比如阿里云采销云平台对接建材、钢铁、能源等多个行业数十万家大中小型企业，制定了统一的接口平台，兼容主流的数据接口标准，对主要数据指标格式进行规范，并为变化预留接口。形成相对标准的采购类数据标准，为合作的银行机构提供相对清晰的数据支持。

2. 多渠道交叉验证

由于产业数智化程度不同，各环节数据源相对分散，单一渠道的数据在真实性和实时性上，往往难以满足金融服务对用户的探察和评估要求，需要多渠道聚合数据进行交叉验证，根据不同产业的成熟度，制定不同的数据合作和服务采购策略。比如与地方政府合作，获取海关、税务、水电费、涉诉等政务数据；与专业服务机构合作，获取企业招聘、采购、物流等数据；与核心企业合作，获取贸易、合同数据等。多源数据交叉验证有利于帮助金融机构全面洞察企业客户需求、评估风险。

以苏州银行的智慧商城为例，其面向中小微商户提供服务，苏州银行整合了云档口、智慧物流、云微坊、智慧停车、数字门牌等功能，在提供SaaS服务的过程中沉淀交易、物流等各类数据，通过多维度数据验证实现对商户的深度理解和对风险的高效管控。除了商贸类数据，政务服务数据也是交叉验证的重要渠道。潍坊银行支持地方政府建设潍坊市财政金融服务平台，实现金融服务与中小微企业融资需求的对接，如图5-3所示。银行将政务数据与企业提供的财务数据，以及商贸物流数据进行综合分析，可以更准确地评估中小微企业的还款能力和意愿。

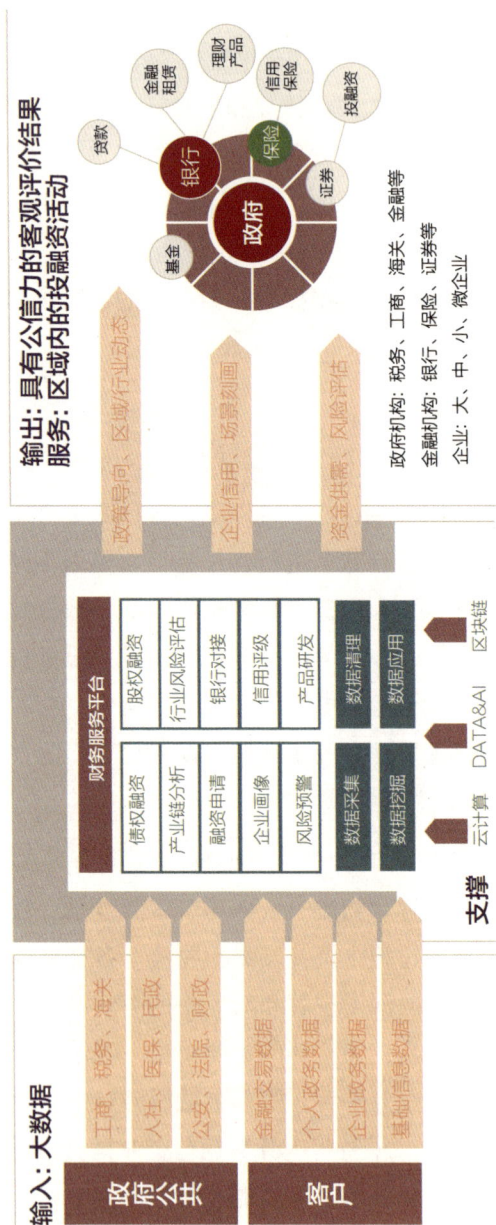

图5-3 潍坊市财政金融服务平台[1]

① 参见潍坊市财政金融服务平台：平台介绍。

5.1.3　深度合作促互信

1. 深度合作强化信任基础

产业链相关企业数量众多，关系复杂，它们之间交易信息的真实性难以判断。在数智技术支撑下，金融机构与生态伙伴之间的链接日渐广泛和深入，与政府、中介机构、核心企业、产业服务平台，以及产业机构，都建立起多层次的合作，通过全方位的合作增强互信。比如在基本的支付、资金、账户等服务之外，还会联合金融科技公司，为产业机构提供数智化转型服务，产业机构形成数智化的经营模式，不断积累数据，能够帮助金融机构更好地判断风险。

比如，在为应对疫情开展的云上会展中，广发银行构建了金融"云"服务专区[①]，为广交会海内外客商提供涵盖融资、保险、结算、消费的一揽子立体化综合金融服务，实现国际结算、融资、投保理赔、信用卡等业务的全线上化和数字化，全程助推企业拓展国际市场，疏通产业链和供应链。据统计，线上参展企业超过2.6万家，云展厅累计访问量超过789万次。

2. 技术增进多方互信

在业务和数据合作增进互信的同时，技术进步同样为多方互信带来了有力的支撑。比如在绿色金融领域，企业生产经营相关的"绿色"耗能数据难以真实准确地测量和评估，金融资源支持的绿色项目实际成效缺乏客观数据支撑。绿色项目的监测和评估大多以行业标准值为依据，属于"理论值"。鉴于此，蚂蚁科技推出碳矩阵产品，通过搭建银行与产业机构之间的1+N模式，帮助金融机构多渠道汇聚和评估企业减碳数据，引入专业检测认证机构，帮助金融机构逐步完善企业减碳画像，应用区块链贯通各方，有效防止数据被篡改，帮助金

---

① 　参见《广发银行：打造综合化、智能化、生态化数字银行》。

融机构长期跟踪绿色项目的进展，做好风险管控，如图5-4所示。

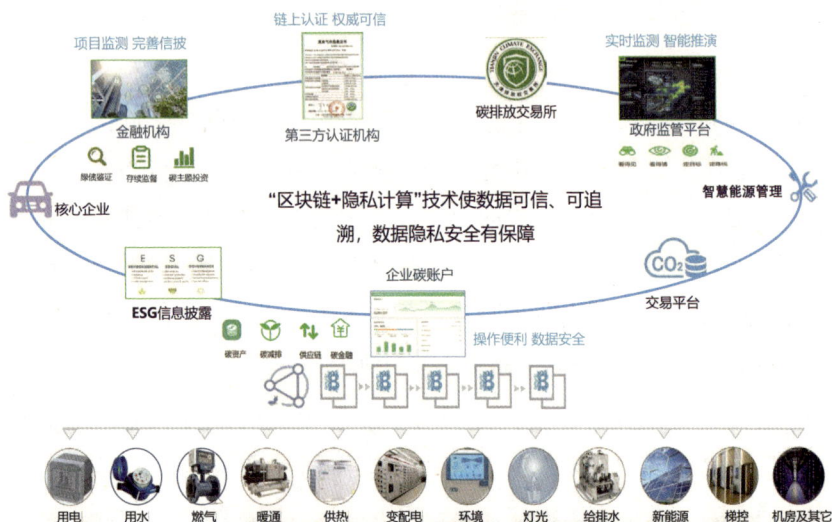

图5-4 碳矩阵服务模式

5.2 算：数据计算处理能力

数据汇聚产生了海量的基础数据，还需要由数据开发人员使其标准化和规范化，纳入数据模型，经过一系列加工处理和价值萃取才能发挥潜在价值。数据加工处理既包括对交易型和分析型数据的处理能力，也包括离线计算和实时计算能力，还涉及融合AI、BI的算法和模型的能力，以及处理复杂关系的图谱分析能力等。此外，配合流程化、可视化、可编排的开发工具，让数据开发人员、业务人员、运行管理人员能够准确理解数据，高效使用数据，快速提炼出数据价值。图5-5为数据开发相关工作示意图。

图5-5　数据开发相关工作示意图

本节将围绕海量数据处理的常用技术和工具进行分析，从应用效果角度阐述金融服务产业发展过程中一站式处理能力、复杂关系分析能力，以及智能化能力。

5.2.1　一站式服务解决用户痛点

市场上关于数据处理的工具和产品有上百种，然而对于用户而言，最为关注的是如何高效解决问题，因此从提升用户使用体验的角度来说，一体化的工具和产品更契合用户需求。

1. 流批一体支持实时风控

随着计算能力的提升，用户对实时处理的要求逐步提高，原本"T+1"才能看到的交易数据，逐步实现"T+0"及时分析，可以及时阻断异常交易，有效控制风险。因此，部分场景既需要对交易数据进行实时处理，也需要结合历史海量数据进行批量分析，同时，需要兼顾高并发处理要求，在此类复杂场景中，单一处理能力难以满足多元化的分析需求，而处理能力分散造成数据在多个模块之间频繁同步（冷热数据分级存储），耗费的资源也比较多，因此，迫切需要兼具多种技术能力的工具平台。

比如在实时风控场景中，一方面要求实时采集和处理用户的行为数据，包括交易的时间、地点、金额、行为特征等，另一方面需要结合30天（或更长时间）的历史数据批量处理、比对，在极短时间内甄别异常情况。此类兼具实时计算和批量处理能力的技术可以支持风控从事后管控向事中管控发展，有效提升金融风控的主动性，有利于减少损失。图5-6为流批一体计算原理示意图。

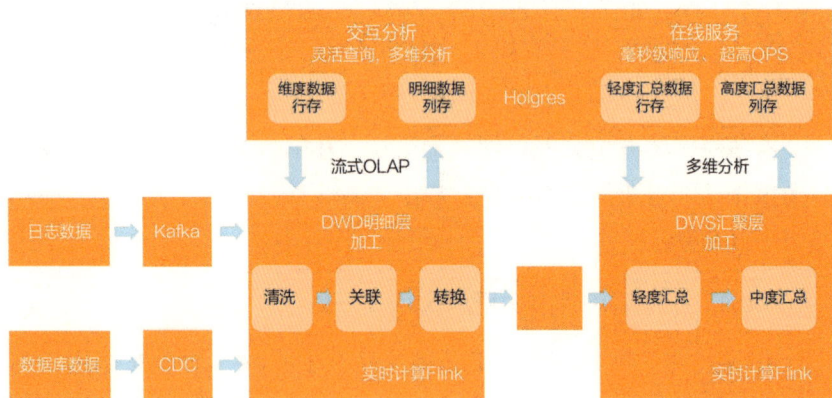

图5-6 流批一体计算原理示意图

深圳证券交易所[①]为应对股票质押、两融、债券等复杂交易过程中的风险，本着早识别、早预警的原则，构建对重点领域重点业务的覆盖事前、事中、事后的风险实时监测机制，基于Flink技术支持违规监测模型，建设智能化、可视化、一体化及安全可审计的异常交易实时监控平台，具有每秒百万笔以上的信息处理能力、灵活的扩展能力和适应能力，显著提升了市场监察能力。

2. 大数据与AI一体化提升效能

海量数据的处理需要根据数据特性和用途，进行复杂的处理加

---

① 参见《中国监管科技发展报告2020》。

工，包括数据集成、逐层建模、打标签、统计分析，以及对音视频、图像等进行识别和智能化处理。为降低用户学习使用的门槛和运维的难度，某区域性银行（CS银行）基于兼具大数据和AI分析功能的处理工具，一站式完成数据处理、模型训练、预测分析，以及图形化建模、自动化建模等，业务用户可以快捷地获取海量数据分析结果，有针对性地开展营销和产品研发。以反欺诈场景为例，指纹验证耗时为毫秒级，人脸识别误识率低于十万分之一，有效提升了智能化风控水平。图5-7为一体化工具示意图。

图5-7 一体化工具示意图

3. 云原生与分布式相结合支持敏捷创新

无论是金融机构自身业务上云，还是金融机构联合生态伙伴支撑产业机构上云，都需要选择适合云环境的数据处理工具支撑应用系统运行。云原生数据库充分发挥了分布式技术的优势，通过共享云基础架构，增强了数据库的存储能力和运维管理能力，帮助用户降低资金、人员和软硬件的资源投入，避免重复配置，从而将更多精力聚焦于产品创新和业务协同。以金融机构为产业机构建设生态云为例，云原生数据库可以实现业务系统无须复杂改造即可上云，实现环保、经济、高效的业务运行。

5.2.2 知识图谱透视复杂关系

金融机构在分析经济和产业机构生产经营情况时，需要对关联关系进行追踪分析。传统的关系型数据库分析能力难以满足此类需求，可引入图数据库+AI的方式分析机构间的关联关系，进而判断风险。如果说机器学习的分析思路侧重于规律发现和提炼总结，基于图的分析则侧重于建立多要素之间的联系，实现信息数据的升维处理。

根据MIT实验室的统计，图计算可提升处理效率100倍以上，可以说图计算天然适合处理高维、稀疏的数据，如图5-8所示。

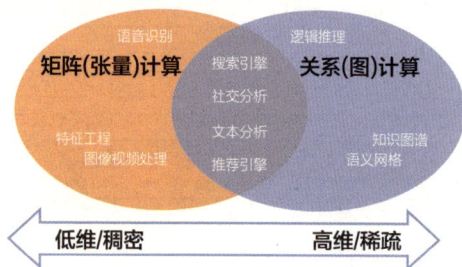

图5-8 图计算适用于高维稀疏数据处理

以某商业银行银行卡风控系统为例，按照传统的风控方式，可分析的关键指标有几百个，使用AI+图的分析方法可以对不同指标进行关联分析，提取出的有效指标达到上万个级别，欺诈判断准确性从60%提升到90%以上，显著提升了模型预测准确性，图+AI原理如图5-9所示。

除了信用风控分析之外，图计算还可以用于循环担保监测和异常指标监控等场景。

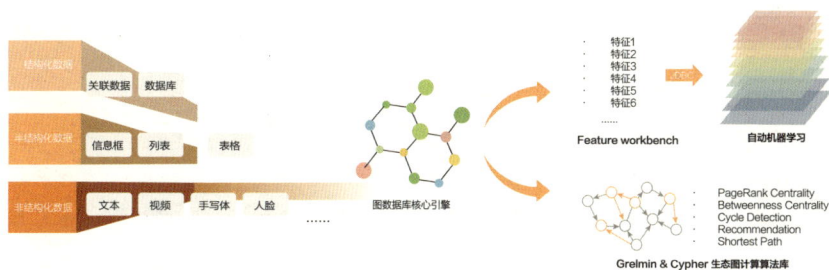

图5-9 图+AI原理示意图

随着金融服务融入越来越多的生产场景，判断风险的复杂度相应增加，不法分子借助信息技术，诈骗手段不断升级，金融机构的反欺诈能力面临更大的挑战。以异常指标监控为例，监管部门和金融机构都需要分析企业之间、企业与个人之间的控股、担保等关联关系，力求及时甄别和防范系统性风险。在实践中，可基于循环检测算法分析循环担保关系，基于图+AI的方法训练适应不同场景的欺诈模型。比如华瑞银行[①]采用图数据库GDB，将企业相关的投资、控股、借贷、担保，以及股东和法人等碎片化的信息有机组织起来，形成企业关联关系图谱，支持业务人员判断供应链上中小微企业的健康情况，规避欺诈等各类风险。图5-10为控股关系示意图。

风险传导分析。产业链上各类企业之间存在业务往来、控股关系、资金担保、共同使用特定资源、共同服务同一客户等多种关联，一旦某一家机构发生问题，比如出现经营风险或者负面舆情，都可能对其他企业产生影响。因此，在风控体系中，金融机构需要基于供应商、生产商、经销商的关系图谱，分析风险传导路径。当侦测到局部风险时，快速判断风险影响范围，及时采取有效措施，进行风险隔离，提升风险管理能力。

---

① 参见《中国监管科技发展报告2021》。

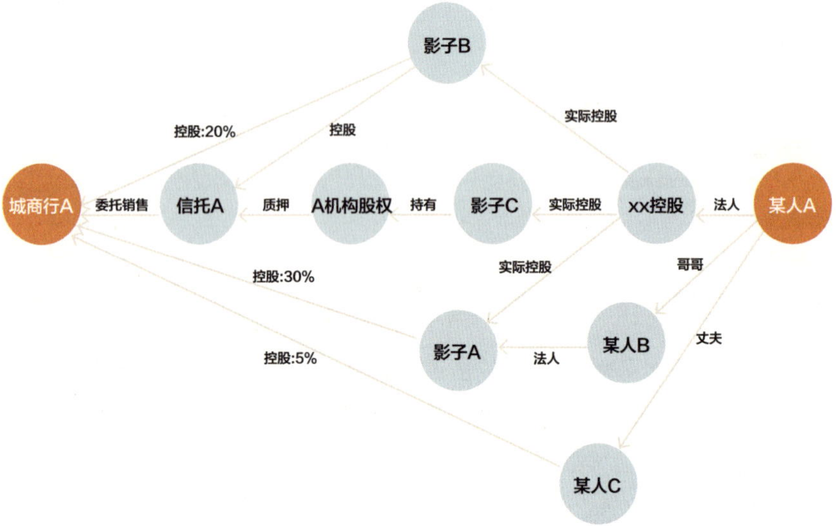

图5-10　控股关系示意图

聚类营销。在营销场景中，金融机构可以按照用户与用户的关系、用户与群体的关系，应用图聚类分析技术，快速实现群体划分，根据统计特征，有针对性地推介各类金融产品和服务。同时，可以结合营销结果，对聚类规则进行持续优化，不断提升营销效能。

图5-11为标签传播算法（Label Propagation Algorithm）示意图，即在每个迭代中，把邻近节点出现频率最高的标签作为自己的标签，如果每一个节点的标签都是邻近节点中出现频率最高的标签，则迭代结束。此类分析结果可为业务人员提供用户和金融产品匹配的策略建议，支持金融机构为用户提供精准的服务。

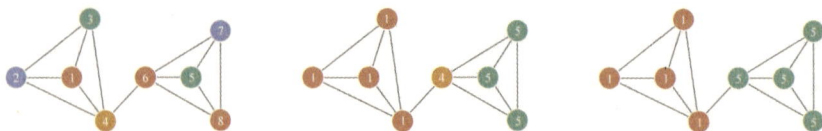

图5-11　标签传播算法示意图

5.2.3　AI普惠实现降本增效

根据IDC（互联网数据中心）的预测，我国人工智能软件市场规模逐年递增，2025年将达到2020年的4.5倍，如图5-12所示。金融机构的智能化程度位居各领域前列，智能运维、智能营销、智能风控、智能投顾等各类应用不断丰富，模型准确性和可解释性逐步加强，金融智能化水平正在从感知智能向决策智能发展。

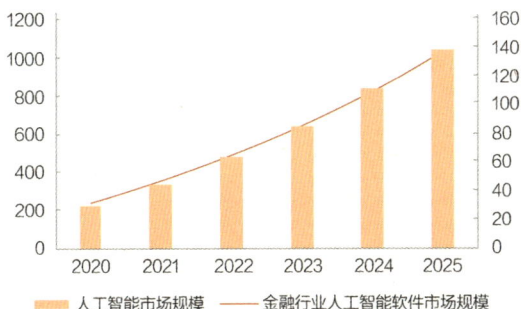

图5-12　IDC预测人工智能软件市场规模（亿元）

然而，模型训练消耗的资源巨大，AI应用和建模的软硬件及数据处理等费用动辄几百万上千万元，成为中小金融机构难以逾越的门槛。因此，通过AI工程化实现AI普惠是中小金融机构服务中小微企业的重要途径。

第一，标准化降低采购成本。金融市场空间不断扩大，AI产品规模化研发生产，形成较为标准的接口和研发部署流程，可一定程度上降低采购和使用成本。

第二，场景化降低使用成本。金融领域AI技术应用场景日益丰富，形成了可灵活拼装的组件，用户可根据自身实际需求灵活配置，提高资源利用率，降低使用成本。

第三，规模化降低运行成本。云计算的发展为AI模型训练提供了充足的算力支持，云上部署大规模训练和本地小模型应用，有利于优化模型效能，降低运行成本。

在实践中，可以看到金融领域形成了两个主流方向。

大模型浓缩与小数据建模相结合。大中型金融机构或其支持的产业机构、平台机构，可依托行业云或公有云对大规模数据建模，模型参数可达数十亿个，大型模型是涵盖多方面的，可结合具体场景，蒸馏提纯为可在小样本量和少量计算资源下运行的轻量模型，便于中小机构使用和管理。以反洗钱分析为例，大型银行数据丰富，技术能力较强，有能力构建较完备的反洗钱模型，在满足自身合规的基础上，还可支持中小金融机构构建适用于本辖区的反洗钱分析模型，有助于提升行业整体合规能力。

此外，相对于个人数据的量级，企业数据比较有限，尤其对于区域性金融机构，辖区内的企业数量按照领域细分后的数量较少（横向维度数据丰富，纵向机构数量相对少），再细分为不同的训练组进一步增加了建模的难度，部分机构开始探索基于小样本数据的AI建模方式以适应数据的实际条件，也将成为一个发展方向。

AI中台支撑应用快速迭代。金融行业在智能营销、智能风控、智能运营等领域开展了丰富的实践，部分通用型AI产品可结合行业实践沉淀形成一系列相对成熟的算法、框架及工程化组件，成为可复用和组装的原子组件，不同用户根据实际场景需要快速具备适合自身的AI能力，支持业务创新发展。此类提供通用AI能力的平台，配合低代码技术，可以帮助金融机构（或借助ISV的支持）实现细分领域的AI个性化配置开发和快速迭代，比如支持音视频平台、知识图谱平台等，进而实现智能化服务的快速应用和持续完善。图5-13所示为AI中台示例。

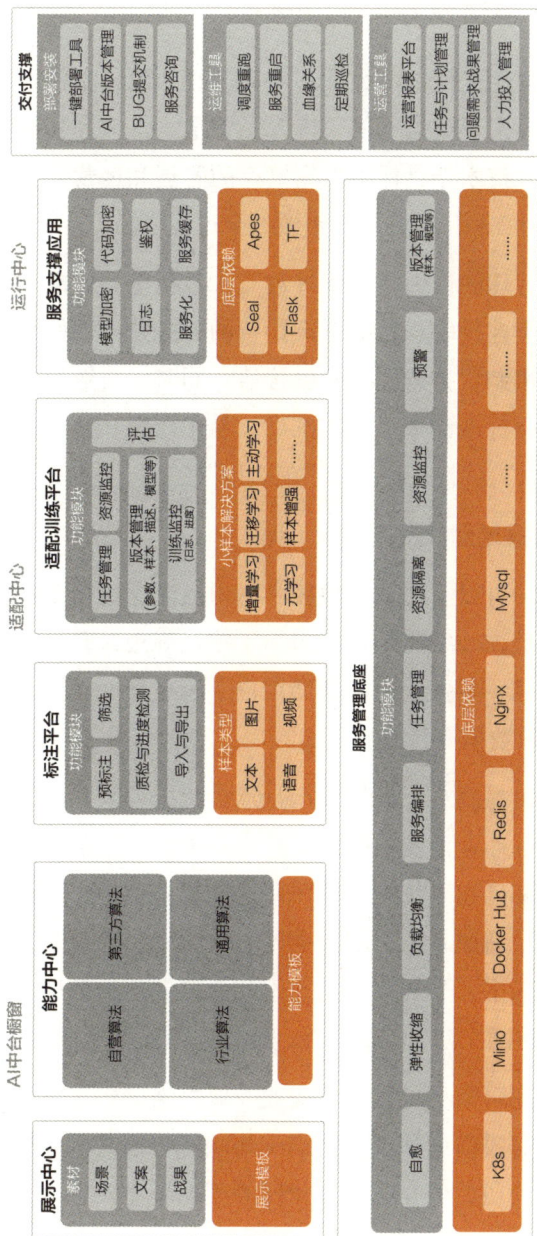

图5-13 AI中台示例

5.3 管：数据资产管理运营能力

在产业数智化进程中，数据逐步从流程的附属品独立形成具有独特价值的资产，由于数据不同于人力、资本、土地等其他资产，需要一套管理机制和技术工具保障数据资产的管理和运营，实现数据从采集、存储、分析、利用到归档、销毁的全过程顺畅、合规和安全。

数据资产管理的目标是"管好数"，包括统一标准、评估权属、管控质量、分类建模等；数据资产运营的目标是"用好数"，构建数据管理的长效机制，持续发挥数据价值。同时，对数据产品进行全流程管理，让数据标准清晰、真实准确、易于理解、便于使用。本节重点阐述"有什么""怎么管"和"怎么用"三部分。

5.3.1 数据地图让资产清晰可见

常规的地图可以呈现地形地貌、山川河流、城市布局，以及连接各地的交通轨道，数字化的地图附加了路径规划，并提供交通工具和住宿推荐。同样，数据地图能帮助用户了解有什么数据，数据间存在什么关联，以及数据有什么特征。

资产盘点由易到难。数据资产盘点是数据分析和应用的基础。由于金融机构服务产业涉及数据繁多，内容庞杂，标准不一，尤其是积聚的历史数据和已建系统，要按照新标准调整都存在很大困难。因此金融机构往往从新建系统，如数据湖、数据中台等入手，从局部业务或分析型数据入手，先规范数据仓库和数据湖内的数据，同步规范下游消费系统，再随上游系统的升级，逐步向源系统延伸。

依托生态完善模型。鉴于各产业专业性强、生产销售流程复杂，金融机构往往需要借助第三方组织（如政府与公共服务机构、咨询公司、技术服务公司、研究机构、律所等其他专业机构）来了解产业和具体企业的运行特点，通过对于特定产业的"人"（如内外部客户、合作伙伴）、"货"（如各阶段组件、产品等）、"场"（如生产、流通、交易等场景）进行多维度刻画，来提取关键指标评估风险。由于中小微企业的数据规范性、数据量和及时性不足，其信用评价方法和风险评估模型缺乏行业通行标准，需要结合业务和技术发展逐步探索和完善。

比如鞋服产业平台斯兰一品嘉与银行合作为上下游生产经销企业提供资金融通服务，帮助银行深入了解鞋服行业的运行特征和主要风险点，在企业客户授权的前提下，帮助银行采集企业资金流向和货物流向等信息，结合企业历史交易信息，以及在当地金融服务平台上积累的政务服务数据，帮助银行建立较完善的中小微企业画像。基于一品嘉提供的行业数据及其对行业规律的理解，金融机构可以逐步优化自身的风控模型，能够在风险可控的情况下，提供具有竞争力的低成本授信，为中小微企业融资提供重要的支撑。

数据溯源保障动态变更。金融服务产业机构涉及对海量数据的加工处理，其中数据供应端与消费端之间，源数据与汇总数据、衍生数据等之间存在复杂的相关性，上游数据的变化需与下游数据和衍生数据联动并及时更新，才能保证数据查询分析结果准确。以银行为例，平均每家一两百个应用系统，上游数据变化的信息需要快速同步到相关方，确保数据链路真实有效，关键在于各部门建立高效的协同机制，管控流程配合技术监测机制，才有可能实现海量数据的动态联动。图5-14所示为数据血缘分析示例。

"数据中央厨房"提升服务效率。数据资产盘点和数据脉络梳理是数据利用的基础，由于数据种类繁多，口径各异，面向不同主题的使用方式不同，因此，可以进一步进行分层萃取，构建多层次的

"数据中央厨房"。从数据湖内提取接近源数据的贴源数据开始层层加工，形成多层次的数据资产分类体系，借助食品预加工的思路，面向不同主题和使用目标进行不同维度的归集和汇总，形成中间阶段的"半成品"，便于上层应用根据权限快速调用，也可避免误操作影响底层数据。同时，"数据中央厨房"能够在底层数据变动时，维持上层供给和服务的相对稳定。

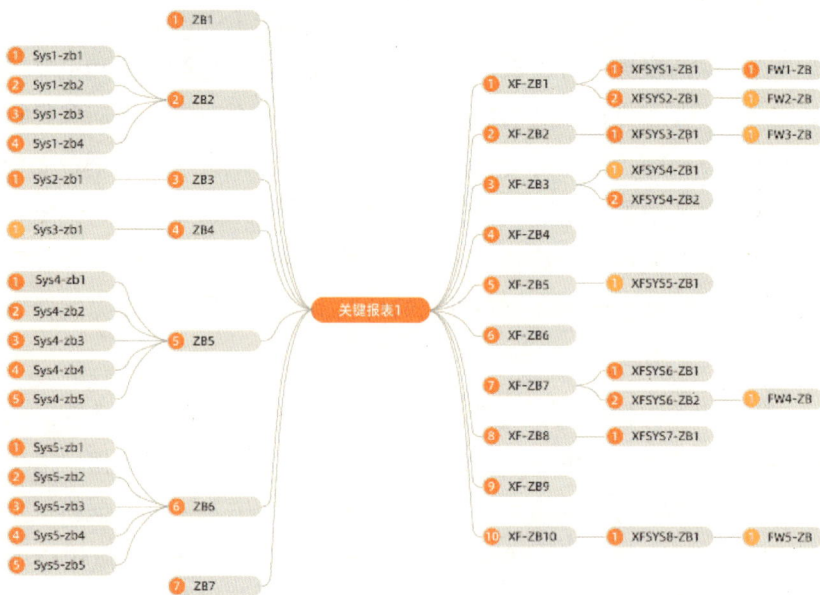

图5-14　数据血缘分析示例

如图5-15所示，以阿里巴巴的数据中台为例，基于对数据分类处理的需求，形成垂直数据中心，如营销、销售、生产、采购、物流等；基于业务处理共性需求，形成公共数据中心，如订单域、库存域、渠道域等；基于内外部用户需求，构建萃取数据中心，如商品标签、终端标签、分析指标等。

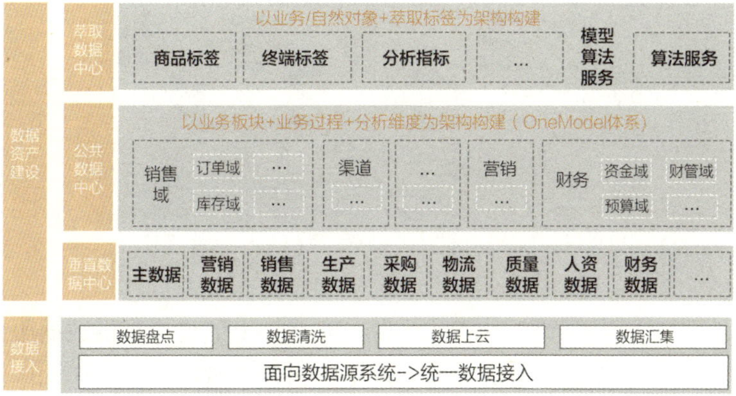

图5-15　阿里巴巴数据中台分层示例

5.3.2　数据运营为资产管控注入活力

数据资产和产品种类繁多，既包括细粒度的指标和标签，也包括中等粒度的报表、报告，以及粗粒度的关键指标、大屏展示等，不同类型和粒度的数据产品需要遵循不同的管理规范，适用于不同的用户。数据运营就是着眼于解决数据资产和数据产品如何管理才能满足各类用户需求的问题。

完善数据产品管理体系。不同主体和不同部门的用户关注不同的数据产品。比如中高层用户以关键指标、报表、大屏、报告为主，执行层用户以标签、用户画像、图谱分析等为主。因此，围绕用户需求，建立数据资产和产品的全流程管理体系至关重要。包括跟踪用户需求、产品策划、产品研发、投产上架、升级变更、评价及处置等机制，能使数据资产和产品保持活力，如图5-16所示。

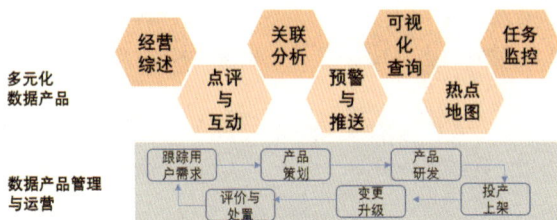

图5-16 多元化数据产品

实践中可以看到部分产业平台向产业链上的机构提供数据服务，多层次的数据产品为激活产业金融生态提供了重要动力。比如围绕经营主体产销存运的全流程来规划设计数据产品，对于上游原材料供应商，可提供市场需求和客户分析数据；面向中游商贸企业，提供行情研判和运营分析报告；面向生产制造企业，提供生产计划和预测分析服务。

构建长效治理机制。在金融监管部门的大力推动下，金融机构的数据治理工作走在各行业前端，上到组织保障和战略规划，下到数据标准和管控流程，各机构都开展了数据治理工作。然而，随着内外部环境的持续变化和数据的爆发式增长，数据治理复杂度持续提升，对治理方法和工具带来了新的挑战。部分机构尝试引入互联网运营的思路，强化运营来建立常态化的机制，保障数据资产管理持续顺畅运行，包括数据标准化、数据质量监控、数据高效接入、企业级数据模型建设等。

比如在提升数据质量方面，由于各产业在数据管理方面的成熟度参差不齐，单凭金融机构难以保证产业发展相关的数据质量，衢州市在绿色数据采集利用方面做出了很好的尝试①。衢州是绿色金融改革试验区，为探索绿色发展之路，当地人民银行联合发展改革和环境保护

---

① 何起东. 以碳账户为核心的绿色金融探索. 中国金融，2021（18）.

等部门，委托衢州市能源大数据中心实时采集企业能耗数据（包括原煤、电、天然气、热能），汇聚市生态环境局审核确认的工艺碳排月度数据，多方数据汇总建立了工业、农业、能源、建筑、交通运输、个人等六大领域碳账户，基于企业排碳数据进行模型分析，按碳排强度对标行业基准值为工业企业进行四色贴标，为金融机构获取真实排碳数据提供了坚实基础。银行机构可完善自身的绿色金融风控模型，与当地绿色金融基础数据库保持良好互动。此类依托监管和政府构建的数据运营机制，充分发挥了各方优势和能动性，具有良好的示范效应。

在技术管控方面，可以对实时传输的数据进行断流监控，当重要数据缺失，或者因为网络抖动传输中断时，及时发出分级预警。当批量数据加工过程中产生数据质量问题时，需对该数据项的生产链路进行阻塞（或隔离），避免问题数据向下游扩散。

以评估促优化。数据资产和产品的管理需要消耗资源，资源的配置可以结合数据资产和产品的价值来分配，可以根据数据规模、数据质量、数据时效等维度，分析数据资产的内在价值，结合数据调用、对外数据服务等维度分析数据的外在价值。在数据架构管理和资源配置上，向价值高的数据资产和产品倾斜，提供更大的存储计算能力和更多的安全保障措施，确保高价值数据得到更多的利用和价值发挥。

浦发银行[①]将数据资产分为生产相关的基础型数据资产和面向场景应用的服务型数据资产，倡导银行机构向服务型数据资产配置资源，值得金融机构参考借鉴，如图5-17所示。

---

① 浦发银行、IBM、中国信通院. 数据资产管理体系建设实践报告. 2021.

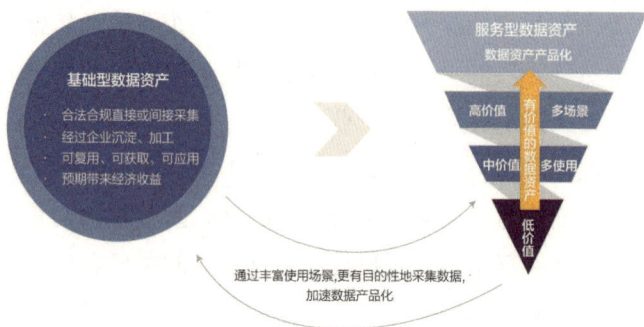

图5-17　数据价值评估示意图

5.3.3　数据共享促进价值发挥

金融机构内部共享数据。对于同一法人机构不同业务条线的数据共享，往往因部门利益而存在壁垒，倡导一把手工程就是立足组织整体利益来推动跨部门的业务和数据协同。以对公和对私客户信息共享为例，大部分机构因为系统分立、分管领导管理思路不同等原因难以打通。而有些机制灵活的银行，通过打通对公和对私的数据，形成了2B2C和2C2B的业务系统，充分利用了两个部门的资源，满足用户不同层次的需求。

此外，同一集团内不同金融业态之间，因监管规则难以直接共享用户数据，部分金融机构采取多方联合运营的方式，实现相互借力。以某大型保险公司为例，整合其母公司在保险、养老、艺术品拍卖等多领域的资源，引入外部合作机构，共同举办多种形式的营销活动，比如生活健康方面的培训、艺术文旅类活动、理财法律等专业咨询，将低频的金融服务与高频的生活服务链接，有效提升了"拓客"和"活客"能力。

金融业机构间共享数据。同业机构间的数据共享往往以数据上报和统计信息披露为主要形式。比如定期的监管报送从统计信息逐步向明细信息过渡，金融机构可获知自身业务在行业内的占比情况，进而优化自身策略。同时，金融机构通过金融基础设施开展多种类型的交易，其数据在基础设施中留痕，如支付结算、债券登记结算，以及票据、贵金属、外汇交易等，基础设施逐步开放对外的数据服务，为金融机构防风险和反欺诈提供支持。

实践中，金融机构之间数据共享的主要目标是业务协同和风险防范。在业务协同方面，部分规模相近的机构之间会合规共享部分用户基本信息（经用户授权），降低用户在其他银行开户填报信息的复杂度。此外，黑名单和反欺诈类数据共享也是一种典型场景。

金融机构与产业机构的数据互动。前面的数据汇聚部分已经阐述了金融机构依托金融监管或地方政府获取企业经营相关的政务服务数据，本部分侧重阐述金融机构联合平台机构（或专业SaaS服务商）获取商流、物流等信息的模式。关于金融机构向产业机构的数据共享，主要以服务的方式，将在后面数据服务部分阐述。

部分产业服务平台，如供应链平台或专业SaaS服务商（如财务软件、ERP或工业软件等），在支持中小微企业生产经营的过程中，积累了大量的数据，当产业机构遇到融资问题时，平台机构会联动金融机构提供保险、信贷、保理业务等服务，帮助企业解决融资问题，保障生产经营和贸易顺畅。

比如，1688平台服务了100万家工厂、5000多万个中小零售商，为帮助上下游企业顺畅开展经营和商贸，1688将线上商贸数据与线下物流、报关、报税等服务数据进行整合，帮助银行、保险等机构完善中小微企业画像，在贸易的不同阶段支持持牌金融机构提供适宜的金融服务，并进行金融产品的风险定价。

5.4 用：数据应用服务能力

数据应用与服务是发挥价值的重要环节，金融机构在运用数据支持业务发展和提升管理效能方面开展了很多实践，丰富的数据应用和服务需要多种能力支撑，包括组织保障能力、工具支撑能力和应用服务能力。

5.4.1 数据服务组织保障能力

数据团队要逐步分层，如图5-18所示。相对于土地、资本、劳动力等要素，数据要素具有非线性、可复用和可生长等特性，其管理思路和服务方式也具有独特性，往往需要兼具业务视角和技术能力。部分大中型银行整合技术和业务团队，成立了专门的数据管理服务团队，统筹管理数据资产，推动数据共享，统一监管报送，面向业务部门提供共性数据服务。数据管理服务团队汇聚了数据科学家、数据分析师、数据开发人员和数据运营管理人员，在不同发展阶段，人员组成结构也会有所不同。

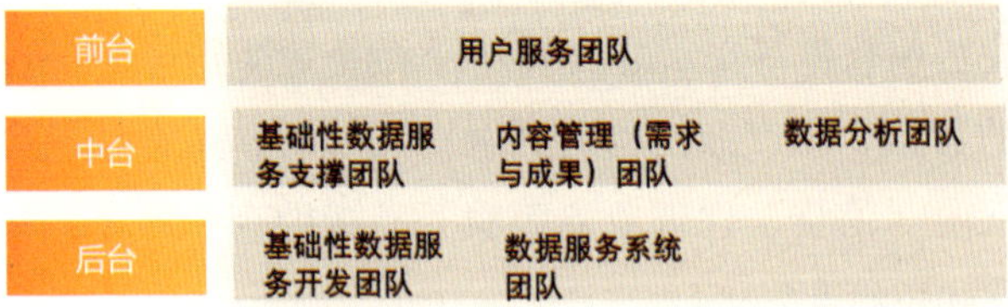

前台	用户服务团队		
中台	基础性数据服务支撑团队	内容管理（需求与成果）团队	数据分析团队
后台	基础性数据服务开发团队	数据服务系统团队	

图5-18　数据团队分层示意图

随着数据应用的深入，数据管理服务团队将逐步细化为前台、中台、后台三个层次。前台团队直接面向业务部门提供通用的数据服务支持，通常会融入敏捷组织，承接个性化的开发工作；中台团队对各业务条线的数据需求进行统筹管理，对可复用通用能力的需求，提供部分数据加工支持，对较为复杂的数据服务需求，转到后台团队排期开发；后台开发团队负责完善数据应用服务平台本身的功能，建设通用性的数据服务组件。

在团队能力建设方面，前中台团队与业务紧密结合，需要对业务深入理解，并能运用低代码工具实现部分数据服务的开发和维护；后台团队与开发测试团队协同较多，需具有代码开发和数据开发的能力。

在数据团队人数较少的情况下，部分金融机构采用总部赋能分支机构的方式，构建纵向协同的数据服务能力体系，总部提供基础平台和公共组件，分支机构结合具体场景，构建适合本辖区的数据服务，并引导业务人员自助分析。

5.4.2 数据服务平台承上启下

在业务系统竖井式开发的模式下，各业务领域的数据服务往往是彼此割裂和分散提供的，存在多个团队重复"造轮子"，以及数据不一致的问题，为提高数据质量，统筹管理数据资源，复用数据服务资源，各金融机构配合数据平台着手建设企业级的数据服务平台（可作为数据中台的一部分），并结合数据治理工作，配套建立数据服务管理流程。数据服务层定位如图5-19所示。

图5-19 数据服务层定位

数据服务层是连接数据生产者和数据消费者的重要桥梁。数据服务层对上屏蔽了底层复杂的物理表，为数据消费者呈现出更为友好的业务逻辑，帮助数据使用者快捷获得数据服务，对下整合了数据服务出口，并为数据生产者提供数据加工和处理的平台。

数据服务平台不仅要提供指标、报表查询等交互式功能，也要具备系统对接能力，支持批量提供数据给下游消费系统，开展关联分析、特征提取和模型训练等，将标准的数据产品对外提供查询，并提供鉴权、反扒、流量控制、协议转换等服务，可以说数据服务层是连接数据生产者和数据消费者的重要纽带。

随着金融服务融于场景，数据服务将面临更为复杂多变的需求，部分金融机构借鉴互联网公司的模式探索构建灵活的数据服务平台。其中，阿里巴巴的数据服务层（OneService）较为典型：一方面连接内外部用户的高并发的服务需求，提供多种服务，包括基于SQL查询的服务、插件化方式开放服务、实时推送服务，以及任务调度服务等；另一方面连接着瞬息万变、种类繁多的海量异构数据，要实现数据一致性、服务连续性和数据安全性，在技术和管理方面都面临着极大的挑战。

以2020年"双11"为例，上游接入300多个数据源，下游服务天猫、淘宝、优酷等业务约600个应用，数据调用峰值280亿次，基于双链路、多租户隔离等，为内外部用户提供统一、高效、稳定的数据服务。图5-20为数据中台及数据服务层示意图。

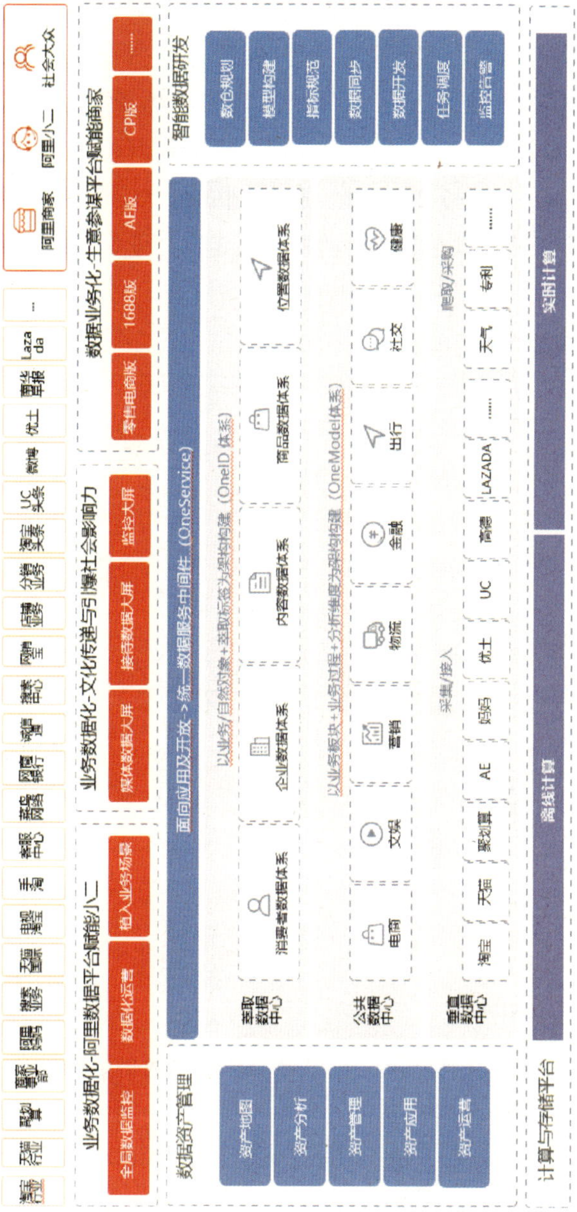

图5-20　数据中台及数据服务层示意图

5.4.3 数据服务由自身向生态延展

2021年，阿里云研究院联合埃森哲、中原银行开展调研，结果显示：区域性银行数据应用最为普遍的场景包括决策数字化（50.43%）、反洗钱（44.35%）、数字化产品创新（41.74%）、智能风控（40.87%），如图5-21所示。随着物联网、5G等技术的发展和应用，数据应用与服务的方向将由消费领域走向产业领域，服务由服务自身向服务外部生态延展。

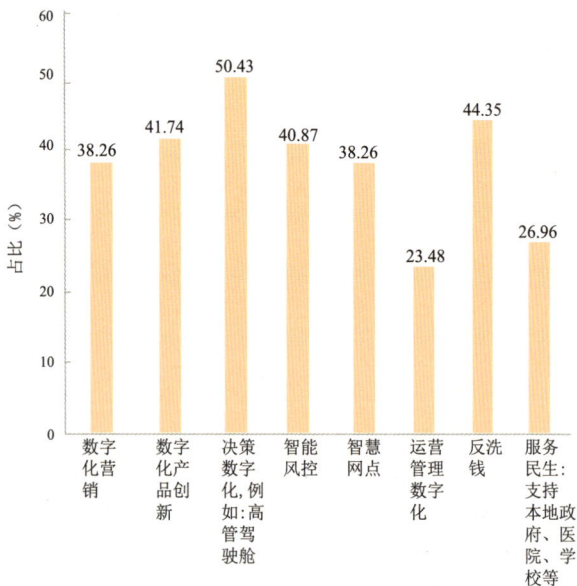

图3-5-21　区域性银行数据应用场景

1. 风控能力延伸

随着场景金融的快速发展，金融服务逐步从前台走向后台，从单一的服务输出转变为交互式、复合型服务。以风控为例，包括引入新技术强化自身风控能力，也包括逐步向产业机构用户提供风控类的服务。

比如网商银行不拘泥于围绕核心企业，对其一级交易商开展债项评级，而是构建融合外部数据的风控模型，融合了税务数据、发票数据、核心企业的采购和经销等数据，基于数据的风控能力服务下沉供应链商家信用贷，满足二级经销商及门店等微型经营者的融资需求。图5-22为网商银行供应链金融模式示意图。

2021年10月，网商银行发布"大雁模式"，将1+N的依托核心企业的供应链金融模式升级为$1+N^2$。新型风控模式旨在实现主体信用与债项信用的再平衡，不仅关注可质押的货物和应收账款，还综合判断其历史交易记录、履约记录、生意淡旺季、企业主个人信用习惯等，进而预测其还款能力和意愿，给予相应的贷款额度。

同时，部分银行为提升客户黏性，面向企业客户提供风控咨询服务，依托自身数据积累和风控能力，帮助企业客户判断交易中的风险，提升产业链的风控能力。

2. 构建开放共赢生态

Brett King在*Bank 3.0*中说，3.0时代的银行是无处不在的，它可以满足客户在任何时间和地点需要的银行服务，而4.0时代的银行将只在客户需要的时候存在，即适时而在，因需而现。

以银行为代表的金融服务越来越多地融入场景，与生态合作伙伴联动，共同开展服务创新，浦发银行、中国工商银行、中国建设银行等银行实施开放生态战略，将银行的金融服务和数据服务向合作伙伴开放。以建设银行为例，推行"TOP+2.0"金融科技[①]战略，开展G端（政府端）连接、B端（企业端）赋能、C端（客户端）服务。以业务开放作为起点，以技术开放为支撑，向数据开放和全面生态开放延伸。在安全合规的前提下，加强生态合作，共同深入洞察客户需求，提供前瞻性的服务。比如在用户授权的前提下，向合作伙伴开放API调用接口，支持生态伙伴共同完善住房租赁产业链的各类应用。

---

① 资料来源：建设银行首席信息官金磐石在第五届中国金融科技创新大会上的讲话，2021年9月17日。

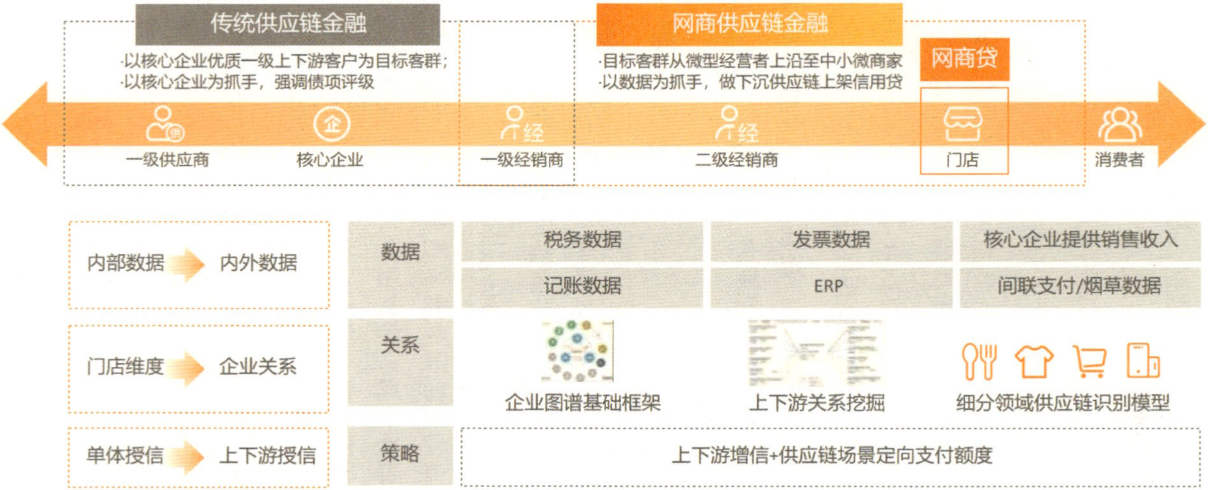

图5-22　网商银行供应链金融模式示意图

此外，部分银行面向产业用户提供增值服务，基于自身的数据能力支持产业机构降本增效，比如对在本行开通公务卡的企业，帮助其分析差旅成本，结合其员工出行常用酒店等信息，支持企业与相关的出行服务机构洽谈合适的价格折扣；也有的面向产业客户提供数字化人才的培训服务，帮助产业机构构建数字化基础能力。

【本章小结】

如果把产业数智金融生态比作一棵参天大树，数据要素就是流动于其中的核心能量，金融机构、产业服务平台从生态中汲取海量数据，经过整合、加工处理和运营，逐层萃取形成数据产品，为金融产品和决策服务，赋能产业健康持续发展。

（1）数据汇聚是发达的根系：数据从产业中来，金融机构在自主采集的同时，也可以与政府和监管部门联动，获取政务和金融市场数据，与第三方（如平台或信息技术等专业机构）联动提供数智化支撑，沉淀积累产业运行数据。

（2）数据处理和运营是茂密的枝干：产业运行相关数据种类繁多，处理需求多元，技术产品丰富，处理流程复杂，因此，标准化、组件化、工程化将成为控制使用成本、拓展应用场景、挖掘数据价值的重要方向。

（3）数据应用是繁茂的枝叶和累累硕果：数据价值往往依托场景得以发挥，应用场景既包括金融机构自身的经营管理，也包括支持产业机构的经营发展，基于技术开放、场景开放和数据开放，金融机构得以支持产业可持续发展。

第6章
数智四力升维产业金融十二优

在上一章提到的数据能力的基础上，为了更好地推进产业数智金融的发展，各相关主体应当重点打造协同、运营、敏捷、开放的能力，将这四种数智能力嵌入产业金融服务的全主体，推进产业金融全面升维。产业数智金融通常有多方参与，包括产业方、资金方、中介机构、政府与监管机构。每一个主体都需要数智能力的嵌入，并在相互作用中形成产业数智金融生态。

对于产业来说，产业端数据与信息的积累构成了数智化产业金融开展的基础。通过全链路一站式数智化转型升级"五部曲"，驱动产业金融全局的"五流合一"。"五部曲"与"五流合一"呼唤数智四力。在"五流合一"的实践中，企业借助数智技术，将商流、物流、资金流以信息资源的形式整合至信息流平台，这需要各个相关环节的高效协同；而全链路数智化转型升级中"五部曲"的实现需要强大的运营能力来支撑。只有快速敏捷的市场反应和组织学习能力，才能实现全局流程最优化。同时，只有开放才能共同创造产业与金融互促发展的生态。

对于资金提供方来说，在适配产业的金融需求时，基础能力有"金融需求的识别""金融需求的响应与服务开展"等。传统的金融需求识别，通常是顾客提出需求，再由金融机构给出反馈，这需要金融机构的敏捷响应；而从数智赋能的创新角度，一些场景金融的服务可预判断、预授信，激发用户需求。这建立在金融机构和产业主体的协同基础上，并以运营、开放能力为支撑。在金融需求的响应与服务开展中，数智赋能金融机构革新产业金融服务的开展逻辑与风控模式，同样需要运营和开放能力的支撑。

对于中介机构而言，上述提到的数智四力的需求逻辑仍然适用。通过数智四力，实现"五流合一"的整合，以数智信用，推进产业金融服务的开展。

本章将对于这四种数智能力的具体打造方式展开详细论述，促进产业金融升维，如图6-1所示。

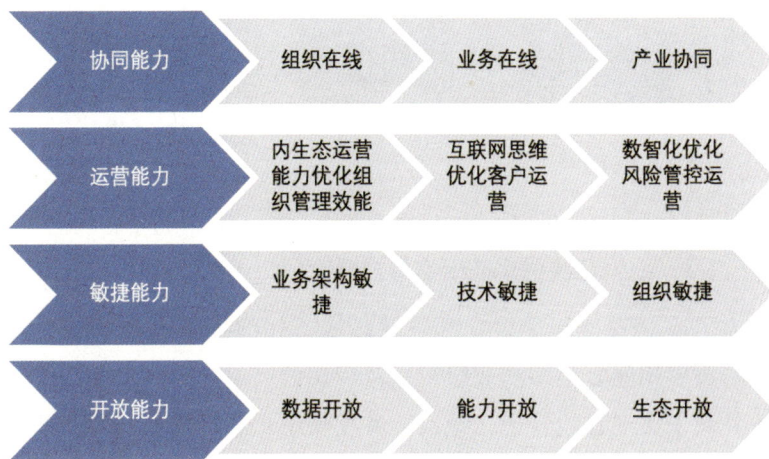

协同能力	组织在线	业务在线	产业协同
运营能力	内生态运营能力优化组织管理效能	互联网思维优化客户运营	数智化优化风险管控运营
敏捷能力	业务架构敏捷	技术敏捷	组织敏捷
开放能力	数据开放	能力开放	生态开放

图6-1 数智四力框架图

6.1 协同能力增进内外部高效互动"双在线"

2020年3月26日，中国银行保险监督管理委员会出台的《关于加强产业链协同复工复产金融服务的通知》，《通知》提出要"加大产业链核心企业金融支持力度""优化产业链上下游企业金融服务""加强金融支持全球产业链协同发展"，涉及产业链核心企业、上下游企业、电商平台、物流企业、金融机构等。《通知》对我国产业金融协同创新发展提出更高要求。

产业金融的概念相对复杂，如图6-2所示，与之相对应的协同能力也存在不同的层级。按照从组织内部到内外价值共创的逻辑，有组织协同、业务协同、产业协同三个层级。无论是对于金融机构还是产业机构来说，为了加速实现创新，组织内部的协同及各个业务价值链之间的协同必不可少。同时，在数智化时代，组织之间应当在生态中相互协作，在上下游和利益相关者之间形成网络式的价值共创。

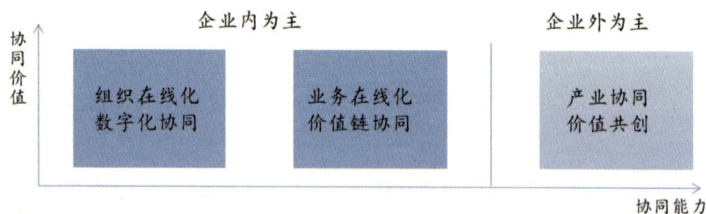

图6-2 协同能力层级示意图

6.1.1 组织在线优化信用信息透明度

为了应对日益复杂多变的外部环境，如何提升组织效能是亟待解决的重要问题。很多产业组织运营管理的信息分布在多个系统，部分业务尚未实现在线管理，导致能够反映组织运行情况的数据严重不足。因此，金融机构难以全面了解产业组织的融资诉求，也难以高效评估风险。

在此背景下，宏观层面的机遇是数智技术的进步为组织协同带来了新的机会与发展方向。数智化手段之所以能够给产业金融带来重大突破，是因为其对于信息流、商流、物流、资金流聚合而成的数据的高效运用。通过数智化的手段，组织沟通、组织业务能够实现数智化协作，在实现组织在线化过程中，组织各项业务的相关信息能够得到有效的保存与传达，避免信息偏差问题，为解决产业金融传统信息难题提供方案。

在组织沟通数智化实践过程中，上海复星集团通过组织在线化，最大限度地实现员工与管理层直接对接沟通，实现"信息不加工、不过滤，完全透明"，减少过去科层体系导致的信息偏误，减少沟通的障碍，提高决策质量。而在组织协作过程中，过往烦琐的协作手段阻碍了创新。例如，单向传递的表格、文档将加大协作的难度。在信泰人寿保险股份有限公司的科技项目管理中，涉及大量的内部协作和跨部门协同，分工、跟进、反馈、需求、设计、开发，每一个环节和模块都要求实时高效地互动。原先用传统表格、邮件方式来管理协作和查看项目进度，费时费力，文字的整理汇总等低附加值工作牵扯团队成员大量精力，在人力有限的情况下，聚焦核心业务的资源会被挤压。新冠肺炎疫情期间，钉钉支持业务和管理条线顺畅开展沟通协同，2020年一季度信泰人寿整体原保费收入129.23亿元，同比增长216.23%，高效协同助力实现业务快速增长。

在产业数智金融时代背景下，应当充分发挥组织协同的降本增效作用，在实现组织在线化的基础上，高效互动沉淀数据，加速实现产业金融的创新。

6.1.2　业务在线优化信息实时协同

传统产业金融的痛点除了存在信息不对称、信息偏差外，还存在时差的问题。由于组织内部的各个系统之间的割裂，数据变成"孤岛"，使得岛和岛之间的连接需要花费大量的时间，阻碍金融机构和中介机构快速转化和使用数据。以金融机构服务传统制造业为例，在许多尚未数智化转型升级的制造类企业中，"供产销"的价值链条由上至下单向传导，流水式作业中各个环节之间相互封闭，商流、物流、资金流、信息流无法打通，金融机构无法有效获取信用数据，不利于产业金融服务的开展。

但是在数智化时代，数智技术将改善价值链的传递模式。各个环节之间的信息不再是割裂与封闭的，依托数字化管理平台，各个项目或者业务之间信息共享，实时完成沟通协作，实现"在线化"，从而实现数据信息的无时差协同。

宜搭作为低代码应用构建平台的典型代表，是打造全业务协同的有效解决方案。柳钢集团的冷轧厂就凭借宜搭提供的低代码数智化技术，实现了业务信息间的实时协同。

在传统的冷轧厂业务中，管理钢卷主要由人工盘点，现场清点后，再将数据录入系统。工序烦琐，且人工盘点和录入难免存在纰漏，一旦出现错误就需要从头开始排查。业务之间相互隔绝，难以顺畅协作。冷轧厂工作人员在低代码开发工具的帮助下，用很短的时间就开发了一套"冷轧库管"系统。员工现在只需在手机端扫描钢卷上的二维码，就能完成对货物的入库、出库、订单查询等全生命周期的管理，实现了信息数据的实时传递。通过在产业端实现数智化信息记录，服务金融或者相关机构采集产业链与企业的经营信息，助力"五流合一"，推进创新金融服务的开展。

6.1.3 产业协同优化产金高效对接

众多金融机构希望能够垂直进入行业展开服务。在过去，银行对接各行各业的需求，主要是用户提出需求，再由银行来审批。而在此过程中，存在审批程序复杂、协同效率低下等问题，使得产业客户的需求很难及时准确地反馈给金融机构。

通常，企业会采用银企直联模式，实现财务系统与银行系统的实时对接。而传统银企直联模式需要部署前置机，还需要进行后期的持续维护，较高的成本使得中小微企业通常无力负担。在记账时，企业的财务人员需要手工将账户流水录入会计软件；在经营时，销售人员需要人工把订单支付信息通过进销存软件导出，再对接给财务人员，整个流程效率很低。

传统的产业金融低效协同给产业发展带来了阻力。但在数智化驱动产业金融发展时代，云技术等数智技术的广泛应用，让众多金融机构有望以平台方式全方位服务垂直行业，形成高效协同。

目前，很多大型银行都在建设自己的行业云或者产业云，在实现全价值链数据化协同的基础上，满足产业的金融需求。中国建设银行针对小微企业的开发资源紧张、数字化基础薄弱的痛点，开发了企业ERP云平台。该云平台的服务对象包括个体门店、经营连锁店等多种类型，将金融服务嵌入小微企业真实的日常经营管理。在"进销存"管理服务基础上，增设了财务管理服务"云会计"功能。财务人员可以在线处理财务数据，同时，"云会计"功能支持自动生成财务报表，进行智能分析，有效连接小微企业业务与财务之间的"信息孤岛"，协同助力企业低成本、高效能发展。

在产业实现基本数字化的基础上，金融机构可以根据金融业务要求，植入数据需求，全面融入企业生产运营流程之中，通过生产经营中的真实数据，实时监测企业经营情况。如图6-3所示，具体执行有如下推进路径可供参考。

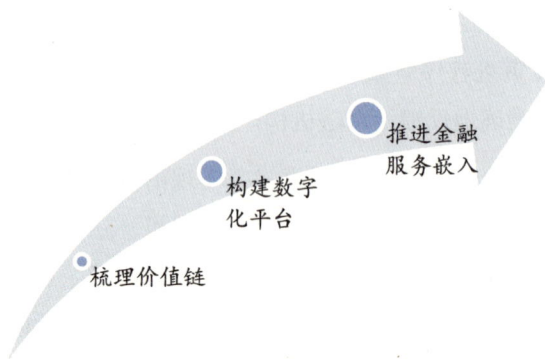

图6-3 产业协同发展路径

第一，按照企业的价值链，全面梳理产业端的企业经营环节，包括设备采购、原料采购、生产监测、库存管理、产品分销管理、渠道管理、仓储配送、物流管理、人力管理、财务管理等全价值链。按照全价值链匹配金融乃至非金融服务的方案。发挥银行的优势，提供定制化的融资服务，产业和金融双方建立起高效的合作模式。

第二，上述金融和非金融服务方案与企业价值链的匹配，需要以数字化平台为依托，梳理好双方价值链，全面推进"五流合一"的场景化。双方共同推进协作共通，通过植入银行对于企业全价值流程的数据需求，挖掘产业在经营流程的数据情况，从而给金融机构提供打造服务产品或者方案的依据。通过数据积累，使数据信用随着平台的发展不断成熟。

第三，在银行现有金融服务的基础上，推进和嵌入产业金融服务。例如，在采购原材料时，银行可以嵌入电子的银行承兑汇票、在线流动资金贷款等金融服务，并且逐渐拓展至设备、库存、财务、人力管理等多应用场景，全面构建设备质押、仓单质押的产业金融图谱。有实力的相关机构还可以将上述金融服务嵌入并打造成行业级解决方案，搭建产业云平台输出行业级别的产融管理。例如，光大银行曾经推出物流全程通服务，该服务直接和网络货运、无船承运等物流互联网平台系统对接，通过线上账户管理与支付结算服务切入平台生态圈所提供的一揽子物流行业金融综合解决方案。物流全程通可服务于网络货运平台等物流新业态内的民营企业、中小微企业及货车司机。依托平台，光大银行提供账户和支付结算服务，同时，结合真实交易场景和交易数据，进一步为平台生态圈内的货主、物流公司、合作商户等提供经营类网络贷款，为平台货车司机提供针对ETC、加油等真实消费场景的个人消费贷款产品。

6.2　运营能力盘活内外部资源，提升金融服务品质

2021中国（北京）数字金融论坛指出，金融业要用好数字信贷这个服务实体经济的"新利器"，探索普惠金融可持续发展新范式。对此有三方面建议：一是降本增益，推进流程智慧化，降低研发风控等成本。二是提质扩面，依托数字渠道建立全流程的服务渠道与用户触点，减少对融资抵押物的依赖，增加信贷融资可得性、下沉度和渗透率。三是精准滴灌，精准识别融资需求，动态监测资金流。

上述三个方向是产业数智金融的发力点，需要依靠"运营"来牵引，在企业的内部生态运营、用户运营和风险运营中，切实提高效率，达到降低成本与推进创新的目的。

6.2.1　内生态运营优化组织管理效能

组织内生态包括"上下""前后""左右"的协同，如高层的战略决策需要中基层执行落地、前台业务创新依赖中后台的支撑、业务和管理数智化需要技术及时响应。

1. 集约化运营助力业务创新

破解传统小微企业融资困局的关键之一是提高相关业务的直接运

营效率。采用集约化运营模式，以提高效率为导向，集约、高效地进行资源配置，从而达到降低成本，打造竞争优势的目的。例如，当银行为小微企业贷款时，贷前的审查与尽调工作等常见业务，可以通过使用机器决策的方式来替代以往的人工操作，通过自动化的方式来控制贷款业务的营运成本。

通过引入新理念和新技术，对原有业务流程进行改造，优化要素配置，可以显著降低KYC的成本，提升用户体验。目前，中国建设银行和中国农业银行基于大数据与人工智能等技术，依托小微企业用电量数据、纳税信息等构建自动化授信模型，可显著提升审批效能和风控能力。

同时，由数字化驱动的企业管理模式可以有效地优化流程，提高业务处理的效率。例如，中国工商银行着力打造ECOS数字化平台，支持客户便捷地查询和打印历史明细，只需要通过手机银行下单，系统就能够自动生成明细，并加盖电子印章，帮助客户轻松实现自助打印。同时，审计师的询证函工作流程通过该平台由原来的十多个工作日缩减为在一天内全部完成。在此平台上，审计师只需要提供单位银行账号便可以自动获取十四个事项的结果，并且保证结果的全面、准确、可以追溯。

众邦银行在集约化运营实践中，借助区块链、物联网、人工智能、大数据风控技术和模型，开发了"众链贷"，提高了对小微企业的风险识别和定价能力，降低了服务成本，解决了小微企业融资难、融资贵的难题。

"众链贷"优化了信贷作业流程，在该模式下，引入多维度的大数据风控模型，在取得客户授权的前提下，优先检查客户的税务、司法等基本面信息，完成评估准入和预授信过程，只有通过准入评估和预授信的客户才能进入开户流程。这种流程设计对于用户体验有显著的提升，避免客户开户成功但是授信又被拒的情况。通过该流程，用户开户成功转化为信用的概率提升至95%。同时降低作业成本，提高工作效率。"众链贷"在使用过程中引入智能识别技术进行报表自动解析，减少业务人员重复枯燥的录入工作；实现固定式合同的电子化签约，大大降低人工审核合同的成本；通过物联网云仓仓库监管，实现仓库库存、出入库、盘库等多方面数据采集，减少人工盯库、盘库等工作，提升工作效率，授信审批效率也得到了较大的提升。"众链贷"项目在实施过程中，积极推行"小B端大数据风控模型"，结合供应链金融的场景，以数据驱动为手段，创新审批策略模式，建立"多维度审批规则+多因子准入评分模型"的授信审批机制，在线即可对小微企业进行"秒批秒贷"的决策。

2. 精细驱动运营与资源配置

除了集约化运营，依托数智技术，银行机构能够实现精细化运营，即对内业务精细运营，对外业务精细定制，挖掘客户需求。

在对内的精细化运营中，金融机构可以多业务流程精细化管理。以银行会计核算体系为例，通过数字化赋能，灵活配置以利率、汇率等为代表的价格参数，通过精细化的定价和测算支持产品创新。

而在对外精细化定制业务中，应当深挖用户需求，完善业务服务市场。郑州银行针对不同客群，加快小微金融产品创新。面向中小微企业及个人客户推出"人才贷""E税融"等线上的小微金融产品，面向工商业市场的小企业主，设计小额循环信用贷款"简单贷"产品，针对核心企业和上游企业推出"E链融"产品等，实现"线上+线下"信贷产品的全覆盖。

6.2.2　互联网思维优化客户运营

让服务满足客户的需求是所有金融服务业务开展的初心。小微企业是产业金融服务的主要对象之一，面向小微企业的金融服务具有典型的代表性。中国人民银行数据显示，截至2020年12月末，全国有贷款的小微企业户数已达2573万户，相对于超过1亿户的小微企业的基数而言，信贷支持的范围还有较大的提升空间。如何更好地触达并转化这些潜在的产业金融需求，需要金融机构强化客户运营能力。

小微企业的金融服务需求与大C客户类似，部分金融机构尝试将2C的用户运营能力迁移过来，引入互联网的运营思路，建立全生命周期的用户服务体系。逐步整合线上与线下的服务渠道，探索将对公服务和对个人客户两套体系进行协同。制定产品组合套餐，重视个性化服务和产品创新能力的打造，提供金融综合解决方案。同时，整合全行用户信息，形成统一的用户视图和全方位用户画像，根据不同的客群制定营销策略，建立企业级别的营销模型管理体系。

1. 以用户为中心的产品创新能力

满足用户的需求是一切组织与价值链的初心与出发点。为了更好地打造产业金融，金融机构应当时刻关注产业用户的需求，并在业务与产品方面进行及时反馈与跟进。通过整合内外部资源，为用户定制特色化产品，解决"银行不敢贷、小微企业贷不到"的难题。

通过精准梳理普惠金融业务的战略定位，四川天府银行提出了为用户提供全方位服务的发展战略。该银行整合内外部大数据，洞察用户需求，推出了多款小微贷款产品，并在多种应用场景中应用新技术。例如，使用CFCA认证、电子签章等技术，以手机银行及云金融平台为基础，推出"熊猫快贷""熊猫易贷"等线上产品。此外，还有天府银行和政府采购平台合作推出的"政采贷"，引入政府税务数据推出的"银税通"，为小微企业推出的"熊猫支小贷"，结合烟草数据引入的支持小烟商的"商超贷"等产品。数据显示，天府银行的普惠授信产品实现80%的业务线上化，规模年均增长40%。

2. 完整的智慧渠道转型能力

产业金融的关键词之一是"获客"。精准营销，首先需要精准定位潜在的用户，并建立可监控的触达渠道，及时采集多渠道的数据，通过模型分析完善用户画像，进而理解用户痛点和诉求。在渠道建设方面，为了高效地触达客户，需要丰富渠道类型。移动端渠道早已成为各家银行打造营销获客能力的抓手。除了不断完善金融APP，各金融机构积极与第三方合作，接入小微企业生产运营的场景，以及小微企业主生活工作的场景。例如，基于小程序开展业务创新，或在已有的服务渠道中开展融合服务模式，拓展智慧缴费、工资收发等社会服务渠道，联合营销。渠道智慧化转型同样重要，综合运用语音、图像处理等多种人工智能技术，通过自动化的方式提高手机、线下自助设备等各类渠道的处理效率和准确度，提升客户服务满意度。

众邦银行在数智化营销中进行了积极的实践。在获客中，众邦银行搭建超级平台，构建流量池。以自营平台为核心，先让业务对接企业、场景、平台等流量场景，再汇总使其流入自营的平台，实现数字化运营。

如图6-4所示，在数字化精准营销模型方面，众邦银行运用AARRR模型，将用户旅程切分为获取用户、激发活跃、提高留存、增加收入、传播推荐五步。首先，对用户展开多维度的分析，并把这些抽象化的标签特征应用到业务中。接着，再以业务和场景为主线，将各业务系统串联在一起，如用户画像系统、营销平台系统等，展开多维度的数据驱动。最后，在营销链路上，基于上述的基础，打造MOT

规则库，根据用户情况自动触发相应的营销策略。在营销完成后，展开跟踪管理。

图6-4 众邦银行AARRR营销模型

6.2.3 数智化优化风险管控运营

商业银行服务中小微业务困难由来已久，信息不对称、质量低、缺乏可抵押资产、风险收益不成正比，构成了小微企业信贷的难点。线上小微信贷业务相较于传统的线下审核模式，在客户信息获取、信贷资质判断及额度利率设定方面局限性更大。

为了能够做好风险运营，金融机构首先应当重视打造企业级别的全方位风控设计，使得风控能够覆盖全流程。同时，强化内部风险模型数据能力，进行智能化风险把控。

在企业级别全方位风控设计方面，金融机构应当把风险内控机制嵌入业务全流程，将渠道、产品、客户等全业务进行设计，依托外部和内部的数据积累资产，覆盖贷前准入、额度授信、贷中监控、贷后催收等各个环节。而在风险模型能力方面，基于大数据的智能风控体系可以实现风控模型群的智能化管理。并以规则策略与模型为抓手，形成涵盖贷款业务开展全流程的征信评分模型、反欺诈模型、营销定价模型、催收模型等智能风控模型。

上海华瑞银行借鉴互联网运营和管理的方法，于2020年9月启动风险图谱项目建设。该风控建设引入钢贸企业等核心企业的供应链上下游交易数据（包括合同信息、支付信息、仓单信息等）构建企业关联关系图谱；分析个人客户画像，支持航旅消费贷款风险评估，引入中小微企经营的各类数据（如企业的工商、涉诉、征信、实际控制人信息等），构建企业画像，通过三度以上的复杂关联关系分析，发掘关联企业的贷款风险。

2020年年底，该项目投产运行，风控业务人员利用风险图谱系统对数千万条数据信息进行深度关系分析，探索建立起金融知识图谱，通过图数据库GDB集成的自动机器学习组件，大幅降低了风控模型研发周期。该项目已成功检测到多个诈骗团伙，有效提升了主动风险能力，同时大幅提升了模型构建效率，以技术力量降低金融资产风险。

6.3　敏捷能力助力金融服务随需而变持续发展

6.3.1　业务架构敏捷优化响应业务需求

银行业传统的业务架构按照所处价值链关系区分为前台和后台。直接创造价值，面向客户需求的部分称为前台；间接创造价值，面向经营管理，构成银行实施管控决策的部分则为后台。按照面向需求的不同，这种企业业务架构的划分方式能够实现分工协作。然而，服务需求的目标不一致有导致失配与脱节的风险。随着外部环境和市场竞争格局快速变化，金融产品和服务的供给需要加快迭代，传统前后台的方式无法满足快速创新需求，这种前台与后台架构"匹配失衡"的风险就暴露出来了。

从根源上看，中台的出现是为了解决企业前后台服务目标不同导致的滞后与低效问题，要在前台的快和后台的稳定之间寻找到平衡点，协调统一业务架构发展目标，助力企业敏捷响应用户的速度。

中台建设过程就是实现企业级业务能力复用与不同业务板块能力联通融合的过程。在顾客需求前台和经营管理后台之间建设的中间环节即中台，在前台响应外界更迭需求时调用中台能力，经营管理后台则不断支持中台的运营。中台能力不是突然出现的，它需要牵头的相关部门从众多前台现有产品中进行分析、识别、抽象出可复用的能力、流程、模型和数据，从而形成统一、共用的服务能力，沉淀出可供复用的服务组件，加速前台的产品设计。图6-5所示为苏州农村商业银行业务中台架构。

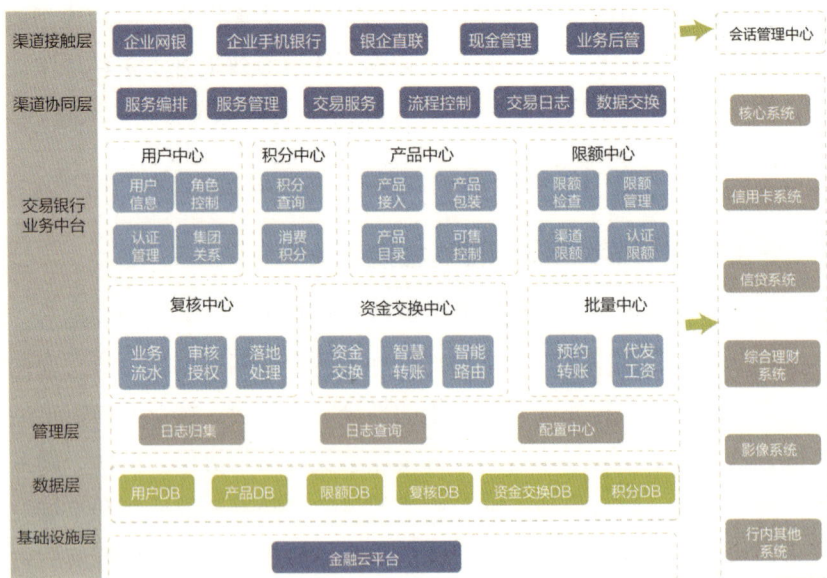

图6-5 苏州农村商业银行业务中台架构

近年来，多家大中型金融机构将中台建设确立为IT架构转型的战略方向，并借鉴互联网公司的经验逐步探索适合自身的建设路径和方法。从定位来看，中台一定是企业级的，着眼于全局服务能力的构建。同时，中台是服务性、敏捷型的，使得中台能支持前台金融业务与产品敏捷创新。

1. 业务中台支持业务敏捷创新

业务中台是从多种业务属性中提炼出的共性能力集合的平台。业务中台更偏向于业务流程管理，即抽象出业务流程中共性的服务，从而形成通用服务能力。

苏州农村商业银行的交易银行按照分布式微服务方式，提炼客户、渠道、产品等业务，对原有业务架构系统进行解耦重构，在私有金融云平台上搭建业务中台。业务中台通过持续地沉淀和积累服务，可以提高复用能力。

在有了业务中台的支持之后，传统银行架构中后台慢、不敏捷的问题就可以得到有效解决。业务中台支持快速的编排服务，敏捷响应业务的发展需求。

苏州农村商业银行的业务中台架构的设计涵盖全渠道服务，包括渠道接触层、渠道协同层、业务中台、管理层、数据层、基础设施层等逻辑架构，形成平台化的整体。渠道接触层包括银企直联、企业网银、手机银行等，实现与前端客户交互；渠道协同层整合线上与线下的各类渠道，统一服务交付、交易模板与交易控制；业务中台则是对各个能力的沉淀与凝练，在用户、积分、产品、限额方面形成复用能力，同时有数据层、基础设施层进行支撑。

2. 数据中台支撑数据灵活应用

数据中台是一种把数据变成资产，赋能业务增长的系统。传统的数据系统中存在诸多问题。一方面，数据的存储比较分散且标准不一，且系统存在重复建设问题；另一方面，数据后台与前台的协同不畅使得数据难以敏捷响应业务需求、发挥作用。而数据中台的定位正是要解决这些问题，通过在机构内建立企业级的数据应用平台，让数据真正成为企业级资产，驱动业务发展。

基于数据中台能够给组织带来的巨大价值，数据中台在金融行业的关注度大幅提升，正在成为各大金融机构数据体系建设的方向。中国农业银行提出以包括数据中台在内的六大中台建设为核心的"iABC"战略。2018年，中国民生银行在技术与数据双驱动的改革方案指导下，形成了一个较为完整的金融数据中台体系。

2019年，中国民生银行的数据中台正式投入使用，成为首批在金融领域探索并落地金融数据中台的机构，整体架构基于"微服务+容器化"的云原生思想设计，以Store存储、Service服务、Open路由、Plus管理4大功能体系为支撑，核心模块全部围绕云原生架构自主研发，基础组件按照安全可控标准落地。

数据中台在助力企业效能提升上成效显著，为民生银行零售、公司、网金、供应链、监管等10余个业务领域的数据诉求提供支撑，涵盖100余项专业化金融场景、数百项数据服务，日均调用次数超1000万，是一次将中台化数据理念与云原生技术架构结合应用的成功实践。

6.3.2 技术敏捷优化基础服务能力

在"以用户为中心"的服务背景下，一个需要解决的问题出现了，即当用户的需求快速出现或者更迭时，企业应当怎样快速敏捷地响应这些业务需求？技术敏捷成了数智化驱动时代解决上述问题的答案。技术敏捷有不同层级，大致可以分为资源敏捷与开发敏捷。

1.分布式云原生升级传统架构

在过去的硬件交付时代，等到一个项目来了之后，相关人员要购买硬件，进行集成、安装等，这个过程可能要花超过一个星期的时间。但是通过云的方式，只要动动鼠标，大概十几分钟就能够生成这个环境。

近年来，随着金融行业业务的快速发展，高并发与高流量的业务场景增多，部分银行原有的基础架构难以支撑快速迭代的业务系统。因此，跟随云原生发展的脚步，实现敏捷化显得十分重要。

在进行数字化转型时，首先需要依托云原生，打造微服务化体系。这就需要微服务架构管理、云计算设施和集中运维。在资源维度上，需要基于容器化技术建设PaaS平台，提升应用服务的弹性伸缩能力。同时，兼顾存量业务，以便快速接入新系统，统一治理。

在2020年，某农商行启动建设了敏态分布式运行平台，实现应用了微服务治理，统一微服务管理。敏态分布式运行平台由弹性容器、运行平台、开发平台构成。该敏态业务的运行底座为弹性容器云平台。敏态开发平台为前后端提供了开发"脚手架"，支持敏捷开发业务，实现降本增效。整个敏态平台的建设范围如图6-6所示。

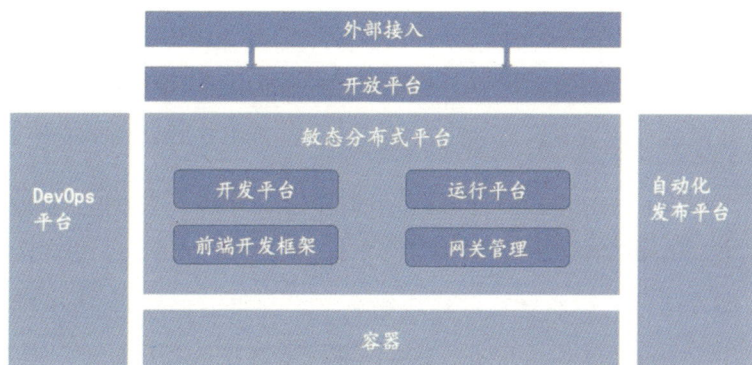

图6-6 某农商行敏态分布式研发运行平台

2. 开发敏捷

瀑布式开发是传统的软件开发方式。瀑布式开发流程是需求—设计—开发—测试。开发人员按照需求确定计划，只有完成了上一阶段工作，下一阶段工作才能开始。同时每阶段都需要经过严格的评审。整个流程规划明确，但是当所有人都按照此流程作业时，若某一环节出现问题，接下来的所有环节都必须等待。在现实应用中就出现了开发人员互相等待的问题。

敏捷开发与瀑布式开发不同，它通过并行化的方式去做开发、测试。并行化开发，在最后一个节点去做整体的回归和集成。因此，原来很多串行的过程可以做到并行化，实现开发敏捷。在欧美软件企业中，有近半数企业已采用敏捷方法进行开发。相关统计表明，敏捷开发可以将效率提高3~10倍。

敏捷开发通过用户深度参与缩短需求响应周期，通过团队高频互动和信息共享提升交付吞吐率和持续发布能力，通过建立度量反馈机制，强化质量控制能力。

阿里云开发的移动DevOps一站式移动研发平台正是以开发敏捷为特征的，贯穿APP研发的全生命周期。DevOps平台能够提供客户端脚手架、SDK、开发组件，客户要做的仅为业务代码开发，之后的技术开发过程通过平台流水线执行，让产品能够更加敏捷地支持业务需求。

6.3.3　组织敏捷能力优化效能体系

银行传统的组织结构往往遵循金字塔层级，自上而下，机构庞大，对于中高层来说，很难从业务一线了解客户的真正需求。跨部门的合作往往流程冗长、沟通困难，无法协同高效作业。在数字化变革时代，金融机构服务对象从少数的大中型客户延伸到数量众多的小微客户，要想形成差异化竞争优势，必须具有快速应变的业务创新能力，传统的沟通决策机制难以适应数字时代的市场竞争。

敏捷组织架构有扁平化与充分授权两个特点。首先要依据市场客户需求的逻辑，搭建数字化生态。同时，重构组织架构，使管理架构向着扁平化、分布式组织架构转变。组织模式从"上令下听"的权威模式转变为"让前线团队决策、闭环应对"的模式。

中原银行在敏捷转型阶段，重新配置了原有机构和人力资源，促进组织扁平化，减少原有的一些不必要中间环节，改变组织中的信息决策反馈方式，调动员工积极性。在中原银行敏捷组织打造过程中，形成了以敏捷小组为单位的单元。小组中的成员可能包括产品经理和研究开发、商务合作等方面人员。他们各自负责一个任务，比如构思产品、做客群营销、组织活动。在中原银行组织单元中，基本上1~2周就要完成一次产品迭代。这些业务部门在中原银行中被称为部落，如渠道支持部落、信用卡部落等。

专题案例　华林证券敏捷组织转型，赋能组织发展　🔍

华林证券同样在积极实践敏捷组织转型。通过引入部落制的全新组织架构，加速内部的高效组织转型。据华林证券的公告，引入部落制度后的组织架构如图6-7所示。

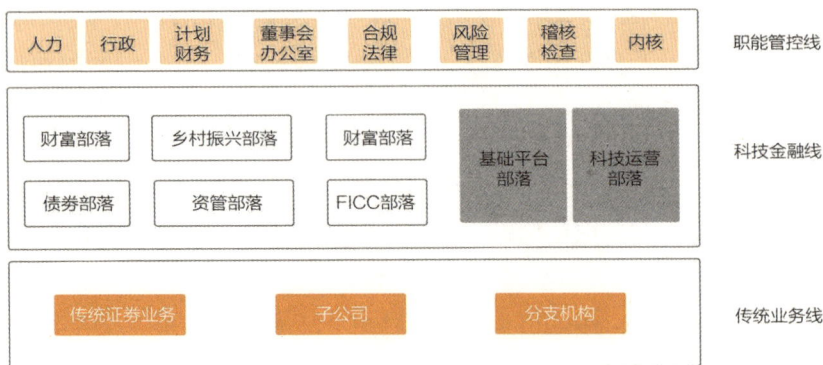

图6-7　华林证券组织架构

与传统的金字塔或者树状的组织架构不同，华林证券新推行的组织架构在纵向上设置部落或者小队，横向上设置分会与行会，实现横纵协同，业务与科技达成高效协作，从而实现敏捷发现商机、快速进行决策、开发上线、团队敏捷执行的目标。

华林证券的科技金融条线运用了6+2部落模式，包含从产品研发到运营的完整链条。6个业务部落包括财富、债券、票据、资管、乡村振兴、FICC部落，着重科技金融业务；基础平台、科技运营部落是两个金融科技赋能部落，负责提供底层技术基础设施和治理。每个部落下又设置若干垂直分布的小队，这些小队完全围绕共同的核心目标而前行。

部落制的核心目标是打造敏捷的团队，其底层逻辑在于通过敏捷组织架构打造进一步的敏捷化产品与研发体系。在这样的敏捷组织中，不同的职能、不同的角色围绕共同的目标——共同打磨产品以满足用户的需求并持续迭代而持续努力。

6.4 数据开放优化生态协同

6.4.1 数据开放优化共建共创共享的产业金融生态

在数智化时代，数据已成为核心生产要素之一。在开放共享的金融服务生态中，数据要素的开放打造至关重要。数据要素是维系各方的重要纽带，在赋能和协同各方、链接和服务客户等方面发挥了重要作用。依托生态互补的优势，各方可联合建模完善用户画像，深入洞察用户需求；建立高效的数据共享交互机制，实现需求与产品服务的有效对接，以用户需求数据驱动各方联合提供更契合需求的服务组合。同时，基于数据分析的联合用户运营可以汇聚多方资源形成有竞争优势的服务方案，实现服务提供方和用户的共赢。

由于产业金融场景的分散，数据通常分散在各个场景端。数据分散限制了数据要素发挥作用。小微企业获取信贷的难点就在于信息缺失，银行掌握的数据量不足以达到风险控制的要求。针对此种问题，北京市大数据平台在获得充分授权的基础上，将高价值的政务数据进行开放，通过给企业画像，帮助获得小微企业全面信息。

北京首次开设了"金融公共数据专区"，点亮了传统金融普惠服务"盲区"，充分证明了数据开放的意义。北京市大数据中心披露，截至2021年3月，北京市已通过政务数据资源网向社会无条件开放96个单位的5891个数据集，共计约579万条涉及公共服务事项指南、财税金融、城市管理等热点领域的公共数据。如果算上有条件开放的数据，该市公共开放数据已累计达到9214个数据集、共计60余亿条数据记录。

据悉，该专区已经为入驻首贷中心的27家金融机构业务办理提供有力支撑，支撑其为14913家企业提供登记融资需求，审批通过11619

笔，涉及金额约425亿元；支持金融机构普惠金融业务，为近1000户北京地区小微企业推送授信额度20亿元；支持中国工商银行、中国建设银行分别推出"普惠大数据信用贷款"和"云义贷"等普惠金融产品，累计为28家中小企业发放贷款3600余万元。

数据开放需要支持开放接口和开放生态。央行印发的《金融科技（FinTech）发展规划（2019—2021年）》提到要鼓励银行借助应用程序编程接口（API）、软件开发工具包（SDK）等手段，构建开放、合作、共赢的金融服务生态体系。通过API和SDK技术，既可以实现银行与第三方数据的共享，又可以增强数据的安全性。

6.4.2　能力开放优化行业运作效率

为了应对产业用户需求与技术快速更迭的客观现状，金融机构应当将资源倾斜到核心能力的打造上，同时尽力提高非核心能力的效率。与同行、上下游企业或者专业机构合作，优势互补可以有效实现共赢，提高行业效率。在数智化时代，金融机构可以就营销合作、同业合作、人才合作、科技生态合作、数据风控合作、资产合作等多层次、多维度打造开放生态，赋能产业金融发展。下文将以具备不同能力的银行间相互合作的案例为对象，阐释能力开放是如何优化行业运作效率的。

不同类型、不同经营模式的银行拥有不同的核心能力和资源。不同金融机构在能力与资源上的开放合作，提升了业务能力，能够实现共赢或者多赢。正如，中国银行保险监督管理委员会为了促进金融支持产业链协同复工复产，曾提出鼓励政策性银行、商业银行加强与民营银行业务合作。民营银行在互联网运营中，积累了大量数据资源，但在资金方面能力通常较弱，"吸存"能力无法与传统商业银行相比。而政策性银行拥有资金基础，但是数据资源通常较为薄弱。在此情况下，合作双方可以形成优势互补，更好地展开金融服务。

在产业金融的实际业务场景中，小微工商业主贷款最大的痛点在于风控，双边信息不对称的问题极大地阻挠了金融业务的开展。为了化解风控难题，中国工商银行、新网银行合作推出了"e商助梦贷"项目。两家银行同时作为放款行，使用白名单制度，在名单内的业主客户就可以通过纯信用的方式申请最高30万元的贷款，无须抵押与担保，迅速得到放款。双方将充分发挥各自在联合贷款类业务上的优势。新网银行更偏互联网模式，积累了更多的线上贷款经验。针对线上贷款多数据维度的特性，工商银行的传统银行模式更加擅长风控模型。形象地说，这次联合贷项目中风控能力的开放可以对小微业主进行两遍筛选。双方风险、信用数据共享，联合风险建模，有效降低业主违约风险的同时，鼓励了银行进行普惠金融业务开展，为产业带来更多金融便捷。

6.4.3 生态开放联动优化健康合作环境

在产业金融的打造过程中，信息数据的封闭和能力、场景的割裂会带来大量人力财力的浪费，也给产业金融业务服务的创新带来了重重阻力，不利于产业金融的发展。由于产业组织发展的金融诉求非常复杂，同一个产业主体在不同时期的服务诉求也不同，往往超出单家金融机构的服务范围，因此，联合生态面向产业提供多元化的服务是数字时代金融机构构建差异化竞争力的关键所在。

然而由于生态伙伴众多，协同成本较高，基于数智化能力构建的新型生态合作，可以将金融服务融入产业组织经营过程，形成全链条的金融服务联动，如图6-8所示。

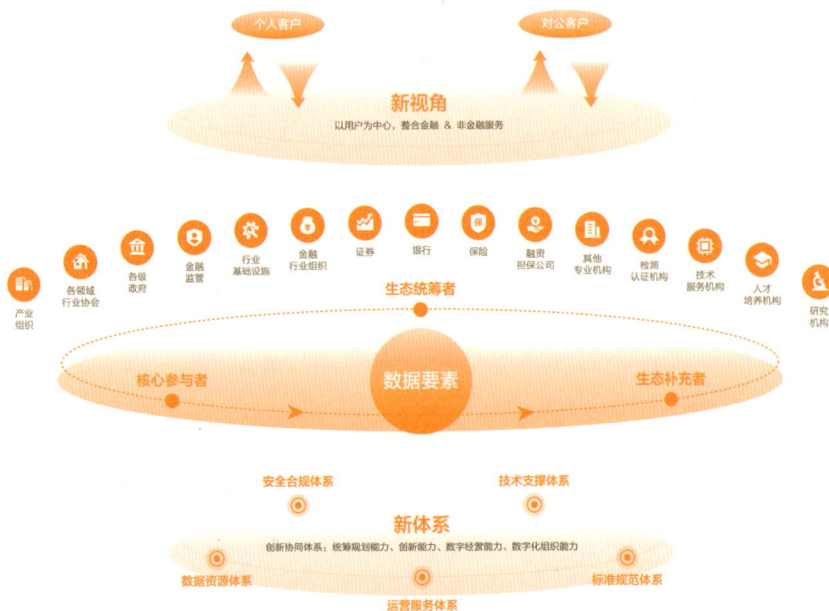

图6-8 区域性银行数智化生态体系[1]

在产业金融开放生态中，参与主体可以分为生态统筹者、生态核心参与者、生态供应商，如图6-9所示。三方高效互动，形成开放生态。

图6-9 开放生态参与者

生态统筹者是指聚合资源，链接各方，共同制定准入和协作规

① 阿里云研究院、埃森哲、中原银行. 区域性银行数字新生态建设研究报告. 2021.

则，搭建平台工具，组建运营团队，协同各方共同提供服务的主体。例如，南京银行牵头构建的"鑫合金融家俱乐部"（中小行联盟），建立同业业务和技术的合作。苏州市金融监管局作为统筹协调者，苏州银行作为核心参与者，共同打造综合金融服务平台，建设了"综合金融服务平台""地方企业征信系统"和"企业自主创新金融支持中心"三大平台。

核心参与者是指决定生态的商业模式或运作模式相关主体。在产业金融结合中，政府、商业主体、顾客都可能是核心参与主体。近几年，部分地方政府和金融机构合作，以政务服务作为切入点，将金融服务融于面向中小微企业的公共服务中，借助政务数据信息与丰富的渠道资源，帮助金融机构触达和了解小微用户。例如，银行支持各级政府搭建金融综合服务平台，连接企业需求侧和金融服务供给侧，实现中小微企业融资撮合功能。对于商业主体而言，以商业机构为核心参与者形成的产业金融生态则更为多样化。例如，各行各业供应链中的核心企业，基于核心企业提供的白名单、订单、物流、仓储等信息，评估信贷风险；在提供基本金融服务的同时，也可联合合作伙伴，为中小微企业提供相对通用的SaaS服务，如办公管理、人事管理、代记账等，实现对广大中小微企业的综合性服务。通过"向前一步"的服务思路，更多地沉淀信息和了解用户，以便相对全面地评估和控制风险。行业可以涉及快消、物流、电商等，模式可行性强。

生态供应商则是生态中的能力输出者，依托专业技术能力，如技术、法律、审计等，支持生态系统形成更为显著的竞争优势。在数字新生态中，技术供应商为生态参与者和用户提供基础服务和支持。

中原银行是一家深耕河南省，以服务地方经济为主的区域性银行，近年来一直在致力于开放生态的打造。中原银行以统筹协调角色、核心参与者、供应商的多重角色参与构建了四大生态，由银行专职部落运营，如图6-10所示。如"吃货地图"是本地美食平台，助力农产品销售和餐饮店经营；"中原聚商"为小商户提供简易的经营软件、营销小程序和扫码收款工具，助力小店经营；"社区物业"免费为物业公司提供应用软件，沉淀物业公司存款，并获取社区居民客户，植入银行产品；"校园"提供一卡通、零钱包、健康填报系统等，打造学校、教师、家长、学生的闭环生态。中原银行立足河南小微商户市场，通过较充足的市场调研及河南商贸物流城市的定位，确定了市场数量大、交易频率高、缺乏定制化金融产品的零售终端店主为核心参与者，即主要客群。通过线下访谈，确定了简易商户经营软件+线上小程序店铺+线下聚合支付码+金融与非金融综合服务的产品定位。

在平台建设方面，中原聚商以商户为中心，打造店铺经营结合金融综合服务平台，通过提供经营软件、支付结算服务，打通线上线下消费生态，解决传统零售店主经营不规范、营销宣传难等痛点。

在营销方面，店主可以将商品宣传、店铺活动等转发至微信群，方便店家与客户交流。同时，线上的渠道可以提高客户购物体验感；在进货、库存管理方面，中原聚商提供简易进销存管理功能，无须过去的纸质记账的烦琐，店主可以线上化管理库存商品。库存预警功能可以及时提醒商家短缺的商品。在日常管理方面，提供智能交易报表，协助商家分析客户的交易数据，掌握小店中商品销售和利润情况。在线下收款方面，支持微信、支付宝、花呗等多种支付方式，便捷收款。

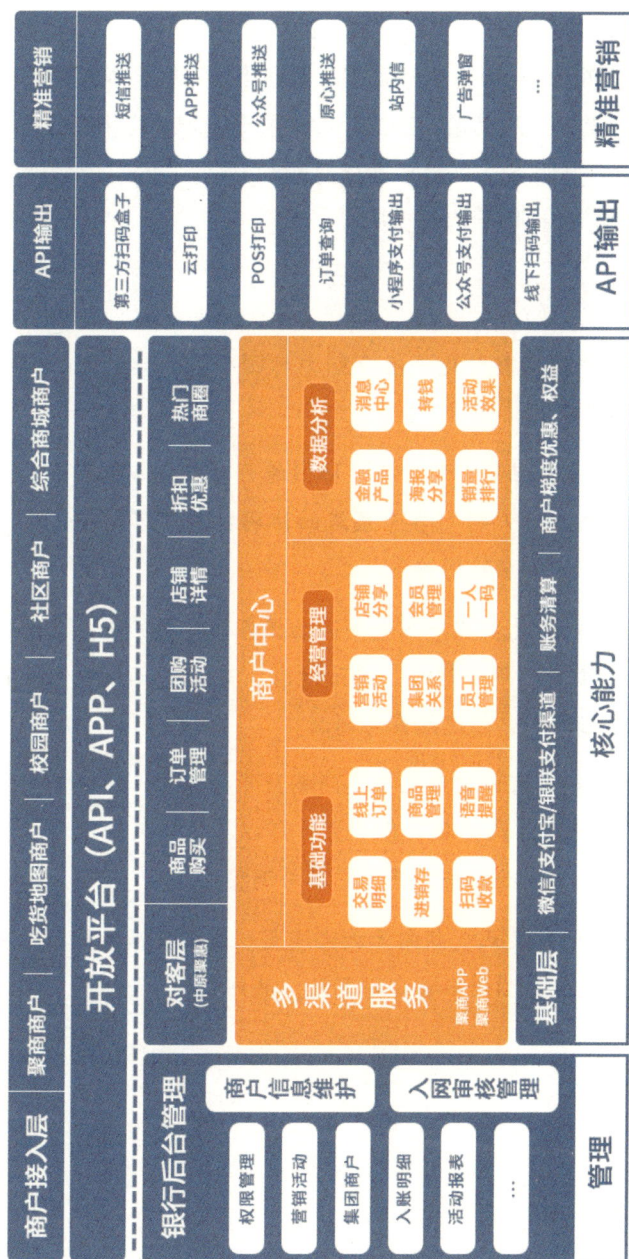

图6-10 中原聚商开放平台

截至2021年8月31日，中原聚商中的线上开店小程序功能已经免费服务了超过32.7万户河南省小微商家，帮助传统零售店主在疫情期间拓展线上渠道，增加产品销量。2021年，中原聚商累计提供2.86亿笔"线上+线下"的清算服务，每日平均交易额约2亿元，同时，累计为传统零售小店提供超过14亿元信贷支持。

【本章小结】

本章分别介绍了数智化产业金融中的四个能力打造方向：协同、运营、敏捷、开放。

（1）在产业金融的大背景下，协同能力可以分为组织协同、业务协同、产业协同三个层级。各个层级的协同打造环环相扣，共同推进效率的提升与产业金融的创新。

（2）运营能力是实现产业金融高效服务的必要抓手，通过关注数字化内部运营生态、用户运营、风险运营，充分发挥数智化赋能，解决传统产业金融难题，推进降本与创新。

（3）敏捷能力可以帮助组织迅速响应市场需求，推进创新发展。为了实现敏捷能力，产业金融各个主体可以从业务架构敏捷、技术敏捷、组织敏捷三个方面入手，进行完善与调整。

（4）产业的发展正在朝向开放化演变。通过数据开放、各主体能力开放、生态开放，推进产业金融开放，共同创造价值。

第7章
技术创新应用构建安全高效的基础平台

在金融服务产业发展的实践中，成本高、风险难控及信息共享机制落后等因素阻碍了产业金融的进一步发展。技术是产业金融发展的重要推力，云原生、区块链、人工智能、物联网、隐私计算等技术的成熟发展使解决产业金融存在的问题成为可能。通过主流技术，立足于分析和解决目前存在的难题、痛点，结合行业中的成功实践，可以得出不同领域中产业金融进一步覆盖的解决方案。明确问题，认识问题，并通过技术解决问题，将为产业金融的进一步发展提供思路。

7.1 云平台构建创新、敏捷、开放的金融服务

云是数智化时代的基础设施，计算能力和储存能力已成为企业转型升级的"水"与"电"。对于金融行业来讲，密集的技术需求与上升的信息成本，使得计算能力和储存能力逐渐变成了自身的短板和瓶颈，从哪里"汲水"，从哪里"获电"？问题的答案正随着云平台的成熟而逐步明晰。根据CFT50（金融科技50人论坛）于2021年1月对50

家银行机构开展的问卷调研，已经或计划应用云计算的金融机构占金融机构总数的87.98%，接近九成[①]。云平台可根据业务周期特征，为企业提供弹性的资源，以分布式技术处理高并发的业务需求和海量数据，帮助金融机构屏蔽底层硬件细节，减轻基础设施运维成本，更专注于业务创新和服务升级，更好地为实体经济服务，让资金能够通过金融之渠更加顺畅地浇灌到经济的各个角落。

图7-1展示了云平台的技术发展过程，从狭义的云原生（包括不可变基础设施等）到广义的云原生（包括云原生AI等），金融级云原生已成为云技术发展的新成果。云平台为金融机构带来的提升是多方面的：视频云营业厅、互联网银行、金融基础设施上云等方案，为金融机构服务提供方式的改进、业务模式的改善、核心能力的完善提供了新思路，展现出云平台带来的强劲动力。

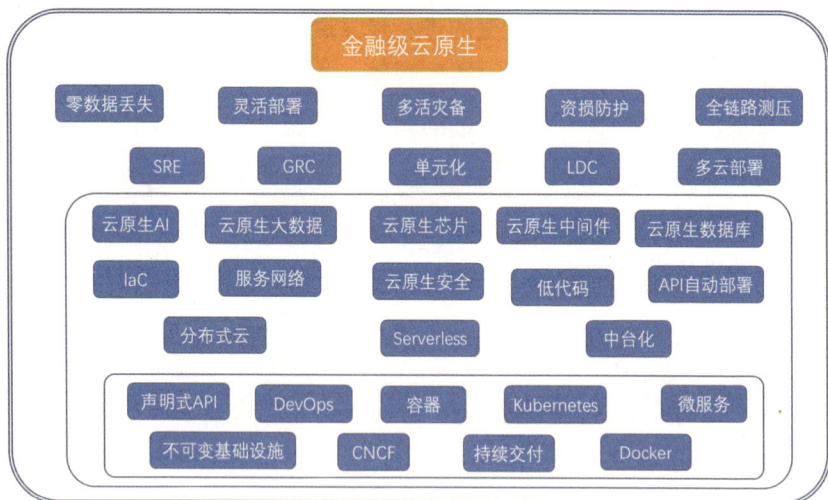

图7-1　云平台技术大图

① 金融科技50人论坛.金融业信息技术应用创新研究报告[R]，2021.

7.1.1 视频云营业厅降低网点成本

1. 金融线下门店短板

（1）运营效率低

客流量逐年走低的保险门店、证券柜台反映了这样一种趋势：金融机构的线下门店正在成为金融业的无形枷锁。以往很多金融服务都是通过这些线下门店来实现的。为了处理大部分同质且单一的服务，门店中的自助终端机逐渐成为"主力"。随着移动终端的迅速发展，线下门店已经成为各金融机构的软肋，近年来，大型银行与保险机构的线下门店效益颓势凸显，2020年银行业金融机构离柜交易量达3708.72亿笔，同比增长14.59%，离柜交易率已超90%[①]。新冠疫情的影响更使这种情况雪上加霜，众多消费金融机构都已经关闭或正在缩减线下业务。提升运营效率，保障服务质量，已经成为金融机构的迫切需求。

（2）管理层级杂，业务办理效率低

每个线下门店都需要相应的人员进行管理和运营，然而，种类繁多的分支机构意味着繁杂的管理层级，各个门店之间缺乏联动，每个门店的自主性相对较低，而总部能够获取的信息有限，很难顾及各个门店的独特需求和个人多变的需求，能够提供的敏捷服务变化较为有限。既不能统一行动，也不能各自为战，冗杂的管理层级造成了上下层信息差逐渐拉大，绩效考核难以落实，人员闲散成为常态。

（3）地点时间固定，客户体验差

线下门店固定的地点和固定的时间也限制了服务的提供。空间和时间上缺乏弹性，使得交易效率大打折扣。大部分贷款业务均不支持

---

① 中国银行业协会.2020年中国银行业服务报告[R]. 2021-3-15.

异地办理，"东奔西跑"大大降低了用户的体验。无论是B端还是C端，弹性、一体、自助化的服务始终是用户偏好的选择。

（4）线下获客成本高

传统的银行门店一般是通过额度10万元以上、期限一年以上的贷款产品收取更多息费的方式来抵销获客成本。这样一来，相比于服务更加便捷、成本更低的线上服务，线下业务对借款金额小、期限短的小微客户的吸引力就非常有限。

2. 线上服务的硬件资源困境

线上服务的营销和运营活动频繁，尤其一些创新性的活动，资源消耗不易准确预测，为保证用户的使用体验，兼顾成本和安全，需要架构和资源具备较为敏捷的扩容和缩容能力。例如，伴随着"双11"的巨大流量，运费险的业务量会达到平日的3~4倍，此时，保险机构依靠传统的服务器设备难以快速投入资源支撑骤然倍增的业务量，如果日常保持较高的资源冗余，则使用成本过高，而临时搭建新的专有硬件设备，不仅成本极高，并且立项、采购、到货、部署等周期过长。巨大的流量转瞬即逝，缺乏弹性的基础设施和传统架构限制着金融机构的业务创新和拓展。

3. 金融服务提供方式转型

数字经济快速发展，加上疫情的影响，线上生产经营和线上生活消费日益活跃，金融服务方式也随个人和企业用户的线上迁徙逐步融入生产生活场景。以保险业为例，2020年上半年，互联网保险保费收入达到1766亿元，其中人身险保费收入为1394多亿元，渗透率约为6.6%，财产险保费收入为371多亿元，渗透率达到5.1%。

同时，传统银行业正在通过金融科技改变服务方式，控制运营成本。按照网商银行的新模式，小微贷款的运营成本可以低至2.3元/笔，而传统小微贷款平均每笔的人力成本达到2000元。

4. 视频云营业厅改善金融业服务生态

要提供高品质的线上金融服务，不仅需要开发功能齐备的APP，还需要结合场景设计优质的用户体验，以及提供高可靠的计算和网络服务，保障服务顺畅安全。视频云营业厅为我们展现了成熟可靠的解决方案。

（1）AI配合音视频处理，提升能力

从效率与质量的角度来看，AI或许要比人工更加适合识别与引导用户。通过视频双录、远程身份核验等远程沟通方式，线上办理业务的流程也能达到线下办理的准确度，满足要求，从而可以快速实现银行视频柜员服务、证券开户、远程保险勘查、直播带货等线下场景转线上的服务，真正实现业务处理能力"从1到N"的提升。

（2）跨平台多端，降低成本，提升品质

视频云营业厅支持 iOS 、Android等操作系统，并支持PC、Pad、天猫精灵等终端，可实现跨平台交互，还支持 Native（原生APP）、H5（浏览器），真正实现"即需即用""拎包入住"，达到跨用户跨平台的"无缝衔接"，助力服务质量的进一步提升。

（3）部署方式灵活，网络安全稳定

云平台灵活的部署方式意味着后续灵活的服务支持。根据业务特点，可以依托公有云、行业云和专有云运行各类业务场景。例如，非资金的行情业务可运行在符合安全要求的公有云上；涉及交易的业务可根据管理规则运行在专有云或行业云上。通过网络管控（DMZ区部署），兼顾便捷接入和安全隔离的合规性要求，让云平台真正可用、实用、适用。

视频云营业厅可以实现如下功能：证券开户，基于实人认证、OCR等智能化能力，可以实现7×24小时在线开户，减轻客服座席压力，提升开户成功率；贷款面签，远程音视频方式确认客户真实身份与贷款意愿，结合银行风控数据办理在线贷款业务；对公开户，无须企业法人到达现场，使用音视频核验身份，完成对公开户流程；保险定损、退运费险、在线理赔、在线报案、风控拦截、审核决策，使得理赔效率提升50%。

利用视频云营业厅将线下服务转为线上，利于扩大营业规模。例如，交通银行使用远程银行移动应用通过提供远程屏对屏、手把手的交互式服务，辅助用户更好地办理银行高柜、低柜及移动场景业务。远程音视频金融服务的形式，具备广泛的渠道触点，扩大了银行的服务半径，提供了丰富的非接触服务场景，综合运用3A处理、对抗弱网等底层音视频技术，结合云端链路加速功能，大幅提升音视频通信质量，保证稳定性，满足用户需求。

7.1.2 互联网业务领跑在线化，智能化，生态化

1. 互联网银行发展态势

根据中国互联网金融协会发布的《2020中国互联网金融年报》，以网商银行、新网银行等为代表的互联网银行发展势头强劲，专注以数字化、技术化手段深耕普惠金融市场，持续提升服务质量。互联网银行基于数智化技术，依托生活服务场景提供金融服务。截至2021年10月，网商银行累计服务小微经营者超过4000万户，超过77%的小微贷款用户的贷款成本低于100元。

（1）传统银行寻求改变

传统商业银行的直销银行、互联网银行及独立法人形式的直销银

行等都在着力构建差异化优势，通过与政府、互联网金融机构、供应链平台等合作，打造场景化金融。

（2）风控体系有待完善

在风险控制层面，互联网银行系统相比于传统银行系统，利用的信息更加多样，基于数据的风控体系也更加完善。然而，无论是在技术层面还是业务层面，其仍难以真正全面覆盖全部的风险缺口。虽然互联网银行系统可以针对互联网业务特征进行更加细致的场景化改造，但是目前各企业间场景化的风险识别技术还不够完善统一，在数据对接与服务共享方面有一定的限制，同时与客户进行部分信息的共享也较为困难，风控体系需要进一步完善。

2. 互联网银行基于分布式架构

（1）金融级云实现全面云化

建立在架构基础上的稳定与可信是保障金融机构上云的稳固城墙。云原生体系帮助互联网银行将核心和外围系统构建在性能和安全性有限的PC服务器上，云平台为廉价的PC服务器集群编织了一套高可靠和高性能的数智化操作系统，针对金融业务特点，强化了容灾设计和安全体系设计，灵活的资源管理和隔离机制可实现多租户高效合规地复用硬件资源，不仅满足自身的安全管理和计算存储要求，也可以在隔离框架下搭建多云环境，面向部分产业组织和政务服务机构提供基础设施和专业化SaaS服务，从而以较低成本搭建起"产业生态+金融生态"互促发展的场景。

（2）双中台架构，提升创新效率，降低创新成本

金融机构业务复杂，数据量大，种类繁多，传统的烟囱式建设模式不利于软硬件资源复用，会造成人力、物力和财力的浪费。近年来，在借鉴互联网公司中台建设思路的基础上，部分大中型金融机构

逐步将有共性的业务组件和数据处理组件进行抽象，形成业务中台和数据中台。一方面，中台可以不断沉淀和完善共性服务，提高业务可靠性和完备性；另一方面，上层业务可基于公共组件快速搭建和迭代新业务模块。例如整合内外部数据能让各业务部门获得一个统一的用户视图，帮助推出各式营销活动，并及时跟踪优化市场策略，或者随业务调整需要快速生产新业务的统计数据，也可以借助数据中台的分析模型和业务系统的再加工予以快速实现。此外，中台还可以提供较为通用的配置工具，帮助非IT的业务人员开展简单的开发或配置，以便快速实现业务需求。

（3）充分降低架构的耦合性，提升敏捷性，弹性扩展

简洁的架构通过将软件分层分域，遵守契约原则，形成基于契约的可测性，即业务逻辑可以减少对TUI（Text-based User Interface，文本用户界面）、数据库，或其他外部元素的依赖，以提升测试效率。同时做到基于契约接口的元素间的可替换性，无须改变系统的其他部分就可以安全地改变控制UI（User Interface，用户界面），可以在不改变业务逻辑的情况下实现各种数据库间的切换。基于简洁架构可以助力金融机构迅速应对变化，而不至于"牵一发而动全身"，在服务的提供上更加游刃有余。

（4）快速迭代提升风控管理水平，降低风控成本

借鉴互联网思维对风控体系不断迭代升级和完善优化。在海量数据的基础上进行大数据分析并训练和应用人工智能模型需要一定的硬件基础。基于云平台可以对新的金融场景和新的风险评估提供完善的硬件基础，使硬件不再是"硬伤"，使风控的成本大大降低。

7.1.3 智慧金融布局云端协同

随着金融科技的广泛应用，金融机构的信息化和数智化水平越来越高，许多大型金融机构都有自己的服务器和信息技术部门以满足数据储存和数据处理的需求。近年来，在线服务扩张迅猛，使得金融机构对更加高效稳定安全地存储、维护和处理金融业务产生的海量敏感数据的需求愈加迫切。对一些中小型的金融机构或大型机构的分支而言，其实力相对有限，并没有自建服务器的经济和技术能力，在这种情况下，企业通常面临两种选择：将信息技术外包给专业机构，或将基础设施上传到云端。

1. 金融业信息技术外包现状

在金融云服务技术发展完善之前，信息技术外包一直是金融机构更加偏好的选择。大多数中小型金融机构持续依靠IT外包服务商来完成各类数据的储存和处理，以提升基础的业务处理能力。随着我国数智化能力水平的进一步提升，金融服务外包服务的需求也得到了进一步的释放，这为金融服务外包行业的发展创造了良好机遇。信息技术外包（ITO）市场规模不断增长扩大，截止到2018年，中国金融ITO市场规模已经达到1015亿元，如图7-2所示。

外包行业的迅速发展得益于信息技术外包的自身优势，相比于自建服务器，金融业采用ITO外包具有如下优点。

（1）使企业更多地聚焦于主业，致力于业务升级。IT服务涉及工种繁多，借助外包可帮助中小金融机构在资源有限的情况下，聚焦金融服务主业。

（2）提升IT服务质量。借助专业化的IT服务团队，可以提升交付质量，保障运维连续性，确保出现问题时及时发现和处置，同时可以加快系统上线的进度。

图7-2 中国金融ITO市场规模增长情况[①]

（3）降低成本。外包服务机构的批量采购和人员培训可以帮助金融机构降低人员和软硬件成本。通过外包合同对相关费用进行详细核算，将隐形成本显性化，可以帮助金融机构清晰准确地预估费用，更好地控制成本。

然而，金融机构采用ITO方式也必须考虑如下因素。

（1）由于内部信息系统的专业能力会流失，因此金融机构一般不会将核心业务系统进行外包，这与降低成本的初衷相违背。

（2）项目进度直观性较差。当汇报项目进展时，外包商可能会谎报进度，从而延误交付时间，降低合作的效率。

（3）失去对信息系统的控制，易形成对外包商的依赖。

（4）可能造成数据泄露。金融机构难以掌握外包商开发人员的具体水平，而部分外包商开发人员在安全方面的技能和意识较差，外包商的信息安全管理水平较低，一旦发生数据泄露，可能会对企业造成

---

① 前瞻产业研究院.2021—2026年中国大数据金融行业与投资战略规划分析报告[R].2021.

难以估量的损失。

可见，ITO并不能完全解决金融机构的信息化难题，如何兼顾降低成本与保证可控可靠安全高效，成为亟待解决的问题。

2. 金融基础设施上云

事实上，对ITO的需求也是对金融行业云基础设施上云的需求，随着外包弊端的逐步显现，金融行业云应运而生。它为新金融行业提供量身定制的云计算服务，具备低成本、高弹性、高可用、安全合规等特性，可以帮助金融客户实现从传统IT向云计算的转型。

金融基础设施上云具备如下优势：

（1）大幅减少所需资金投入，建设成本从数千万元降低到数百万元。

（2）在基础设施的维护上所需的IT人员规模锐减，有效降低管理成本。

（3）核心系统分布式架构，保证数据的连续性与稳定性。

（4）高弹性和高进程透明度，让金融机构可以实时掌握项目进度。

（5）金融机构可以掌握对信息系统的控制权限。

（6）可以在国产化趋势下，屏蔽底层硬件风险，避免因硬件不可控而造成的损失。

（7）可以满足市场变化加快而进行快速响应的需求，推动产品服务创新，应对访问量骤变的风险。

基础设施上云可以大大减轻企业的技术负担，同时也可以有效降低风险，减少企业的顾虑，真正使成本稳定可控。

可扩展性助力活动营销。在通常情况下，中小型保险公司核心系统的日均支持保单量在10万件以内，普遍是1万~3万件；大型公司大约在几十万件量级，不超过百万件。而"双11"当日处理上亿件保单，相当于一般中小型公司的千倍以上。在传统模式下，这是难以想象的速度与量级。众安保险可以像用电一样灵活增减计算资源。据介绍，众安保险核心业务系统采用的是分布式设计架构，并借鉴阿里巴巴的中间件技术，其应用、中间件、数据库均可水平扩展，理论上可以无限扩展性能，一旦实时监控到业务处理瓶颈，可以做到分钟级扩展一台新的服务器，快速投入业务处理中。

低成本促进场景细化。低廉的IT成本使得众安保险可以承接平均金额仅为0.5~0.6元的退运险保单，从而保证了在保险场景碎片化、保单金额低价化、购买频率高频化的互联网保险场景下，其能够自如设计产品商业模式。截至2015年6月30日，众安保险累计投保单数近20亿件，客户数超过2.86亿人。而根据业内人士估算，2016年全年其他保险公司的保单总数也就是20亿~30亿件，对应的IT投资则高达百亿元。

高运算能力保障动态更新。退运险这种依托于海量数据设计的险种，对大数据分析能力要求极高。通过将系统搭建在云上，众安保险可以更快地获取交易数据。同时，借助强大的大数据处理能力，完成对海量数据的实时分析，实现保单动态定价。

---

① 阿里云研究中心.数字化转型与智能创新100个案例[J/OL].2021.

3. "云、端、数"构建金融智慧基底

云作为基础的计算资源，在各端都可以提供所需的计算能力并且帮助用户实现其所需的功能。

云是数智金融的底座。其为海量数据计算和存储提供算力资源，为各类模型提供运行基础。为满足金融机构在不同时期、不同业务中的需求，云底座具有灵活的伸缩性和良好的资源隔离性，兼顾资源配置的灵活性及合规安全性。

端是触点。其帮助金融机构链接外部用户和内部经营管理，及时高效地获取丰富的数据。对于一些处理时效性要求高的场景，端设施需要具备一定加工能力。端的载体丰富多样，可以帮助各种生产生活设施实现智能化升级。

数是流动的能量。其穿梭于产业链上下游之间，以及产业组织与金融机构之间，成为金融灌溉产业和产业滋养金融的关键要素。

"云、端、数"是相互联系、相互促进的结构。其构建金融智慧基底，将金融业提供服务的硬件限制一一打破，令金融机构提供服务的能力显著提升，能够处理的业务范围也更加广阔，从而助力打通新的服务渠道，使产业发展的干涸地带一一被浇灌，使实体经济繁荣生长。

专题案例 建设银行地押云贷[①] 🔍

地押云贷是中国建设银行推出的、以大数据与云服务为技术基础的流动资金贷款产品。地押云贷以农村土地经营权为抵押物，基于农业数据信息，利用大数据技术与云平台辅助授予贷款额度，利于资金周转，助力农场主与涉农小微企业解决融资难、

---

① 金融科技产业联盟.金融科技发展专报[N].2021，8(5).

贵、慢的问题。借款人可通过各级政府农业主管部门、裕农通服务点、建设银行官网、建设银行手机APP、建设银行基层网点等多种渠道、多种途径办理业务。

7.2 智能化构造数智金融的脑聪目明

人工智能带来的智能化发展正在深刻改变着经济社会的运转，也在改变着人们的思考方式。智能物联基于人工智能技术和物联网技术，以人工智能技术为"脑"，以物联网技术为"目"，助力金融服务产业过程中服务创新和服务过程的"脑聪目明"。

图7-3展示了人工智能与物联网的技术门类，以技术为基，赋能产业金融。物联网实现从物到数的飞跃，人工智能实现从"数"到"智"的飞跃，为金融机构进一步提供切实到位的金融服务创造了条件。

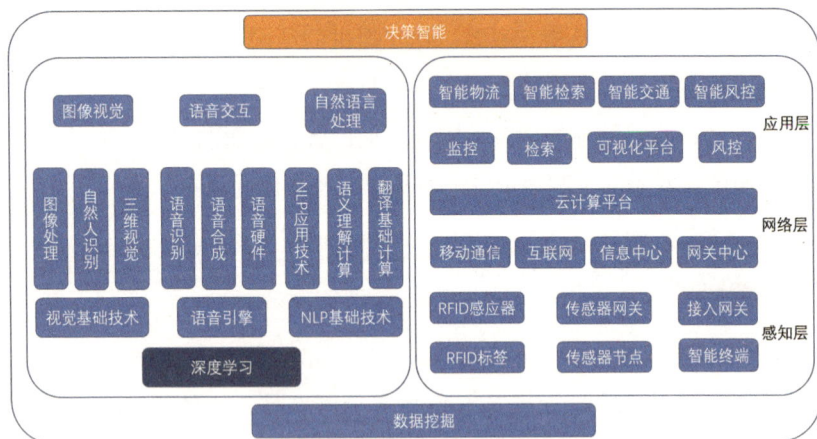

图7-3　智能物联技术大图

7.2.1 AI推进金融服务智能化

1. 人工智能技术快速演进

人工智能在过去十年由理论走向产业实践，正在逐步改造传统的行业模式，同时也在改变着大众的生活方式，其巨大的价值效用产生的巨大引力，促进着相关领域研究的不断推进。随着不断地应用、迭代与深化，未来经济社会的发展已经离不开人工智能技术，要想把握时代脉络，就有必要了解人工智能技术。

深度学习是人工智能技术的基础。深度学习的实现，首先离不开大量且有效的数据。深度学习非常依赖数据挖掘技术以获得其需要的训练数据。此外，深度学习需要借助高效的优化算法在复杂的网络中更快地找到最优的匹配模型。目前最基础的深度学习模型有三个主要的应用领域：图像视觉、语音交互和自然语言处理。

图像视觉研究的是如何让机器"看"，即代替人工执行识别、跟踪和测量等任务。图像视觉由图像处理和理解、自然人识别、视频编解码和内容分析、三维视觉等技术组成。

语音交互是让机器代替人工完成"能听、会说、懂你"的交互操作。其包含语音识别、语音合成、语音硬件等技术。

自然语言处理研究的是如何让机器分析、理解和处理自然语言，这意味着要使计算机既能理解文字的意义，也能用文字来表达意图与思想等。其包含自然语言应用、语义理解计算、翻译基础计算等技术。

人工智能的魅力在于可以应用于各种不同的领域，解决不同行业的难点、痛点，同时在与其他学科交叉的过程中，人工智能也可以得到不断进步，各方面相互促进升级，产生更多的可能性。

2. 金融业务新活力

人工智能的发展与应用为金融业务带来了新的活力。图像视觉、语音交互、自然语言处理等技术逐步沉淀到金融业务的方方面面，从智能客服到支付营销，从保险智能理赔到贷款准入，现在的各种商业场景都有人工智能技术在背后作为支撑。

利用语音交互与自然语言处理技术，借助云平台，可以实现智能客服等功能，从而有效解决传统客服中心成本高、效率低等问题。目前，在不同行业应用中提供的自助服务占比高达85%，其中多数可以完成对用户来电、文字问答的24小时实时响应。

进一步地，将人工智能技术结合具体场景，从信息、问题、意图与情感等层面去理解用户，可以实现自然的人机交互，从而将服务与用户需求准确连接，形成一站式的金融生活助理服务模式，并通过平台开放给行业合作伙伴，构建更加完善的金融服务新业态。

基于企业的知识图谱，利用运营数据与工作信息可以实现对企业的智能分析，并为管理者提供决策支持。通过构建金融知识图谱进行金融智能推理，用于研究不同金融场景中的信息网络，进而可以为营销与风控中的难题提供解决之道。

人工智能还可以与云平台、物联网、区块链和隐私保护等技术深度结合，让"智"运用于产业金融发展的各个角落。

专题案例　重庆农商行"方言银行"实现多场景智能交互

为落实国家和金融监管部门"全面推进乡村振兴""发展农村数字普惠金融""切实解决老年人应用智能技术困难"，以及实施"金融科技赋能乡村振兴示范工程"等要求，重庆农商行针对当地方言使用率高（部分地区方言比例达到80%）的特点，引入NLP（自然语言处理）、人脸识别、RPA（机器人流程自动化）等多种技术，构建起一套贯通7大平台、融合21项感知能力、覆盖银行各类交互场景的"方言银行"，切实提高了服务能力，优化了客户体验。

立项之初，重庆农商行对"方言银行"的期望是"听得懂""讲得清""答得准"和"场景全"，涉及范围广、技术多，需要打破部门竖井，统筹行内各类业务的场景需求，并行推进语音、语义、知识库三大平台建设，构建感知、认知两大引擎，推动相关应用的改造适配，并融合业务和技术团队进行多项技术攻关和模型训练，难度可想而知。

重庆农商行为推动创新，设立了金融科技中心，促进金融科技与全行业务的深度融合，新设金融创新部，统一对接各类业务和产品创新需求，统筹全行金融科技平台规划建设，理顺了横向协同创新的机制。联合专业技术团队，积极培养自身科技能力，保障项目顺利推进和实施。

"方言银行"实现了普通话和方言混合识别，全面覆盖线上线下、对外对内的服务渠道，支持方言智能导航、对话机器人、智能呼叫等9大类几十种应用场景，有效降低了金融服务门槛，扩大金融服务覆盖范围，打通普惠金融的"最后一公里"。

图7-4所示为重庆农商行"方言银行"架构。

图7-4　重庆农商行"方言银行"架构[①]

7.2.2　物联网让金融精准"看到"实物资产

1. 金融业务管理痛点

金融业务管理对于银行、保险公司等大型金融机构有着举足轻重的作用，现金物流管理、账单管理、风险管理都是金融机构运作的基础。然而，在传统模式下，在管理和实际操作过程中，人工覆盖了许多重要的环节，从而导致决策与执行产生较大的信息差，利用新型技术革新落后的流程，是金融机构进一步提升服务能力的迫切需求。

（1）物品识别数据流通慢，成本高

运钞箱、货箱等物品的信息核对识别自动化程度较低，信息精度不足。各个运钞箱、货箱的存放位置、具体状态、进一步的动向（如加钞、卸货）等信息并不能直观、精准地传递给决策者，信息滞后较多，从而会耗费更多的人力财力，增添负担。

---

① 资料来源：《重庆农商行周期律："方言银行"的建设实践》。

（2）风险预警细化程度低

从运钞箱到贷款方针制定，从器械情况到保险费率改变，都存在着大量的信息流失，而由整体数据得出的决策并不能契合所有场景，从而造成较大的风险事件。风险控制不仅要靠"算"，还要靠"看"，这是金融风险管理的新方向。数据多"跑路"，企业才会少"跑路"，机构才能少"出血"。

2. 物联网解决金融业务管理难题

金融业务管理难题的本质在于如何将实物资产真正转化为数智资产。要真正解决这一难题则需要两步大的飞跃，第一步是从实物到数据的飞跃，第二步是从数据到可信数据的飞跃。智能物联通过技术手段大大降低了第一步飞跃的成本，使得后续的操作成为可能。

通过在实物资产上加载电子设备等，帮助相关人员快速确定资产的状态，准确识别资产类型，推动差异化、场景化的服务。相比于人力盘点，物联网的优势在于其不仅可以大大降低成本，也可以收集多个维度的信息，从而可以在此基础上对各类数据进行整合分析。结合大数据、人工智能技术，可以真正对物品进行各个维度的量化，不仅能看到人能看到的，还可以看到人未曾注意到的。有了全面客观的数据，产业组织进一步进行融资或决策就变得"有迹可循"，数据成为产业组织决策的"底气"。

专题案例　太保产险风险监控[①]　🔍

如何解决保险公司和企业之间的信息不对称难题？太保产险苏州分公司通过对物联网金融的探索，得出了将传感器、射频

---

① 孙佳桦.互联网金融理论与应用 物联网金融苏州模式初成[N].中国江苏网，2020-12-03.

识别等在险企双方进行对接的解决方案。基于物联网技术打造的智能风控项目，不仅能够方便保险公司提供服务，也能助力企业实实在在地降低风险。投保人苏州迅利纺织公司向承保单位反映了消防水箱的漏水问题，苏州太保的智能风控项目就体现出其优势，通过物联网工程师和风险查勘师为企业安装的消防水箱液位传感器等传感设备，太保产险苏州分公司不仅很快找到了漏水原因，还排查出消防系统存在的严重隐患。

通过智能物联，保险公司可以实时掌握企业的关键信息，如消防水箱液位、消火栓系统压力、喷淋系统压力等数据，企业也能在相应终端收到预警信息，及时处理安全隐患，从而减少或杜绝事故发生，同时还能降低来年的保费费率。

7.2.3　智能物联网实现全链路透明可信

1. 痛点分析

产品是企业价值的载体，在以往的生产模式下，供应链上下游的企业进行合作，其成品反馈难以真正落实到各个单位，各方对产生的责任后果互相"踢皮球"的情况时有发生。这就成为合作的隐形成本，"多一事不如少一事"，许多合作机会都在顾虑中流失了。企业与金融机构之间亦是如此，金融机构担心企业是否能维持高质量的产品生产，但无法得知具体信息，无法提升金融产品服务的风险定价能力，双方也难以达成一致，这样的信息隔阂成为阻碍企业进行融资的厚重壁垒。

2. 全链路数据监控提升融资效率

（1）全链路业务数据打通，全局优化

通过智能物联提升质量监管的深度和广度，可以实现产品质量监管的网络化、实时化，从而降低监管成本，提高监管效率，使柔性监管切实深入到产品质量生命周期的各阶段，引导企业从制造转变为"智"造，从而做大做强。通过物联网持续性的安全监测和防护，缩短"事件发生—监测异常—响应和处置"的周期，从而及时遏制风险的扩散，控制风险事件对物联网安全的影响。在销售、预测、排产、仓储、物流和布局等各环节实现优化、降本增效。

（2）实时检测，打破信息隔阂，助力融资

以产品生产为切入点，以产品贯标系统各阶段的可信数据为依托，提升客户对产品质量的认可，凸显企业产品和品牌优势，吸引品牌商和消费者流量，进而提高企业的还款能力和还款意愿。基于物联网设备采集的实时数据，不仅产业组织可以优化产品设计、智慧排产，金融机构也可以了解产业组织的经营情况，评估还款能力和意愿，及时调整金融服务产品和服务策略。例如，中国农业银行苏州分行通过"物联网监测平台"，在企业生产设备和车间中安装了传感器，全天候记录各种生产经营信息，当企业需要融资时，银行可以根据传感器提供的每日开工时间和用电量两个维度的数据来分析企业运营情况，从而迅速以信用方式向企业发放贷款。

7.3 区块链夯实数智金融的可信安全

信任关系是经济发展的重要基石，信任机制的革新对经济、科技及文化的带动作用是难以估量的。通过区块链可以构建出新型的信任关系，使得小企业、新企业都可以与银行建立更加稳固的信任关系，实现"各取所需"而非"一家独大"。

图7-5展现了区块链的相关技术，通过区块链构建的信任网络，可以使资金不仅仅流向"好田"与"大田"，也可以流向"旱田"与"肥田"。基于公式机制和数据加密签名，区块链可以保证一定程度上的可信安全，稳固夯实数智金融的底座。

图7-5 区块链技术大图

7.3.1 区块链数字仓单解决权属确认

数字仓单的产生解决了当前供应链发展的部分问题，然而，仅仅将仓单数字化却难以解决诸如难确权、难融资等问题，这些问题要进一步解决，就离不开信用机制的进步。从这一点来看，区块链与数字仓单的结合并非无本之木。

1. 数字仓单痛点分析

（1）权属不明确，确权困难

仓单质押会涉及诸多主体和流程，金融机构如开展审核，需要的成本和操作难度较高，在一定程度上给违规行为创造了机会，容易滋生虚开仓单、虚假交易等行为。因此大多数金融机构会对仓单质押较为敏感，降低了企业的融资效率。如何解决银行与仓储企业、小微企业的信任危机，是数字仓单发展亟待解决的问题。

（2）各方对货权理解和风控要求不一

企业和金融机构对货物权利的要求和对风控的要求不同。一些对企业而言确定的货物所有权和票据，在金融机构看来都需要进一步核对与确认。而对于风险管控的要求，金融机构则更加严厉苛刻。这样的分歧会进一步导致有形或无形交易成本的增加。为满足条件，许多中小型企业要配合金融机构进行核对审查，耗时耗财耗力，而许多企业会有顾虑从而选择不进行融资，降低了社会效益。

2. 区块链赋能数字仓单

（1）锚定实物资产，避免失真

基于区块链技术的点对点交互、不可篡改等特性，"区块链仓单"的诞生可以打造基于联盟链的金融级标准化资产。通过"区块链仓单"可以打通底层，将实物资产锚定为可信数字资产，将传统的实物商品流通的现货转化为具备良好流动性的优质安全的短期资产。这样一来，银行和金融机构可以更好地进行贷款风控评估，从而帮助企业特别是传统信贷模式下难以融资的中小企业和贸易商解决资金链的后顾之忧。

（2）一站式智能控货监管

将区块链与物联网、人工智能等新兴技术结合，进而将仓单与实物资产锚定，创造信任机制，构建可信数据和价值流转的基础设施，从而消除仓单质押融资过程中的各种弊端。

（3）全程可追溯，风险可评估

通过区块链共识机制构建多方的信任合作，将保险公司、银行、商户、生产厂商等进行连接，将区块链、物联网、人工智能识别技术应用于数字仓单的具体场景，从而赋能交收、交易与仓储物流等环节，打通信息系统隔阂，实现商品全生命周期的信息可视化与可追溯。基于信息共享，建立相应的平台，为企业资金链周转带来保障，化解中小企业融资难贵慢的问题。利用市场机制,基于新技术应用带来的共享信息,为实体产业组织带来标准化的资金应急"急救站",帮助整条产业链中的上下游企业降本避险。

专题案例 仓单联盟助力稳定发展[①] 🔍

2020年1月9日,蚂蚁区块链与前海联合交易中心(QME)在深圳共同启动区块链仓单联盟建设,通过蚂蚁金服的区块链技术,联合产业合作各方建立统一的管理标准及技术标准,打造以"区块链仓单"为载体的可信资产体系。QME将牵头生产企业、加工企业、贸易企业、终端消费企业、仓库、物流企业、保险公司和银行金融机构等,与蚂蚁区块链等合作伙伴共同构建区块链联盟。交易所是市场基础设施天然的提供者,可依托区块链技术,推动传统基于主体信用的中心化体系转型升级为产业链企业、仓库、贸易商、银行、保险公司共建共治的去中心信用体系,打造金融级的标准化资产,有效破解企业融资难题,切实服务实体经济高质量发展。资产的标准化也将能从商业上真正撬动资产的数字化和通证化,为中国未来的数字货币提供实体产业基础支撑的底层锚定资产。

7.3.2　数字商品协作网络增强便利性

对于中小型企业来说,要想获得金融机构的服务要付出不小的成本。金融服务接入企业的生产运作需要翻越多座大山,需要解决的问题包括:各自的业务数据系统不一、商品的认可度和流动性多变,以及难以保证信息不被篡改等。一旦将这些障壁打破,涌入的资金无疑又可以推动企业的进一步发展创新。区块链使其成为可能。

[①]　蚂蚁区块链.蚂蚁区块链落地场景与客户案例精选[J/OL].2019:22-23.

1. 痛点分析

（1）流通商品信息确认难度大

线上渠道目前已经成为企业重要的销售渠道之一。在传统商品"生产—销售—物流—消费者"的供应链中，不法商贩利用各个环节中的漏洞和信息不对称，制造假冒伪劣商品，以次充好，给消费者和品牌商都带来极大危害。从行业角度来看，在供应链不同环节的主体之间，大量的交互和协作必不可少，不透明、不流畅的信息导致链条上的各参与主体难以准确了解正在发生事项的具体状况及存在的问题，供应链的效率大打折扣。如何获取流通商品的真实评价，如何通过这些信息进一步融资？是企业急需解决的难题。

（2）信息篡改风险高，形成交易"怪圈"

近几年来，"萝卜章""假合同"现象逐渐形成供应链金融的"怪圈"：银行等金融机构因风险识别困难而不敢放款，直接导致信用传导和风险评估通常只到核心企业的直接上下游，难以继续向两端延伸。而另一边的广大中小企业却因为资金短缺嗷嗷待哺，通过对其核心企业担保增信，这些中小企业才有可能获得银行的贷款，虽然担保公司一般收取一定比例担保费，但企业一旦出现坏账，担保公司就要100%赔付银行损失。对于中小担保公司而言，如何防范上下游之间的"萝卜章""假合同"，一直是悬而未解的老难题。

2. 全程跟踪，助力协作

（1）商品信息全程跟踪，可实时查看

商品的相关信息，包括物流、仓储、生产、质检等信息都由对应机构作为链上节点分别录入，买家可在链上及时跟踪，信息可靠，不可篡改，全程可追溯。

（2）跨链技术利于数据接入，便于获得金融支持

跨链数据连接服务（Open Data Access Trusted Service，ODATS）通过制定标准化的区块链UDAG全栈跨链协议，保证跨链交易的安全性、可扩展性及可靠性，从而打破区块链"数据孤岛"，实现同构及异构链之间的可信互通，助力企业与金融机构之间的可信协作，降低金融服务成本，帮助企业获取金融支持。

7.3.3 区块链溯源助力供应链金融协同合作

1. 痛点分析

不同企业面对的场景复杂，合作难度较大。供应链上下游企业面对的服务场景都有所不同，而中小型企业的业务系统又相对封闭而且差异化较大，无论是相互合作还是与金融机构接入服务，进行技术实现都需要一定的成本。迅速建立坚实可信关系，成为企业急需实现的能力。

2. 以链助链，增益提效

（1）解决溯源信息的真实性问题，提升合作效率

当为物流行业的小微企业提供金融服务时，风控问题一直阻碍着金融机构的审核与放款。基于区块链技术，无论是物流网点还是整车运输，相关小微企业都可以将以往不确定的应收账款账期变为固定日期，并且得到担保增信，有利于其提高资金使用效率；区块链的可信存证也可以更好地帮助金融机构监管授信资金的实际去向，有效防控资金被挪用的风险。

（2）基于扫码数据进行客群洞察，完善合作生态

在新产品溯源试点的过程中，商品经过了"一物一码"的标识，与此同时，全过程流转信息也被写入区块链。区块链上的信息不能随意篡改，商品从生产到运输再到最后销售，每一个环节的信息都被记

录在区块链上，可以确保商品的唯一性。造假商品很难具备合乎特定规则的商品标识。蚂蚁区块链与山东省粮食和物资储备局合作，利用区块链不可篡改的特性，借助准入机制和产量控制的方法，从源头上保证农产品的真实性，让生产商没有机会造假。打通供应链各环节"信息孤岛"，信息实时同步，不可篡改，既能提高协同的效率，又能防止中间环节出现调包或假冒的情况。此外，为了方便消费者进行溯源验证，蚂蚁区块链提供支付宝入口，消费者通过支付宝的扫一扫功能，可以实现商品的快速溯源验证。完整的链条带来的是良性的合作生态，进而体现于企业能力的增长。

（3）溯源营销方案，适用于全领域溯源场景

区块链BaaS平台（Blockchain as a Service，区块链即服务）可以链接供应链平台及生产环节中各生产厂商、经销商、物流以及不同金融机构、金融监管部门和各级政府，将商流、信息流、物流、资金流、人才流五流合一，实现可信数据同步。同时，将物流与供应链金融的特点融合，结合BaaS平台、物联网、风控、溯源、安全认证等能力，共同构建面向中小规模经销商的普惠金融服务。将各方信息在保护隐私的前提下充分共享，并实现数据可信与实时同步，聚合跨平台、安全合规、全程溯源、智能认证等能力，从而构建起致力于服务中小型产业组织的普惠金融。

专题案例 天猫国际信任共享提升共识[①] 🔍

蚂蚁区块链商品溯源解决方案通过防伪标签对商品进行唯一标识，将商品的原材料准备过程、生产过程、流通过程、营销过程等信息，由各对应主体进行数字签名并附上时间戳写入区

① 蚂蚁区块链.蚂蚁区块链落地场景与客户案例精选[J/OL].2019：27-28.

块链，一旦写入区块链即不可篡改。消费者或者监管部门可以从区块链上查阅和验证商品流转的全过程信息，从而实现精细到一物一码的全流程正品追溯。借助区块链技术，实现品牌商、渠道商、零售商、消费者、监管部门等供应链各环节的信任共享，可以全面提升品牌、效率、体验、监管和供应链整体收益。

7.4 数据安全与隐私保护技术保障数据融合

7.4.1 数据安全与隐私保护急需科技支持

1. 用户隐私外泄，引起公众警惕

在大数据时代，数据安全往往与企业的生存息息相关，特别是在金融科技领域，数据是金融机构的核心资产。数据的收集、合并、计算和分析覆盖了用户的消费模式、融资习惯、银行消费数据等方面。大量而详细的数据是金融机构的财富，也是国家的宝贵资源，但同时也意味着这对黑客来说有巨大的价值。黑客会长期渗透和破坏金融数据，一旦黑客攻击成功，金融机构可能会遭受重大损失，而国民安全也将陷于巨大的危机中。

遍观全球金融科技领域，数据泄露的事件屡屡发生。2021年1月，巴西一个数据库发生了一起重大数据泄露事件，数百万人的CPF号码（Cadastro de Pessoa Física，即"个人税务登记号"，是巴西纳税人的凭证）及其他机密信息遭到泄露，包含1.04亿辆汽车和约4000万家公司的详细信息，受影响的人员数量约2.2亿人。2021年9月4日，一个勒索软件团伙将太平洋城市银行添加到其泄密网站中，并要挟该银行进行谈判，严重影响了该银行的正常经营。因此，各国纷纷将数据安全与保护列入国家战略，并加快立法和技术保障体系建设。

2. 数据密集产业仍面临数据短板

金融行业已经在多年的发展中积累了大量的各类数据，以银行业

务为例，由于针对高净值人群、大型企业客户的传统银行服务已趋于饱和，当前各银行均需面对同质化竞争，急需向长尾客群拓展，以往的线下物理网点渠道不足以覆盖更广大的个人和企业客户，因此需要向融合数智终端与线上的场景转型。生产生活相关的数据成为最具有价值潜力的数据。

但在实际业务应用过程中，数据获取和处理并不容易：一是数据生产的问题，各产业数智化程度差异较大，尤其中小微企业的人力物力有限，难以凭借自身形成及时、丰富的数据；二是数据渠道的问题，数据保护相关要求逐步趋严，原本合作的数据采购渠道需要逐步断直连，转而由有征信资质的企业提供，这些征信机构要采集全国上亿家中小微企业数据，需要一定周期；三是数据标准的问题，在与产业服务平台合作过程中，产业平台可以沉淀一些小微企业数据，但生产销售协同的数据与金融风控所需的数据粒度不同，仍需双方逐步磨合；四是数据保护能力的问题，金融机构的数据开发、建模分析、运营、安全等专业人才不足，有些机构建立了数据平台或者中台，但没有相关的人才和流程支撑，往往造成数据平台和数据中台难以发挥价值。同时，数据加密计算的产品仍在逐步成熟过程中，目前的应用案例大多以共创和联合设计内在功能为主，其产品完备性，以及软件处理性能、稳定性和易用性等方面还有待提升。

7.4.2 数据安全技术助力智慧风控

1. 建立安全防范化解体系

当前，金融服务渠道在数智技术的推动下正在加速脱离实体媒介，金融消费者通过非接触式服务方式获取便捷多样的金融产品已经成为常态，这导致用户资金和敏感信息更多地暴露在网络虚拟空间之中，使消费者成为电信欺诈、网络攻击的直接对象，网络安全潜在的风险和危害性进一步扩大。

随着金融服务的提供渠道由线下逐步转为线上，金融机构获取的客户信息也更加多样化。这些数据如果使用不当，极易造成隐私泄露，甚至引发安全问题。无论对于个人、产业组织还是金融机构，数据安全引发的问题都不容小觑。

我国关于隐私保护和信息安全的相关法律在不断完善，《中华人民共和国信息安全法》《中华人民共和国个人信息保护法》对数据的收集、利用和传播定下了规范。金融机构进行信息搜集和运用需要更加规范，对用户数据安全的保护也需要进一步加强。

要合规、高效地利用数据，就需要建立完善的安全防范化解体系，构建多元化的数据共享机制，在符合标准的前提下提升数据运用效率，做好数据确权。要做到这些，首先就要在技术上进行改进，在加密机制、去标识化等"老办法"的基础上，增添联邦学习、多方安全计算等"新动力"。

2. 运用机器学习提升对风险数据的识别与处理能力

随着现代社会的进步与发展，人类进入大数据时代，随之而来的机器学习算法得到社会的广泛关注和应用。通过神经网络、支持向量机、PCA和K-mean等机器学习算法可以对收集到的样本数据集进行预处理，进而根据数据特征将数据集分为若干个聚类，经过训练分类，预测出数据集所归属的类别，评估预测结果的准确性，进而研究算法的优劣点。

数据分析技术的不断发展使得组织能够让现有的高频率和复杂的流程自动化，机器人通过系统捕捉和阐释数据，触发响应并与其他系统通信，从而大大提高数据处理效率。

信息尽职调查应当从企业的业务信息化、运营数据化、技术稳定性及交易真实性等多维度进行综合评判。通过对平台数据进行分析，来判断其活跃用户的数量和群体，可以更好地衡量目标企业的价值。与此同时，良好的信息尽职调查也可以检测出目标企业的数据是否存在舞弊行为，从而更好地评估投资风险。

例如，在一般的并购尽职调查中，采取应用系统的审阅、关键业务指标的验证及交易风险的检测，帮助投资方了解目标企业在信息系统层面的现状和风险。对于应用系统审阅，主要借助系统访谈、文档审阅及穿行测试来验证目标企业的产品、算法、系统、数据、决策的逻辑及流程与目标企业的战略或者概述是否一致。与此同时，数据分析前的数据获取难易度也可以作为衡量目标企业的数据可视化程度的标准。

3. 数据资产管理平台实现数据安全、高效、规范

数据资产管理平台是面向企业的数据库DevOps解决方案，旨在帮助企业安全、高效地使用数据库，为企业核心数据提供更安全的访问管控和操作记录查询审计。

数据资产管理平台可以实现统一人员访问入口、字段级别权限管控、数据访问安全管控，使得研发效率提升，数据变得更安全。在该平台的帮助下，企业可以提升效率，节省DBA人力和沟通成本，使得数据自备份及变更可溯源。

7.4.3　隐私保护增进数据合规共享

1. 数据分类和脱敏，高效处理数据

在云上环境中，时时刻刻都会有海量数据的产生。而在对这些数据进行处理和保护之前，如何从海量数据中发现并分类出各种需要被保护的敏感数据，是后续数据保护机制能够有效运作的前提条件。数据分类的第一步是对数据中的敏感信息，如个人验证信息，进行发现和检测，第二步是针对数据中的敏感信息，根据用户的使用场景、

合规需求和安全要求，对数据进行分类分级，从而起到针对性保护的作用。

在发现和分类敏感数据后，为保护数据隐私，用户往往需要根据不同的业务场景对相关敏感数据进行脱敏后再使用。例如，在不改变数据结构和特征分布的情况下，对生产数据进行脱敏，并用于测试、开发、分析和三方数据交换等场景中。目前的敏感数据保护产品可以提供Hash、加密、遮盖、替换、洗牌、变换等六大类近30种内置脱敏算法并同时支持客户自定义脱敏算法或者自定义脱敏参数，确保脱敏后的数据无须改变相应的业务系统逻辑，保留原有数据特征和分布，确保数据的有效性和可用性。用户可以低成本、高效率、安全地使用脱敏数据完成业务工作。

2. 多方安全计算与区块链实现数据隐私保护

多方安全计算技术的出发点，是解决不同参与方之间进行协同计算时产生的隐私保护问题和信任问题。其结合安全加密技术、区块链技术、人工智能技术，为数据协作、数据运用以及隐私保护带来了可行的解决方案，为技术应用的进一步发展提供了保障。

多方安全计算能够兼顾数据的隐私性和计算结果的准确性，并且在构建数据合作关系的过程中并不需要可信第三方。通过将数据的使用权与所有权分离，为隐私安全构筑坚实的基础保障。

专题案例 蚂蚁链摩斯多方安全计算平台 🔍

如图7-6所示，蚂蚁链摩斯多方安全计算平台是一个大规模的多方安全计算商用平台，基于多方安全计算、隐私保护、区块链等技术，实现了数据的可用不可见，致力于解决企业数据协同计算过程中的数据安全和隐私保护问题，助力机构安全高效地完成联合风控、联合营销等跨机构数据合作任务，驱动业务增长。

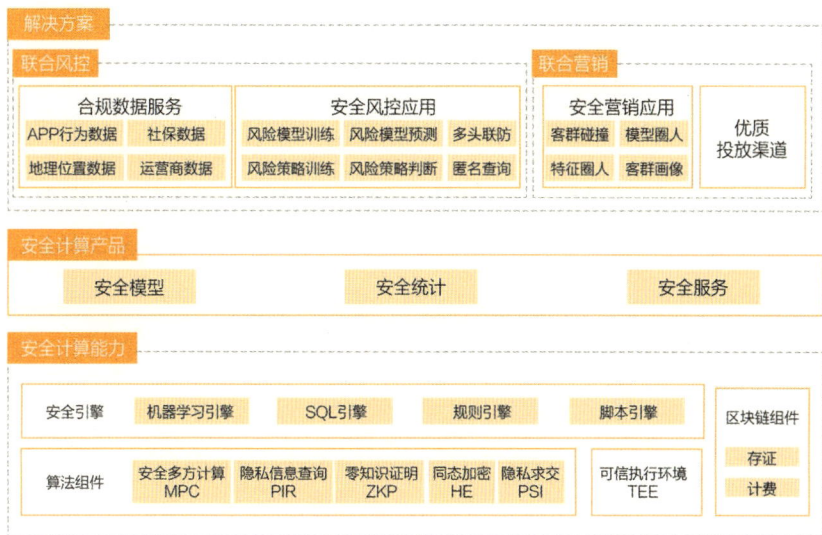

图7-6　蚂蚁链摩斯多方安全计算平台一览

在传统联合营销模式中，往往需要将双方的数据集中到一个安全实验室中进行标签融合，模型训练，常面临数据泄露等挑战。如何保障各方在数据不出库的情况下进行多方联合营销，成为各个企业迫切需要解决的问题。摩斯多方安全计算平台创新的分布式架构部署和建模，具有安全匹配、安全统计、安全模型等功能，可以帮助参与联合营销的各机构的原始和明细数据在不出库的前提下进行跨域数据驱动精准营销，同时保障机构数据安全与个人隐私。

金融、电信、汽车等行业机构基于摩斯多方安全计算平台，能够安全高效地与第三方数据机构进行数据合作，低成本建立客群画像、预测模型，精准定位目标客群，并通过优质媒体投放提升业务转化率。

富民银行利用摩斯多方安全计算平台，和合作方实现了多方联合风控，在保证数据安全的同时，实现模型预测效能提升25%，有效降低业务风险和不良资产率。

【本章小结】

云平台、人工智能、物联网、区块链、隐私保护等技术的发展应用为解决产业金融存在的问题带来了可行方案，各种技术交互配合，更促进产业金融进一步突破了发展瓶颈，本章主要介绍如下内容。

（1）以云平台为基础的视频云营业厅、互联网银行、金融行业云可以为金融机构提供金融服务、发展金融业务、提升硬件基础能力等方面注入新动力。

（2）智能物联为金融机构业务管理带来了一体化的解决方案，同时也可以通过企业产品的全生命周期监管，助力企业进行融资发展。

（3）区块链可以促成数据可信交互，通过构建信任关系，大大降低数字仓单、商品协作、供应链金融的发展阻力，助力协作共赢。

（4）数据安全与隐私保护技术加固了数据分析与数据协作的根基，从而助推企业整体效益的提升。

各项技术不是孤立的、脱离实际的，而是协同的、服务于实际的，新兴技术的持续演进和应用落地将成为产业金融发展源源不断的推动力，从而为实体经济的发展提供巨大的推力。

第8章
治理体系护航金融合规创新

在数智科技为金融业发展积蓄新动能的同时也对金融业配套机制和能力提出了新要求，金融数智化转型过程中，各机构在科技能力、人才队伍、体制机制等方面距离创新发展要求尚有一定差距，在防范信用风险、道德风险、流动性风险、操作风险等方面面临新的挑战。相应地，与数智金融发展相适应的监管体系、治理体系、人才培养体系等同样亟待进一步健全。

《金融科技发展规划（2022—2025年）》强调夯实基础，加强金融科技审慎监管的新要求。明确将健全金融科技治理体系作为总体目标之一，完善科技治理架构，持续提升监管科技应用水平和数字化监管能力，强化对金融科技创新监管，完善与金融数字化转型相适应的法律、标准、人才体系。

8.1 数智监管看清风险助力创新

近年来，区块链、云计算、大数据、物联网等数智科技支持金融创新快速发展，既为金融服务实体经济的蓬勃发展注入了新的活力，又为各级政府和金融监管部门防范系统性风险带来了新的挑战，比如新的业务模式背后是怎样的产品服务组合，风险如何评估控制，新的服务方式是否造成数字鸿沟，新的技术架构是否满足金融级业务连续性和安全性要求，新的技术体系如何更好地实现普惠、绿色和公平发展。

单纯依靠传统的手段往往难以清晰地看到各种创新和风险，监管也积极借助数智科技构建适应数字经济发展创新的新体系，数智化将成为金融监管的千里眼和顺风耳，让监管数据可共享、问题可监测、过程可溯源。

8.1.1　强化数智基础设施构建立体化监管体系

数据作为一种新兴生产要素，已成为推动我国金融业高质量发展的强效动能，贯穿金融体系运行的各个阶段。在海量数据与科技产品的结合下，金融的数智化发展显著拓展了金融服务领域，推动金融服务逐步扩展至线上进行，改善了金融行业的综合服务能力、产品创新能力与风控能力，使普惠金融成为可能，也为我国实现智慧监管奠定了坚实的数据基础。数智基础设施是开展智慧监管最有力的抓手。从二十世纪八九十年代起，各类数智基础设施逐步建设起来，并随着技术发展不断升级迭代。以跨行支付清算体系为例，就经历从电子联行到融合大额支付、小额支付、支票影像、网上跨行支付等于一体的现代支付体系，从资金清算到银行卡、商业汇票、外币支付等多种服务，从集中的体系衍生出更为细分的面向城市商业银行、农村信用社、第三方支付机构的清结算体系，其功能、性能不断提升，业务种类和服务范围等不断扩展。

基于不断强大的支付清算体系，监管部门可以看到数千家银行跨行的资金流向、交易频度、交易金额等变化情况，进而可以判断金融系统和社会经济各领域的运行情况，未来，随着金融基础设施的逐步贯通，将有望实现兼顾宏观、中观和微观等多层面的智慧监管，既能掌握全局形势，也能预判风险隐患。

（1）数智科技助力传统基础设施提升服务能力

各金融基础设施积极引入云计算、大数据等技术，不断升级迭代，提升业务处理效能。比如数智科技支持统计系统显著缩短了四千多家金融机构数据汇聚处理的周期，降低了金融机构和监管机构的工作复杂度；新一代技术支持的反洗钱系统能够更为高效地进行模型分析，更精准地识别不断变化的洗钱行为；各类交易场所能够平稳承载更大的业务量，并依托海量数据向机构和个人用户提供更丰富的数据产品与服务。提质增效的过程中，海量数据持续积累，可以帮助监管部门更全面地掌握金融市场运行情况，预判和及时定位问题，有针对性地进行政策指导。

（2）数智科技推动基础设施与时俱进

随着数智科技的发展，原有基础设施持续创新服务，新兴的基础设施不断涌现。比如上海票据交易所处理建设供应链票据平台，使票据与供应链企业之间的交易往来更加紧密耦合、信息透明度更高、信用和风险识别机制更加清晰；证券业交易所依托云平台，面向中小金融机构提供灾备环境服务，有效降低金融合规成本，提升行业整体业务连续性和安全可靠性。数字货币的发行管理体系拔地而起，给货币发行和民生服务提供新渠道，为实现货币政策精准投放和逆周期调节提供可能性。

> **专题案例**　深交所支撑智能监管[①]　🔍

深圳股票交易所上市公司两千余家，每年需要处理上市公司

[①]　喻华丽,陈明忠,许明峰,任雅萍.深交所：以企业画像辅助智能监管[J].当代金融家,2021(07).

公告文件超过30万份[①]，向上市公司发出各类监管函件5000余份，相对于处理量，监管队伍的处理能力有限，迫切需要借助科技监管提高监管效率，降低监管成本。

自2016年启动企业画像系统，以深交所多年累积的公司监管数据资料为基础，包括企业的信息披露、治理能力、营运能力、盈利能力和偿债能力等综合信息，引入自然语言处理、数据挖掘、机器学习等技术，对数据进行自动运算、分类，形成能够识别40余项财务和非财务风险的标签体系，能够帮助监管人员快速把握各类企业特征和潜在风险，显著提升了线索发现和分析预警能力。

8.1.2 多方联动形成风险管控一盘棋

随着金融形态不断创新，金融风险也越来越复杂，防范系统性风险迫切要求各方的协同。在国务院金融稳定发展委员会的统筹下，中央监管部门和地方监管部门分工协作，逐步完善全方位的监管体系。数智科技的力量恰可以促进监管部门之间的联通和协作，包括政策的协同、组织的协同和数据的交换共享等。

第一，数智化支持中央部门协同监管。包括金融监管部门之间的协同，以及与其他领域的协同。比如在金融业综合统计的框架下，一行两会构建长效的数据共享机制，高效共享银行及证券与保险公司的运行数据，提高了对交叉性金融活动、系统重要性金融机构和金融控股公司等关键领域的统计监测能力；同时，金融监管部门积极构建与公安、海关、工商、社保、税务等主管部门的数据共享通道，形成金融机构与各领域实现数据共享高速路，有效提升了风控、反欺诈等各领域的技术保障能力。

第二，数智化助力央地监管协同。以广东省为例，该省是全国最

---

① 参见深交所副总经理李鸣钟在"2019中国上市公司论坛"上的讲话。

早一批设立省级地方金融工作部门的省，积极落实防范系统性风险的要求，着力构建央地协同的多层次监管框架体系[①]，包括制度体系和组织职责的协同，以及专项工作和专班的协同，其中智能化的防控体系发挥了基础支撑作用。比如建设金融风险防控平台，实现"主动发现—精准预警—深度分析—协同处置—持续监测"的全链条防控机制和闭环管理，做到"有风险早发现，发现风险及时提示和处置"。中央和地方联合发起设立全国首个省级金融广告监测平台——广东省金融广告监测中心，对全媒体金融类广告进行7×24小时持续监测，降低金融诈骗等风险，落实金融消费者保护相关要求。此外，还建设了非法集资监测平台、中小企业融资服务平台等，为整治违规行为、防范化解风险提供了重要支撑。

专题案例　"互联网+监管"系统有力促进中央与地方的双向配合

　　中央层面，国家"互联网+监管"系统是国家政务服务平台在推行"互联网+政务服务"后的另一项重大工程。该项工程基于阿里云构建基础设施，构建大数据平台、实现跨部门数据共享和综合利用，具备风险预警、监管效能评估、信用评估等能力，对金融业构建全方位监管体系具有借鉴意义。地方层面，天津市利用城市大脑计算平台和风控模型，搭建监管事项目录管理、协同监管调度、监管风险预警等系统，形成标准化、规范化的安全防护体系，与国家监管平台系统、部门监管系统等对接，实现纵向贯通省、市、县、乡的智慧监管网络。

　　总体来看，"互联网+监管"系统包括监管风险预测、监管效能监督评价、监管事项目录管理、协同监管调度四大核心功能，如图8-1所示。该系统通过运用大数据技术对感知数据进行汇集、

[①]　何晓军. 央地协同控制金融风险的广东实践[J]. 中国金融，2020.18.

合并、洞察、模仿，为风险的识别处理提供数据化视图，对各类监管、执法信息进行详细归集，既能实现对社会投诉举报信息、第三方数据（信用数据等）、互联网舆情数据等的实时接入，又能将监管信息归档，实现监管的可视化、可跟踪、可追溯；并对监管事项进行汇聚审核、统计分析、分类查询，从而为专项协同监管任务（专项任务、联合执法、联合惩戒）提供全链条数据网，有效破解了监管的封闭化与孤立化，实现各级政府在监管上的多方联动配合。

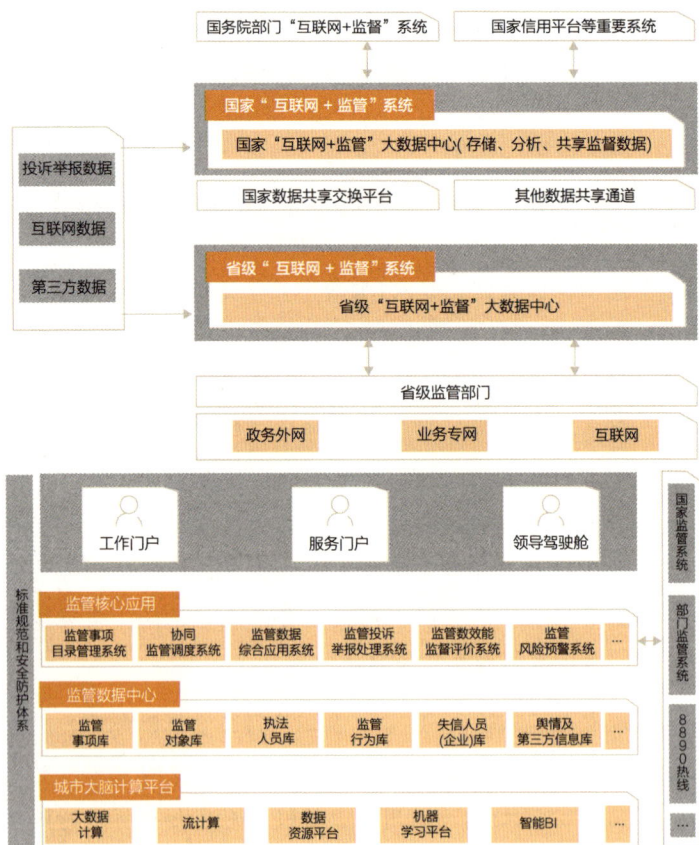

图8-1 "互联网+监管"系统方案架构

8.1.3　数智化助力金融监管创新

引入科技强化监管能力是全球各国金融监管部门共同的行动。国际清算银行将监管部门使用新技术来为监管提供支持的过程称为"监管科技"，具体方式包括数据采集分析、监管报告、风险管控等。

在风险防范治理方面，区块链技术是一件重要"法宝"。由于区块链拥有难以篡改、可追溯等特性，其可以承担起多方协作网络中新型信任机制创造器的角色，因而在金融、监管方面展现出较为清晰的应用路径与广阔的发展前景。利用区块链技术所特有的不可篡改、不可抵赖、易追溯等特点，可打造不可更改、长期有效的证据信息链，实现线索发现、追踪溯源与精确打击的"升维"，对资金来源、资金流转、资金用途等层面进行全面探查。

以区块链技术为底层基础架构，利用成熟的工作流引擎、账密系统、OCR 等人工智能技术，监管部门可以将投资资金流转过程中的审批流、资金流、信息流进行全面存证和管理，通过可信资金监管平台将资金流转全生命周期中涉及的各个参与方组成闭环网络，助力金融监管机构实现端到端的全链路资金监管，横向覆盖资金流转事前、事中、事后三大流程，围绕着资金的事前信息共识、事中资金划拨、事后效果管理这三个核心阶段的信息上链；纵向覆盖审批流、资金流、信息流三类监管，将审批流、资金流、信息流合为一体，进行全方位、精准化、可追溯、防篡改的数智化、在线化管理，实现资金拨付和报销相关的材料审核验证。为监管机构提供资金使用中的流转情况和使用后的效果情况的数智化全视图，运用上链信息可追溯、可审计、防篡改、防抵赖的特性，可快速定位问题根源，实现全流程追溯与资金透明化监管。

专题案例　"冒烟指数"为监管机构的决策提供事实依据和数据参考[①] 🔍

为打击P2P网贷平台的非法集资活动、防范金融风险，北京市金融局联合技术公司共同研发出覆盖5大领域17个行业的风险预警指数——"冒烟指数"。之所以叫冒烟指数，是因为"森林着火是要冒烟的"，即用形象的比喻来形容集资类企业从事非法集资程度的风险。

具体来看，"冒烟指数"模型是通过区块链的多节点贯通各大网站和软件的应用程序编程接口，运用区块链存证溯源，通过安全记录和加密方式验证数据，使数据可以在分布式数据库中实现跨网安全共享，并能够在海量数据中提取出工商数据、舆情数据、投诉举报数据、监管机构数据和网络爬虫数据等多源异构数据，共150个数据项，主要从合规性指数、收益率偏离指数、投诉举报指数、传播力指数、特征词命中指数这五个维度的多项数据，对监控对象计算分析，然后利用机器学习模型、迁移学习模型、集成学习模型，在经过训练后建立起风险预警模型，最终进行赋权得出非法集资风险相关度指数。"冒烟指数"根据目标企业非法集资风险的不同得分进行分级预警，包括正常类、可疑类、重点监测类、重点关注类、取缔类，同时对不同风险等级的目标企业实行差异化处理策略，例如持续监测、规劝改正、约谈整改、移交线索等。

"冒烟指数"作为一项突破性技术指标，在一定程度上重塑了金融监管流程，降低了金融监管机构对现场检查、汇报数据的依赖，使被动监管转变为主动监测，从而大大提高了监管的精准性与及时性。

---

① 黄益平,陶坤玉.中国的数字金融革命:发展、影响与监管启示[J].国际经济评论,2019(06).

8.2 数字治理布局多方共治

在数字经济的大潮中，政府和金融监管部门一方面希望保持创新活力，引入新模式，催生新业态，同样也要严格防范风险，避免因风险外溢和传播对社会经济和人民生活造成重大损失。因此，需要构建数字化的治理体系，兼顾效率与公平，创新与安全。

8.2.1 多方联合治理鼓励创新

浙江省结合自身实践率先提出了数字治理的理念，并启动数字化改革，其核心是基于数智化的基础设施和工具手段，促进数据资源的共享利用、构建横纵组织的高效协同渠道，促进创新，进而实现敏锐的市场洞察、精准的宏观调控和及时主动的风险防控。在数字治理和数字改革的大潮中，参与方众多，既包括金融监管和各级政府部门，也包括行业组织等支撑力量，还包括广大科技公司和龙头企业、人民群众，多方协同构建新型良性格局。

金融领域的数字治理同业也是联动各方的趋势，以英国为例，从数智化的监管规划到标准，从策略到工具都引入多方参与。在我国，金融监管部门同样积极引导各方发挥主观能动性。

中国互联网金融协会会长李东荣在"2021中国国际金融科技论坛"上表示，为应对当前数字金融领域产业链/价值链拉伸、市场主体关联性增强、金融风险构成复杂等新挑战，应将风险预警和风险防范的环节前伸，未雨绸缪、提前部署，采用法律规范、行政监管、行业自律、机构自治、社会监督等多种手段，并贯通业务、技术、数据、网络、行为等多重维度的数字金融治理体系，真正实现数字金融领域"模式看得清、风险控得了、业态管得好、全域护得住"。

以金融业组织（包括行业协会、联盟等）为例，其在金融监管、风险防范和金融服务中逐步发挥越来越多的作用，比如中国互联网金融协会承担金融云等基础设施备案与监管工作，探索分布式架构下的行业风险管控新模式；开展金融APP备案监管，会同云服务商及时处置各类钓鱼网站、仿冒网站，保护金融消费者权益；构建金融科技服务平台，帮助各类企业对接金融服务资源（如票据服务等）。中国支付清算协会探索会员单位的联合防线防控机制、牵头金融科技前沿研究，金融科技产业联盟汇聚金融机构、研究机构、科技公司等推动创新领域的标准化工作，并成立创新实验室、促进产金对接。

实践中，各金融机构也积极承担社会责任，支持金融监管和地方政府开展协同治理。包括开展创新试点，支持搭建信息共享平台，面向政府和产业提供技术支撑等。

专题案例 广西农信、潍坊银行助力构建数字治理新场景 🔍

广西壮族自治区农村信用社联合社（以下简称为"广西农信"）以普惠金融为抓手创新研发，推出了赋能型场景金融产品——"桂盛市民云"，通过产业智能化、数智化普及，促进互联网、大数据、人工智能等新技术与实体经济、政府治理、民生服务深度融合，同时积累了大量有效的行业场景数据及其关联金融数据，构建以大数据为支撑的行业生态圈服务，拓展到社区、商圈、企业、校园、机关等单位，实现跨层级、跨地域、跨系统、跨部门、跨业务的协同管理和服务。同时以金融服务为主线，打造大数据融合创新应用，实现了"智慧交通""智慧校园""智慧政企""智慧银医"等多场景应用。

潍坊银行的"综合金融服务平台"则采取了"政府主导、地方银行承建"的模式，打破了"政银企"信息壁垒，通过各方信息互通，支持中小微企业、农民等低成本、便捷安全地实现融资需求。该平台整合了21个委办局，14大类的政务服务数据，组织协调汇集各委办局在行政和公共服务过程中产生的面向企业的数据，如工商、税务、社保、公积金、水电、企业经营、医疗、民政、司法、环保、动产、不动产、知识产权、负面清单等，建立了政务数据的高质量归集和有效治理，在保障数据安全的基础上，构建了多维度的中小微企业画像，为金融机构提供了有效的风控策略模型和反欺诈工具。

8.2.2 深化数据安全治理保稳定

数据作为数字经济的关键生产要素，在国家运转、社会运行、居民生活中的地位与作用与日俱增，在各行各业掀起了数智化变革的巨浪。2020年，我国先后发布了《关于构建更加完善的要素市场化配置体制机制的意见》《关于新时代加快完善社会主义市场经济体制的意见》等相关文件，明确将数据作为一种新型生产要素，充分发挥数据对其他要素效率的倍增作用，使大数据成为推动经济高质量发展的新动能。

然而，近年来各国发生的隐私泄露事件层出不穷，深刻地唤起了民众对数据安全和隐私保护的诉求，数据安全已成为国家数字治理的重要议题和数字经济健康发展的重要保障。在中国信通院发布的《2018—2019年度金融科技安全分析报告》中，所有被调研企业均表示曾发生过不同类型的网络安全事件，在这些不同种类的网络安全事件中，"客户资料泄露"与"企业敏感信息泄露"事件合计高达44%，成为持续影响金融科技企业的最主要的网络安全风险，71%的被调研企业表示"数据安全及隐私保护"是企业目前及未来最需要加强的领域。

为了维护国家安全并满足人民群众的客观需要，促进数字经济健康发展，2021年6月10日《中华人民共和国数据安全法》正式发布，内容覆盖了数据安全与发展、数据安全制度、数据安全保护义务、政务数据安全与开放等主要方面。这是我国首部关于数据安全的律法，既填充了我国原本单薄的数据安全法律体系，又从法律的高度确立了数据安全的主要制度框架，更为我国推进数字治理体系和治理能力提供了强有力的支撑。

金融业是社会经济的核心命脉，一方面拥有海量真实且高质量的用户数据，另一方面连接着众多外部公共数据资源，其数据呈现出多元复杂、高价值、高敏感度等特点，因此面临着更为严峻的信息风险形势，对我国数字金融的治理能力和治理水平提出了更高的要求。

为强化金融领域的数据保护能力，近年来，金融监管机构陆续推出了针对数据领域的规范和标准，要求金融构建数据治理体系提升数据治理能力，明确数据分级管理要求，在数据采集、存储、使用、加工、传输、共享、销毁等各个阶段的安全方面提出具体要求。

金融业机构利用数智科技扎实开展数据资产管理和数据分级管理，逐步健全数据安全治理体系。

专题案例 成都农商银行在三大维度布局数字治理 🔍

针对强化管控金融创新风险和数据安全防护这两大主旋律，成都农商银行从科技、生态、体验这三个维度来布局数字治理。

首先是"科技"维度。成都农商银行通过引入大数据+人工智能技术，实现了精准客户画像识别，为智能风险精准营销提供了精确制导。成都农商银行从四个方面开展了数据工作。一是数据平台：在传统的大数据存储和计算平台的基础上打造数据服务平台，从而实现集中的数据开发管理、数据质量管理、作业管理及决策管理；二是数据资产：融合内部与外部数据，汇聚线上与线下数据，形成高效、有序、可扩展的大数据标签、指标的数据资产服务平台；三是数据治理：让数据说话，挖掘数据规律，发现商业洞见；四是数据应用：形成大数据授信、风控、营销等数据智能应用能力。在市场营销方面，构建了一套完整的涉及营销活动计划、人群、投放渠道、A/BTest、活动效果跟踪等全生命周期的数据应用能力；在风险管理方面，推进了全行级智能风控决策平台建设，实现了业务风险流程控制线上化、标准化、智能化预警和决策，从而降低风险，提高风险决策和信贷业务处理的效率。

其次是"生态"维度。成都农商银行引入"生态+金融"场景式的业务，与其他盟友共同建立生态。通过小程序、朋友圈、开放API、开放平台、开放SDK，让银行从金融产品的供应商转变为综合服务的集成商，借助生态的数据治理与共享，实现了数据资产化、资产业务化的良好循环。成都农商银行从以下两个层面开展工作：一是科技平台开放，主要依托银行强大的基础设施和能力，具备金融级别的高可用、高可靠、高安全、异地多活等能力。面向合作伙伴、上下游企业、同业机构提供金融科技技术平台，包括基础设施服务、平台服务、应用服务等多种开放形式。例如，供应链金融、安全互信合作等。二是场景开放合作，通过小程序、线下扫码等方式，联合生活合作伙伴提供非金融类服务场景。例如，成都农商银行以直销银行事业部为依托，与微众银行合作开发了联合贷款，与烟草公司合作开发了供应链金融贷款产品，与商超公司合作开发了"蓉易扫"等便捷支付产品。

最后是"体验"维度。成都农商银行构建了金融级的数字安全体系，通过智能语音、OCR识别、人脸识别等技术提升用户体验。上述提升用户体验的技术存在数据安全问题，所以成都农商银行引入了隐私安全计算，从多方安全计算和联邦学习两个技术路线出发，解决客户个人隐私数据保护的问题。数据不出行就能与外部数据供应商进行联合建模，真正达到数据可用但不可见的目的，有效地对客户隐私数据进行保护。

8.3　复合型人才体系构建数智化经营基础

金融与科技的深度融合，一方面催化了支付、征信、营销、风控等金融业务的创新升级，另一方面又为金融专业人才与金融监管人员的培养设定了新标准与高要求，金融业的人力资源管理需与时俱进，以人才流为基础，利用数智科技赋能金融人才的"选育用留"，破解人才缺口难题，既为金融业稳健合规发展提供了源源动力，也为打造现代化金融监管人才梯队提供了数智化转型思路。

8.3.1　数智化人才与数智化培养

1. 数字经济发展急需复合型人才

在数智科技的强效驱动下，我国对复合型人才的需求持续走高，《中国数字化人才现状与展望2020》报告显示，在2020年第二季度，我国数字化人才需求总量相较于第一季度增长62%，比去年同期增长91%。同时该报告依照人才的数智化能力要求与应用场景的差别，将数字化人才分为数字化管理人才、数字化应用人才与数字化技术人才，其中金融业是对数字化管理人才需求最旺盛的五大行业之一。科技的发展革新已深刻改变金融体系架构中的"底层物质"，拓宽了金融业的服务边界。

人才作为高质量发展的"第一资源"，金融机构在选拔、培养、任用和激励方面付出诸多努力，包括引入高端人才、建立敏捷组织促进业务和技术融合，成立金融科技团队，强化激励，提升自主科技能力等，但与产业数智金融的要求仍然存在一定距离。最为突出的是金融服务千行百业，需要了解各产业的运行特征，才能精准地把握关键数据，建立有效的风控模型。部分大型金融机构已经开始招聘各行业的专业人才来拓展其人才队伍，优先充实的是信息技术类人才，便于实现业务的数智化转型，各中小金融机构难以独立承载过多各领域人才，可以采取与生态伙伴合作的方式，立足专业团队的能力，优化自身对于各产业领域的风控能力。

2. 两大路径、三大方面健全人才治理体系

在宏观视角下，金融业的创新合规发展所需要的人才治理体系可从业务与监管两大路径出发，注重金融业务人员数智化与金融监管人员数智化的协同。

在金融业务层面，金融机构应协同开展人才的转型数智化与培养数智化。近年来，国家有关部门出台多条有关人力资源管理的规定及政策，强调企业要注重选用"创新型、专业化、高层次"人才，体现"人才市场化、人才专业化、人才年轻化"趋势。对于经营管理者的培养，需要强调提高其思想政治素质，增强决策创新、战略开拓、现代化经营管理能力；对于专业技术人才的培养，需要强调不断提高其科技水平，与时俱进、拓展创新，加强跨领域人才的交流，着重培养连接业务数智化和数智化技术的复合型人才。在金融监管层面，为强化智慧监管能力，金融监管部门积极推进复合型人才的培养。一方面，促进业务与技术的双向交流，促进产、学、研、用多方协作，探索人才培育新模式；另一方面，积极引入数智理念和工具，构建智慧监管基础设施和工具平台，建立对金融科技创新的全生命周期管理机制，帮助监管人员及时发现和主动应对各类风险。运用数智化工具来提升监管人员的数智化思维，在防范行业风险的同时促进行业守正创新，为金融业合规创新提供规范化监督与指引。

在微观视角下，金融科技人才队伍建设可从三个方面同步发力，中国金融学会金融科技专委会秘书长杨竑将其概括为如下内容：一是金融科技人才评价体系，需要明确金融科技人才能力要求，制定衡量微观个体的、统一的能力量化标准，全面评估金融科技人才能力成熟度。二是金融科技人才培养体系，需要有效规划金融科技人才成长道路，通过政府引领，整合社会优质资源，强化实操，夯实人才底座。三是金融科技人才库，需要向政府、监管部门、金融机构、高校、企业等参与金融的各方提供精准服务，深挖人才资源的价值。

8.3.2 数智融合助力新型培育模式

1. 金融人才培训需与数智技术深度融合

在数智化技术的冲击下，金融业对人才提出了更高的要求，这意味着企业管理者要面对战略重构、商业模式重构、组织结构调整、重新定义用户及产品和服务等。虽然很多金融企业会对员工定期开设数智化培训课程，但是培训内容多以底层知识、业内共识为主，人才始终缺乏对数智化技术的认知，更缺少对数智化技术的实际操作能力，长此以往，人才将落伍于时代，阻碍金融业的长足发展。

打造数智化复合型人才队伍需要把握"一条主线"与"两大核心"，即以显著提升新型人才综合创新能力为主线，坚持理论与实践的交相呼应，实现人才的双维发展。

2. 新型培育模式激活人才培养体系

针对上述问题，金融业需面向未来格局，站在行业属性和发展特性的角度思考破解方案，借鉴互联网模式，携手推动跨层级、跨部门共创，鼓励跨层级、跨部门沟通，着力搭建数智金融人才培养体系，以此提升从业人员对金融科技的理解与创新思想，并为其提供全链路、多层次的能力转型方向和学习路径，助力业务创新发展和产业转型升级。同时，企业管理者需学习数字时代的商业模式创新、技术驱动商业、管理文化创新等相关课程，运用前瞻性的商业思维、数智技术和科学管理方法聚焦战略目标，以人为本，选拔并培养复合型人才，协助人才选择适合其自身的成长模式，为人才成长提供心理辅导、生活照顾等多方面支持，构建轻松、愉快的工作氛围，激活人才的内在动能，为人才流发展贡献重要力量，从而提升企业管理和运营能力。

专题案例 阿里云全球培训中心的新型培育模式致力于激活人才培养体系 🔍

在对金融机构的人才培养方案中，阿里云全球培训中心针对不同层级的金融从业人员制定有针对性的课程体系，面向金融机构高管、业务管理者、团队管理者和技术人员，力求因材施教、因需施教。

（1）面向金融高管，突出数智化战略和组织体系构建

通过数字经济与平台战略、金融科技战略发展与规划、新金融探索与实践等培养战略转型思维。

绘制数智科技的底层技术图谱，形成数智金融发展的全景大图，解构新金融的核心动力与方法路径。

剖析人、资、信、场数字生态金融的转型模式，为金融高管提供新基建——商业上云、数智化升级、产业金融、场景金融、智能投顾、智能风控、智能营销等数智化解决方案的思路，提升数字时代的微观洞察能力。

基于阿里巴巴管理实践的"道法术"启发管理者，实现企业组织能力的升级和业务策略的深化。

（2）面向业务管理者，侧重业务创新和智能驱动两大维度

业务创新部分包括新型金融产品与资源运营、未来金融生态与金融业务流程变革、金融客户思维管理与体验改进等课程，帮助业务管理者紧跟时代，快速创新。

智能驱动部分包括智能营销、智能风控、金融科技运用场景实践、数据运营与管理等课程，为业务管理者提供全渠道、全链路、全周期、全域流量应用的体系建设方法论，设计活动营销、权益管理平台构建、策略构建、生态场景等数智化智能营销解决方案，提出反欺诈流程、信用风险识别、反欺诈信用规则设计、贷前授信审批策略框架。面向团队管理者，关注管理创新、组织创新和文化创新，致力于提高团队管理者的综合能力素质，如图8-2所示。

图8-2 阿里云为金融人才提供定制化课程

以管理创新为例，领导力体系分三个层次：

针对高层的"头部三板斧"包括定战略、造土壤、断事用人。

针对中层的"腰部三板斧"包括懂战略、搭班子、做导演。

针对基层的"腿部三板斧"包括拿结果、建团队、招聘解聘。

通过对真实案例的讲解，以学习成果促进实战演练，以实战检验学习成果，帮助管理者穿越内心的迷雾，打造出有着高昂士气与突出战斗力的团队。

8.3.3 数智化的人才选拔与激励

1. 利用数智化技术赋能新型金融人才

作为数智化转型的先头部队，金融机构在全速推进业务在线化的同时，也在同步实现组织在线，通过沉淀工作流信息、培训、活动等相关数据形成员工的工作画像，基于岗位需求和员工画像数据，利用 AI、区块链、数据保护等技术开展人才盘点，实施培养和选拔、考核与激励，借助数智化的手段，构建适应敏捷组织的领导力、创造力和执行力，形成可视化痕迹、可沉淀经验、可复用模式，为金融服务创新发展持续注入新活力。

2. 人才选拔与任用层面，利用AI考察人才队伍的综合素质

在人才的招聘与任用环节，面对海量求职者，负责招聘的人员通常要在较短时间内同时对多个职位进行招聘，这就需要负责招聘的人员对各个职位划分优先级，且要从竞聘同一职位的众多求职者中发现最佳人选。假如无法妥善应对这两项挑战，将大大降低企业的招聘效率，而人工智能技术在招聘环节可以起到重要作用，实现企业的"用智选人，用数赋智"。

人工智能是计算机科学的分支之一，涵盖机器学习和认知计算等多个领域，旨在使用计算机模拟智能行为。基于领先的人工智能技术，可根据就业市场供需状况及求职者的过往经验对各职位的优先级

进行排名，大大节约招聘人员的时间和精力，同时还能根据职位招聘信息确定胜任该职位需要的技能，对照求职者简历中描述的技能生成匹配分数，以此预测求职者未来的工作表现与绩效。在人才的培训与开发环节，还可利用人工智能开发个性化数字学习市场，为员工提供浏览学习资源、报名学习针对性课程、掌握热门工作技能的学习平台，同时可以设置以"7×24"方式解答问题的学习聊天机器人，在此基础上通过AI学习仪表板，显示企业中弥补技能缺口的进展情况，全面展示企业在学习活动方面的成效。总而言之，在招聘流程中部署人工智能不仅可以更迅速、更准确地完成招聘工作，还能打造更出色的求职者和招聘人员体验。

3. 人才激励与考核层面，利用智能合约赋能人才激励

在人才的薪酬管理与绩效考核环节，存在员工、领导、人力部门负责人等多方因期望和认知不同引起纠纷的痛点。部分金融机构借助分布式技术和智能合约来构建各方共识机制，并引入虚拟资产建立激励机制。

在一个组织内部较少应用上述区块链机制，但基于行业视角，部分行业协会在人员资质认证、诚信记录等方面考虑借助区块链技术构建可信数据共享机制。因此，本节介绍如下模式，旨在为创新探索提供启发。

利用区块链的分布式存储技术形成一个完整记录，包括员工账号信息及工作成果数据。员工在完成工作后登录个人账户中心上传工作成果证明，通过共识机制自动生成工作成果信息，并以智能合约的方式自行完成成果的确认和录入。待工作成果信息录入后，成果信息按照智能合约自动匹配数据库中对应的奖励来进行认证，最后利用区块链技术的通证（Token）激励特性，在人力资源管理中附加虚拟交易功

能，发行在线社区的可流通虚拟资产——"工作券"，激发员工的工作热情。

"工作券"是虚拟经济交易的一种等价交换的媒介，包含收入与支出两种流向，以下是基于智能合约的工作奖惩机制：①管理人员通过智能合约发布任务，预先设置任务内容和完成规则与程序，并将其记录在区块链上。②工作人员完成任务后将任务完成情况提交给系统，记录在区块链上。③由智能合约审查任务完成情况，并向已达到工作任务要求的员工发放"工作券"，当工作成果不达标时，智能合约将发出警告，并相应地扣除员工的"工作券"，最后将结果反馈给管理人员。

将区块链中的"工作券"和智能合约融入企业的福利制度管理中，可以提高该领域的运作效率并降低重复性工作成本，并建立一个诚信公开的福利合约及福利支付的流通网络。在区块链福利网络中，利用"工作券"能够实现薪酬支付领域的全覆盖与在线管理，包含薪酬发放、个税缴纳、五险一金的缴纳、福利发放等，全流程公开透明，实现对员工的激励，如图8-3所示。

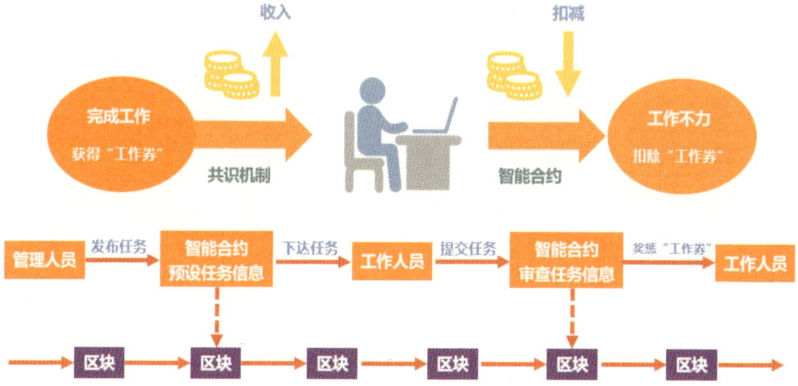

图8-3　智能合约赋能人才激励

此外，在构建金融机构自身人才体系的同时，部分金融机构将培训服务延展到其企业客户，基于自身科技优势，帮助客户构建数智化人才队伍，通过与科技公司合作，采取集中培训、案例教学等形式，引导用户代表深入学习科技公司在各领域的数智化实践，启发思想，答疑解惑。

【本章小结】

数智金融在推动创新发展的同时，需要数智监管的保障，对各类风险和违规行为进行预判和及时处置，为创新提供健康优越的生长环境。

（1）数智化的监管首先依托各类金融基础设施，发挥其多方联动、基础服务的作用，通过强化基础设施的服务能力，丰富服务种类，不断积累金融市场运行数据，为智慧监管提供算力和算料的支撑。

（2）数智化的治理是要实现全链条、全流程和全方位的全局治理模式，其中最为关键的是多方协同治理，同时，安全治理能力是保障治理体系和创新体系顺畅运转的基础。

（3）数智化得以发展的根源在于人才，金融数智化既需要金融人才、科技人才，也需要各领域的专业人才。我们从金融人才的"选育用留"四大角度，思索了强化复合型人才流体系建设的理论实践。

未来，在治理体系的护航下，金融创新必将与数智科技有机结合，迸发出强大的生机与活力，为数字经济的发展供应金融新动能。

数智金融服务产业新图景

第 4 篇

数字化转型需要实现三个转变：

一是以不确定性应对不确定性。面对需求的不确定性，企业需要以数据+算法的策略应对不确定性，摒弃冗余思维、静态思维，走向精准思维、动态思维。

二是以增量革命构建新型能力。要把软件、设备、流程优化、管理变革最终转化为企业的新型能力。这是数字化的出发点，也是落脚点。

三是从产品制造商转变为客户运营商。即通过产品服务与客户建立一种"强关系"，成为24小时在线，及时了解、预测、满足客户需求的"客户运营商"。

——肖利华、田野等《数智驱动新增长》

各产业的数智化转型模式不同，不同领域，不同规模的企业在转型升级中的投融资需求也在不断变化，因此，金融机构面对复杂多变的环境和客户需求，急需借助数智理念和数智科技，让金融产品和服务更敏捷应变、更便利友好、更精准安全。

第9章
三农数智金融

党的十九大报告指出，农业农村农民问题是关系国计民生的根本性问题，必须始终把解决好"三农"问题作为全党工作的重中之重，实施乡村振兴战略。然而，由于乡村基础设施建设不完善，农户群体成为金融服务的边缘群体，融资难、融资贵是乡村发展的一大痛点。当今世界正处于数智化浪潮之中，数智科技的触手已经延伸至世界的各个领域，借助新理念和新技术解决新形势下的新问题是金融乡村振兴的新命题。

9.1 数智普惠金融与农业数智化

发展数智普惠金融是实现现代化农业农村振兴的一个重要支撑，也是决胜全面建成小康社会、实现全体人民共同富裕的必然要求。数智普惠金融对促进农村地区减贫、助力乡村振兴与农业振兴，推进共同富裕具有根本性、筑底性的作用。

9.1.1 数智普惠金融筑牢农业发展基础

数智化时代的农业发展离不开数智化的基础设施建设。农业发展的基础要筑牢，靠的是全局统筹以实现实际生产效率的提升，需要通过推广集约化项目着力实现降本增效。其中数智化的新型基础设施既包括地面和空间的网络和广电设施、高效能的农资农具和物流、仓储等设施配备，也包括乡村治理机制和人才体系等软性机制。其中金融服务是激活农业农村发展的重要支柱之一。

比如，运用数智技术搭建农业综合金融服务平台，建立基于企业"主体信用"、交易"数据信用"的多方互信机制，有效缓解银行和农户之间信息不对称的问题，提高金融资源配置效率，并进一步支持数智普惠金融的可持续发展。如广西壮族自治区农村信用社联合社结合移动互联网、场景金融的日益普及，各行业单位在互联网、线上化、产品需求多样性等方面提出更高要求的实际情况，依托自身强大的金融科技能力，创新研发并推出了赋能型场景金融产品——"桂盛市民云"。该产品赋能行业单位，助推产业智能化、数智化普及，促进互联网、大数据、人工智能等新技术与实体经济、政府治理、民生服务深度融合，同时积累了大量有效的行业场景数据及其关联金融数据，其中就包括农业普惠金融场景的落地和实施。"桂盛市民云"在推动广西数字经济、数智政府、数智社会建设方面成效显著。截至2021年9月末，"桂盛市民云"服务覆盖全区91个县市，惠及学校、企业、政府机关、交通、医疗、农业等行业客户383家，真正实现了数智普惠金融实际助农，筑牢当地农业发展基础。

这样以数智普惠金融来助力三农问题的案例并不鲜见。具体而言，数智普惠金融通过提高金融服务可得性、提高农村人均收入以及优化家庭资产配置三大抓手来助农惠农。三大助农抓手如图9-1所示。

提高金融服务可得性	提高农村人均收入	优化家庭资产配置
✓ 跨越"数字鸿沟"	✓ 加速资金流动	✓ 扩大财产性资金收入源
✓ 降低金融机构获客成本	✓ 打造品牌效益	✓ AI+农作物种植
✓ 扩大服务覆盖面		✓ 精准识别贷款风险

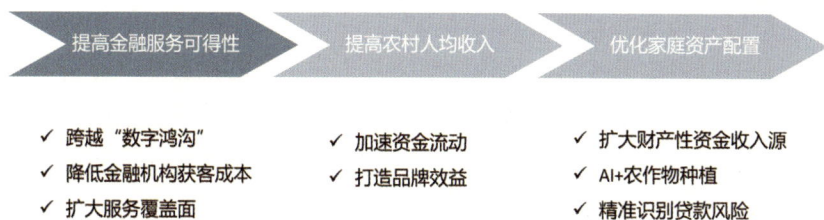

图9-1　三大助农抓手

第一，数智普惠金融增加了金融服务的可得性。由于基础设施、相关科技知识普及的落后等原因，我国农村地区的农户群体仍然是数智时代最主要的"边缘群体"，移动互联时代的红利和便利并没有完全覆盖到他们，城乡之间的"数字鸿沟"客观存在。同时，金融风险的客观存在性并未因数智技术应用而受到影响，农民群体在金融知识方面广泛存在欠缺，对金融及市场风险识别的能力十分有限，因而易陷入电信网络诈骗的陷阱之中，"数字鸿沟"也成为阻碍农民公平参与数字社会生活的障碍。

而主要服务农村地区农户、农业企业的金融机构，包括乡镇级的农商银行、农村信用合作社和村镇级的银行等，资产规模偏小、经营范围狭窄和市场环境恶劣等客观条件的限制，导致农村地区现行的农业商业化运营模式、农业相关金融产品及相关衍生品、风控管理等指标的数智化、智能化、自动化程度不高。

普惠金融从四个方面降低了金融机构与乡村企业金融交易的成本：单位获客成本、前期风险评估成本、运营成本和资金成本。信息技术和互联网的发展正在深刻地改变农村地区的农业从业群体获取金融服务的方式，银企之间可以远程完成金融交易，从而能够有效地降低金融机构的获客成本，提高效率，改变金融的服务边界。数智普惠金融依靠构建以大数据分析技术为基础的数字信用体系来减少信息不对称，简化审核流程，降低风险评估成本，使得金融机构敢贷、愿贷。同时，精准的数智化风控能够有效匹配企业的潜在风险和借款利率，从而降低资金成本。另外，数智普惠金融具有门槛低、覆盖面广的特点，能够有效纾解农村地区农业产业化发展过程中面临的数字鸿沟及金融产品数量少、覆盖面窄等问题，从而为农业群体增加金融服务可得性，帮助农户利用大量资金集约化生产，打造品牌效应，降低企业运营成本。

第二，数智普惠金融提高了农村人均收入。农村农业人口收入主要以农业产品经营性收入为主。农村居民人均可支配收入早在2019年就突破了1.6万元，比2020年提前一年实现了比2010年翻一番的目标，农村地区居民收入增速连续10年高于城镇居民，城乡居民收入差距持续缩小，由2015年的2.73∶1缩小到2019年的2.64∶1。究其原因，一方面是国家落实了种地补助，如对玉米、大豆种植者提供的生产补助，对稻谷的补助，并出台了稻麦最低托市价；另一方面，通过实施数智普惠金融政策，农民手中资金的流动加速，农民有充足的资金进行优良选种，打造绿色品牌，并进行集约化、标准化生产，提高绿色农产品在总量中的供给比例，从而提高农产品附加值，为农民打开增收创收的途径，提高农村人均收入。

第三，数智普惠金融优化农户家庭资产配置。受到天气、虫害等不可抗力因素，以及外部市场供求因素、供应链水平波动的影响，农业收入的主体，农村小微企业和个体农户的现金流来源极不稳定。加上中国小农经济的基本特点，储蓄率居高不下，用于投资扩大固定资产和流动资产的资金比例较低，在家庭资产配置上倾向以现金和存款为主，风险资产的投资参与率和相关配置比例极低，且对于金融产品接受程度较低，风险规避意识强烈。另外，农村家庭资产中用于投保健康保险等险种的资金比例较低，家庭整体资金风险敞口大，资产配置极不合理。数智普惠金融通过扩大农村家庭财产性资金收入来源、扩大金融产品接受程度、提高金融知识素养，能够有效改善农村家庭资产配置比例，优化农户家庭风险抵抗系数。

> **专题案例**　网商银行推出的卫星遥感信贷技术"大山雀"[①] 🔍

对于农户贷款缺乏抵押物的问题，金融机构通常会联合当地政府，综合评估其农业保险情况、土地流转情况、种植情况、农产品经营情况等信息。为准确获取种植情况，自2019年开始，网商银行积极探索通过卫星遥感技术结合AI模型算法获取大规模可信动态数据，来服务全国的种植大户。通过近两年的努力，网商银行基于深度神经网络、Mask-RCNN等AI模型算法建立了28个卫星识别模型，涵盖水稻、小麦、玉米等的全生长周期识别模型，地块识别、云块识别等模型，以此来解决农户种什么、种多少、种得好不好的问题，如图9-2所示。风控模型会对农户申贷时间的合理性做出评价，结合各地的农忙时间，在不同季节节点给予差异化的授信方案，在满足各周期生产经营所需的情况下，防止过度授信以降低风险。

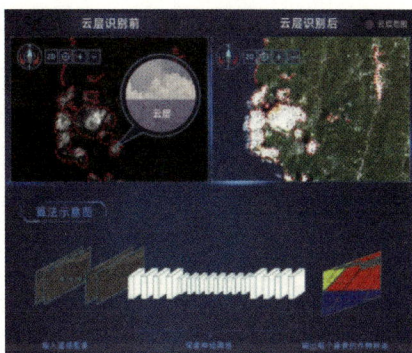

图9-2　识别处理卫星遥感图像

---

① 参见《网商银行：打造中国式开放银行》文章。

另外，"大山雀"利用时间序列等模型对各地的历史气候数据进行挖掘，并对未来一段时间内的气候情况进行预测，形成基于"地域-气候-作物-农户"的全方位种植评价体系，根据历史温度、湿度、降水、风速、光照等预测农作物的产量和损益，从而进一步精准识别贷款风险。这就进一步解决了农户贷款难的"最后一公里"问题，有效提升了农民的资产配置水平。

9.1.2　数智普惠金融助力农业振兴

2021年中央一号文件继续提出重点发展农业，推动乡村振兴，巩固脱贫助农工作，并支持生猪、牛羊养殖产业的发展，在农业方面出台了多个惠农政策，并增发了200亿元一次性农业补助。在疫情的冲击下，猪养殖、禽养殖、鲜蔬等细分领域都急需复产，均存在较大的资金压力。中国银行前行长李礼辉指出，应对疫情，我们更应该加速数智金融和普惠金融建设，数智金融对疫情后农业振兴的重要性可见一斑。长期来看，数智金融也是实现农业振兴百年大计的最优解。

第一，数智普惠金融有助于缓解农业经济发展的资金需求。以生猪养殖业为例，在疫情最为严重的时期，非洲猪瘟爆发，加上国内外疫情的蔓延拖累下游供应端市场，处于补栏关键期的生猪养殖面临的最大问题就是要尽快恢复产能，加大管理费用和科研投入。同时选种育种又进一步减少了生猪出栏量，加上购销两淡的市场，对生猪养殖产业产生了较大的资金压力。对中小养殖场而言更是如此。为实现止损保收，企业融资问题亟待解决。数智普惠金融为生猪养殖业融资提供了解决方案。例如，百信银行陆续推出的养殖贷、供货贷、银税贷、百票贴等系列数字普惠金融产品，充分发挥了自身金融科技优势，累计获得转贷款超过20亿元。为全国近千个生猪养殖户和供应链小微企业提供了信贷资金支持。在数智普惠金融助力下，农村中小微企业和农户有机会接触到多元化的金融普惠产品，拓宽了资金渠道，掌握金融知识，从而更有效地缓解农业经济发展对于资金的需求。

第二，数智普惠金融提高农业金融服务的可触及性。伴随互联网和大数据技术的飞速发展，普惠金融逐步实现从传统向数智化的跨越式发展。互联网、云计算及大数据等金融科技，为以"实时响应"和"智能计算"为特征的普惠金融数智化变革提供了全新的场景化、生态式解决方案。数智普惠金融带来的金融参与方式变革，为中国大大小小的城市与乡村增加了新的金融和经济方式，启蒙了相当一部分落后地区农户对于金融服务业务的认识，并以更低的门槛吸引到相当多的农户参与普惠金融所构筑的农业金融服务业务，《中国普惠金融指标分析报告（2020年）》显示，金融精准扶贫贷款累计支持超9000万人次，农户生产经营贷款保持增长，农村地区电子支付普及率快速提升。因而，数智普惠金融有效提高了农业金融服务的可得性。

第三，数智普惠金融增强农业贷款的便捷性。互联网技术的运用是普惠金融发展的催化剂，使传统普惠金融的目标更快得到实现。传统普惠金融意在覆盖到传统金融所不愿意服务的人群，使这部分人得到与他人同等的存储、贷款、个人理财、保险等金融服务的机会。数智普惠金融的目标人群则多是低收入者、偏远地区人群及众多小微企业。传统金融机构本身效率不足，且服务成本过高，因此不能或不愿服务这些客户。互联网技术派生出的众多互联网金融模式拉近了金融机构与小微企业的距离，在服务成本、运转效率、场景模式等多方面解决了这一问题，帮助金融边缘人群享受到全面的金融服务。数智普惠金融的商业模式与互联网技术相结合，具有低成本、高效率的特点，而数智普惠金融则在互联网技术的助力加持下，使服务更便捷、更高效，并能以更低成本覆盖更多客户。

专题案例 汉源县花椒农业的数智化改造 🔍

汉源县花椒闻名全国，但也面临地形难以实现规模化种植、生产成本高、市场抗风险能力弱、品牌红利不聚焦等痛点。阿里云采用物联网技术，把农业科技和数智普惠金融嫁接进汉源县花椒产业中，对其进行了数智化改造。步骤如下：

（1）通过数字孪生技术，在农田做物联网改造，让土地、农作物的实时状态联网在线，在虚拟世界建模，实现土地"资产"数据化。从2019年建成的600亩"试验田"起步（目前正处于快速建设期），到2022年，汉源花椒的"数智化"种植基地将达到26个，面积5万亩。

（2）合作成立阿牛农业科技公司（汉源国资控股）（以下简称"阿牛公司"），开发出农事APP，让农事"业务"在线、农业专家在线、农资供应在线，用数智化的方式，让农事更精准。

（3）开设汉源花椒官方旗舰店、建立盒马直采基地等，提升农产品线上销售比例，推动农业品牌数智化。

科技能助农。过去，花椒专家指导农户种植，只能翻山越岭，一家一家去走，成本太高了。即使政府组织专家讲座，也只能到一个乡镇、一个村去开课，受益人非常有限。现在，农民坐在家里，在手机上就能学习如何剪枝、如何防止病虫害，享受到及时、先进、专业的农业科技赋能。"椒农"购买种苗、化肥、农药，也只需动动手指，线上下单，等送货上门。翻山越岭去赶集，可能买到假种子、假化肥的事情不会再发生了。

数智普惠金融能助农。如果购买农资一时缺少资金，可以在APP在线申请惠农贷款。土地、花椒树等数据"资产"可以为农户的信用背书。"不需要去城里求人找行长，也不用难为情去开口借钱。三分钟填一张表单，一秒钟到款，零人工干预。"比如说，有5亩花椒地，可以贷1万元，如果农户家里还有一个孩子是在读大学生，可以再多贷1万元。

在汉源，手机成了新农具。科学种植、管护技术通过手机深入椒园，种出来的花椒一年比一年好。老百姓拿着手机在田间地头直播，网上卖货，实现了增收致富，这正是数智普惠金融助力乡村农业振兴的又一力证。

9.1.3 数智普惠金融助力共同富裕

长期以来，共同富裕一直是党和国家的奋斗目标。随着时代发展，人类的信息化水平不断提升，推进共同富裕的抓手也应当与时俱进。而数智普惠金融正是实现共同富裕的重要助推器之一。

第一，通过渗漏效应，以先富帮后富的形式实现共同富裕。普惠性的现代金融体系，有助于大力推动普惠金融高质量发展，助力实现全体人民共同富裕。对于农户中的先富群体，数智化金融服务平台拉近了它们和金融机构之间的距离，精准的数字风控降低了信息不对称，使银行敢贷、愿贷，这使得先富群体能够更方便地得到前期的资金融通，帮助他们扩大生产规模，提高抗风险能力。先富群体主要通过两种渗漏途径来带动后富群体。首先，先富群体能够不断扩大生产规模以刺激对劳动力的需求。这种需求贯穿一二三产业，从而形成完善的农业经济供应链，在供给侧制造新的就业机会，有力拉动地区农业经济增长，实现地区共同富裕。其次，通过数智普惠金融解决农业融资问题能够在当地起到带动和标杆作用，从而扩大数智普惠金融的知名度和接受度，并进一步推动数智普惠金融惠农的作用，实现地区共同富裕。

第二，优化发展格局，推动包容性增长。乡村振兴战略中的产业兴旺是乡村振兴的重中之重，也是优化发展格局的根本方法。产业兴旺立足于产业规模之上，产业规模的形成与产业融合密不可分。实现产业融合要求完备的产业链条，其不仅要包含水稻的种植，还需要把加工业和服务业融合进来。除此之外，产业兴旺依赖于稳定、可持续的市场需求，如果市场需求不稳定，规模效应反而会给农户带来更大的负向收益。产业兴旺了，农民的收入就能有所提升，农民的生活质量就得到了保障。而以上要素都离不开金融的支持，但传统的金融服务往往和农业产业较为疏远，急需深化农村金融供给侧改革，以数智驱动的金融创新服务去匹配农业产业发展的金融需求。

以深耕农资行业的时代农信为例，其针对整个农业链条上的痛点提出解决方案。上游农户厂家端缺乏稳定的供销渠道和终端的消费数据，导致供应链响应速度缓慢，易受"蛛网模型"困扰。此外，缺乏有力的营销渠道导致上游农户新品推广的速度和效力不强，产品附加值提升缓慢。对于县级经销商而言，由于其采购渠道较为单一，导致其面临的账期相对冗长，融资优势下降。对终端企业来说，价格透明度不高、过高的资金占用降低流动性、缺乏售后保障都是其面临的市场痛点。时代农信通过供应链集采和平台自营产品来实现供应链整合，降低上下游采购成本，提升整体利润空间。在供应链集采方面，时代农信通过整合上游供应商资源来稳定货源，并吸引多品类厂家在线交易入驻。在提供平台自营产品上，时代农信聚焦核心品类定制，以销定产实现供应链反向机制。此外，时代农信还联合权威机构，结合平台交易可信大数据及独立运营体系，搭建行业认可的线上线下风控体系及模型建设，以平台生态中的中小企业为服务对象，采用去中心化模式为客户提供高效的产融服务方案。

时代农信农业产业金融商业模式如图9-3所示。

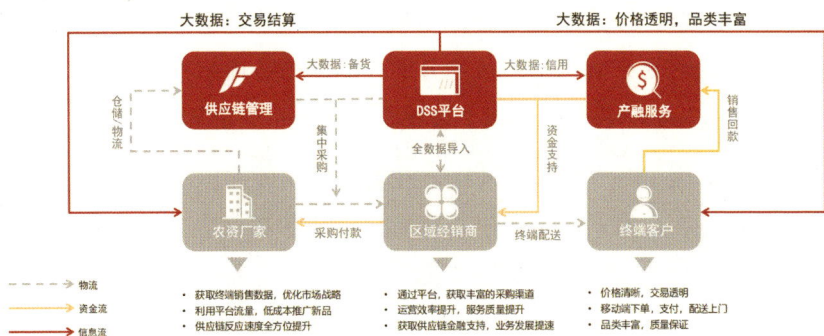

图9-3　时代农信农业产业金融商业模式

9.2　乡村农业融资突破三大瓶颈

9.2.1　乡村农业融资的现状

农村金融是解决三农问题的重要抓手和发展农村经济的关键因素，而其中的乡村农业融资问题一直以来都是制约农村金融活力的重要原因。当前，中国农村融资面临的主要问题包括农业融资渠道稀缺且狭窄、融资过程交易成本高、供求结构失衡、产权制度确权问题等。农户对农业产业资金的需求具有明显的周期性特征，在农业生产前期需要大量的资金投入，后期仍需要资金注入的农户寥寥无几。融资淡旺季的出现使得农忙时期资金短缺而农闲时期资金闲置，也造成了资金供需双方的结构性摩擦。数智普惠金融前期着力解决的是农业融资难、融资贵、融资渠道狭窄和供求严重不匹配的问题，但要继续发展农村数智普惠金融，仍需要解决以下三大瓶颈问题。

9.2.2　乡村农业融资的三大瓶颈

1. 抵押瓶颈

第一，农村产权抵押存在法律障碍。农民土地归集体所有是我国法律赋予的农民权利，但同时农民土地集体所有，农民的土地类财产权利并不完整，加之农民与集体一旦产生冲突更处于弱势地位，其权利和利益极容易受到损害。虽然各地也尝试通过房屋来进行抵押，但商业银行提出的条件较为苛刻，农民很难获得相应贷款。

究其原因，一是产权不明晰，在宅基地自建的房屋一般只有集体土地使用证，没有产权证；二是房屋建造在宅基地之上，宅基地无法通过市场进行自由交易，房屋也就失去了交易价值；三是不能用于抵押，无法实现融资功能。

抵押贷款是现行农业贷款中最为常见的一种。现行法规明确贷款抵押物为拥有所有权、占有权、支配权、使用权和处置权的有效财产，包括动产和不动产。但不动产仅指有产权证的土地、建筑物。而且，法律禁止流通或禁止强制执行的财产不得作为贷款抵押物。推进农村金融改革、实现农业融资改革就必须在法律上、政策上做出新的界定，做好顺应发展新要求，符合农业产业实际的"顶层设计"。在立法层面，对农民财产权实现的关注不够。虽然在新城镇化语境中，我国提出要重点关注农民财产权保护与实现问题，但现行法律存在规定不明晰、条文规范有冲突、法律条文缺乏有效衔接等突出问题。我国关于农民财产权保护的相关法律更新明显滞后于城镇化建设的需要，一方面，在城镇化推进的同时，土地等有关农民切身利益的财产权益迫切需要被保护；另一方面，原有法律法规对农民财产权的限制较多，农民的财产权难以通过市场实现抵押转让。

第二，农村产权抵押获得的融资较少。传统银行等金融机构往往不敢做大额的农业贷款，并按照惯例拿工商企业贷款的框框去限定农业贷款，总认为缺少有效产权作为抵押物，而视为"禁区"不能碰，因此传统农村产权抵押所获得的融资较少。受限于农村土地集体所有制度，农民对于承包土地仅享有占有、使用、收益权和部分处分权。

虽然在新型城镇化进程中，农民对承包地的处分权形式逐渐丰富，但目前尚未完全实现抵押担保权能。

第三，抵押贷款的交易成本比较高。在现实中存在的一个情形是，农民拥有的生产设备并不能用于金融机构贷款融资，因而一些大中型农机具的购置率不高，农民进行规模化生产所需付出的成本非常高，而农民无法利用已有财产进行融资，这也在一定程度上阻碍了农民的生产与经营活动的开展。另外，农民房屋的经济价值低廉，且无法实现自由买卖，因此农民与商业银行议价能力较弱，承担较大风险，农民仍需付出高额的抵押贷款的相关费用。

2. 担保瓶颈

第一，担保机制不完善，风险分担不平衡。大额贷款申请需要担保，担保分抵押物和担保人。从抵押物上来说，根据我国《担保法》和《物权法》规定，农民的宅基地权与房屋的使用权是分离开的，农地从某种意义上来说是归国家和集体所有，因此农民的房屋不具备抵押权。从担保人来说，农民还款能力受很多因素的影响，且经济实力弱，经营能力相对较差，不确定性很大，因此很难找到合适的担保人。

第二，农业担保服务对象风险不确定因素多，农业企业在经营发展过程中，面临着自然和市场双重风险。农业个体户及小微企业在面对自然灾害时，由于缺少成熟的自然灾害风险预测能力，其资产价值受自然条件影响波动极大。常见的灾害如旱灾、水灾、冰雹灾害、虫灾等，都可能对农户造成极大风险，不仅可能颗粒无收，甚至会造成农业生产器械、运输设备的进一步损失。在市场风险端，农业企业普遍存在劳动人员素质较低、市场手段陈旧、易受"蛛网模型"干扰、成本上升与粮价下降叠加时积极性易受挫伤等问题，进而导致抛荒等现象，道德风险上升，相关因素叠加使得担保风险上升，引发担保瓶颈。

3. 信用瓶颈

第一，征信体系不完善。尽管我国"三农"事业不断发展繁荣，市场机会也引起广大互联网、金融机构的注意和引资，但广大农户个体及小微企业仍存在严重的信用风险敞口。要打造流程透明、风险轧平的农业产业金融市场，当务之急是建立一套行之有效的信用征集体系，适当地、公开地收集用户个人信息。现在农村征信的主力军是各地的信用社及村镇级银行，承担个人信用征集及出具个人信用报告的业务。然而该信用体系建设起步较晚，在具体实施中的诸多环节仍较为薄弱，导致现存的征信体系还不尽完善。

第二，农村信用数据收集困难。当前，我国的农村个人信息信用征集基本能够遍布全国范围的农村地区，征信体系能够初步建立。但由于目前农户存在流动人口多、存在多种经营方式、对征信系统不信任、金融风险意识低等问题，导致基层信用数据收集的流程复杂，需要投入大量人力物力，难度上升且成本偏高。此外，由于对于征信系统科普程度欠缺，有些农户认识水平有限，许多地区的征信数据存在漏报、瞒报、假报等情况，干扰了数据真实性，原始资料采集效果大打折扣。

第三，农民信用意识薄弱。农民信用意识培训起步晚、投入不足直接导致目前的农村征信体系信用环境较差。其中一个体现就是对农民失信行为的制裁手段缺失。在农民信用意识较为缺失的环境下，侥幸心理的存在会容易出现违约事件。在以往出现的农业违约事件中，失信行为的制裁多是针对其所拥有的单个产品或单个平台，多平台所形成的"合力"威慑力度不足，信用风险就容易蔓延，从而使得农户信用风险难以遏制。

乡村融资三大瓶颈如图9-4所示。

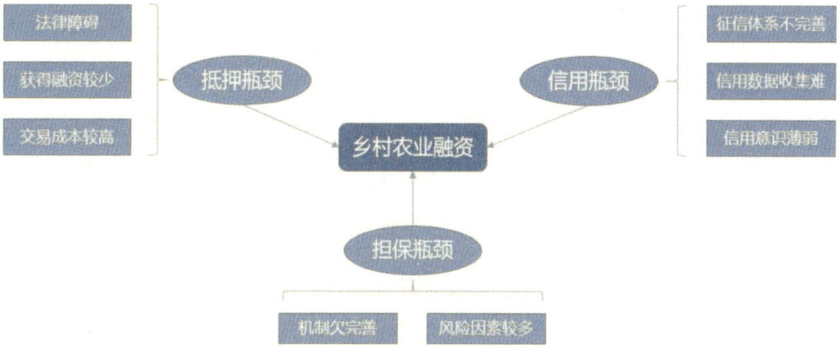

图9-4 乡村融资三大瓶颈

9.3 基于电商平台的农业产业链金融

国务院在《社会信用体系建设规划纲要（2014—2020年）》中提出实施农村信用体系建设工程，将"建立健全农民信用联保制度，推进和发展农业保险，完善农村信用担保体系"作为主要工作目标。抵押、担保、信用瓶颈问题的根源在于农村土地确权问题，而通过电商农业产业链金融可以直接跳过这一老大难问题，转而聚焦于农村土地的变现能力和产品流转能力，从而根本性突破农村融资难的困境。

当前，我国的数智普惠金融体系正在形成以银行类金融机构为中心，以互联网企业为支撑，以非银行金融机构为补充，金融科技企业赋能，基础设施不断完善、制度保障不断健全的全方位发展格局。在发力主体方面，银行类金融机构主要借力开放银行，加大数智化转型力度。对于非银行金融机构，则意在寻求多方合作，来下沉客户群体，而互联网巨头则重点发力ToB/G战略转型，更加注重前沿技术布局。此外，金融科技公司也不断通过加强区块链研发，以产业链金融赋能实体经济发展。

其中，国内互联网巨头引导的电商农业供应链作为一种新型高效的农业融资方式，具有广阔的发展前景。2018年以来，各种P2P助农平台受到资管新规影响，出让大量市场份额。国内几大互联网巨头利用自身庞大的用户基数和在大数据、云计算等方面的压倒性优势，以及庞大的合作金融机构数量，开始独立运营农业产业链金融体系，形成完整的支付结算、征信系统、风险控制业务。

下面以国内典型电商平台农业产业供应链实践为例，通过分析其业务模式、发挥的作用及现阶段的痛点，从完善农业供应链金融体系的角度提出部分优化建议和思考。

9.3.1 农业产业链金融业务模式

1."金融+电商+农业生产"模式

以J公司为例，其产业链金融体系已在全国29个省份开展试点，为农业企业提供从生产环节到售后服务的全链条资金融通和风险识别服务。

在业务模式上，J公司主打"金融+电商+农业生产"模式。首先，与农业龙头企业合作，进一步辐射广大农业供应链市场。依托核心企业，以此为担保来服务上游的农业实际生产者和下游的供销商企业，辅以保险和担保机制，依据融资农户的不同信用值来适当调整授信额度和贷款利率。此外，其业务亮点还在于能够实现应收账款融资和订单融资。这两项作为其最早设立的融资业务之一，主要是通过与商业银行合作或依靠自营的贷款机构，依托自身旗下的商城业务，以上游农产品供应商对商城形成的应收账款或提前备货的订单需求为度量，发放授信额度和贷款，后期回款用于还贷。这样形成了完整的资金闭环，并能够在一定程度上实现资金使用方向的控制。此外，通过与商城需求数据的对接和预测，能够通过减少信息不对称现象来有效减少存货积压和质押资产贬值风险。

2. "保险+融资+农业"的农业产业链金融模式

阿里巴巴的蚂蚁科技与价值链上的龙头企业合作，为价值链内与龙头企业有合作关系的其他缺乏资金的参与主体提供金融支持，并依托淘宝、乡村淘宝、天猫等平台打通价值链上农资农机供应和农产品销售渠道等环节。蚂蚁科技的农业价值链金融模式有三个显著特点：一是电商平台农村淘宝对乡村金融模式的赋能效果显著。农村淘宝的"贷钱放物"可以完全追踪资金的真实用途。二是蚂蚁科技的服务对象主要为规模化的现代农业龙头企业。三是蚂蚁科技通过与保险公司合作降低其客户的风险。蚂蚁科技与保险公司合作为其客户提供综合保险降低风险。这一"保险+融资+农业生产"的农业产业链金融模式也为大多数电商平台所采用。

3. 创新的数智产业链金融模式

"创新产业链金融服务模式"被提升到了一个新的高度。当今的供应链更加强调上下游之间、主体企业与服务机构之间的数智化协同，数智供应链更加强调直通直达、尽量减少中间环节，也更加贴近终端零售客户的个性化需求，从而更加强调信息的共享与信任的传递。创新的数智产业链金融模式不需要核心企业的担保，也不需要货物的质押，更不需要锁定回款账户，就可以达到80%以上的授信覆盖面。例如，蚂蚁集团发起成立的网商银行所倡导的数智产业链金融，提出数智时代的产业链金融应该是"$1+N^2$"模式。虽然依然重视品牌企业在价值链中的核心地位，但不再强行与品牌信用捆绑，而只是借助数智化信任传递的力量来把"预付、存货、应收"三条边围合的闭环打开。网商银行批量导入了超过1万条供应链,与超过500家的品牌企业、平台合作,累计为170万家小微企业提供了金融服务。通过构筑一张供应链链接的网络,跳出了"钱变货、货变钱"的窠臼。

9.3.2 农业产业链金融模式三大功效

基于电商平台的农业产业链金融模式具体可以从以下三方面助力乡村振兴。

第一,降低金融行业经营成本,有效突破担保、抵押瓶颈。互联网大数据技术、云计算技术的应用以其强大的算力,弥补了农村地区原本的金融基础设施不完善、缺乏合格的质押担保物、农业产业易受自然因素和市场因素等外力干扰的缺点。对于传统的商业金融企业而言,农业产业贷款通常被认为是风险高、收益低、不经济的商业行为,而互联网巨头主导的电商平台则能够在资金使用、风险控制两个方面发挥优势。一方面,通过对资金闭环的监控,助力价值链闭环的形成。农业生产从农产品上游的农资产品销售,到下游的农产品电商销售形成价值链闭环,从而增强对农产品价值的评估能力,有效管理资金的使用方向。另一方面,电商平台通过对资金链的监控能够在全环节实现风险的把控及时预警,从而有助于平台和上游农产品采取协同的风险应急机制并实现资金的风险控制。

第二,缓解城乡资源配置不均,提升乡村金融信用水平。由于农村信用环境特殊,传统金融机构与农业较为疏远,因此农村企业融资较为困难。数智科技拉近了金融机构和农村的距离,互联网金融企业通过提供数智化企业融资平台,使农业企业可以跨区域进行融资,城市的闲置资金能够更好地匹配乡村企业发展的需求,农村缺乏资金的局面得到改善。

第三,降低农业信贷风险,有效突破乡村融资三大瓶颈。农业产业链金融多是通过农村龙头企业作为核心或担保企业，能够借助其专业的农业知识和丰富的农产品经验来有效降低农产品面临自然风险和市场风险的概率，从而能够实现信贷风险的转移。此外，电商平台天然具有的广阔分销渠道也能在一定程度上为农业企业解除后顾之忧，分散后端产品积压和质押品的贬值风险。在数智普惠金融的助力下，农产品生产和需求端能够实现精准预测和对接，从而缩小生产短缺或过剩的风险敞口。此外，通过金融系统信贷数据和商城数据的流通对接，资金流向能得到有效监控，并通过闭环的形式实现违约风险的控制。

基于电商平台的农业产业金融的作用如图9-5所示。

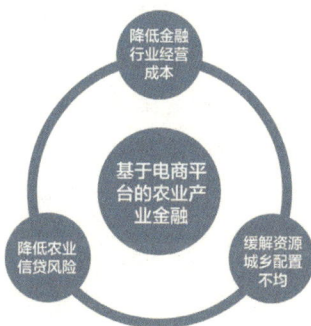

图9-5 基于电商平台的农业产业金融的作用

9.3.3 农业产业链金融路在何方

如今，基于电商平台的农业产业链金融模式的发展迅猛，但其想要在长期发展中保持现阶段的积极作用，还需要社会各部门的积极协调工作，与此同时，需要充分发挥电商平台对农产品销售的保障作用，为其发展铺平道路。

第一，形成以"政府主导+产业化经营+社保托底"为中心，以农业产业链金融发展模式为载体的助农模式，力求精准扶贫。传统农业生产方式不固定、风险高、效率低下是造成农业产业发展落后、农业小微企业与金融机构及互联网平台谈判时议价能力不强的主要原因。随着政府对"三农"的支持力度不断增加,辅之以行业规范组织和新加入的互联网电商平台不断监督指导,农村地区建立了规范化、标准化的农业生产组织,农业生产的规模效应得到提升,并通过先富带动后富的渗透效应助力精准扶贫。此外,我国社保水平不断提升,对于稳定农业劳动人口质量也起到了托底作用。

第二,加强农业产业链金融管理水平。基于互联网企业的大数据、云计算技术,除了在目前已达到的管理产业链金融资金闭环上发力,还可以借助互联网电商平台在社交属性上的优势进行业务模式的创新,通过发展新型农业、订单农业、预约式旅游观光农业等新型农业产业业态,增加农产品附加值,增强农业产业的服务属性,并有效地为农村人口、农村小微企业增收提效,在更大程度上拓宽其收入来源,稳定产业链金融体系,提升农业产业链金融管理能力。

第三,构筑数智化金融服务体系平台优化地方内设金融机构的内部配置。地方性金融机构能够有针对性地对当地农业发展的痛点做定制化解决方案。加深地方内设金融机构的内生变革,重点在于加快地方性金融机构的数智化赋能,全面提升其运营效率和运营质量。在政策方面,银保监会在《关于2021年银行业保险业高质量服务乡村振兴的通知》中提出,鼓励银行业金融机构建立服务乡村振兴的内设机构,鼓励银行在信贷审批流程、授信权限、产品研发方面对乡村振兴业务予以政策倾斜。

广西壮族自治区农村信用社联合社(简称区联社)是"深耕八桂、立足三农"专门为广西农村地区提供优质金融服务的本地金融机构。区联社自成立以来,通过构建数据标准体系,创新数据采集方式，强化数据安全管理等来提高数据应用效率，使得扶贫小额信贷发放额占全区99%以上，已建成自治区—市—县—乡—村五级全覆盖的普惠金融服务体系。2021年9月末，全区农合机构[①]资产总额10916亿元、存款余额9055亿元、贷款余额7003亿元，均位居广西银行业首位，是广西综合实力最强、与农业发展契合度最高的农村金融机构。截至2021年9月末，区联社农户授信户数587.1万户，贷款户数174.6万户，授信覆盖面和贷款覆盖面分别为75.1%和22.3%，农户贷款余额金融同业占比达到64.6%，其中脱贫人口小额信用贷款占比达到99%。

第四，加深互联网企业与传统金融行业合作。传统金融行业在助力农业振兴方面有天然的优势。目前数据显示，截至2020年年末，我国超50%的普惠小微信贷市场是由城商行、农商行与民营银行等提供服务。通过灵活的组织、产品、运营，它们能够快速应对小微企业的变动并采取策略调整产品和服务。

传统金融机构的天然优势和互联网企业的时代优势相得益彰。以江苏苏宁银行与互联网企业合作为例。江苏苏宁银行的微商贷已与几十家场景平台建立了合作。如在农业领域，江苏苏宁银行与扎根农村金融市场十多年的中和农信合作，发挥其覆盖20个省十万多个村庄的优势，共同推出"微商贷"中和农信项目，为农户提供涉农小额信贷产品，产品具有额度小、放款快、无须公职人员担保等特点，还支持等额本息、先息后本、月还N%等多种灵活还款方式，以实际行动支持"三农"助力精准扶贫。[②]数据显示，截至2021年三季度末，江苏苏宁银行普惠小微企业贷款余额129.36亿元，较年初增加61.03亿元，增幅89.32%。

---

① 农合机构指全区农村商业银行、农村合作银行、农村信用联社（统称农村合作金融机构，简称农合机构）。

② 参见《苏宁银行：数字化让普惠梦想跑进现实》文章。

　　第五，加快农村信用体系建设。农村地区农业人口金融基础差、金融覆盖范围不够广、征信体系不全面已经成为农村地区普惠金融开展首先要解决的几大问题。其中，加快农村信用体系建设，完善征信体系有助于各地推进数智农村发展，加快"三农"数据平台的建设，推动土地确权、流转信息等"三农"数据的有效归集和适度共享并提供给合规的金融机构规范使用，推进金融服务向农村渗透。具体操作即以征信建设为载体，信用评价为手段，建设一套行之有效、可行性高的奖惩激励机制，以此来建立一套完善的、多层次的农村信用体系。同时，发挥数智金融对农村企业信用体系建设的赋能作用。

【本章小结】

　　本章主要从以下几个维度，阐述了产业数智金融与乡村振兴之间的关系。

　　（1）产业数智金融很大程度上提高了金融服务的可获得性。数智普惠金融具有门槛低、覆盖面广的特点，它可以通过信息技术打破农村地区"数字鸿沟"，降低农业金融参与门槛。

　　（2）产业数智金融政策加强了农民手中资金的流动性，使得农民有充足的资金进行集约化、标准化生产，打造品牌效应，提高农村人均收入。

　　（3）产业数智金融通过大数据、机器学习等科技手段，结合风控模型能够精准识别贷款风险，解决农户贷款难的"最后一公里"问题。

　　本章提出了农业融资的三大瓶颈，以基于电商平台的农业产业链金融为例，说明了其通过降低金融行业经营成本、提升乡村金融信用水平、降低农业信贷风险等途径助力乡村融资突破三大瓶颈。

第10章
物流数智金融

2021年11月11日，"双11"走过它的第十三个年头。十三年来，这场全民参与的网络购物盛会一次次创造着消费的奇迹，也在不断刷新着物流订单量的新纪录。2009年第一届天猫"双11"购物节，物流订单量是26万单，到2021年"双11"期间（11月1日—11日）处理的快递量达到47.76亿件。随着订单量一同提升的，还有物流的运输效率、服务质量。这些进步的背后，是物流科技的蓬勃发展与应用，是金融的大力支持与创新。数智化的浪潮已来，数智物流将在数智金融的赋能下开创新的高质量发展局面。

10.1 物流行业驶入数智化快车道

2021年8月10日，商务部联合八部门联合印发了《商贸物流高质量发展专项行动计划（2021—2025）》，提出要促进5G、物联网、大数据、人工智能等现代信息技术在物流全场景中的使用与融合，推动物流全要素数字化、全流程智能化发展。在数智化转型的风口上，物流行业的数字变革将进入快车道。

10.1.1 物流行业数智升级箭在弦上

1. 政策指引物流数智化转型

2021年的《政府工作报告》中首次提出了"创新供应链金融服务模式"。物流行业作为供应链中的重要一环，也是国民经济发展的基础性、战略性、先导性产业，更应加快数智化转型，利用数智化技术拓展物流行业的服务创新与价值创造。

《中华人民共和国国民经济和社会发展第十四个五年规划和2035年远景目标纲要》作为我国未来发展的纲领性文件，对物流行业的发展提出了新要求，指明了新方向。保证高质量发展依旧是物流行业的重点工作，对于新技术、新业态要深度融合吸收，保持自身创新发展活力。在行业布局上，要加大力度发展商贸物流、城乡物流、智慧物流、绿色物流等多个重点专业领域。面对"十四五"时期的发展要求，物流行业需加快自身数智化转型的步伐，用数智技术夯实自身发展的基础。

2. 技术驱动物流行业高质量发展

当下，网络购物已俨然成为人们日常生活不可或缺的一部分。截至2020年12月，网络购物市场的年销售额达到10.8万亿元，占社会总销售额的21.9%。网购能够快速发展，与它的便利性密不可分，用户下单后，快递通常在三天内送达，有的甚至当天即可送达，比起十几年前的漫长运输时间，用"突飞猛进"形容也不为过。包裹货运速度高速发展，源于数智科技给物流插上了"日行千里"的翅膀。

物流行业依托数智科技，构建起开放透明、共享互生、高效便捷、绿色安全的智慧生态体系，打通了信息在物流领域的阻塞，让先进的信息技术得以广泛且深入地应用。显著提高了仓储、运输、配送等环节的效能，也促进着物流组织方式的创新优化。基于互联网的物流新理念、新技术、新模式，正成为驱动物流行业发展的新动力。充分利用可信可靠的大数据流来识别风险，为金融服务物流行业提供了风险防范和管控的新思路。

随着物流科技的不断发展，诸如数据智能、云计算、人工智能、物联网等技术不断被应用在物流的各个环节中，构建起物流行业数智化转型发展的坚实基础。可以帮助打通供应链上下游信息流，促进链上企业间的互动与协同，提升供应链的效率，增强供应链的韧性，也成为各大企业增强自身供应链竞争力的新法宝。

10.1.2 物流基础设施数智化

1. 运输科技

根据麦肯锡的报告，截至2019年底，中国前10大物流运力企业的市场份额仅有5%，平均装载率为60%。相比之下，美国同期的数据分别达到了13%和90%。在BCG的一份报告中提到，中国物流运力市场结构呈纺锤形，腰部的中小企业占到了80%以上，其中10至100辆车规模的小车队占到30%以上。不难看出，中国物流运力市场虽然规模庞大，但行业集中度和运力利用率却远少于美国、欧盟等发达国家和地区。通过数智化转型实现货运环节智能化，是帮助众多的中小型企业实现降本增效、促进我国物流运力产业"腰部崛起"的新动能。

在传统货运环节中，司机是主导，车队运营的重要工作是"管理司机"，但这种模式的管理效率较为低下。在物流行业数智升级的趋势下，创新的物联网硬件设备不断升级，构建起货运机器人网络，确保人、车、货的安全运营，提升经营效率。智能硬件的应用，将人、车、货等物流要素数据化，物流公司将这些单点数据打通，再以大数据为支撑，建立去中心化的网络，将终端车辆变成一个个能自我感知、自我调节的货运机器人。这些机器人数据互通、互相连接，成为一个系统可控的货运机器人网络，实现了物流管理从"人管人"变成"系统管机器人"的跨越，进一步降本增效。在将人、车、货、钱各类要素整合进入货运机器人网络后，物流企业利用该网络产生的数据，在安全管理、风险评价、车辆管理、装备贡献、货物监控、路线优化、结算与金融服务等方面也可以展开相关探索。

以国内某领先的货运数字化创新企业为例，利用其在IoT和大数据领域的积淀，帮助成长型物流企业解决管车烦恼。

该企业应用物联网技术改善了物流运输行业的安全问题。根据实际测算数据，接受其安全服务的客户整体事故率降低了19.9%，货运风险的重要评估指标"千公里风险"降低了49.3%，保险赔付率降低了近四成。该企业通过追踪数万辆车的数据，结合自研的大数据算法以及特征分析工具，形成了300余个影响货运风险的标签，实现了预测司机事故率、理赔率等功能。借助车厢内部安装的传感器，安全管家能够捕捉到司机表现出的疲劳、困倦的信号，此时车内的提醒设备便会进行提醒和干预。在自动干预设备无效时，人工客服便会介入，进行唤醒。7×24小时无间断的监控，降低了卡车发生事故的风险，保障了物流途中各方的生命财产安全。

利用这些数据，该企业与保险公司合作，帮助降低物流保险的赔付率。在保障个体司机安全保险的同时，也促进保险公司盈利能力提升。车辆以及司机的数据，在未来会成为物流保险发展的重要因素。

2. 节点科技

物流节点包括仓储中转、后端派送。传统物流企业在物流节点上的操作效率较为低下，仓内管理依赖人工进行搬运和分拣，后端派送在客户无法签收时会产生二次派件的多余人力成本。

（1）仓储数智化

当下，经济快速发展需要物流仓储效率随之提升，传统仓储模式的产能、储能难以满足要求，人力成本增加也让传统仓储的发展更加艰难。这也体现出发展智能仓储的必要性、迫切性和战略性。发展智能仓储，通过新技术的应用减少人员及土地的使用，提升仓储效能，是仓储发展的必经之路。

想要实现仓储的数智化，就要使仓储各环节的业务数字化、在线化，借助多种IoT设施，打造仓储全流程的数智管理和运营能力。使用无人车、无人机、智能分单等技术来建设无人仓，实现仓储流程无人管理。而这些无人的仓储设施也是采集数据的边缘感知设备，每一个业务节点产生的数据通过这些设备的传输汇总到仓库的"大脑"，即仓储数据中台。借助高效的算法模型将多维度、多层面分析的结果以可视化的模式呈现给管理者，更具时效性，更直观，帮助各级管理人员能够便利、精准地进行科学决策。

菜鸟为仓储业务场景提出的物流科技解决方案，覆盖仓储全流程。从货物入库、库内作业，到最后出库，均实现了自动化设备、智能化运营的要求。通过物联网打通底层设备感知，经由物流管理中台指导设备自动化执行，如图10-1所示。

在入库和出库时，菜鸟自主研发的智能手持作业终端"LEMO PDA"，使货物入库、拣选、出库等操作效率更高；智能拣选车搭配"LEMO CORE"质检台边缘计算终端，使拣选流程自动化；RFID盘点小车则会自动进行出货时的盘点。在库内作业阶段，"AS/RS"提供自动化的密集储存，AGV提供"货到人"的搬运，机械臂的运用帮助标品拆码垛；库区内的天眼通过智能视觉分析追溯，实时展示在数据大屏上，供查看业务履行状况。这套完备且成熟的仓储管理系统，能够为多行业提供高标准的服务，具有高性能、广适配、低成本、可持续的特点，在智能化降本提效上效果显著。

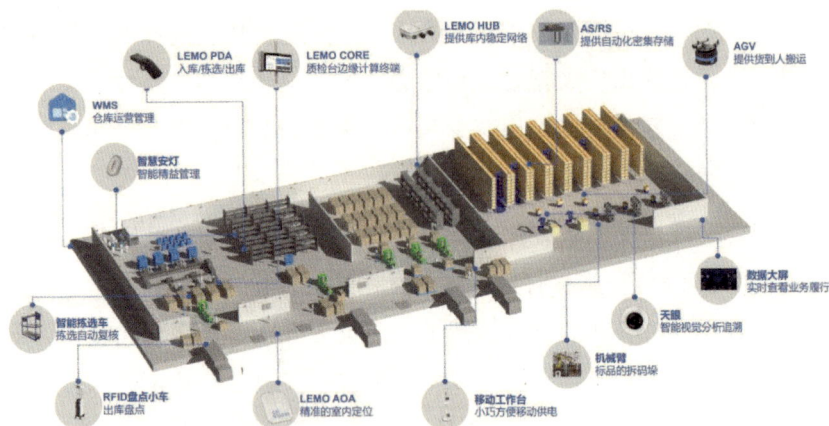

图10-1　仓储物流科技

（2）末端配送数智化

电商业务的快速增长，对末端派送的效率提出了更高要求。传统配送模式以快递员为核心，高度依赖人工。但快递员送货上门模式的效率，已经无法填补交付需求。上班族和学生这类客户，作为电商消费的主力，其收件时间大多为晚上，这与快递员正常的工作时间冲突。且由于快递员的个体差异，派送服务质量难以保证，有时会导致消费者的收件体验较差。

订单包裹需求高速增长，需要更多的人员；但随着劳动红利的逐渐消退，物流行业人员招聘又愈发困难。根据调查数据显示，自2010起我国年快递业务量呈上升趋势，2020年快递业务量达到了830亿件。假设全年无休，日平均业务量达到了2.27亿件。但与之相对的，是中国劳动年龄人口（16~59岁）自2013年起开始逐年下降，至2019年的7

年内减少2300万人，随着中国逐渐步入老龄化社会以及中国城镇化进程的加速，适龄劳动人口数量与日益增长的生产建设、服务消费需求之间产生了巨大差距。这其中的供需差异，就需要用智能的软硬件来弥补。

阿里巴巴设计的首款物流机器人"小蛮驴"，让包裹到家的"最后一公里"更加智能。小蛮驴集成了阿里达摩院在人工智能领域和自动驾驶领域最前沿的成果。小蛮驴能够适应多种复杂路况，并根据送货地址智能规划最优路径。在无人物流配送体系的建设中，小蛮驴将成为末端配送服务降本增效的利器。在包裹到达终端驿站后，用户能够提前在菜鸟APP上预约包裹配送时间和地点，驿站工作人员按批次拣选包裹放入小蛮驴进行配送。小蛮驴将在预定时间自动行驶至用户预约的地点，发车时会短信通知用户车辆实时位置以及取件码，车辆到达会用语音通知用户取件，将包裹直接送至客户手中。

自2018年起，小蛮驴先后进入浙江大学、上海交通大学、复旦大学、四川大学、天津师范大学、天津大学等十几所高校。2020年的"双11"，由阿里巴巴打造的全球首个机器人送货点位在浙江大学落地，3万多件包裹由机器人上门送到用户的手中。新冠肺炎疫情发生后，无人配送也成为许多社区零接触配送的优先选择，在杭州、成都、苏州的多个未来社区落地试点。由无人设备主导的更便捷、更智能的末端配送时代，正在变为现实。

3. 管理科技

面对多重业务的个性化需求，数字化管理系统可以灵活处理多重业务流程，按管理模块大致可以分为OMS（订单管理系统）、WMS（仓储管理系统）、TMS（运输管理系统）以及车辆调度系统。这些技术的应用让信息流的传导效率大幅提高，改善了传统管理方式带来的低效率，提升了企业内部的运营效率。

通过OMS，企业可以对多渠道订单进行统一化处理。系统会自动执行客户订单，并持续监控订单后续动态，及时反馈。订单交易信息也会同步录入KPI考核体系。在整个订单管理流程上，最大限度地减少人工管理带来的运作时滞与成本，客户查看订单信息更快捷方便，物流企业运作更高效。

WMS在库内运作流程中完全替代了传统人工模式，实现了库存货物的清点、发货等工作的自动化。目前广泛应用于库内的库存盘点、流转调度、出库分拣等环节上，大幅提高了库内运营效率。

WMS中对出入库工作产生了较大变革的，当属RFID读写技术。传统条形码扫描的方式，在距离、效率、穿透性、数据容量、寿命等方面存在多种不便性。RFID的解决方法，是将货物读写为一个个标签，并收录存储，大大简化了出入库流程，实现了出入库的降本增效。

TMS将物流企业的运输管理流程线上化，形成数据流，覆盖车队管理、车货匹配、货物监控、交付及结算等服务。物流企业通过TMS，实现了全流程可视化，打破了内部信息流传导效率低下的问题，信息流传导的提升带动运输效率的提高。

车辆调度系统的应用让物流企业的车辆调度与路径规划更为合理和智能，为运输过程节约了大量成本。借助路径优化算法模型以及并行计算平台，车辆调度系统能够同时为海量的用户提供最优的车辆分配方案和最快的路线规划，运输效率大幅提升。这是过去人工调度无法达到的目标。

菜鸟围绕仓储管理已经形成了一套完备且成熟的系统，在入库作业、库内作业、出库作业全流程中打造完整的功能模块。AS/RS、AGV、Cross elt Sorter等技术的应用实现仓库自动化集成，提高了作业效率；切箱策略、智能波次汇总策略、多元化拣配策略、高利用率库容策略等多种智能化策略构建起仓库的智慧大脑。劳动力管理能够实现产能预测、智能排班、自动考勤，并根据实际情况动态调整。通过智能化的仓储管理系统，菜鸟在仓内构建起一个数字空间。通过数据大屏实时展示，特色的数字监控功能帮助提升产品溯源能力，最终目的是实现数字化运营，智能化降本提效。

菜鸟打造的VRP智能路径规划算法，让车辆管理与调度更高效[①]。这款自主研发的VRP引擎能够同时处理大量的车辆路径规划业务，给出方案，达到成本最优、时效最短的效果。可以应用于生鲜业务、前置仓零售配送、仓库拣选路径优化等场景，理论上能够节省约35%的行驶距离。

10.1.3　数智物流打通供应链

1. 商流物流一体化

物流作为供应链的重要组成部分，其数智化转型也将为供应链插上智能化的翅膀。新技术、新方法的应用将不再局限于物流仓储，数智化的产业布局会更加全面、深入地在供应链全链条上展开。

智能算法的应用，与优化生产端的生产计划联动，提高库存周转率，大幅提升资金的利用效率。数智化技术的应用让物流分仓更精准，也让商家能更精准地预测销量，配合购物节实现预售下沉，对各分仓精准补货，每一次机会都能"不掉链"。供应链经过数智化解决方案的优化后，能够释放更多流动资金，提升资金周转效率，实现企业的效率增长。

此时，仓储供应链不再是一个孤立的仓储物流部门，而成为供需

---

① 根据网络资料《世界冠军之路：菜鸟车辆路径规划求解引擎研发历程》等整理。

中转的核心枢纽。通过物流供应链体系与电商体系协作，实现商流与物流的协同。当商家同时拥有线上线下多个渠道时，最重要的是保证不同渠道的订单都能及时履约。而智能供应链就能做到线上线下"一盘货"，打通各个渠道，实时同步仓储信息。智能供应链实现了全渠道、全链路的实时数字化，配合各类人工智能技术帮助商家进行销量智能预测、智能补货。

2. 末端节点触达消费者

物流串起了从生产到消费的各个节点，数智化技术让消费者的需求第一时间反馈给供应链上各处。从消费者在电商平台下单的一刻起，供应链的大脑便开始接入数据运算。多级仓库根据指令进行配货，交由多级仓储运输分拨，再由最近的终端站点配送，直至送到消费者手中。信息在供应链上流通，全链路信息透明可见，每个流程都可追溯。

盒马的高速发展离不开数智科技，数智化的供应链让消费者有了最极致的购物体验。当消费者下单后，后台自动生成最优化的采购计划，调动员工和机器人采购商品。随后分派给最近的派送员，同时系统会智能规划路线，根据消费者购买的商品分析最佳路线，优先配送生鲜食品。这套系统保证了生鲜食品以最快的速度到达消费者手中，在提升消费体验的同时也提高了业务效率。

10.2 物流金融发展瓶颈

10.2.1 传统物流金融业务模式

物流金融的本质是物流业务与金融业务的结合创新，目的是为物流企业及其客户提供融资。根据企业的资金需求特点，形成了多样化的融资模式。

1. 预付款融资

在常见的供应链交易中，下游企业从上游企业购买商品，由于占据交易关系的主导地位，常向上游企业进行口头承诺而非支付实际货款。预付账款融资业务便是基于此种交易关系产生的。

上游企业用订单凭证向商业银行申请贷款，商业银行随后将信息交给第三方物流平台进行审核，协同对企业授信并协商额度。此时，第三方物流平台在为上游企业提供物流服务的同时也会对其进行监管，下游企业在收到货物后应当及时缴纳货款，款项将划转到上游企业的银行账户中，银行扣除相关利息后将剩余款项交给上游企业。若下游企业未能按期付款，则上游企业会将收款单据提交给商业银行，再由商业银行负责督促和监管下游企业还款，进入下一业务流程。下游企业由于受到信用约束，在销售完成产生收入后将会第一时间将款项划转到上游企业的商业银行账户中，商业银行在扣除相应的手续费和利息费用后，将剩余的款项转给上游企业，业务结束。

2. 存货融资

为加速货物周转效率和资金回流，上游企业在向下游企业销售货物时常采用量大优惠的方式，下游企业则为享受这样的折扣而大量购买货物。但事实并非如此，如果下游企业销售途径不畅，无法及时地售完货物回笼资金，购进的大量商品将会导致库存积压、资金周转困难等问题。在这样的情况下，基于存货的物流金融模式便格外重要。

下游企业通过抵押积压的存货以获得贷款，上游企业将质押的存货交给第三方物流机构管理。商业银行和第三方物流机构对存货价格风险、下游机构的偿还风险等一系列风险进行合理的评估，以确定贷款的数额、利率和期限。融资企业、商业银行、第三方物流企业将签订三方协议，同意下游企业分批还款、分批提货，或一次性还清所有款项即可一次性提走所有货物。融资企业在还本付息和提取全部质押存货后，三方将共同注销该协议。

3. 应收账款融资

基于应收账款的物流金融融资方式以交易平台为载体，各方要遵守交易平台指定的各项流程和规定，并承担交易中可能出现的风险。在传统的交易中，资金流、信息流往往分散且割裂，双方信息不对称会导致各自的倾向和差异，使交易过程中出现许多问题。基于应收账款的融资模式，交易中不发生物资和资金的直接交换，而是以信用作为重要载体，第三方银行交易平台依靠信用辅助交易的完成，以达到避免出现系统性问题和道德风险的目的。在这种交易模式下，物流行业的资金流和信息流得到统一，资源配置效率较传统物流行业更为高效。

买卖双方在达成交易协议后，卖家交由第三方物流机构保管货物，物流机构向卖家开具货物权证；买家将钱款交给第三方商业银行，并收到商业银行开具的提货凭证。随后买家向第三方物流机构提取货物，确认收货后向第三方商业银行发出打款指令，卖家收取货款；但如果买家对货物不满意而拒收货物，第三方物流机构则会将货物送回卖家手中，根据交易前达成的退货协议，卖家向银行申请退款，业务完成。

10.2.2 物流行业融资痛点

1. 资金需求量大

物流行业对资金的需求数额庞大。特别是公路货运行业，作为资金密集型产业，配套基础设施、大宗运输车辆维护、人员投入等都需要大量的资金支持；除此之外，企业在日常经营服务中，还要负担雇员工资、燃油费、过桥过路费等各种琐碎的费用。可以说资金是影响众多物流企业长期发展的重要因素。

2. 资金周转困难

物流行业垫资运营情况较为普遍。中小微物流企业在中国物流行业的占比已经超过了90%，行业内部竞争激烈。为了争夺客户，物流企业常为客户代开证、代垫费用甚至购货资金，这导致物流对上游的客户有较长时间的账期，往往在运输业务结束之后才能收到下游企业支付的运费。运费结算不及时、应收账款和票据账期长等问题长期困扰着物流企业。

3. 司企关系不稳定

一方面，货运司机的工作技术含量不高、可替代性较强，且司机的资质水平参差不齐，一部分司机甚至缺少基本的资质证明。另一方面，物流行业的挂靠比例高，大量司机只是借用公司的名义登记以获取运输资格，与运输公司形成的是形式上的隶属关系，实际上只是临时性的雇佣，所以大多数司机难以为企业提供长期稳定的运输服务，这导致司机流动性较大。司机资质的缺乏存在较大的安全隐患，司机与中小微物流公司大量的短期合作也存在经营状况不稳定的风险，这导致中小微物流企业有时难以得到银行提供的贷款等融资服务。

4. 可抵押实体资产少

大部分体量小的中小微物流企业主要提供运输服务，业务总量小。他们的资产，如用地、车辆等大部分都来源于租赁，缺少有价值的实体形态、资产作为抵押物，而银行等金融机构看重的是抵押信用，对缺乏资产作为信用证明的中小微物流企业较少提供支持。

5. 仓储环节信用不稳定

在仓储环节，传统金融机构采取的是以仓库中的存货为抵押物的存货融资形式，对抵押物价值的估值需要商家提供发票，并人工清点库存。但在互联网零售中，货品种类多且价格不一，而且使用商品进价而非售价来估计抵押物价值，会导致资产价值被低估，融资额度减少。同时，由于互联网零售销售快，库存变化频率高，也会导致抵押资产价值变化，进而影响融资额度变化。

6. 经营数据无法展现资信状况

很多小微物流企业不仅缺少资产，也缺少直观且可标准化的纳税金额、应收账款等数据来证明自己持续经营的能力。他们提供的数据碎片化严重、规范性不足，又缺乏统一的标准，使得自身资信情况难以评估，从银行等机构获得金融服务也较为困难。图10-2所示为小微物流企业的融资困境。

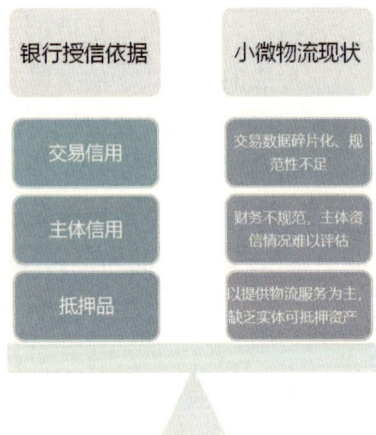

图10-2　小微物流企业的融资困境

10.2.3　数智化破局物流金融困境

1. 数智技术筑牢物流金融信用基础

中小微物流企业信用评估难，获得金融机构融资支持门槛高，这些问题可以通过构建数智信用底座来破局。金融机构一方面依托各级政府、大数据中心等积累的政务服务数据，多维度评估中小微企业的经营发展情况；一方面面向特定领域的产业集群提供技术服务，沉淀部分经营数据，还有的联合产业互联网公司、供应链服务公司等，依托第三方服务机构沉淀的数据，以合规的形式，不断补充中小微企业数据，增进对物流行业运行规律的了解。

由于物流行业涉及多方参与，基础信息的真实可信一直是备受关注的问题，也是金融资源支持物流行业发展的前提。借助区块链技术的防篡改特点可以增进各方互信，如图10-3所示。根据行业合规要求，基于区块链等技术构建物流中台，信用主体通过积累可信交易数据，在物流行业企业共建的区块链征信生态联盟中，获得行业承认的从业者信用评级。每一个物流行业的参与主体都将具有一个数字身份，这个身份由权威的CA机构背书，赋予真实可信的数据信用。

图10-3 基于区块链的物流征信系统[①]

物流征信系统以行业共识的征信评级标准为基础，通过智能合约

---

① 资料来源：《区块链物流应用全解》。

构建评级算法，在联盟链上发布，账本上真实的交易数据将自动计算生成评级结果。区块链的去中心化自治特点，最大程度上减少了人为干预，联盟节点间协调保持一致的规范和协议，让每个参与者都能在公正、可信的环境中安全获得和交换信用数据。

2. 数智技术升维供应链金融

物流数智化可以支持全链路的数据融通，运用可视化分析算法，对全渠道数据科学分析、可视化呈现，为决策提供可靠依据，如图10-4所示。

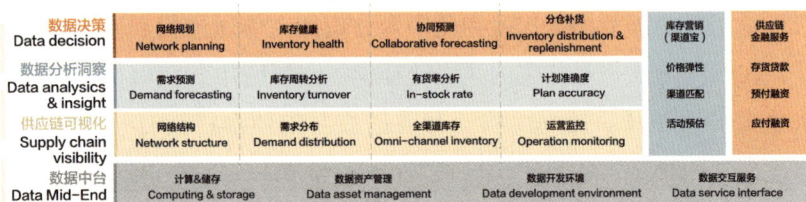

图10-4 智慧供应链金融系统

在此基础上构建供应链金融公共服务系统，整合并应用区块链、物联网、安全多方计算等技术，支持金融机构将产业链中的应付账款、仓单、订单等封装成可拆、可转、可融的数字化凭证，实现资产的源头确权，解决信用在产业链中无衰减传递等核心问题，让供应链中的各个企业借助核心企业信用获得低成本融资。并同步构建智能风控引擎，支持金融机构批量化输出物流金融服务提供科技载体和技术支撑。

专题案例 菜鸟依托技术创新服务物流全流程

将数智技术应用于物流行业全流程，用新技术赋能运输、管理和金融服务，有利于加速供应链上商流、物流、资金流的流转。菜鸟作为物流科技的引领者，致力于通过技术创新推动物流行业数智化建设。菜鸟基于物联网、自动化、无人车等数智技术形成的物流科技底座，依靠自身建设的物流枢纽、物流产业园等基础设施，打造出面向消费者和商家更智能、更便利的物流综合服务平台。菜鸟运用末端服务站、线上平台以及无人小车等智能硬件，大大提升了消费者的体验。菜鸟着力构建综合供应链服务，不仅可以为国内商家提供全渠道的解决方案，还能帮助商家在国际市场中快速融入全球供应链，真正实现"让天下没有难做的生意"。

菜鸟依托可组合、可快速反应的原子化技术能力，结合物流行业的不同场景提供解决方案，涵盖仓储、运输、配送、末端、园区共五大传统物流场景，为供应链上下游提供数智化建设服务，支持金融机构有针对性地提供投融资服务。

菜鸟重视科技赋能，在物流的各个环节广泛应用物联网、云计算、人工智能、大数据等技术。在仓储环节，使用物联网智慧终端提升仓储感知力，自动化设备提升执行效率，完备成熟的仓储管理系统实现智能化降本提效；在运输环节，集成的运输管理系统实现订单协同与智能调度，软硬一体让全链路节点进度信息可追踪；在配送环节，智能算法更加合理规划车辆装载和配送路线，无人化设备打通最后100米的配送障碍；在配送末端，数字驿站、智能柜和自主寄件主机构成了末端多元化的解决方案；在物流园区的建设上，打造园区信息化系统和统一的数据服务平台，打通园区数据割裂的局面，用更深入的数据分析支撑园区发展决策，全方位提高产能。

结合服务供应链的实践，形成了对质押物的估值能力，菜鸟可支持金融机构打造以存货为标的，数智化为驱动的，为入仓商家提供入仓即可融资的解决方案，拥有国内存货、国内预付、国际存货等产品。可以协助合作银行搭建针对商家的贷前模型，并通过检测商家运营情况在贷中实时预警，还款时提供相应的协助。既增强了金融机构触达客户的能力，又缓解了商家的资金压力，菜鸟作为物流第三方，出色地发挥了促进市场要素流动的作用。

针对经营中出现的融资需求，菜鸟仓储联合金融机构开发出"货融宝"产品。在存货贷的基础上加入应收账款作为抵押物，在商家授权的前提下，对商家存放在菜鸟仓中的货物及其流动情况进行整体评估授信。依托菜鸟智慧化仓储管理能力，支持金融机构根据合规要求及时评估商家存货的数据，并联合销售渠道对于存货的销售情况进行预估，帮助银行评估商家的存货和在售商品整体情况，有助于商家获取更高额度的授信。

在售后过程，当货物转变为现金收入后，抵押物的价值降低，将低于授信额度，则自动提示还款相关流程，帮助金融机构做好风控，收回信贷资金。整套流程保证了信贷业务的平滑性，避免出现剧烈的授信额度变化，为商家持续的经营提供相对稳定的预期和融资支持。

10.3　融合式数智科技赋能物流金融

中国人口稠密、城市化建设发展较快，非常有利于全国物流网络的布局，物流行业的蓬勃发展就根植于这片深厚的土壤之中。但体量庞大的市场也带来了激烈的竞争，导致部分物流企业的利润空间缩小。如果实施合理的金融和物流融合发展机制，不仅可以为物流企业提供新的利润增长点，解决行业内部部分企业的融资需求，也可以为产业生态圈中其他各方提供金融服务，达到多方共赢的局面。物流金融就是近年来"金融服务实体经济"的典型模式，它通过各种金融产品的应用，加速物流和资金流的高速运转，从而促进融资需求两端的有效连接。但物流金融的发展过程中也存在着一些痛点，近年来的发展更有进入瓶颈的趋势。在数智化时代，如果能利用科技手段赋能传统的物流金融，将进一步推动物流金融向产业化的趋势发展，也更有利于提升物流业的运营水平和经济效益。

10.3.1 传统物流金融服务的创新：仓单质押

1. 传统仓单质押服务的痛点

仓单是动产融资的关键，它不仅可以表示仓储物所有权，还具备有价证券的属性。仓单质押也是物流金融最早的业务模式，如图10-5所示。在我国，大部分中小微企业缺乏认可程度高的资产和担保物，流动资金大量被商品库存占据着，仓单质押因此成了盘活资金的选择。它的具体实现方式是，如果企业客户有融资需求，可以将商品存储到物流公司，物流公司向企业开付仓单作为凭证，企业凭借仓单向银行申请，银行对商品价值、企业信用等进行评估之后，会向客户提供一定比例的贷款授信额度。在这个过程中，作为抵押的货物由物流公司保管和监督。在仓单质押的基础之上，又延伸出了保税仓、融通仓等抵押贷款服务模式。

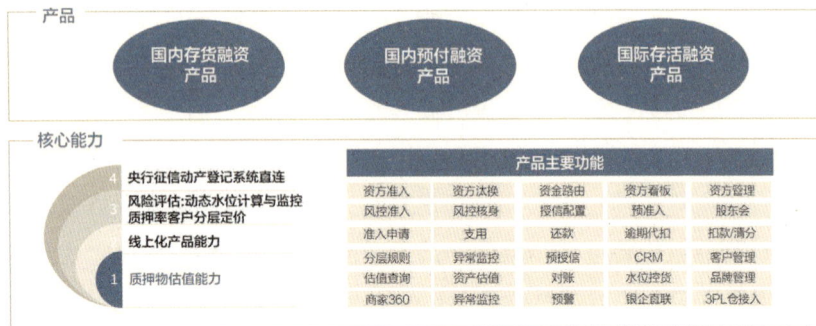

图10-5　仓单质押模式

　　然而随着近些年的物流金融的广泛应用，传统的仓单在流转过程中也暴露出了一系列问题。首先，仓单要经过多次转让和交易，各参与方之间"信息孤岛"现象较为严重，信息存在丢失和被篡改的可能，可靠性欠缺。其次，当下我国金融市场流转的仓单信用水平参差不齐。其中的标准仓单有可信交易所进行背书，而非标准仓单的签发机构通常抗风险能力较差，愿意为其提供信用背书的第三方担保机构较少，导致非标准仓单信用水平较低，可信度不高。最后，由于流转过程中各机构种类繁多、数量庞大、规模也不尽相同，所以信用标准不统一，这就导致当前体系存在着流转效率低下的问题。总的来说，仓单业务需要更加完善可信的流转体系来支撑。

2. 可信仓单流转体系的建立

　　2021年1月，中仓协联合中国中小企业协会、中国物资储运协会正式发布了《全国性可流转仓单体系运营管理规范》，明确提出要建立仓单体系运营管理的自律机制。运用物联网、区块链等新一代信息技术，明确仓单出具人仓库与仓单运营平台的设施与技术要求，保障技术控货、信息真实、责任可溯；要让体系内各参与主体相互协作、相互制约、共同推动商品存货的仓单化、仓单电子化、电子仓单的统一登记以及背书转让、融资、交易，并由此促进我国实体经济的发展。《规范》从宏观角度为可流转仓单的增信进行了顶层设计。而近些年来，为推动电子仓单标准化和可信流转，很多科技公司也从技术层面进行了一些尝试。

仓单流转存在着重复质押骗贷融资的风险，贸易商利用同一批货重复质押向银行贷款，骗取了大量资金。银行等金融机构意识到事件的严重性，纷纷收缩了贷款规模，导致大宗商品行业出现了资金链断裂，在金融和仓单流转两个领域之间出现了一场严重的信任危机。随着区块链等技术的发展和应用，其安全加密、不可篡改等特点对于保证货权流转的清晰性有着较大的优势。大宗商品交易的健康发展与金融体系构建，也迎来了新的发展契机。上海某科技公司从大宗产业链的业务场景出发，利用智能物联网、区块链、大数据分析系统等技术服务平台，研发了区块链仓单解决方案，致力于解决仓单数据流转真实性欠缺、数据流转不通畅等问题。在数据采集环节，利用物联网等技术，将仓储管理流程中的数据实时同步至区块链中，以确保源头数据的真实性，实现仓单数据的可信采集；在流通环节，针对各企业之间存在的"信息孤岛"等问题，区块链的去中心化分布式账本技术和加密技术帮助相关数据实现多节点存储和数据合规共享。区块链上的存储数据具有时序性，每一次数据变更都会产生打上时间戳的新记录，在区块链上留下变动痕迹，让仓单实现可信溯源。数智化升级帮助大宗产业建立与金融服务机构的互信健康发展，相关实践对于物流金融的创新也有着较强的借鉴意义。

此外，江苏某科技公司也与其他企业合作，推出了物联网与区块链结合的资产穿透式数字化仓单系统，系统利用物联网+区块链技术，对交易流程进行监控、预警和处理。区块链存证溯源的功能赋予了它重构原有的仓单质押融资模式的能力，应用物联网传感器和RFID标签，可以实现对物流环节的实时监控。基于这些技术手段，该系统构造了物权线上流转、仓单交易控制与追查等创新亮点。同时，围绕现有的穿透式数字仓单系统，可信仓单市场联盟链的建设也在不断推进中。资金需求方、供给方、供应链管理方等生态圈内各位参与者在有序的组织中共同参与进来，推动可信数字仓单的建设，促进数字仓单生态保持活力。

10.3.2　新型物流融资模式的探索：信用贷款

1. 小微物流的普惠金融信用模式探索

传统的物流金融主要是大型的物流企业与银行等金融机构合作，为供应链上的企业提供服务。而为了解决物流企业遇到的资金瓶颈，物流金融逐渐与互联网、人工智能、大数据、区块链等技术相结合，向中小微企业渗透，小微物流的普惠金融模式正在不断的探索与尝试中。

银行的常规授信逻辑是：企业能提供合适价值的抵押品，让银行根据抵押品资产进行授信；银行可以通过可信的财务运营等信息，或者真实连续的交易行为数据来对企业评估。而现在小微物流企业自身无法提供具有信服力的抵押资产，金融机构一般也难以从小微企业直接获得足够且可信的数据作为支撑。既然从融资企业主体来评价信用较为困难，那么我们可以转换思维，判断其"交易信用"。即根据企业的交易行为，判断他们的业务是否真实、可存续，再决定是否放贷。所以我们需要借助第三方机构的力量，根据其提供的企业资质、运力等多维数据来考虑为企业提供融资需求。

近些年来，产业互联网的发展可以支持金融机构合规获得企业资质相关数据。比如一类是政府公共服务数据，如物流信息中心等；另一类是企业系统的服务商，如支付公司、SaaS服务商等。

部分物流公司与业务相关方建立了合作关系，可以针对物流过程中各商家的资金需求场景，提供相应的金融服务产品。比如针对承运商，结合运费等数据进行分析，提供运费贷、车险保费分期等产品；针对采购商，基于双方之间长期存在的采购关系，提供一定限额的应收账款融资来帮助采购商提高资金运转效率；针对直营网点，根据集团内部系统可了解到的经营数据提供网点贷。

此外，还可以尝试结合政务服务数据建立普惠金融实践方案。政务公共服务数据权威度较高，例如高速卡口记录、ETC通行过程的数据、工商工信等部门记录的企业注册登记、备案等信息，将这些数据进行整合，再引入第三方风控公司打造相应的风控模型，可以显著增强金融机构对小微企业的识别和判断能力。

2. 信用贷模式在物流行业的应用实践

随着数智科技的发展和广泛应用，越来越多的企业开始尝试信用贷在物流金融中的应用。信用贷是以实际交易数据和业务数据作为授信评估依据，在线进行信用评估和放款，并对相关交易行为进行监督，对于拓宽小微物流企业的融资渠道大有帮助。目前，市场上已经出现了运费贷和加油贷两种主要的信用贷模式。

（1）运费贷

物流业务的货主开具发票后支付运费的时间，与实际承运的车队结算运费的时间之间往往存在着较大的延迟，资金流转紧张因此成了承运方拓展业务的一大障碍。而运费贷就是以实际产生的运输服务为授信依据，为承运方提供金融支持，它通常流程较为简单，贷款频次较高。

某全球领先的供应链金融服务公司联合金融机构推出了为物流企业以及第三方车队提供垫付运费服务的金融产品"普运贷"。它以托运人或平台实际发生的业务所形成的运单等数据作为依据（如运费金额、运单时间地点、司机信息等），利用智能算法对这些数据进行多方位的审校检验和经营情况的实时监控，进而为企业提供低成本的资金支持以应对运费垫付压力。为了实现有效的风险控制，采取了交叉验证数据真实性的方法。通过对车辆运行数据、运输订单和交易信息以及车辆牌照、道路运输许可证等信息交叉核对，基于业务场景有效提升了对数据可信度的判断能力。

此外，服务方还依托自主研发的准入、反欺诈、信用评级、风险预警等模型对资产风险进行量化评估，利用区块链不可篡改的特性，与金融机构、物流企业等联合构建区块链技术平台，让车辆、司机、运单等信息同步写入区块链，保证了数据的完整和可追溯。

站在资金需求方的角度，为了方便广大客户申请贷款，公司通过TMS、ERP等系统实现了产品的线上化和模块化。资金申请、授信以及提款等各环节都可以通过标准数据的对接和模型的应用缩短时间，大大降低了小微企业操作难度，提高了资金使用的时效性。运费贷模式如图10-6所示。

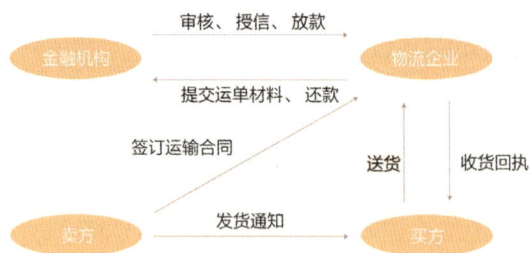

图10-6 运费贷模式[①]

---

① 参见品钛研究院的《物流与金融的结合|小微信贷系列》。

（2）加油贷

油费是很多大宗商品远程运输中占比最大的一项支出，为了缓解一些中小微企业油费资金流不足的问题，一些创新型的物流金融服务公司探索开展加油贷服务，即从油联网获取车辆、资金和加油发票等信息并提供给金融机构，金融机构以此为依据评估授信额度并发放贷款，通常应用于指定的加油站。

这种模式在市场上已经有了一些应用。某银行曾推出过"油融通"加油融资产品以满足物流企业及司机的加油融资需求。该行基于数智风控技术，测算客户授信额度并校验贷款支用规则，设置预警机制，对于车辆的最大油耗、加油时间间隔和次数等进行监测和预警。物流企业客户可以通过银行的企业网银管理和分配授信额度，司机在加油的时候，通过银行APP人脸识别进行身份验证，扫描二维码即可完成实时支付，方便快捷。加油贷模式如图10-7所示。

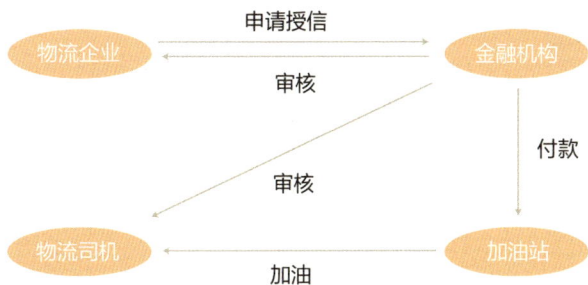

图10-7　加油贷模式

此外，一批提供信用贷服务的专业物流金融服务平台也发展了起来。这些平台有的采取线下获客线上服务的运营方式，提供涵盖授信审核、资金融资、贷后监控和违约处理的信用贷产品；有的则依托物流管理体系来评估企业经营风险。目前，运费贷产品主要支持运费预支、回单贷款等服务。目前，信用贷模式还处在初步发展和探索的阶段，相信在未来，我们会见证物流金融业务的更多创新尝试。

【本章小结】

本章主要介绍了物流行业数智化发展趋势以及数智金融支持物流行业发展的路径。

（1）数智技术在物流节点、运输、管理上的广泛应用，帮助物流企业实现降本增效。

（2）着重分析了传统物流金融服务存在的各类问题，如融资需求量大、周转难、缺少可信数据，缺乏抵质押物等，通过数智技术的赋能，更契合当下物流行业的需求。

（3）通过对传统仓单质押模式的创新，重点分析了基于数智科技的信用贷模式，协同多方交叉验证，可以有效拓宽物流企业的资金来源，降低物流企业融资的难度。

第11章
快消数智金融

　　快消行业与民生消费息息相关，它的数智化重塑工作既深刻影响了国民生活，也是我国"十四五"期间推动供给侧和消费侧改革的重要组成。本章首先聚焦数智化时代快消行业的变革，分别从渠道、营销、零售三个方面来展现快消市场新的发展图景。接下来指出快消市场在不断扩张、蓬勃发展的同时，也面临着一系列资金和运营方面的问题，特别是产业链上众多资源有限的中小企业，其生存形势更加严峻。针对这些困境，我们探讨了数智科技如何在快消品产业链的各个环节上，服务于供应商、零售商和消费者，并为这些企业提供场景金融的解决方案。

11.1　快消行业在数智化时代赢得发展新动能

　　近年来，电商和互联网平台的快速发展深刻影响了快消行业的竞争格局。淘宝、天猫等大型电商平台为众多品牌提供了竞争舞台，让"名不见经传"的企业也可以快速崛起，实现销售规模的快速扩张。

网络购物占社会消费品零售总额中的比重呈逐年上升的态势，倒逼传统企业转型升级。快消行业也在新时代的竞争浪潮中，进行着一场由数智化技术推动的深刻变革。

11.1.1　快消行业的渠道变革

快消品能否快速触达消费者很重要，因为人们购买快消品时往往不需要经过审慎地思考，大多数凭感性做出选择。因此，品牌商会尽可能让自己的商品与消费者快速建立紧密的连接，为消费者营造便捷的购物体验，因而"消费渠道"成为各大品牌占据市场的关键点。由于传统快消品的交易和支付行为多发生在线下，因此品牌商着力追求商品在线下渠道的营收最大化，大型超市、百货商店、小卖部等都是他们关注的对象。而现在，经济的发展和科技的进步改变了行业内部的分工结构，移动互联网又拓展了人们获取信息的渠道，一切生产要素都走上了数智化的道路，人们的消费也部分转移到了线上，快消品的消费渠道也呈现出新的发展趋势。

1. 多渠道共生共存的市场格局

市场的复杂性决定了销售渠道的复杂性。消费人群的喜好、品牌的定位都会影响商品配置的路径，而一系列数智化手段也为开拓销售渠道提供了支撑。图11-1展示了商家可选择的渠道，品牌商想要触达消费者，可以选择B2B、B2C等线上平台发布商品，或通过微信群聊、公众号及快手和抖音直播间带货；也可以在商超、百货、购物中心等传统线下渠道铺货。此外，一些专有渠道，如电视购物等也依旧吸引着部分消费者。众多渠道百花齐放，商流、物流、信息流交织成网，为消费者提供了多样化的选择。

图11-1　渠道选择

2. 电商和互联网驱动下的渠道融合

各渠道之间并不是互相孤立的，品牌商会利用渠道之间的联动快速打开市场。以化妆品市场为例，很多外国品牌在进军中国市场之前，会选择在电商平台沉淀数据，进行人群定位和分析，进而辅助线下渠道的选择和布局。

而快消品行业具有复购率高的特点，也非常适合进行线上和线下的渠道融合，双向引流，共享资源。比如，三只松鼠就先通过线上的电商渠道占领市场，打造"三只松鼠"IP进行营销获客，扩大品牌影响力；接下来再利用线上积累的经验和数据进行线下渗透，在几十万个实体店铺中广泛布局，迅速打通了线下零售渠道。

此外，前置仓或就近门店发货的物流方式，也是渠道融合下的一种尝试。大多数快消品的单价低，获利空间小，如果在消费者线上下单之后，商家选择从总仓发货，快递费用的占比则非常惊人。而通过与淘鲜达、盒马等合作，实现就近发货，可降低物流成本，同时也提升了消费者的购物体验。比如，良品铺子就采用了天猫的"极速达"

配送服务，消费者在电商平台上动动手指下单，几小时内就可以经线下配送收到商品。这种线上和线下的联动，非常有利于吸引消费者，如图11-2所示。

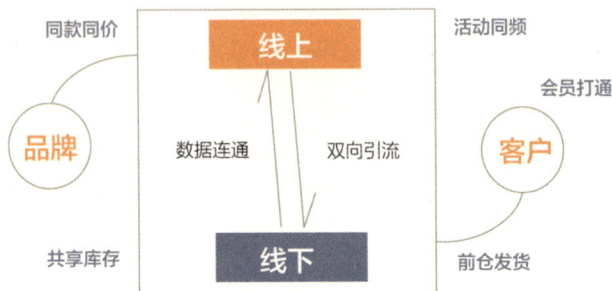

图11-2　渠道融合

3. 数智科技赋能渠道管理

渠道就像是四通八达的交通主干线，将包罗万象的商品输送到消费者手中，因而输送工作的效率和顺畅性是非常重要的。快消行业是渠道层级非常复杂的行业，为了能够深入触达数以万计的消费者，品牌商需要把商品分配到众多终端零售点，中途要经过多层级的分销商或批发商，这对分销管理提出了许多挑战。在传统的渠道管理模式下，代理商、品牌商和销售商之间存在着严重的"数据孤岛"，铺货路径、库存数量、销售情况都难以共享。当零售门店进行销售时，库存、财务、考核等各个系统之间也不互通，管理起来十分困难，这就会导致出现分销成本高、各层渠道之间损耗多、分销商与公司整体营销策略不一致等问题。目前，渠道管理做得较为成功的几家著名企业，如联合利华、娃哈哈等，都特别强调对整个供应链各个销售渠道的整合，以求实现规模经济效应。在这个过程中，通过数智化手段将渠道管理的各个业务环节数智化，将会极大地提升渠道管理的效率。

比如，钉钉在2017年就为渠道管理在线化提供了创新工具，通过打造新零售工作台，让线下门店形成线上的数智化触点，贯通各个渠道的数据。总部的品牌商可以实现远程办公，在线掌握旗下门店的运营情况，也可以在线考核员工，实现人员管理的数智化；线下消费者沉淀的数据，也可以通过钉钉进行传输和存储，使店家和消费者建立长期的连接；同时，数据可以以可视化的方式直观地展现出来，为渠道运营决策提供参考。

每日优鲜的零售云业务，也是通过与实体零售企业深度融合，借助实体企业的线下资源，搭建全方位数智化平台，将线上和线下的渠道连接起来，用数智化能力赋能渠道管理的。每日优鲜瞄准了规模庞大的社区零售市场，其中占据80%市场份额的是本地中小商超，它们覆盖广、拥有的消费人群大，但数智化基础较为薄弱，急需具备线上运营和整合的能力。据此，每日优鲜帮助这些社区商超实现全链条的数智化渠道运营。在营销环节中，通过智能触达、智能推荐等方式实现全渠道精准营销；在供应链环节中，帮助商超进行库存定量、智能选品和科学定价；在物流环节中，提供门店选址、送达时效规划等服务。在这个过程中，大数据和AI技术得到广泛应用，为社区商超的数智化赋能。

11.1.2 数智化营销助力下的产品精准触达

不同快消品本身的特性和质量差异较小，导致消费者一般不会经过长时间的思考再做出谨慎的消费选择，通常感性消费和冲动型购买行为是主流。

同时，频繁、迅速的消费行为导致快消品的替换成本很低，消费者的品牌忠诚度和依赖度不高，他们很容易改变自己在同类产品中的购买选择。这些消费特点使得品牌形象广告、现场演示、折价促销等活动对快消品消费者产生很大的影响。因此，快消企业的竞争逐渐趋向"营销制胜"的局面。

1. 消费者洞察

确定目标消费人群是精准营销的首要工作。在广告投放之前，我们就需要知道针对哪些人群的广告投放是无效的。因为目前数智化的营销推广行为已经不再是孤立的，它需要直接导向销售结果，实现营销和销售的联通，而洞察的依据就是数据。通过对消费数据的不断沉淀、评估和反馈，我们可以深化消费者标签，知道哪个IP对目标群体最有吸引力、哪些商品是他们最关注的、哪种风格的广告词会吸引他们的点击量等，精准是数智化时代消费者洞察的最主要的特征，如图11-3所示。

图11-3　消费者洞察

数智化时代消费者洞察的另一个趋势是营销行为从人群定向向行为定向转变，即将人的行为数据作为分类依据，用行为数据分类筛选。比如，快消品牌只在广告收看高峰期进行广告推送，而不是全天无差别放送，就是基于人的行为分析做出的决策。广告的点击率不再是其投放效果评估的唯一指标，转化价值才是更为关键的。某沐浴露品牌的营销负责人针对旗下某婴儿产品推广时，选择只在早晚时间段推出广告，最后产品销量成功提高了7%，这在节约营销成本的同时，也让消费者洞察真正转化成了经济效益。

2. 广告投放

广告是品牌商的重要营销手段。在数智化时代，营销不仅能帮助品牌获得声誉和影响力，还有助于挖掘人群资产，进行更长期的人群精细化运营。而当下的广告投放，相比投放范围和时长，更追求实际转化效果的实现。

阿里妈妈的UniDesk是阿里巴巴全域营销方法论下的核心产品，它将提升营销的转化效率作为自己广告投放的目标，基于阿里巴巴的数智技术和数据资产沉淀，帮助品牌盘活全域的人群资产，将新的消费人群带回品牌私域，形成了较为成熟的各种应用场景，包括平台大促、IP营销、直播等。在广告投放场景下，它基于对频率、时效、人群背景的控制，使用智能算法来提升创意投放的表现。

11.1.3 "人、货、场"的重构升级

电商的蓬勃发展在一定程度上对实体零售业造成了冲击，线下品牌多样性欠缺、店面成本高、产能浪费等问题困扰着商家。新冠肺炎疫情的突然爆发加剧了这种困境，大家更愿意选择足不出户完成商品的采购，快消品零售行业正经历着一场关于"人、货、场"的深刻变革，如图11-4所示。

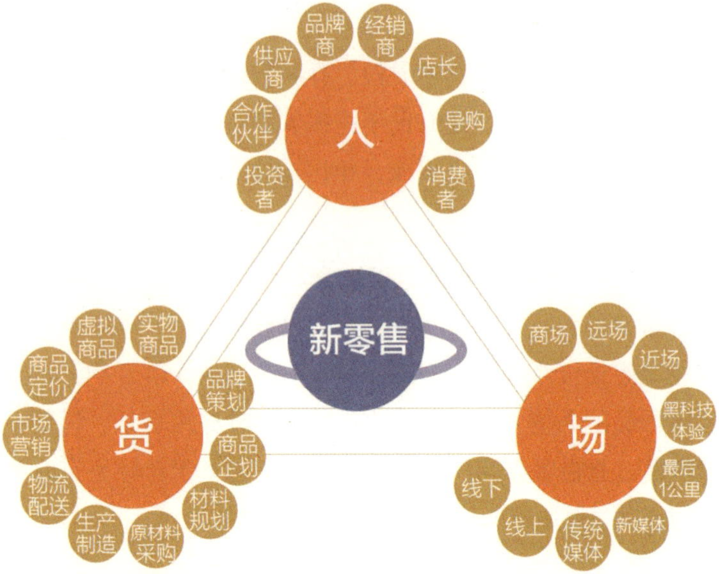

图11-4 "人、货、场"的重构

1. "人"的重构

改革开放四十多年来,中国的消费市场蓬勃发展。目前,我国拥有14亿人口,其中中等收入群体达到4亿,市场规模位居世界前列。然而,近些年来中国最终消费在GDP中的比重保持在50%多一些的水平,远低于欧美发达国家80%~90%的比重。可以看出,中国的消费市场还有相当大的开发空间,消费能量有待进一步释放,因此如何激发消费者的购物热情,也成为众多品牌的关注重点。在数智化趋势下,"数据"在代替消费者与商家对话,告诉商家消费者的喜好与习惯。对于这些数据,商家采用标签化的方式,基于消费行为进行用户画像。

在这场变革中,零售方场景的"人"也被数智化重塑。导购不再做单一的柜员工作,可以身兼导购、顾问、主播、客服等数职,通过网络与消费者建立沟通的渠道。疫情期间，林清轩的导购就全员进行了线上直播，成功实现了业绩的逆袭。店长掌握业务数据的渠道也不再像以往一样，通过事后的汇报和记录获取，而是可以实时透过数据动态观测每个环节，真正成为线上线下全面服务消费者的枢纽。在"人"的基础上，组织实现数智化，成员之间的沟通、合作和协调实现在线化、智能化和移动化，以此提高效率和决策能力。

2. "货"的重构

当下至未来几年，"80后""90后""00后"都是中国消费市场坚实的力量，个性化和多样化是这类人群的鲜明标签。对于商家来说，了解不同消费群体的特征和爱好，并为之提供差异化的产品就成为重中之重。目前，新品的打造不再像以往一样，遵从生产者到消费者的顺序，而是根据消费者实时反馈的需求数据来驱动产品的设计和生产，同时实现数量小、批次多的柔性供应链策略，减少商品堆积滞销的情况；在新品创造方面，数据可以帮助商家进行精准营销，使生产者迅速掌握流行的需求动态。天猫的新品开发已经从18~24个月缩短到了9个月，一些服装品牌更是以周为单位召开新品发布会，"货"的更新速度在加快。此外，货品的流通环节也在数智化时代被重塑。5G和区块链技术让商品的发出、运输、仓储等各环节都可视化和透明化，每一个节点都清晰可见。

3. "场"的重构

"场"是指消费者和零售商产生交集的消费场景集合。到目前为止，由于线下渠道依旧占据着快消品市场的主流，因此线上的数智化创新变革也需要延伸到线下的落地应用场景，以便形成稳定的供应链关系。线上和线下"场"的同步创新，对提升消费者体验尤为重要。

线上网购有着无须多层加价、精准数据推荐和突破时空限制的天然优势，但与此同时，线下购物真实的体验感却是线上渠道无法比拟的。消费者看中了一件衣服，当然希望能即刻试穿后再决定是否购买。如果可以实现线上和线下消费场景的优势互补，增强消费者的体验感和与商家的互动，将会进一步提升对消费者的吸引力。目前，5G、VR、3D建模等技术正推动着虚拟和现实的紧密融合，消费者在线上也可以拥有身临其境般的体验，比如在网上购买化妆品时，可以通过沉浸式在线试妆观察产品效果。数智化时代的"场"，正经历着一场全渠道、全场景、全触点的重塑，如图11-5所示。

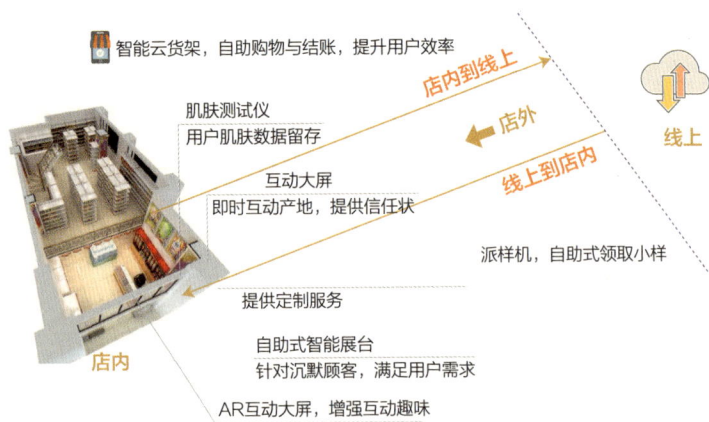

智能云货架，自助购物与结账，提升用户效率

店内到线上

店外

线上到店内

线上

肌肤测试仪
用户肌肤数据留存

互动大屏
即时互动产地，提供信任状

派样机，自助式领取小样

提供定制服务

自助式智能展台
针对沉默顾客，满足用户需求

AR互动大屏，增强互动趣味

店内

图11-5　渠道联动下"场"的创新

11.2　快消行业需要解决资金流转难题

数智化能力不断丰富着快消行业的生态环境，推动着快消市场规模不断扩张，并朝着效率化、科技化的方向蓬勃发展，但与此同时，其也加剧了快消行业内部竞争态势的不断蔓延，快消企业要想在日趋激烈的竞争中脱颖而出，还有诸多困难需要克服。

11.2.1　快消企业的生存困境

1. 中小企业资源有限

大多数快消品科技含量较低，进入市场的门槛较低，很容易涌入大量的竞争者。另外，产品的同质化程度较高，消费者一般很难在产品特性上加以区分。因此，品牌营销成了各大商家占领市场的法宝。而品牌影响力大的企业，如宝洁、可口可乐等，汇聚了大量资源，市场占有率高，有着丰富的营销经验和深厚的财力资源，更有利于通过开展营销活动来吸引消费者，形成了良性循环。而中小品牌生产商掌握的资源有限，如果想要获取更多的客户，只能采用扩大铺货范围、增加零售店的手段，成本较高，加剧了资金压力。

2. 传统经销商面临资金压力

"现金流为王"是各个行业的共识，而快消行业更有它的特殊性。中国广阔的消费市场为快消行业带来了巨大的发展潜力，同时也给商品的直接触达制造了难题，即快消行业对中间商的依赖，从原料采购到成品销售都要经历层层分销。在整条快消品供应链中，规模较大的品牌商和零售商有较大的话语权，常常占据强势的核心地位，这在交货、账期、差价等方面可能会给经销商及前后的供应商造成压力。对于中间的经销商来说，他们要承担垫资的职责：面对上游的品牌制造商需要先付款后拿货，面对众多零售渠道需要先发货后收款，平均账期可达3~6个月，回款很慢；有的经销商还要提供零售端的服务、配送等工作。这使得夹在中间的经销商成为对资金需求最为迫切的一方。

针对涉及跨境业务的快消企业，情况就更为复杂。进出口需要经历一系列复杂的手续申报、通关检查，再加上国内和海外的仓储备货、商品"漂洋过海"的过程，时间周期十分漫长，资金周转压力就更大了。与此同时，线上购物发展迅猛，而线下实体零售和经销商体系由于多层级的加价模式的存在，失去了价格优势，对消费者的吸引力也逐渐下降，这让进行线下渠道经营的经销商显得非常被动。2020年，一场突如其来的疫情对他们来说更是雪上加霜。民众减少出门，线上购物需求暴涨，实体零售业大量停摆，库存积压。

在一条完整的产业链中，通常80%的节点是中小微企业，如果它们的资金链较为紧张，则整条产业链也会出现失衡现象。在这种情况下，各方都在为经销商的生存和发展采取一些措施。监管部门在疫情期间酌情放宽小微企业的不良贷款容忍度，目的是在一定程度上缓解它们的贷款压力；品牌商也会提供一些融资。"三只松鼠"为了帮助下游经销商拓展融资渠道，推出了信用担保融资服务。被担保对象需要是公司严格审核及考核后准入的合格经营主体，公司根据其开店规模、信誉度等情况核定担保贷款额度，并通过监管融资资金的使用来把控风险。尽管如此，在担保审核过程中，公司与银行责任的界定、是否需要实物抵押、款项发放方式等依旧受到了相关监管的质疑。上游品牌方所能提供的信贷政策，对下游企业的生存来说也是杯水车薪，更广泛的融资渠道和更有效的融资方式还有待经销商自己去开拓。

11.2.2 快消企业的融资难题

无论是线上电商渠道还是线下实体渠道，快消企业增加获利的直接手段，就是扩大商品的销售量，增加商品的交易频率。由于快消品的销售直接面对广大普通消费者，通常不过分追求个性化定制，以大批量、集中式的生产方式最大程度降低成本，实现规模效益。因而，产品从生产到流通，运转起来都非常快，但现金流的周转却显然跟不上这种速度。大部分快消品的保质期较短，通常只有12~36个月。随着保质期的临近，商品价值也会受到影响，面临滞销的风险，商家不得不通过降价的手段来促销，这可能会导致企业遭受一定程度上的营业额损失。此外，销售端运转不力、品牌商销量停滞、花费大量资金不断开拓新的渠道，都会让经销商的资金周转出现问题，导致无法进一步拓展市场。大部分中小微快消企业都面临如下融资难题。

1. 缺乏可靠质押物和担保物

轻资产运营是大部分快消企业的经营特点，它们销售收入高，实体资产少，很多甚至是个体经营。而快消品保质期较短，随着保质期的临近，商品价值也会衰减，导致商品的质押性较差，而缺乏可靠的质押物和担保物，银行等金融机构不愿意承担风险放款。

2. 信用评估困难

快消品SKU（Stock Keeping Unit，最小存货单位）的数量十分庞大且分散。快消品不仅品牌数量众多，而且每个品牌下的单品数量也十分惊人，单品型号、规格种类更是繁多，导致产品和价格体系难以标准化精准评估。此外，部分小微企业还存在账户管理不规范的问题，难以按照传统信贷要求提供规范的财务数据，作为评估依据。

3. 违约难以处置

快消品的质押物具有快速消化、变现难、处置渠道少的特点。在一旦产生违约涉及抵押商品处置问题时，金融机构往往不具备快消品的处置渠道。尤其是在涉及冷链物流的生鲜等品类时，其价值随时间延长快速衰减，金融机构对其价值评估和违约处理都存在较大困难。

4. 风控能力弱

中小微企业的数智化程度普遍较低，经营管理相关的数据缺失，且较为分散。在授信过程中，经营管理信息以自主填写为主，真实性难以验证，金融机构难以判断企业经营风险。例如，目前国内存在一些针对小微企业提供服务的SaaS企业服务软件，软件系统的使用门槛参差不齐，部分系统甚至都不对店铺的营业执照进行调查和确认，只要客户填写手机号就能登录，故存在大量伪造流水数据申请贷款的案例。

5. 融资渠道少

对于快消行业的经销商来说，除了利用自身留存收益，银行贷款是成本最低的融资方式，但银行对商业贷款的审核非常严格，特别是很多中小经销商本身经营风险就较高，银行批准放贷的难度非常大。资金相对雄厚的品牌商是经销商融资的又一种选择，品牌商通常愿意向业绩较好的经销商提供周转资金，帮助经销商发展渠道，实现合作共赢，然而从品牌商获得资金有诸多限制，资金用途、终端陈列、产品对象都可能受到品牌商的约束，使经销商卖货的自由度大大降低。因此，有效的融资渠道依旧缺乏。

11.3 数智科技赋能快消行业供应链重塑

11.3.1 供应商：数据支撑供应链金融发展

一般来说，行业供应链上的各个企业都相互依存，有机统一，如果其中的中小微企业濒临消亡，则整个链条也会失去平衡。因此，要想提升整个行业的竞争力，就必须加强对利益关系生态圈的管理，让供应链上的各方紧密联合，实现共赢。供应链金融模式就是一种通过为供应链上下游的弱势企业提供金融服务，提升整个快消行业市场竞争力的选择。

在供应链金融的服务模式下，不管是金融机构还是各大核心企业，若想切入到帮助中小企业获得资金的相关服务中，首要考虑的因素一定是风险控制。在传统贷款流程中，银行等金融机构需要有价值的实体抵押物来提供授信，而供应链金融通过供应链企业之间的交易关系和诚信记录来评估融资的整体信用，将真实的业务能力数据作为放贷和风控的依据。因此，如何实现对数据的有效管理，也成为发展快消行业供应链金融的核心要点。

1. 电商平台：提供可信数据支持

对于大多数资产缺乏、信用评估困难的小微企业来说，真实的经营数据记录就可以成为它们的信用凭证。电商平台、支付公司、企业信息系统服务商、综合金融服务管理平台、物流仓储企业等都可以成为帮助金融机构汇聚中小微企业数据的渠道，比如，1688、速卖通、敦煌网等B2B电商平台，以及淘宝、京东等B2C平台。这些平台凭借着它们强大的流量和市场占有率，帮助中小微客户和银行沉淀数据，在供应链金融服务中占据了领先优势，发挥着重要的作用。

以阿里巴巴的供应链金融为例，如图11-6所示。早在2007年5月，阿里巴巴和中国建设银行及中国工商银行合作，推出"e贷通"服务。由电商平台的上下游关联企业组成的"联贷联保联合体"，先将贷款申请提交给平台，平台再将信息转给银行审核，由银行决定是否发放贷款。电商平台长期服务于中小微商户，因而能够较为清晰地理解其运行规律，可以帮助中小微企业向金融机构提供相对规范的交易数据，支持金融机构全面洞察小微企业用户，基于对供应链运行情况的研判，综合评估中小微企业的资信情况，进而让供应链金融更"接地气儿"。

商家的经营情况会受到多方因素的影响，包括自身经营状况、交易对手，以及产业链上下游相关方等。基于电商的供应链金融，可依据快消品企业从原料采购到销售的全链路的交易信息，支持商业银行进行风险评测，在合规的前提下，及时获取真实的商贸数据、发货数量、发货时间等，让资产可控，进而确认信用额度并发放贷款，该模式适用于存货融资、预付款融资、订单融资等多种融资方式。

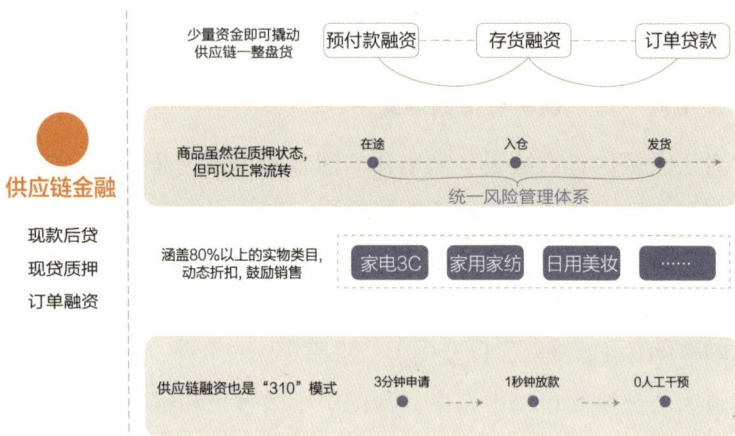

图11-6　阿里巴巴的供应链金融模式

其中，存货融资主要通过电商平台的动态销售数据评估存货价值，引入仓储物流和仓储信息动态评估存货价值。

预付款融资建立在存货融资基础之上，买方先缴纳一定数量的保证金给供应链金融服务企业，由供应链金融服务企业向卖方协议支付全额货款，卖方根据购销合同发货，货物到达之后即转为代垫款的抵质押物。

订单融资是指电商平台方支持金融机构对平台上商家的交易和信用状况进行审核，为其已经发货但并未收到货款的订单提供快速回款的融资服务。这几种融资方式的操作较为简单便捷，审核也比较快，可在线办理，有效拓展了快消企业的融资渠道。

2. 数据中台：实现数据价值变现

供应链金融发展至今，市场规模已经十分可观，但遭遇坏账的声音也此起彼伏。由于核心企业难以充分提供相关信息，或者存在数据造假的情况，导致金融机构对货权和交易的真实性掌控能力不足。由于供应链相关方众多，关系复杂，如何甄别虚假交易，是金融机构面临的重要挑战，因此核心企业或产业服务平台的数智化服务和管控能力非常重要。基于数据中台汇聚业务人员、门店库存、销售渠道等信息，可以实现对经营管理和决策的数据化。只有建立产业与金融的合规数据共享和互信机制，才能让金融机构放心地提供资金援助。

以乳业龙头飞鹤乳业为例，其为了拓展创新业务，保持领先的市场地位，于2018年启动数据中台建设，汇聚全国各网点的经销数据，进行数据标准化、资产化和服务化建设。通过打通数据中台与上下游系统，丰富对业务、渠道及各领域经营管理的支撑：构建消费者统一标签体系，实现对消费者全生命周期洞察；开展精准营销，实现营销效果分析闭环管理；整合线上线下分销渠道，实现全渠道数字化营销和终端门店精细化运营，有效提升了客户体验。通过对渠道和营销数据的整合，可以帮助金融机构分析产业链运行情况，更为清晰和精准地为产业链中小企业提供融资服务。飞鹤的数据中台架构，如图11-7所示。

11.3.2 零售商：新零售创新金融服务场景

数智金融与数智零售的相遇，也在不断创新零售端的金融服务场景，帮助零售商家更为高效便利地开展收单、回款、资金调度等业务。

1. 智能收单覆盖全渠道

快消行业的线下消费场景涵盖衣食住行的各个方面，与日常生活紧密连接，消费者希望得到便捷、安全的消费体验，这为各种智能收单模式的应用提供了广阔的空间。良好的支付环境不仅可以满足消费者的购物需求，也会对零售商店的运营起到辅助作用。

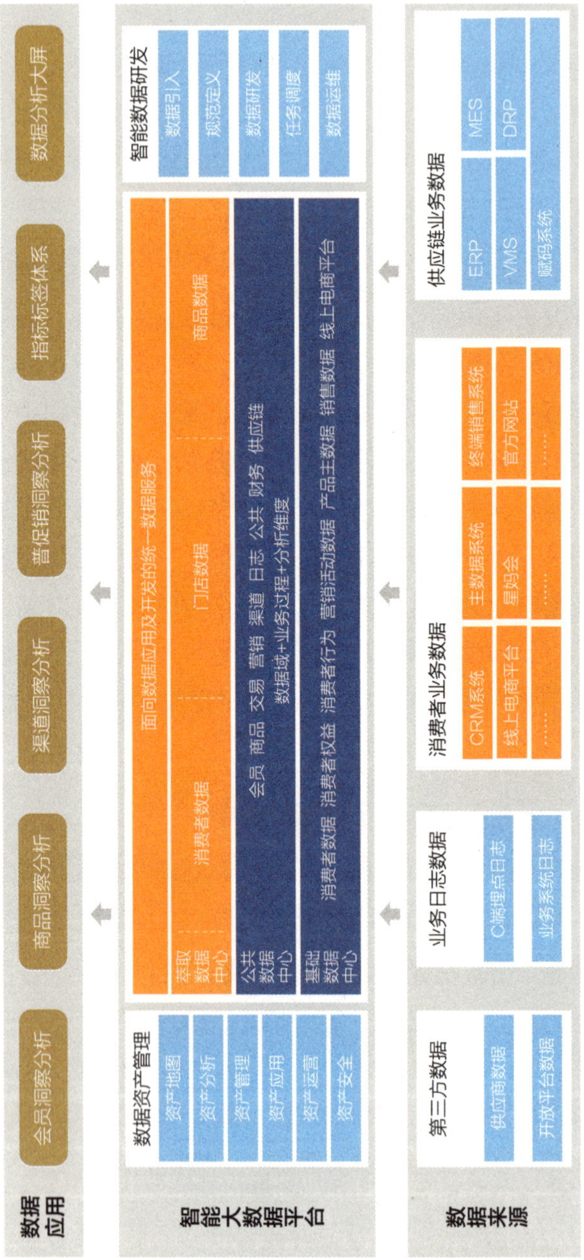

图11-7 飞鹤数据中台架构

对于网商来说，新金融为天猫等电商平台提供了全渠道的收单支持，商家可通过支付宝实现收款和自动分账，交易完成且买方确认收货之后，资金会自动结算给对应的卖家；而对于实体零售商家来说，各种智能收单设备的应用，可满足客户的多种支付诉求，有利于增加客户黏性。比如，线上POS聚合收单系统的应用，将支付宝、微信、网银等多个支付通道对接到一个平台，商家无须每天切换不同的支付账户查看收入，一个通道就可以清晰、准确地汇总数据，省时省力。

2. 快速回款缓解资金压力

订单贷款、提前收款等业务可以帮助流动资金有限的中小零售商家快速回款，缓解现金流压力。2010年，淘宝就开始推出特色订单贷款服务，利用买家的购货款进行短期放贷。在一定时间内有良好信用记录的淘宝店主，可凭借处于已发货状态的订单申请贷款，这样卖家就可以立刻获得汇款资金，而不必等买家确认。贷款可在线申请，由系统发放，方便快捷。

阿里巴巴旗下的1688作为国内最大的批发贸易数智化平台，针对商家交易过程中资金流动的痛点和堵点，联合金融机构推出了"诚e赊"。其支持金融机构对买家交易信息进行评估和授信，买家可以在一定额度内免费进行赊账交易。而对于卖家来说，"诚e赊"引入的阳光保险，为订单回款提供了一层可信保障。若买家没有及时还钱，阳光保险会支付货款给卖家，避免坏账的产生。此外，针对优质商家，"诚e赊"还提供了"提前收款"功能，让商家在面对资金压力时，可以提前拿到货款。这项服务自推出以来广受商家好评。河北雨竹卫生用品有限公司的陈经理表示，如何处理好与买家之间的赊销问题一直是企业新客开发中的一大难题。在开通"诚e赊"服务后，有了保险公司兜底，不仅保障了回款的固定性和安全性，还可以参与赊账进货专场，增加店铺的曝光量。"诚e赊"给买家一个免费账期，买家可以在不占用原有资金的同时采购到想要的货物，真正实现了买家卖家双赢。

3. 资金调度激活闲置资金

数智化时代，商家处理闲置资金的方式逐渐变得多样化，资金调度也更加高效便捷。比如，网商银行为经营者打造的"余利宝"，就是面向小微商家的现金管理产品，具有低风险和高流动性两大特点。它可以支持商家的资金调度，将每日结算的金额自动转入，商家也可以随时转出，没有额外的手续费用；同时，其还具有活期理财的功能，帮助商家对闲置资金进行管理，每日都有收益。

11.3.3 消费者：消费金融助推业务拓展

消费是生产的最终目的和直接动力，消费金融的数智化转型升级也将直接作用到产业端，在促进销售量转化的同时，推动整个快消行业的发展和繁荣，给企业带来更可观的利润增长点。

1. 消费端升级为快消行业发展带来机遇

目前，我国面对国内外挑战和机遇的新变化，做出了"加快构建以国内大循环为主体、国内国际双循环相互促进的新发展格局"重大战略部署。而在国内大循环中，内需是重要的组成部分，内需增长率对经济增长率有着重要的决定作用。立足国内大循环，扩大内需战略是我国应对各类风险挑战的必然选择，对于维持宏观经济稳定态势和促进经济社会高质量发展都具有重大意义。

快消品的消费特点也使得其成为民生消费的重要方面。它们是国民经济血脉的"毛细血管"，也是推动经济发展的重要抓手。当下，拓展消费的新增长点，为消费者提供更好的服务和产品，创造更优质的消费环境是经济发展的动力源泉。中国的快消企业，也在此时成为拉动内需的重要引擎。在深入推动供给侧结构性改革和国内大循环的政策背景下，快消企业也将迎来更重要的发展机遇。消费端的转型升级，将推动整个快消行业发生翻天覆地的变革。

2. 消费金融迈入数智化进阶之路

我国居民消费能力的不断提升让消费行为更加个性化和多样化。手机等电子设备在消费者和商家之间架起连接的桥梁，直播带货、社群团购等方式让消费兼具了社交、娱乐等附加功能；支付形态的无卡化和电子化成为常态，消费者逐渐习惯了出门没有现金、借记卡和信用卡的日子，只需要一个可识别身份的智能移动终端，就可完成所有的操作和支付。在这场消费数智化的浪潮中，消费金融迎来了新的增长点，科技也成为消费金融的重要力量。AI、大数据、云计算等技术渗透在金融业务的各个环节。自动化交易和身份验证、智能化信贷风险评估、持续追踪消费者资金还款情况等，消费金融正在经历一场数智化驱动的深远变革，将为消费者提供更稳健、更有效的金融服务。

3. 数智金融促进快消行业的销售转化

优质的消费金融服务会吸引更多的C端消费者，促进销售转化。近年来，消费金融行业的影响也逐渐扩大。中国银行业协会发布的《中国消费金融公司发展报告（2020）》显示，截至2020年6月末，消费金融公司服务的客户数已经达到1.4亿。而消费者的线上消费新场景，也为消费金融提供了更多的发展角度。目前，许多消费金融公司为了拓展客户群体、促进业务场景的创新，选择与线上或线下的零售商合作，展现自身的品牌和服务，这会对零售商起到强大的业务助推作用。而快消行业的零售商覆盖客群广、商品种类多，非常适合开拓业务，因此备受消费金融公司青睐。

为拓展零售金融市场，大中型金融机构以自行构建数智基础设施为主，支持政务服务、生活服务（如菜市场、停车场等）、引入服务消费领域的互联网服务（如在线打车、餐饮等），构建"以我为主"的消费金融生态，突出自身零售银行的品牌价值，形成联合运营和收益共享机制；而中小型金融机构则倾向于更为轻量的方式构建和提供数智金融服务，将自身的产品与服务，以开放接口的方式融入相对成熟的在线场景中，如与支付机构、在线书店等合作，提供联合信贷服务。

【本章小结】

本章介绍了数智科技赋能快消行业和丰富数智金融服务的实践。

（1）数字经济时代快消行业具有新的发展趋势：在渠道管理方面，线上、线下多渠道联动，利用智能化工作台等工具帮助商家打通各渠道的数据，整合供应链，提升渠道管理的效率；在营销方面，数智科技快消品的触达更加精准，用户标签、广告投放等行为都从人群定向向行为定向转变，以提升转化率；在零售方面，"人、货、场"的重构不断创新零售新场景。

（2）数智金融赋能快消行业发展体现在三个维度：供应商维度，以电商平台和核心企业提供的数据为支撑，打造升级的供应链金融模式；零售商维度，多样化的智能金融产品在收单、回款和资金调度方面为零售商提供普惠便利的金融服务；消费者维度，数智科技支持金融服务走出去和引进来，实现与生活场景的紧密结合，丰富服务形式，提升客户体验，有利于促进销售转化，提升整个快消行业的竞争力。

第12章
战略性新兴数智金融

在新一轮的产业革命背景下，新技术和新产业正在不断涌现，要抓住新一轮工业革命的发展机遇，抢占经济、科技发展的新制高点，战略性新兴产业的培育与发展至关重要。战略性新兴产业是我国经济实现从高速增长向高质量发展的重要推力，是创新驱动发展的强大动能。依托我国数字经济新的优势，战略性新兴产业的发展正得到更多、更优质的金融支持。数智技术赋能下的金融行业将是战略新兴科技产业的坚强支撑，能帮助我国在国际竞争中不断提升核心竞争力。

12.1 新时代描绘战略性新兴产业发展蓝图

12.1.1 战略性新兴产业成为未来经济体系建设新支柱

1. 战略性新兴产业引领发展前沿

《中共中央关于制定国民经济和社会发展第十四个五年规划和二〇三五年远景目标的建议》提出"推动互联网、大数据、人工智能等同各产业深度融合，推动先进制造业集群发展，构建一批各具特色、优势互补、结构合理的战略性新兴产业增长引擎，培育新技术、新产品、新业态、新模式。促进平台经济、共享经济健康发展。"这对形成我国高质量发展的区域经济布局，具有现实和长远的重大意义。

积极布局战略新兴科技产业，是为了加快构建现代化产业体系，培育出能够引领未来经济和产业高质量发展的战略增长极。对于传统产业，要以高端化、智能化、绿色化为目标，推动其转型升级。对于新领域的先进制造业，要以打造产业集群为抓手，构建供应链、资金链、人才链、创新链、产业链一体化纽带，优化布局生产力。借助已有载体，如自由贸易试验区、自由贸易港等，发挥其开放效能，为战略性新兴产业的发展升级打造对外开放的新渠道和新高地。

近年来，尽管受到疫情等多重因素的影响，我国战略性新兴产业仍保持着快速的发展态势。从中央到地方，各部门加大力度采取多种举措促进战略性新兴产业的发展（表12-1）。2020年9月，由国家发展和改革委员会等四个部门联合印发的《关于扩大战略性新兴产业投资培育壮大新增长点增长极的指导意见》提出，聚焦新一代信息技术、生物医药、高端装备制造、新材料、新能源等战略性新兴产业，打造产业集聚发展新高地，增强资金保障能力。截至2020年上半年，我国已设立的产业类引导基金数量达1042支，已到位规模达3.01万亿元，主要围绕制造业及战略性新兴产业。创投类政府引导基金数量达到507支，已到位规模达0.64万亿元，主要围绕地区中小企业、科创企业、高新技术企业，以及战略性新兴产业企业，尤其针对种子期和初创期的企业。

表 12-1　中央部门有关战略性新兴产业的政策文件

时间	发文部门	发布文件	核心内容
2020 年 09 月	国家发展改革委、科技部、工业和信息化部、财政部	《关于扩大战略性新兴产业投资培育壮大新增长点增长极的指导意见》	扩大战略性新兴产业投资、培育壮大新的增长点增长极，更好地发挥战略性新兴产业重要引擎的作用
2019 年 12 月	中国银保监会	《关于推动银行业和保险业高质量发展的指导意见》	积极开发支持战略性新兴产业、先进制造业和科技创新的金融产品；加大金融支持力度，为提升产业基础能力和产业链水平提供优质金融服务；扩大对战略性新兴产业、先进制造业的中长期贷款投放
2016 年 11 月	国务院	《"十三五"国家战略性新兴产业发展规划》	（到 2020 年）战略性新兴产业增加值占国内生产总值比重达 15%，形成新一代信息技术、高端制造、生物、绿色低碳、数字创意等 5 个产值规模达 10 万亿元级的新支柱产业
2012 年 07 月	国务院	《"十二五"国家战略性新兴产业发展规划》	面向经济社会发展的重大需求，提出了七大战略性新兴产业（节能环保产业、新一代信息技术产业、生物产业、高端装备制造产业、新能源产业、新材料产业、新能源汽车产业）的重点发展方向和主要任务
2010 年 10 月	国务院	《关于加快培育和发展战略性新兴产业的决定》	明确战略性新兴产业的内涵，确定培育和发展的重点方向为节能环保产业、信息产业、生物产业、高端装备制造产业、新能源产业、新材料产业、新能源汽车产业等

地方上，广东省明确布局十大战略性支柱产业集群和十大战略性新兴产业集群，针对半导体与集成电路产业等领域给予省科技创新战略专项资金、产业基金等支持保障。山东省对省级战略性新兴产业集群在土地、资金等方面予以重点保障。另外，上海、深圳、天津、宁波等地也展开相关布局。

2. 社会各方资源积极参与发展战略性新兴产业

众多央企组成"国家队"，凭借自身的资金与技术优势引领行业发展。例如，由国务院国资委科创局指导，中国产学研合作促进会支持，20余家央企联合发起的中央企业区块链合作创新平台，已取得多项成果。在区块链技术创新上，国家电网、中国电子等申请区块链核心专利累计达1200多项，国家电网立项全球首个"区块链+碳交易"国际标准。在区块链基础设施建设上，国家电网打造了国内最大的能源区块链公共服务平台"国网链"，中国联通、中国电信和中国移动分别建设了"联通链""CT-Chain"和"CMBaaS"。在区块链场景应用上，国家电网积极探索区块链在绿色电力交易场景下的应用，中国远洋海运在进口放货业务中尝试应用区块链技术，中交集团也在智慧交通场景中尝试实现区块链技术的应用落地。

以华为、阿里巴巴、比亚迪等为代表的民营科技企业也不断发力，探索各领域内的底层技术与应用。阿里巴巴作为中国战略性新兴企业的领军企业，在新一代信息技术等领域独树一帜。例如，在2021年云栖大会上，阿里巴巴旗下的半导体公司平头哥发布了其自研的云芯片"倚天710"，与2019年推出的专注于AI推理业务的含光800芯片不同，倚天710是为云计算场景下的高并发、高性能和高能效需求而设计的通用型芯片，通过应用领先的芯片设计技术解决云场景的独特需求，以实现性能和能效比的突破。其性能和能效比等数据均超过目前行业的标杆，也为阿里云"做深基础"的战略提供了强大的硬件支撑。

12.1.2　多渠道促进对战略性新兴产业投资

1. 政策性融资支持

为鼓励企业自主研发核心技术，促进战略性新兴产业发展，多年来我国政府通过金融、财政、税收等多种政策为科创企业提供资金支持，为战略性新兴产业发展输送强大动能。其中，财政补贴和税收优惠两种方式是常用的支持手段。

政府给予科创企业的财政补贴是一笔无偿支出，能够影响企业的产品、服务及生产要素的相对价格结构，直接增加实际收入，降低研发成本，缓解企业资金压力。财政补贴主要通过设立专项发展基金的形式，增加财政对科技创新企业的投入，帮助战略性新兴企业进行科技基础条件建设，通常采用与财政拨款、基金、担保、贴息协同配合的方式，引导更多社会资金向战略性新兴产业汇集。

2019年，国家发改委为支持战略性新兴产业高质量发展，联合中国建设银行共同发起和设立了国家战略性新兴产业发展基金，并通过进一步设立子基金的方式为战略性新兴产业吸收社会资金。基金目标规模约3000亿元，投向新一代信息技术、高端装备、新材料、生物、新能源汽车、新能源、节能环保和数字创意等战略新兴科技产业，用以支持战略性新兴产业重大工程建设，突出先导性和支柱性，优先培育和大力发展一批战略性新兴产业集群，构建产业体系新支柱。该基金的设立加快了新兴产业发展，提升了企业研发强度，推动了产业向中高端迈进。这类种子基金还发挥着杠杆的作用，引导社会资金投向风险较大的战略性新兴领域，加速营造重点技术创新发展的良性预期。

投资于战略性新兴产业的国家级政府引导基金还有很多。如国家新兴创投引导基金，通过使用中央财政战略性新兴产业发展专项资金，发挥政府资金杠杆作用，吸引社会和民间资本参与，形成的总规模高达400亿元，帮助战略性新兴产业内早中期和初创期的创新型企业发展。再如，为促进集成电路产业发展，我国成立国家集成电路产业投资基金，聚焦于集成电路芯片制造业及相关产业的投资，支持半导体行业发展壮大。

除财政补贴的支持方式外，政府积极的财税政策也能够促进战略性新兴产业研发。税收优惠通过对符合特定条件的企业给予优惠待遇，减轻其税负，间接降低战略性新兴产业研发成本，调动企业研发的积极性。我国从国家到地方，都对战略性新兴企业提供了多种税收优惠政策。

国家重点扶持的战略性高新技术企业，减按15%的税率征收企业所得税，这些战略性新兴企业还可以在地方申请扶持。此外，为支持西部地区电子信息、装备制造、新能源等战略性新兴产业有序发展，国家发改委发布的《西部地区鼓励类产业目录》规定，西部地区鼓励类企业减按15%税率缴纳企业所得税。

总的来讲，政策性融资支持是促进战略性新兴产业快速发展、消除战略性新兴产业发展中所面临的市场失灵问题的重要手段，是战略性新兴产业研发投入的重要扶持方式。

2. 直接性融资支持

除了国家支持，资本市场也通过直接融资的方式，积极支持我国战略性新兴产业建设。一方面，PEVC等机构借助各类战略性新兴产业科创类基金，纷纷布局战略性新兴产业投资。例如，2021年11月2日在第24届中国集成电路制造年会上成立的总规模1000亿元的"粤港澳大湾区科技创新产业投资基金"，与红杉中国、天风证券等金融服务机构合作采取"直投+母基金"的投资策略，重点投向国内外新一代信息技术、集成电路、碳中和关键技术，以及材料、人工智能、智能制造、生物医药、新基建等科创关键领域，以全力支持广东省打造全国集成电路产业"第三极"，全力支持湾区战略性新兴产业发展。

另一方面，我国也通过发展不同层次的证券交易市场支持战略性新兴产业内不同公司的融资需求，特别是北沪深三家交易所彼此互补，形成错位发展的格局，通过主板、科创板、创业板、新三板、区域性股权市场构成的多层次资本市场，为战略性新兴产业提供资本市场资源和金融支持。其中，创业板强调传统企业在新技术下实现产业升级，鼓励已经发展成熟的汽车、医药等重点行业的企业积极拥抱数智化转型；科创板则将重点放在支持新一代信息技术、高端装备、新材料等高新战略产业上。2021年9月成立的北京证券交易所，是国家立足新发展格局、推动高质量发展做出的重大战略部署。北交所的成立，进一步健全了多层次资本市场体系，让战略性新兴产业中的中小企业能够获得更完善的金融支持，对推动我国创新驱动发展和经济转型升级有着重要意义。当前，我国构建的成熟的多维度资本市场，能够有效契合战略性新兴产业高投入、高风险系数和长回报周期的特质，不断引导战略性新兴产业向着规模化和产业化的轨道行进。

3.间接性融资支持

对战略性新兴产业的间接性融资主要由商业银行开展。近年来，我国银行业积极响应国家战略，不断提升自身能力，拓展新的业务领域，投向战略性新兴产业的信贷资金取得了较快增长，支持战略性新兴产业发展工作迈出重要步伐。例如，中国银行2021年中期业绩显示，战略性新兴产业贷款较上年末增长高达83.5%。对战略性新兴产贷款也成为监管层对国有独资及国有控股商业银行的考核管理要求，在财政部《关于印发〈商业银行绩效评价办法〉的通知》中，服务战略性新兴产业情况权重为6%，主要指标就是战略性新兴产业贷款占比。银行不断丰富金融产品体系，积极打造专业化的新兴产业金融服务模式和产品体系，服务经济新旧动能转换。比如，出台科创企业金融服务方案，加强对独角兽、科创企业的金融服务，积极开展服务科创企业试点。

银行也在体制机制方面予以创新支持，一方面，通过设立新兴产业事业部，设置适宜较高风险领域的特殊业务规则，并由科技金融部、科创投贷联动部、绿色金融事业部等为战略性新兴产业内细分领域的企业融资提供专业化服务。另一方面，通过优化激励机制提高服务战略性新兴产业的积极性，如部分银行试点对战略性新兴企业风险敞口金额适当扩大、提高科技银行专属产品的不良贷款容忍度等。

12.2　战略性新兴产业融资痛点

12.2.1　战略性新兴产业的特点

1. 行业结构分析

我国战略性新兴产业主要包括八大发展领域，涵盖新一代信息技术产业、生物产业、高端装备制造产业、新材料产业、节能环保产业、新能源产业、新能源汽车产业和数字创意产业。新一代信息技术产业作为发展最迅猛的产业（图12-1），2020年该产业公司数量占整个战略性新兴产业公司总数量的35%。

战略性新兴产业的发展刚起步，未形成大型垄断企业，八大领域内的企业以中小型为主，占比高达75%，这种情况在生物、新材料等产业中更为明显。银行以客户授信为主导的传统发展模式服务于大型企业，对于战略性新兴产业"小、散、专"的特定行业结构的适应性较差。

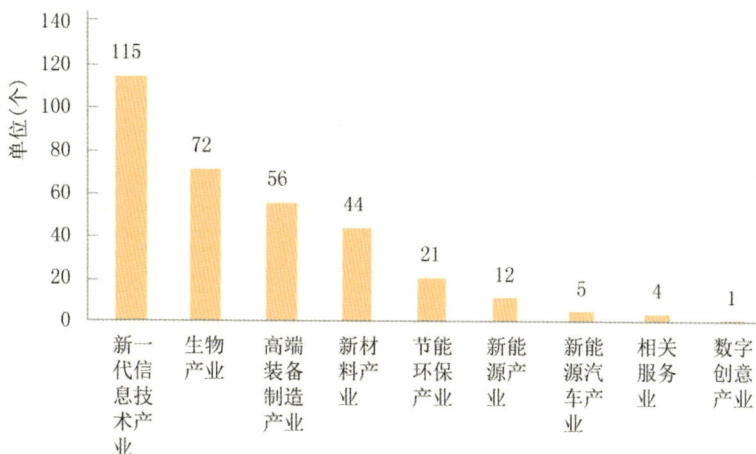

图12-1　2020年战略性新兴产业公司产业分布

2. 战略性新兴产业融资需求特点

战略性新兴产业作为国家战略规划的重点发展产业，是对未来经济产业发展的提前布局，其发展路径具有高科技、高风险的特点，往往需要重大的科技突破来推动。布局战略性新兴产业所面临的风险主要可以归纳为三类：一是技术研发风险，主要是研发周期长、资金链断裂等；二是技术转化风险，主要是技术成果商业化困难等；三是国外技术对我国自主研发技术挤兑的风险，主要是国外成熟技术与初生的自有技术竞争等。以上所述，战略性新兴产业的风险复杂性和成长周期性，要求融资渠道能提供长期的支持与引导，直至企业能够产业化，依靠市场作用进一步发展。

具体来看，由于战略性新兴产业覆盖的行业较多，且不同行业有着不同的发展特点和需求，因此需要有针对性的融资模式。

（1）新一代信息技术产业。其有投资周期长、技术风险突出等特点，可通过在自主技术瓶颈突破、国内整合和海外并购、生产设施建设、布局先进生产工艺等方面给予资金支持。

（2）生物产业。在其研究开发、成长、成熟的不同阶段中，综合利用政策扶持资金、自有资金、股权融资、银行贷款等多方资金支持，分阶段满足其融资需求。

（3）高端装备制造产业。金融机构需要重点对研发侧和市场侧进行金融支持，目前可行且有效的金融服务包括技术改造贷款、债券承销、出口信贷等。

（4）新材料产业。其行业资金投入主要在研发及生产设备的初期，且需要大量资金以支撑其研究试错。国家中长期资金较为契合，以满足其长期资金需求。对公司产品研发和下游应用领域重点进行支持，并对行业内产业并购常态化进行关注。

（5）新能源产业。其特点为投资回报周期长，与新材料产业一样，中长期资金支持需求量大，需要对其研发和技术转化链条重点关注，大力推广融资租赁、PPP等融资模式。

（6）新能源汽车产业。其发展周期分为种子期、创新期、成长期、成熟期、衰退期5个阶段，可采用银行贷款、股权融资、风险投资、内部融资、产业链融资等多种融资模式协同运作来支持。

（7）节能环保产业。其行业特点为公益性强、资金需求量大、投资周期长、成效慢，可采用风险投资、绿色信托、环保产业基金等融资模式。

（8）数字创意产业。作为国内发展较晚的行业，其具有许多先天缺点，如前中期资金需求量大、投资回报周期长、风险承受能力弱等。商标权、专利权、版权等核心知识产权是数字创意企业最重要的资产，但这些资产的价值评估困难，可通过与资产评估公司和律师事务所合作，对资产价值进行权威的评定，采用知识产权质押、投贷联动等模式给予资金支持。

12.2.2 战略性新兴产业融资困境

我国政策性金融体系和金融市场对战略性新兴产业已经提供了大量的支持，但支持的力度和模式还有待进一步优化和完善，为战略性新兴产业快速、高质量发展提供良好的融资环境。

第一，政策性风险补偿机制还需完善，政策性融资担保力度有待加强。战略性新兴产业由于研发周期长、资产结构轻等原因具有较大的经营风险，但因其独特的战略地位，政府常采用政策性补偿及融资担保的形式帮助分散风险。融资担保体系成熟的国家多以政策性担保为主，截至2019年，我国的政策性融资担保机构只占担保机构的20%以下，从数量上看还有很大的发展空间。从行业制度上看，我国政策性融资担保机构长期面临国有资产保值增值目标考核的压力，且风险补偿机制还有待完善，如风险拨备支持还需加强、资金补贴不到位等。同时，部分银行在与担保机构的合作中，出于对自身风险管理的考虑，存在提高合作要求、减少与担保机构新业务合作等现象；一些融资担保机构自身也存在风险管理不善、要求企业缴纳较高的保费和保证金，甚至需要企业"反担保"的问题。金融机构特别是银行以稳定经营为原则，这与战略性新兴产业的高风险特征不匹配，如果融资担保工具无法良好地发挥其风险分散能力，这种冲突将难以化解，甚至成为阻碍战略性新兴产业发展的因素。例如，部分地区战略性新兴企业存在的过桥贷问题，企业为了缓解短期资金紧张反而背上更重的负债，还面临资金链断裂等多种风险。在这种情况下，应构建一套地方政府能够普遍参与的风险补偿机制，国家专项资金与地方财政资金协同，形成战略性新兴企业风险补偿资金或基金，专款专用，促进地区新兴产业的发展。

第二，股权债券融资空间较为有限。债权融资方面，大多数银行已经将战略性新兴产业作为信贷的优先支持项目，但实际操作中真正的优惠政策不多，部分银行仍按照传统重资产行业的信贷模式，未针对战略性新兴产业的特点进行区分处理。金融机构对信贷的风险管控仍限于土地、房产等不动产抵押，这与战略性新兴产业知识技术密集、轻资产结构的特点不相符，虽然已有部分金融机构开始尝试知识产权抵押，但因存在技术价值难以评估、缺乏共识、难以交易等问题，导致实际操作困难重重，执行效果并不理想。国家为支援重大发展战略而设立的政策性、开发性银行机构，是支持战略性新兴产业发展的重要力量，但由于存在与商业银行相同的绩效考核机制，政策性和开发性银行同样重视单一项目的风险管控，其风险考核难以与战略性新兴产业整体高风险、高回报的投资需求相匹配，压缩了战略性新兴产业获得信贷支持的空间。股权融资方面，我国已经建设起由中小板、创业板、全国股转系统等组成的多维度资本市场，但对创新型、战略性新兴产业的支持力度还待提升。

第三，地方性战略性新兴产业园区建设存在较大区域发展差异。在投融资体系完善、创新度高的地区，如北京中关村科技园，能够为战略性新兴企业提供多种创新投融资服务。中关村科技园通过筹建北京中关村银行，试点开展投贷联动业务，设立风险投资基金，建成首个小微企业信用体系，推出全国首个"零担保费"担保产品，努力打造创新创业企业孵化上市基地，为战略性新兴企业营造良好的成长环境。但在一些金融服务体系不完善、投融资渠道单一的地区，人们对风险投资基金这种形式不熟悉，接受度不高。例如，东北和西北地区，相对于东部沿海地区，其基金投资门槛高、投融资渠道少、覆盖行业单一，打造的产业园区难以为战略性新兴产业发展提供肥沃的土壤。

第四，金融机构的地方分支机构落实措施欠缺。金融机构在领导层面已认识到战略性新兴产业的重要发展地位，针对行业特点，总公司积极开发了一系列创新产品与服务。例如，工商银行的"工行启明星"发展规划，针对战略性新兴产业轻资产的特点，加入知识产权质押、股权质押等增信方式，并探索开展投贷联动、商投互动等新业务。民生银行以供应链金融为切入点，将投贷联动作为重要抓手，开展强担保基础金融等服务，聚焦推动"专精特新"中小企业快速发展。但到了地方支行，由于业务水平和能力限制，对科创企业的人力资本评估、知识产权评估等工作存在一定阻碍。尤其是地方金融机构，其信贷评估思路要实现从土地和房产等不动产抵押转到知识产权、股权质押的方式，对其风险管控体系提出很大的挑战，动产抵押业务推动缓慢，金融产品和战略性新兴公司轻资产的风险错配问题将是间接融资机构未来一段时间需要应对的问题。

12.3　搭建战略性新兴产业智能化投贷一体服务平台

12.3.1　传统信贷模式支持战略性新兴产业面临新挑战

近年来，虽然商业银行支持战略性新兴产业发展取得了一定的成果，但要应对战略性新兴产业融资需求的快速增长，商业银行的信贷力度仍然有较大的提升空间，对战略性新兴产业的支持力度和服务能力仍有待提高。当前，商业银行支持战略性新兴产业发展主要存在以下问题。

第一，银行传统风险管理能力面临挑战。战略性新兴产业的发展特点决定了其会面临多重风险，包括市场风险、技术风险、政策风险、财务风险、管理风险等，因此战略性新兴产业风险的深度和复杂性更甚于传统行业，给银行的风险管理能力带来更大的挑战。

第二，战略性新兴产业的多样性特征对银行差异化服务提出了更高要求。战略性新兴产业客户多样性强，不同行业、规模、发展阶段的客户的经营财务特征和对金融产品的需求不同。银行现有的风险评价模型、客户准入标准、担保方式、产品体系等信贷管理技术，无法完全适应新兴产业客户的经营财务特点。

第三，对战略性新兴产业的研究难度较大。战略性新兴产业细分行业众多，各类行业生产技术的专业性强，技术发展迭代迅速，行业技术因素对其市场表现、发展趋势、风险程度有重要影响。商业银行在对新兴产业研究分析时面临一定的专业壁垒，对行业发展的前瞻性判断存在一定的难度，在客户调查、审查及贷后管理工作中存在较多信息不对称的问题，不利于对授信风险的把控，也影响新兴产业领域新业务和新产品的研究与推广。

第四，传统业绩导向不利于银行拓展战略性新兴产业客户。从商业银行内部管理来看，贷款收益率和资产质量是银行信贷业务发展的两个重要的绩效指标；从外部监管要求来看，监管部门对银行不良贷款率和不良贷款余额有着严格的约束。由于战略性新兴产业自身的特点，其授信风险较传统行业更高，授信环节需要银行投入调查研究的人工成本更高，中小型客户占比较高的客户结构导致单户信贷投放的规模效益与基础设施等与传统行业相比缺乏优势。商业银行在业务发展和资产质量控制的压力下，往往更偏好传统行业，对拓展战略性新兴产业客户的动力不足。[1]

---

① 郭欣蕾.银行支持战略性新兴产业[J].中国金融，2018（20）:57-58.

12.3.2 投贷联动服务战略性新兴产业换发新活力

由于战略性新兴产业呈现轻资产的特点，固定资产占比低、科技成果转化周期长，因而出现了面对受到众多投资机构追捧的"种子选手"企业，银行对其授信时却有心无力、"想说爱你不容易"的尴尬局面。一方面，目前国内对商业银行的贷款直接用于投资还面临着法律障碍。根据《贷款通则》第二十条及《商业银行法》第四十三条等条款规定，我国商业银行不能从事证券投资类业务，将贷款资金用于股本性和权益性的投资都是违规的。另一方面，对股权投资基金行业而言，也存在资金来源有限、募资不易的难题。

2021年1月，中共中央办公厅、国务院办公厅联合印发了《建设高标准市场体系行动方案》，其中第18条专门提到了鼓励银行及银行理财子公司依法依规与符合条件的证券基金经营机构和创业投资基金、政府出资产业投资基金合作，银行理财子公司一时间成为股权投资行业炙手可热的"香饽饽"。《商业银行理财子公司管理办法》第三十二条规定，银行理财子公司可以选择符合相关条件的私募股权投资基金管理人担任金融投资合作机构，这意味着银行理财子公司可以作为私募股权投资基金的LP（Limited Partner，有限合伙人）进行投资。在股权投资行业的财富类母基金或LP逐渐枯竭的情况下，银行理财子公司愈发成为GP（General Partner，普通合伙人）翘首以盼的"活水"。截至2020年年底，银行理财市场规模达25.86万亿元，是我国各类资管产品中规模最大、投资者覆盖面最广的类别。对VC（私募股权）/PE（风险投资）行业来说，银行理财子公司并不能算真正的"长钱"LP，大体量的银行资金才是真正的长期投资者。因此，投贷联动业务作为在我国出现已久的业务模式，将大量的银行资金激活，并与股权投资行业有机融合，在赋能战略性新兴产业方面将焕发新的活力。

12.3.3 商业银行已有的投贷联动模式

1. "银行+子公司"模式

"银行+子公司"模式是集团内部开展的一种投贷联动业务。银行通过与其具有股权投资资质的内部子公司进行合作，开展投贷联动业务。根据子公司的性质可将该模式分为直投子公司模式和境外子公司模式。

直投子公司模式是指银行通过集团内部具有股权投资资质的子公司来进行股权投资，即通过"母行贷款"加"子公司股权投资"的联合投资方式开展投贷联动业务。例如，国家开发银行就通过成立投资子公司——国开金融有限责任公司，使用直投子公司模式协助开展芯片研制等高端制造领域的投贷联动业务。

境外子公司模式则是银行先在境外设立子公司，再转而投资境内企业，即通过"境内贷"加"境外投"的联合投资方式开展投贷联动业务。五大国有商业银行及一些股份制商业银行已经在境外设立了投资子公司，并为投资子公司提供信贷资金，由子公司实施对境内企业的投资，达到投贷联动的目的。

2. "银行+VC/PE"模式

"银行+VC/PE"模式是指银行与外部风险投资、私募股权机构（VC/PE）开展合作，"贷"的部分由银行负责，外部投资机构则完成"投"的部分。投资机构在挖掘优质的企业方面更有经验，银行根据投资机构的筛选结果向科创企业发放贷款，以获取固定收益或者股权溢价分成的超额收益。该业务模式主要通过跟贷方式和认股选择权贷款两种方式进行。

跟贷方式又被称为"他投我贷"或"投贷联盟"，是指先由PE/

VC类投资机构对企业进行股权投资，随后由银行向企业发放贷款。

认股选择权贷款又被称为认股权证贷款，是指银行与发放贷款的企业签订认股选择权协议，通过受让或增资的方式投资企业。认股权证的有效期通常较短，认购金额一般为贷款金额的10%~20%，通常认股权仅占企业总股权的1%~2%，不会过度稀释企业股权。若企业在有效期内公开上市或被并购，银行可指定其代持的投资机构以直接行权、转让或大股东回购等方式，获得股权溢价并实现股权的退出，同时通过财务顾问费等方式获取相应的投资收益。

专题案例 浦发硅谷银行"认股期权贷款"投贷联动模式 🔍

浦发硅谷银行是上海浦东发展银行与美国硅谷银行的合资银行。浦发硅谷银行借鉴其母公司硅谷银行在科创企业股权价值投资中的经验，采用"认股期权贷款"投贷联动模式，推动我国战略性新兴产业发展。由于我国法律对商业银行的约束，由此浦发硅谷银行通过委托投资机构代为持股开展投贷联动业务。

在实践中，浦发硅谷银行一般在企业的早期发展阶段提供授信，通过与风投机构合作，增加对战略性新兴企业业务需求和财务状况的了解，同时结合投资人的投资意向，为优质企业提供早期融资。作为风险缓释的手段，浦发硅谷银行通常要求获得一定比例的认股权证，由第三方代持并行权，这样可以通过认股期权产生的收益来抵补信贷风险。

浦发硅谷银行采用"认股期权贷款"模式投资战略性新兴企业主要有两方面的优点：第一，由于期权的投资方在未来是否行权具有不确定性，相对于股票定向增发、并购融资等更适合成熟阶段企业的股权融资方式，更符合科创企业早期的发展规律和心理需求，且不会过多干扰企业自身的业务发展规划，对初期规模较小、发展较快的初创期科创企业而言更易接受；第二，认股期权模式的参股比例一般控制得较低，且不会长期持股，主要是作为信贷风险的冲抵，这样对企业的整体股权架构影响最小。

12.3.4 数智科技升级投贷联动

在投贷联动的业务中应用数智技术，其积极作用具体有如下几点。

在信贷业务的风险控制上，由于战略性新兴企业基于其技术优势往往拥有大量的技术等知识产权，可以构建基于大数据知识产权评价的智能风控体系，充分发挥知识产权的金融价值，拓宽战略性新兴企业的融资渠道，提供全链条"一站式"服务。通过对企业知识产权的验证和评价分析，为银行对战略性新兴企业流动资金贷款的贷前审核提供参考；通过对企业知识产权的状态变动、涉诉情况等进行监控，增强银行风险识别和贷后管理能力。数据主要来自国家知识产权局数据库和国家企业信用信息公示系统，均为国家对外公开的数据。

在投资业务的风险控制上，数智技术的使用有助于强化覆盖投前、投中、投后全流程的信用风险管理能力。在投前，通过建设企业的核心指标数据库，对目标投资机构的整体经营情况形成全面判断，警示、剔除不能达成投资门槛的次级标的；在投中，基于数字科技企业输出的核心评分系统，指导管理者对投资规模、投资时点、组合投资策略等形成更加精细的操作支持；在投后，加强对资金流向、企业经营、负面舆情等各类信用风险的实时预警，进行投资策略和资产保全的及时干预。

数智技术对市场更全面、更深刻的洞察能力，有助于强化覆盖多因子的市场风险管理能力，包括纳入市值变化速率、行业差异水平、最大回撤幅度等在内的尽可能全面的所有市场风险因子，基于多因子科学计量风险价值；通过对风险因子架构节点的设置和调节，批量配置压力测试情景，便于实施各层级的脆弱性与敏感性计算和压力测试，评估市场价格波动的极端情况和承压能力；通过风险因子获取相应的市场数据，提供估值定价所需的收益率曲线，以更好地判断投资行为所处的曲线节点和可能发生的变化趋势。

使用数智技术辅助人工监控业务流程，有助于强化全方位的合规风险管理能力，包括依靠OCR（光学字符识别）、文本识别等机器学习手段，对资产管理全流程中的文件、图片等信息传输进行拦截，并进行敏感词解析，阻断异常行为的影响路径；对成交、确权过程进行全面监控，确保所有操作符合法律、法规和监管政策的要求；对所有交易和沟通记录进行留痕，确保事后更加准确、可追溯地进行责任认定和追究。

专题案例 阿里云加速器支持战略新兴企业云上发展，吸引扩大投资规模 🔍

利用商业场景丰富和技术手段领先的平台赋能创新企业发展，能够帮助战略性新兴产业获得更多的投资支持。阿里云加速器依托阿里巴巴深厚的技术和商业资源，帮助战略性新兴领域的中小微企业实现数智化加速，从战略、组织、技术、业务、融资、品牌等各方面助力企业云上成长，以打造繁荣业态。到目前为止，加速器已经重点服务了360家全国各地的科技型中小企业，其中在低碳、医疗健康、新能源等领域的企业超过20家，如图12-2所示。在阿里云加速器资本链接的帮助下，67%的企业通过加速器链接资本获得新一轮融资，总体融资规模超50亿元，企业整体估值增长超过两倍；70%的企业通过阿里云走向市场和扩大业务。

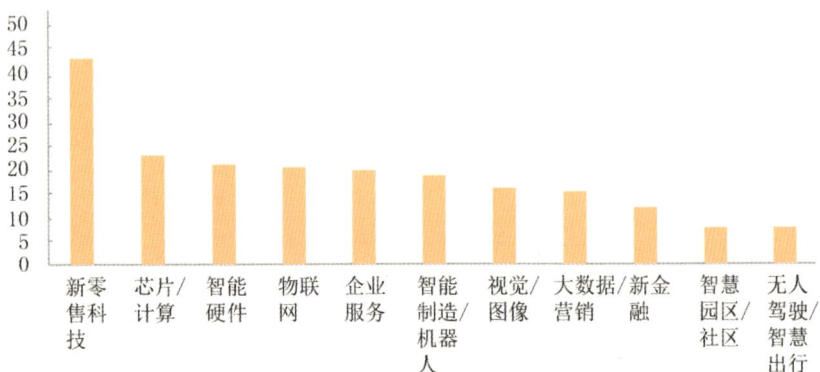

图12-2　阿里云加速器成员企业所在主要领域

　　阿里云加速器在支持小微企业发展的过程中，注重将数智科技与金融工具结合，与多家一线创投机构建立常态化合作关系，设立超过100亿元的基金池；支持商业银行设计"云贷"产品，通过隐私计算等技术，遵循合规要求，打通"信息孤岛"，助力中小微企业获取贷款支持。

　　另外，阿里云因长期服务创新创业企业，了解各领域、各行业发展趋势和特点，为投资机构提出行业赛道经营情况分析，帮助投资机构了解创新类行业的发展情况，预判前景。贵州市某自动驾驶开发制造商与阿里云在智慧城市和无人驾驶领域进行了全方位的合作和深度探索，基于阿里云车联网云调度平台、数据库、OTA升级等技术支持，开发集成了包括无人驾驶零售车交互和付款系统、无人巡检车检测AI算法在内的多项产品；上海市某新能源科技公司在阿里云加速器的融合链接下，集成阿里云IoT核心产品，深度参与阿里云AIoT未来科技城千万级智慧园区等项目，已获得超2亿元的融资，受到帮扶的战略性新兴企业在技术和融资能力方面都得以稳步和健康发展。

【本章小结】

本章分析了金融及战略性新兴产业的挑战和解法。

（1）大力发展战略性新兴产业是国家的战略发展规划，从政策上给予了大量支持，也通过国家资金支持和引导社会资源参与建设发展，促进战略性新兴产业快速、高质量发展。

（2）战略性新兴产业细分领域多，且各具特点，需要差异化的融资服务，这对现有的融资服务体系提出了挑战，也使目前我国对战略性新兴产业的金融支持存在较大的提升空间。

（3）从传统银行信贷服务战略性新兴产业的薄弱点入手，提出更契合战略性新兴产业发展的投贷联动模式，并结合数智技术完善和提升投贷联动的质量与效果。

第13章
"双碳"数智金融

2020年，我国提出"碳达峰"和"碳中和"的发展目标，战略规划的约束倒逼技术升级，而技术升级必然需要资本助力。产业和金融纷纷重塑其底层发展逻辑，探索行业可持续升级的新模式。

金融与产业形成以"双碳"目标为核心的产融生态圈，围绕发展的可持续性和资本配置的正外部性，全面推动云计算、区块链等数智科技在产业碳排放数字化领域的落地应用，充分对接"双碳"金融生态下的企业、金融机构和监管机构，打通数据壁垒，升级绿色金融的风控模式，精准测算地方碳排放的规模与结构，制定和完善相应的监管标准，明确各类主体责任，推动数字化治理体系下的双碳金融规模不断扩大，让金融资源更有力地推动产业升级。

以区块链为代表的前沿技术在普惠"双碳"金融中，通过深度赋能绿色数据资产化和绿色项目众筹平台，未来将形成小微企业乃至个人的全民减碳新图景，让金融更好地服务于时代发展的关键目标。

13.1 "双碳"目标下产业升级亟需金融支持

13.1.1 绿色转型呼唤多元化的金融支持

在"双碳"目标下，传统企业的绿色转型既要为新能源腾出增量空间，又要担负能源安全兜底保障的重任。它们的绿色转型项目，如清洁能源的高效替代利用、煤电节能降耗与灵活性改造、高耗能企业的技术工艺绿色低碳及数智化升级、节能节材与循环利用新工艺和新技术等更加需要资金的支持，但是由于它们与金融机构传统业务的风险收益特征相悖，在政策和市场的导向下又存在更大的风险。从另一个角度看，这对金融体系提出了全新的要求：不仅要提供融资服务，还需要充分融合数智金融的手段提供"融智"服务，通过对企业场景的数据监控和评估，帮助企业和金融机构找到更加适合企业减排和转型方向的金融服务，如股债联动、投贷联动。此外，证券、投行、私募机构等也在数智赋能下探索碳中和进程中并购整合的机会，推动行业集聚和规模化发展。

对于新能源企业而言，其绿色能源项目生命周期长、风险大，相关投资存在较大的缺口，但事实上是"双碳"金融服务供需不够匹配：初创期的技术孵化、成熟期的规模扩张、转型期的商业模式改造，不同时期风险收益不同，适配的融资服务也不同。当下，主流的绿色信贷和绿色债券存在一定局限性，有大量的投融资需求缺乏相应的渠道和风控模式，迫切需要进一步丰富金融工具和产品。

未来十年，产业金融在"双碳"目标下将持续完善产融生态圈，优化绿色金融发展的政策环境，搭建碳交易平台，充分利用数智科技创新绿色金融服务，推动其成为"双碳"目标的重要动力源。

13.1.2 绿色金融推动产业转型与升级

1. 绿色金融是助力产业可持续发展的创新体系

绿色金融的发展经历了四个大的阶段[①]：一是环境金融。通过最大化环境质量、转移潜在环境风险，以提高经济主体的市场声誉。二是可持续金融。资本要素流向清洁能源和技术的开发、使用和推广。三是生态金融。为生态环境保护项目提供资金。四是碳金融。碳金融产品及其金融衍生品进行交易与流通。随着"双碳"目标的正式提出，低耗能、低污染和低排放的绿色经济发展模式成为主流，目前国内逐渐将碳金融作为绿色金融的研究主体，核心聚焦于金融相关产品、政策和运行机制。

绿色金融经过四个阶段的发展，逐步形成了一套体系框架，包括从金融系统在可持续性方面的整体目标出发，设定金融服务的标准，控制有效环境风险，进行高效资本配置。同时，配合行之有效的评估，记录环境效益和项目风险的准则和方法，以衡量金融服务的有效性。

从目的上看，绿色金融的投资决策更加关注环境和社会效应，基于环保产业项目对于社会的"正外部性"，绿色金融致力于将具有"准公共物品"性质的环境成本或收益"内部化"，从而实现经济的可持续发展。

当前，绿色金融具有极为重要的意义：一是启动新的经济增长点。绿色金融充分发挥金融对资本的配置作用，动员、引导、激励更多的社会资本从高污染、高能耗产业流向利于生态保护和环境污染治理的绿色产业，有力推进我国供给侧改革中"去库存"和"去产能"两项任务，充分挖掘绿色产业对社会带来的正外部性效益。二是助力

[①] 王建发.我国绿色金融发展现状与体系构建——基于可持续发展背景[J].技术经济与管理研究，2020，(5)：76-81.

产业转型和能源结构升级。绿色金融服务要为环保节能、清洁能源等绿色项目的投融资、运营、风险管理等提供充足的资本，支持技术革新，提高绿色项目的投资回报率。三是促进金融业务转型。赋能实体经济可持续发展、推动绿色金融模式创新是新的社会责任，同时也是金融机构业务转型、塑造竞争优势、保障持续增长的重要动力源，蕴含巨大的盈利空间。四是激活社会资本参与缓解财政压力的途径。中国未来绿色投资的85%~90%的需求来自民间，绿色产业需要更多的投资激励机制[①]。绿色金融对产业的支持能降低各地政府治理的财政压力。

2. 绿色金融的支持体系有待夯实

2021年1月4日，中国人民银行工作会议将"落实碳达峰碳中和重大决策部署，完善绿色金融政策框架和激励机制"列为第三大重点工作，充分显示了中央对推动绿色金融快速发展的决心。2021年7月16日，全国碳排放权交易市场正式启动上线交易，目标是通过"绿色溢价"淘汰落后产能，为企业应对风险提供缓冲，我国绿色金融制度体系建设随之迈入新的历史时期。"自上而下"的政策驱动和"自下而上"的市场实践相互作用，我国绿色金融现已初步形成了一套多主体、逻辑完整的框架体系，如图13-1所示。

[①] 参见北京绿色金融与可持续发展研究院院长马骏在第二届中美气候智慧型/低碳城市峰会的发言。

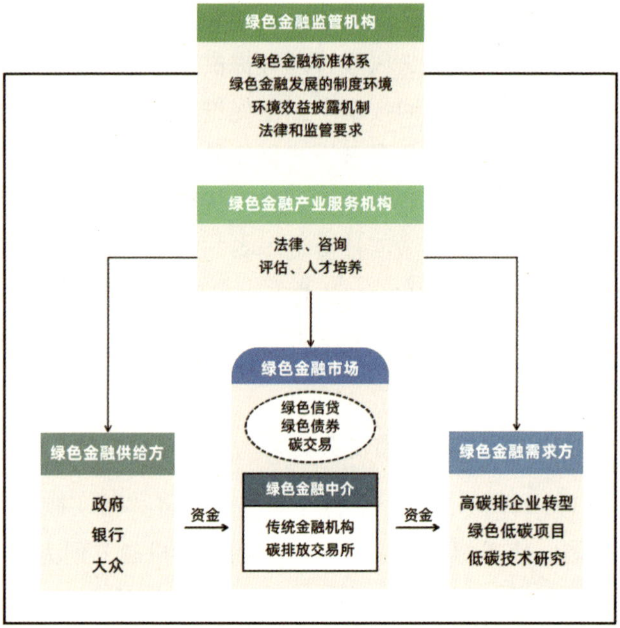

图13-1　我国绿色金融的现行体系①

在当前的符合"碳中和"要求的绿色金融服务模式中有五大参与方，包括绿色金融监管机构、供给方、需求方、绿色金融市场及产业服务机构。为实现生态链的良性循环，需要资产端的环保企业有明确规划的绿色项目，有将绿色项目外部效应内化和商业化的途径，以提高资产吸引力；金融机构提供丰富的金融产品和多元化的融资渠道，实现信贷绿色化和投资低碳化；金融机构和资产端基于对收益的考量实现高效匹配，并对接、整合、撬动资金端。

多方参与的绿色框架已经建立，但是在具体运行的过程中还存在以下问题。

---

① 王建发.我国绿色金融发展现状与体系构建——基于可持续发展背景[J].技术经济与管理研究，2020，(5)：76-81.

第一，活跃的碳金融市场亟待建立。目前，绿色资产（包括碳信用）的规模交易通道和渠道有限，银行缺乏直接参与碳市场交易的渠道，需要更加开放的绿色金融服务市场和绿色投资网络，如更多元主体参与的碳排放交易所和绿色项目众筹平台，以改善绿色金融资产的流动性和交易规模。

第二，支持绿色金融创新的算料不足。由于绿色相关产业专业性较强，如果金融体系缺乏多元化的专业机构与数智科技手段，则金融机构难以单独认定各领域的绿色项目及执行情况。由于支持绿色金融的数字基础设施不足，技术标准尚未统一，相关环境信息收集和追踪能力不足，信息披露质量参差不齐，因此，在能效融资业务、碳资产质押授信业务、未来收益权质押融资业务等经营环节，不具备专业和个性化解决方案的能力。

第三，绿色金融的相关标准和激励机制应持续完善。对于政府及监管部门而言，仍需要以"碳中和"为约束条件和战略目标，进一步在主体资质审核、绿色金融标准和激励机制的完善上发挥宏观调控作用。当前，绿色金融标准体系初步建立，但绿色金融市场的准入和绿色证券等质量认定标准、环境信息披露及相关技术标准等内容尚待细化和完善。

在绿色经济高质量增长的转型与结构调整过程中，解决绿色资产的资金可获得性是必要前提，但现阶段面临绿色资产确权难、信息不对称、融资难、融资贵、期限错配、流通性差等制约因素，金融服务新能源产业的能力亟待提升。在国家进一步大力推进"碳中和"的战略目标要求下，尽管现阶段我国绿色金融的规模已经处于全球领先地位，但与"双碳"目标要求尚存较大差距。绿色金融的标准体系建设、绿色金融发展制度环境的完善、绿色金融产品和服务拓展、数智化基础设施建设、绿色金融的数智化风控等方面仍需不断推进。

13.2 数智科技赋能绿色金融创新发展

数智技术可以通过三个方面助力"双碳"目标的实现：一是数智化本身就是减碳增效的重要手段，相比于传统手段，云计算等绿色算力大大提高了计算效率，节约了资源；二是通过数智科技对企业和社会的绿色环境要素的检测、管理和环境效益数据的采集、溯源、处理和分析，为企业的绿色运营生产和政府的战略目标落实提供可量化的决策参考，为金融机构在绿色资产识别、转型风险量化等方面提供工具和方法，推动绿色金融监管政策工具、金融服务创新；三是要实现"双碳"目标，必须建立以数智技术为基础的循环经济，让生产、消费的各个环节和金融要素均融入其中，开创"数智双碳"的产业新体系。

13.2.1 数智化与绿色金融深度融合

2020年12月，中国人民银行行长易纲在新加坡金融科技节上表示，人民银行将继续探索利用金融科技发展绿色金融，未来，大数据、人工智能、区块链等金融科技手段在绿色金融中的运用前景非常广阔。此后，在中国银保监会和中国证监会的相关工作会议中均将金融支持碳中和列为2021年重点工作，把科技创新作为优先事项，提出积极探索科技创新的各种金融服务，发展绿色信贷、绿色保险和绿色信托，并将科技赋能于监管手段，实现"数据让监管更加智慧"，将打造数字绿色的服务体系，作为《金融科技发展规划（2022-2025年）》中重点工作任务，提出运用数字技术开展绿色定量定性分析，通过提升绿色信息采集的真实性和及时性，优化绿色项目的信用评估和风险定价模型，支持投资决策过程，推进数智金融与绿色行业逻辑的深度融合，利用技术的成熟带动服务模式的创新，从而更好地促进业态转型。

在数智金融的助推下，金融机构和绿色产业连接在一起，形成更有效的产业金融服务市场，上下游有效链接、协同融通风控，降本提效。在这样一个广泛而透明的平台化市场中，通过平台化触及客户需求，通过科技化提升风控水平，通过多元化提升生态圈联动效应。

1. 数智化赋能绿色金融的发展现状

当前，绿色金融产品及服务的供需不匹配为数智金融提供了广阔的赋能空间。在业务场景和规模上，数智金融工具的使用集中于绿色信贷和绿色基金业务领域，其存量已居世界第二，而在环境权益市场、绿色债券、绿色租赁等领域相对欠缺，在广度和深度上均有不足。目前，在绿色金融行业数智金融的示范性应用缺乏系统性总结和推广，如嘉实基金ESG（Environmental Social Governance，一种关注环境、社会、公司治理绩效的投资价值理念）评估体系和数据系统、人保财险巨灾保险远程理赔系统等，这样较为成功的数智绿色金融实践尚未形成产业规模。

在技术应用和基础数据上，大型金融机构探索以大数据、人工智能和云计算等主要手段，实现金融机构内部的环境效益测算、风险监控和绿色信贷的内部管理系统，以及行业内的环境数据和ESG数据的信息共享机制。但从"双碳"目标的整体战略看，当前的技术应用仍然无法突破绿色金融的关键性难题，特别是在数据采集和应用上，区块链、物联网等底层科技基础设施应用不足，使得全流程信息采集不够完备，如追踪贷款投向、资金用途等多维度的业务绿色识别体系缺乏有效工具，当前的数据披露并不足以实现环境效益测算和环境监测预警，安全的数据使用权限管理、及时可靠的多方系统数据对接等方面有待攻克，提高绿色金融市场信息透明度、高效收集和整理生产经营各个环节的碎片化信息的目标仍需不断推进。

从应用主体和区域分布看,绿色数智金融布局集中于北京、上海①,受金融市场不发达和金融技术基础设施薄弱等因素所限,地方乃至偏远地区、乡村等地的长尾客户的绿色产业缺乏支持。而且数智化技术目前主要赋能于政府机构和金融监管部门,多集中于领先企业和大型项目,中小企业和小型项目融资难,资产分布不均衡。按行业看,绿色交通等领域支持力度大,绿色农业和绿色建筑领域金融支持相对不足。总的来看,地方的金融机构由于缺乏在长尾场景下不同种类绿色金融产品、不同业务流程阶段的数智金融工具体系支持,只能尽量选择模式清晰和风险较低的场景提供信贷和债券服务,大量的市场需求和行业预判有待挖掘。

随着我国绿色金融体系不断完善和规模持续扩大,数智金融在绿色金融领域的运用广度和深度不断扩大,在绿色金融监管、绿色项目认定识别、绿色金融业务运营和风险控制、环境气候效益测算、信用评价等细分领域均可提供降本增效、准确高效的技术和服务。同时,数智金融为监管部门实施差异化的监管政策发挥了至关重要的作用。在实践中,我们可以看到金融监管部门、地方政府和金融机构都在积极推动绿色金融,加快服务内容和服务形式的不断创新。

2. 案例:政府与监管联动树立绿色金融新标杆

湖州市金融办和监管部门通力协作,利用大数据、云服务手段,实现了绿色金融在"用户端""监管端"和"银行端"的全方位升级改造。地方政府与地方人民银行协同建立了一套较完善的绿色金融综合服务平台,包括"绿贷通""绿融通"和"绿信通"三部分。自2018年

---

① 参见保尔森基金会、北京绿色金融与可持续发展研究院的《2021金融科技推动中国绿色金融发展》调研结论。

以来，湖州市的绿色金融服务平台现已覆盖3万余家中小微企业，以透明的开放金融生态作为基础，鼓励36家金融机构将354款金融产品搬到平台上，并对其进行标准化分类，为企业提供贷款、股权融资、绿色评价、担保"一站式"服务，拓宽了融资对接应用场景，引导资金流向生态友好型的优质企业。

绿色金融综合服务平台在线披露各类企业的运营数据报告等相关信息，同时，在线上披露绿色企业的运营数据报告和相关项目信息，并以透明化的方式对绿色企业及项目制定了自动化、全面化、可信化的ESG评价模型，供投资机构进行筛选与风险评估，这样的银企双向选择机制使得中小微绿色企业项目与银行、资本等机构对接更加顺畅和高效，增强绿色金融服务的可得性和精准性，实现资源的有效配置，解决信息不对称的发展阻碍。同时，为了解决中小企业融资流程烦琐的难题，该平台创新了企业与担保的对接模式，以政府信用作为担保，打破传统贷款审核的复杂环节，让贷款和担保两个流程双线并行，实现银行与担保公司同时调查和审核，让"数据多跑路、企业少跑腿、银行快审批"。构建"绿贷通"服务，对不同等级绿色项目实施分级信贷贴息机制，将政策红利传递至中小微企业首贷、续贷、转贷的各个环节，发挥了货币政策工具的结构优化作用。

在金融服务的供给端，中国人民银行湖州市支行牵头，打通了市区内所有银行的数据壁垒，在精准统计、管理各银行信息和业绩的基础上统一了信息报送口径和绿色贷款的标准，逐步规范当地银行绿色信贷管理规范。截至目前，体系化的绿色信贷管理体系已经为4万笔信贷业务进行了绿色识别和全流程贴标，极大地简化了原有的业务流程和数据流转程序；与此同时，银行还将信息系统嵌入了绿色信贷业务的全流程，在数据基础上升级优化了原有的评价模型，通过自动化的指标构建、数据监测、数据分析、信息共享、绿色识别，能够更加精准、主动地量化项目的绿色化程度和环境风险。

由监管部门牵头建立绿色金融机构评价体系是各项激励约束机制落地的重要载体。湖州市建立起全国首个地方性"绿色银行"监管评价系统——"绿茵系统",透明化的平台接收来自不同银行实体的业务数据报送,集成汇总后,该系统能够直观地反映银行机构的绿色化改造进度、绿色金融业务的执行风险和绿色运营情况,便于监管部门对银行机构进行绿色分类和评级。而在企业和项目的监管上,政府机构、金融监管部门、金融机构、企业等共同参与搭建绿色金融综合服务平台,对全辖区内的绿色贷款业务数据进行统计分析和业绩评价,对环境社会效益进行自动测算,并对环境风险进行自动预警,便于当地政府全面了解市内绿色改革整体进度,为国家和当地的各项激励约束政策提供决策参考。除此以外,政府端为明确法律法规提供保障,建立绿色金融纠纷调解中心,贯穿监督、通报、考核、回访等金融服务全流程,并将数据化管理、普惠金融和高效便捷的智慧法院相结合,降低了金融服务的隐患风险。

综合来看,湖州市绿色金融构建起一个多层次的体系,金融监管与政府部门、金融机构、产业组织,多方联动,共同发力,实现了绿色金融发展的良性循环,打造了湖州市特色的绿色金融生态。

3. 案例:技术赋能业务场景,兴业银行打造绿色银行金名片

作为中国首家赤道银行[①],绿色金融领域的领先者和积极践行者,兴业银行从2006年在国内推出能效融资产品起,迄今为止已有15年的探索实践,已经逐步建立起完善的绿色金融体系,涵盖绿色融资、绿色租赁、绿色信托、绿色债券、绿色基金、绿色消费等现代化绿色产

---

① 赤道银行是指投资充分考虑环境和社会影响,并利用金融杠杆促进项目在环境保护以及社会和谐发展方面发挥积极作用的银行。

品与服务，构建起集团化、多层次、综合性的绿色循环、低碳发展的金融服务模式，规模最大，门类最全。在2021年年中工作会议上，兴业银行提出"构建连接一切的能力，打造最佳生态赋能银行"的愿景，通过数智技术赋能构建绿色金融领域企业级架构的顶层设计，解决系统部门化、数据碎片化、业务流程断点化等问题，让绿色银行的名片持续闪亮。

为此，经过反复升级迭代，兴业银行自主研发的绿色金融IT支持平台"点绿成金"业务系统二期项目已经上线，"融资"与"融智"并举支持绿色产业引进、环境基础设施建设、绿色中小微企业培育、绿色金融产品交易、绿色金融标准制定等；该系统将环境交易金融、节能减排金融、个人低碳金融等多场景和多业务部门数据全方位互联，通过人工智能、GIS①、大数据等技术的集成运用，该系统实现对与低碳经济、循环经济、生态经济相关的几十个行业环境效益的精准测算，以及对目标企业的社会与环境风险准确分析和评估，已成为兴业银行开展绿色金融业务的助推器。另外，该系统适时融入兴业银行在其他业务中极具特色的大数据智能风控系统"黄金眼"和智能投顾系统"兴智投"，前者根据绿色数据库创新机器学习算法，对项目进行风险预警，其准确率达到55%；后者为投资者提供绿色领域个性化投资组合策略，帮助客户最大限度地规避项目的环境风险，形成较优的投资回报。基于在绿色金融领域多年的实践经验，兴业银行将数智金融手段重点用于分析绿色发行主体、绿色资金用途、绿色基础资产，贯通信用审核、业务属性认定、风险控制、支付清算等流程，实现业务流程一站式解决。

兴业银行将绿色金融理念、项目评价标准、社会与环境风险要

---

① GIS即Geographic Information System，地理信息系统，结合地理学、地图学及遥感和计算机科学，对地理信息进行采集、分析。

求等充分融合，优先重点支持制造业企业节能减排改造与绿色生态发展，借助绿色金融这一差异化、特色化发展的重要抓手，探索未来实现"双碳"目标的发展新路径。

13.2.2 数智科技创新服务"双碳"目标

清华大学国家金融研究院金融与发展研究中心主任、中国金融学会绿色金融专业委员会主任马骏，在2020年9月的外滩大会"金融科技——绿色金融的创新时代"论坛上，提出绿色金融的五大支柱，包括绿色金融标准、环境信息披露、政策激励机制、产品创新体系和国际合作，如图13-2所示。每一个支柱都需要有相应的制度设计、组织保障，以及相关的技术基础设施支撑。以环境信息披露为例，环境信息数据来自金融机构自身经营管理的数据测算，以及其投融资的绿色数据情况，数智科技可以帮助金融机构准确测算和监控真实数据，确保环境披露信息真实准确。

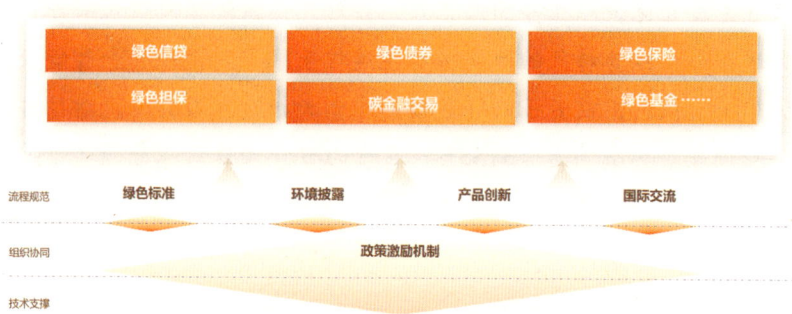

图13-2　绿色金融五大支柱

2021年5月，为贯彻双碳战略，阿里云提出"零碳云"计划，从自身节能减排，输出数字减碳能力，支持绿色技术创新三个维度践行减碳行动。以支持各类业务的云计算为例，2021年9月，中国信通院对阿里云在北京、上海、成都等5个数据中心进行能效测评,云化数据中心CPU平均利用率是传统数据中心的4.066倍,符合绿色发展要求。

未来,随着金融团体云的逐步推广,会有更多的金融机构享受云计算带来的绿色发展收益。

1. "云端一体"激活绿色数据资产

绿色金融相关数据报送管理等基础设施建设相对滞后,场景端缺乏全面、准确、实时的绿色金融数据是绿色金融面临的一大难题。

数据上云是缓解"数据孤岛"问题的有效方法。阿里云支持企业建设数据资产在线运营系统,针对绿色企业定制项目数据管理方案,构建绿色企业数据统一模型,如图13-3所示。通过该模型可以抽取和封装绿色项目在运营周期内的设备生命周期、财务、物资储备、人员管理、运输调度、能源消耗和污染排放数据等基础数据,以及业务板块和不同分析维度下的全域数据,并结合IoT技术,全面感知海量异构的用能设备数据和项目的环境表现数据,对与能耗相关的数据资产全面感知、全景洞察。同时,整合包括规范性指标、宏观市场指数等内外部信息资源,建立企业ESG数据库,以此提高场景端数据萃取和运营的能力,实现环境效益数据的采集、溯源、处理和分析。

而钉钉则作为全链路数字化的入口,将云架构所提供的服务推送到应用层。由端到云,将多源多维的异构数据、企业绿色运营状态实时收集更新到后台,并对数据进行整合和分析;由云到端(钉钉),数智化整合和分析的结果在钉钉可见,支持企业进行自主碳排查,基于数据进行减碳规划和部署,优化企业绿色战略下的资源配置。

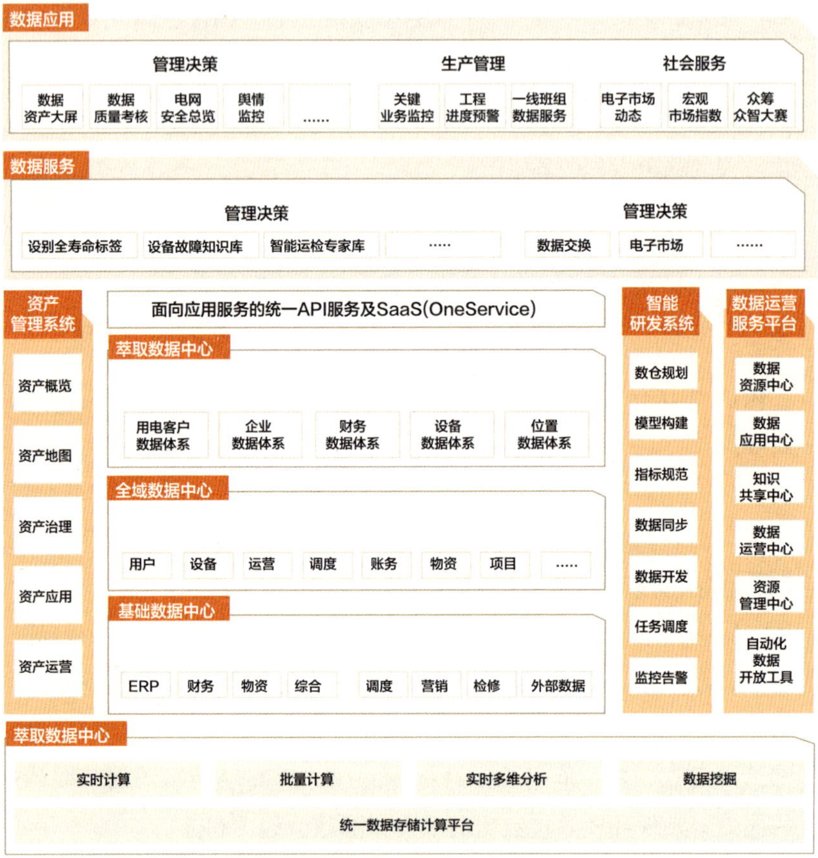

图13-3 企业数据资产在线运营系统

"云端一体"着眼于从企业的全域数据资产管理出发建立标准化的数据运营模式，云服务作为后端，帮助企业统一数据架构和数据模型，钉钉作为前端，借助后端提供的敏捷、灵活的数据支撑帮助企业进行决策。采用实用化数据运营手段，从接入、存储、加工、共享、服务到应用的一站式数据运营服务能力，赋能产业绿色化转型，助力实现碳中和。

2. "碳大脑"优化生产工艺助力实质减碳

优化的"碳大脑"建立在数据资产管理的基础上，是对全域数据的创新应用，它将数据作为生产要素，将图像、视频识别、机器学习和人工智能算法接入到传统的生产线当中，根据不同绿色企业的业务，定制设计出大数据评估模型和生产工艺优化方法，从而实现工厂生产流程实时可视化、设备作业情况实时监控和自动维修，帮助生产企业实现数据流、生产流和控制流的"三流"协同，激活海量数据的价值，帮助技术和基础设施能力不足的中小企业进行碳排自控、排污自查，及时在场景端做出调整，降低绿色项目的系统性环境风险。

以东华水泥为例，在绿色环保生产的大环境中，受制于原料、燃料、工况的较大波动，水泥行业的生产质量、能耗水平仍依赖于人工经验，煤和电的成本占水泥成本的40%~70%，节能减耗、减少污染排放是亟待解决的重要课题。东华水泥基于阿里云技术建立全国首个水泥工业智慧大脑，使用先进的智能生产控制系统、智能设备管理系统、智慧能源管理系统对质检数据、环境数据等进行高效收集和模型搭建，对产量、质量、能耗等多目标进行可视化呈现和量化寻优，将最环保、效益最高的结果投送给生产线，有效提高了节能减排程度。

另外，基于同此类模式即插即用的特点与较低的专业化门槛，其在融入中小企业的过程中具有灵活性的优势，能够更好地推动钢铁、水泥等高能耗制造业及固废处理行业的节能减排服务方案优化，助力企业完善数智减碳能力和技术创新，形成一个多维度、全覆盖的产业数智化低碳发展体系。图13-4所示是"工业大脑"架构示意图。

工业大脑3.0云平台

解决方案

| 钢铁 | 水泥 | 汽车 | 化工 | 水务 | 离散制造 |

业务应用

| 供应链管理 | 销售管理 | 生产管理 | 服务管理 |
| 能源管理 | 仓库管理 | 财务分析 | 安全管理 |

创新应用

| 能耗优化 | 工艺优化 | 智能质检 | 调度优化 |
| 设备优化 | 预测性维护 | 供应链优化 | 智能运检 |

工业数据中台

主数据管理	数据资产	数据API	智能预测	数字孪生	智能整定	移动开发	低代码开发	应用SDK
资源管理	数据投入	数据采集	视觉AI	AI融合控制	开放API	移动推送	热修复	工业模版
模型规范	监控运维	数据质量	系统监控	数据连接器	知识图谱	微服务管理	研发流程	容器服务
数据安全	任务调度	元数据管理	仿真工具	建模工具	专家知识库	安全防护	数据SDK	智能SDK

智能制造平台PRECISION-M

智能APP开发平台

| 工业一体机 | 专有云 | 公共云 | 云边协同 |

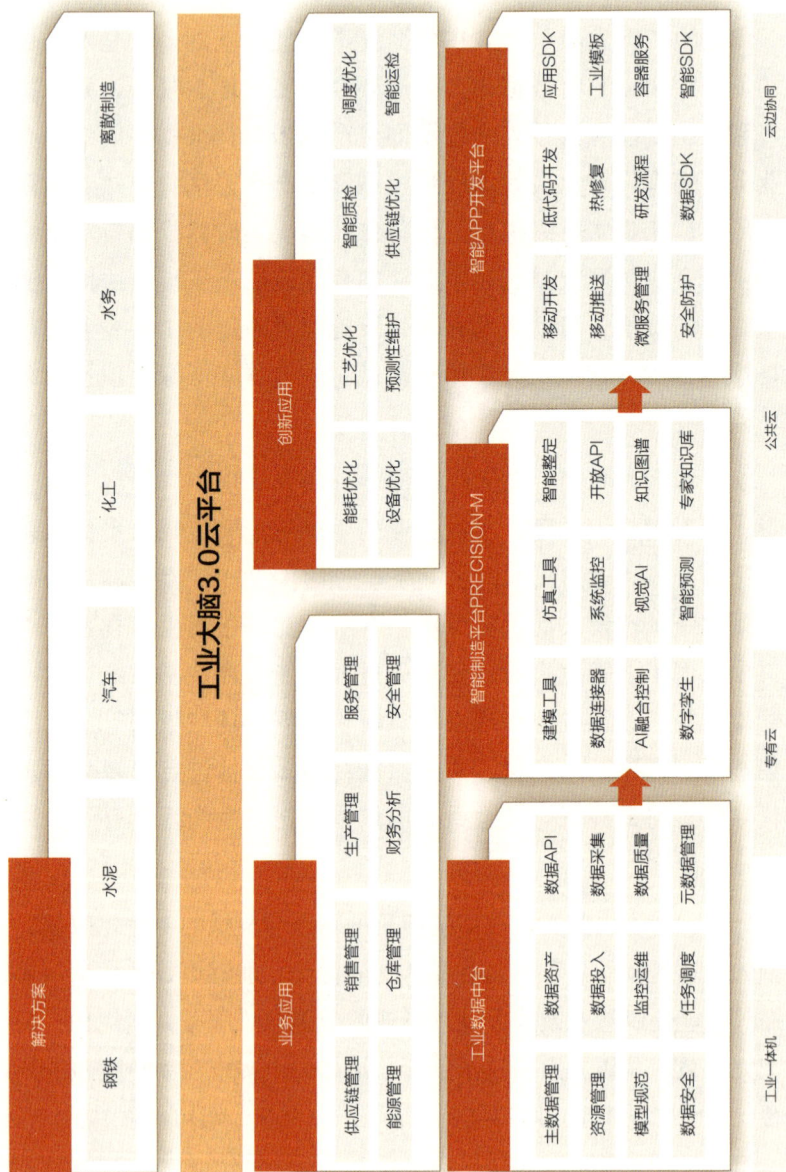

图13-4 "工业大脑"架构示意图

3. 多方联动促成绿色产融高效对接

对于金融机构来说，首先要解决两个核心问题：一是精确识别符合ESG投资战略的绿色企业和项目，防止"洗绿""漂绿"等行为，合理配置低碳资产，逐步退出高碳资产投资；二是构建完善的监测体系，追踪监测贷款去向，实时评估投资项目风险。

阿里云提出的综合能源平台解决方案，如图13-5所示，以"内外协同互联、数据标准统一"为基础，实现企业内外部的高效协同；基于大数据技术，采集汇聚能源相关数据，帮助金融机构直观感知能源使用的全过程。一方面识别高耗能行为及时调整，优化减碳路径；另一方面精准识别绿色资产、项目、产品和服务，为开展环境效益评估、监测"碳足迹"、评估投资回报、推动绿色供应链建设等提供支撑。

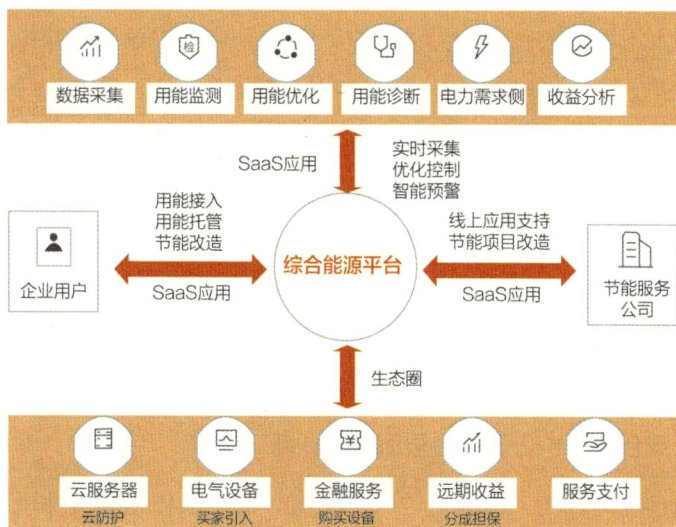

图13-5 阿里云综合能源平台解决方案示意图

该平台为金融机构在低碳资产识别、转型风险量化、碳资产信息披露等方面提供工具和方法，助力金融端进一步创新绿色资产抵质押登记、绿色供应链金融、绿色票据贴现等场景应用；发挥绿色金融标准化推广，在绿色信贷资产质押、绿色项目评级、金融机构环境效益交易机制等细分应用领域提供更高效的解决方案。

当前，在绿色信贷和绿色债券业务中，金融机构很难获取到企业的排碳数据，主要采信第三方测评数据，投融资活动的"碳足迹"难以核算。同时，企业排碳数据披露不充分，难以准确显示企业的绿色信用信息。为应对此类数据不充分、多方信任机制薄弱的问题，2021年9月推出了企业碳中和管理的前瞻性SaaS级产品——"碳矩阵"，其核心解决思路为"1+N"模式，"1"为银行端的绿色金融系统，"N"为企业的碳账户。通过"1+N"的架构，金融机构可以与相关管理部门、企业、第三方认证机构等各方建立数字化协作机制，基于区块链技术不可篡改和可溯源的特点，实现企业碳排放、碳减排、清结算、监管、审计等过程公开透明，可随时追溯查证，进而支持金融机构合规获得企业环境数据，进行绿色金融产品的创新，开展碳交易。

另外，"碳矩阵"采用联盟链①的模式，并不纯粹依赖于技术手段完成信任和认证，在碳中和领域相关标准制定中进行了中心化确权。实现碳中和环境下不同市场主体和参与方利用区块链的数据共享机制、安全隐私、可追溯，实现多方可信的数字化协作，搭建开放的生态。

4. 绿色数据中心涵盖多层面节能创新

"双碳"时代，社会对"绿色算力"的需求仍在爆发性增长，高

---

① 区块链的一种类型，由多个经过授权的机构共同进行区块链的管理，并且通常各个节点都具有与之对应的实体组织。

碳排企业脱碳减排对云计算"外脑"的需求极大，预计到2035年碳达峰时期，全国数据中心耗电量将超过4500亿度，随着AI模型的越发庞大，模型训练的能耗和排放同步增长。

阿里云致力于打造数字经济时代基础设施，现阶段已建成千岛湖、张北、河源等多个云数据中心。其中，阿里云张北基地是全国IDC（互联网数据中心）行业首个"碳普惠"试点项目。近年来，该项目以市场化方式与风电、光伏企业交易清洁能源，截至2021年5月共交易约4.5亿千瓦时，累计减排二氧化碳近40万吨，同时促进了新能源的高效利用，在实现自身减排的同时，也为更多平台上的生态企业提供了"绿色算力"。通过高效而节能的计算方式，降低数据和算法在绿色信息流通过程中的能耗。近年来，通过研究清洁能源驱动的设计和降低服务器能耗的核心技术，阿里张北数据中心在2021年"双11"购物狂欢节期间使用了超过3000万千瓦时的"绿电"，减排二氧化碳2.6万吨，通过数据上云和资源统一调度，"双11"不仅仅是千万中小电商和消费者的狂欢，也是一场全民参与的绿色行动。

此外，千岛湖、张北等阿里云数据中心同样积极参与绿色数字基础设施相关标准制定，为绿色金融制定环境效益数据标准，广东河源数据中心也将成为阿里云首个实现碳中和的大型数据中心。

5. 碳排智能监测让减碳过程清晰可见

制定并逐步完善绿色金融标准体系，建立有效的激励约束机制，是推动绿色金融发展的重要保障。

部分地方政府开始建设基于大数据和智能分析的排放检测监管系统，通过广泛采集绿色产业和绿色金融相关信息，让管理部门"看得见"（城市、行业的碳排放全景）、"看得清"（碳排放的原因和趋势），能明确地"定目标"（地方碳排放总量）、"定路线"（结合经济发展及产业能源结构制定减碳措施）。

　　该系统可助力建设绿色征信系统，支撑地方政府为企业打造污染源档案，对企业项目的基本信息和环境效益全生命周期动态管理，并从行业、监管级别、信用评价、民众反馈等角度综合考量，为企业贴标（金融生态环保资质指标），生成企业征信记分系统并实时更新，予以排污许可和碳排放权。政府可通过监测系统汇聚区域内所有企业碳排相关情况，以便进行差异化监管；根据不同行业、生产量、碳排放量对异常情况科学精确预警；使行政惩罚措施透明化、公正化，实时反馈、可信追溯、精确定责。

　　排碳监测系统搭建起政府、监管、金融和产业机构的绿色信息传输通道，强化了监管机构的风险防范能力，协助监管机构做出科学决策；通过环保信息公示平台，监管机构将排放许可、绿色项目的环境评价、透明公开，用更完善的约束激励机制助力绿色金融包容审慎发展。图13-6所示是行业排放监管系统示意图。

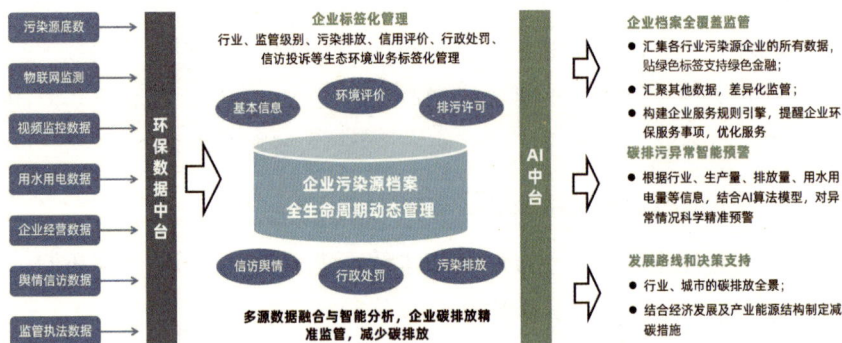

图13-6　行业排放监管系统

13.3　前沿科技应用，探索绿色金融新模式

13.3.1　区块链+众筹理念，创新绿色金融模式

1.区块链构建多方透明互信的绿债发行机制

数智金融的一项重要意义在于降低稳定性风险，以"护送"资本进入前沿和新兴市场。相较于传统债券，"绿债"具有可持续发展的属性，涉及许多非结构化数据的考量，各方面标准更为严苛。

区块链技术是信息互联网上价值网络的基础设施，可以利用该技术对绿色资产进行数字化改造。比如，进行数据统一规整、分类，并以可验证和永久的方式记录它们在各方之间确权、流动、交易的完整过程，天然适配于绿色金融的多方协作和数据流通机制。利用分布式记账提高信息在透明、可追溯前提下的可信度，是区块链在绿色金融项目中发挥作用的关键。

除技术赋能以外，区块链为金融领域带来了众筹理念上的创新。从具体应用上讲，绿色项目通过基于区块链的平台募集资金，将资金需求者和资金提供者联系起来，提供平等协同管理的机会，并结合时间戳、智能合约技术，记录和证明项目收益、可持续性影响和收入流的使用，全流程改善了绿色项目的实施效果，在项目后续运营阶段，使用物联网技术收集数据，配合人工智能等技术进行量化分析，确保效果明确、责任清晰，降低各类风险隐患，使绿色项目更有公信力，有利于吸引社会资本和国际投资者进行可持续投资，从而丰富融资渠道，为"双碳"战略提供资金支持。

举例而言，瑞典的"绿色资产钱包"项目将区块链技术应用于绿色项目定价，降低信息不对称的交易成本，通过耦合投资者、发行者和验证者三类主体的上链数据，验证交易有效性并进行绿色评估。其

中，由发行者提交绿色证券报告，验证者对证券进行验证性评估，投资者综合评估项目进行投资，并能够实时通过区块链查看真实业绩数据和企业相应的信用水平，全流程监测项目运行。为支持"绿债"发行，瑞典政府颁布了主权绿色证券框架，指定了"绿债"发行的领域及项目。西班牙第二大银行BBVA宣布推出"第一个利用区块链技术协商具体条款的结构性绿色债券"，在区块链平台上，BBVA与其他风控公司共同根据绿色项目认证体系对项目予以筛选、认证和评估，债券发行方和买方通过数字化方式使发行、谈判流程标准化，提高运作效率并有效降低债券的发行和管理成本。此外，同平台的保证协议具有标准化下的一致性，为投资者提供更多横纵可比的材料支持和灵活性。

2."蚂蚁链"链就可持续新篇章

作为链接产业、链接信任、推动产业协作数字化升级的重要力量，蚂蚁链在绿色低碳领域已经得到了广泛的应用。例如，蚂蚁链融合区块链和AIoT技术，赋能用于城市配送物流的奇瑞新能源商业车，将每辆车的行车、电池等数据加密后上链流转，在确保隐私的前提下，保证源头数据安全可信。进而让每辆商用车作为可信的主体，实现对车辆的全生命周期管理，使数据成为可变现的劳动能力的佐证。在金融场景下，车成为贷款授信的主体，只要车辆可信可控，就可以为其提供金融服务，以保障其应用。该业务2021年全年上链设备数约一万辆，碳减排量约883吨标准煤的碳排。

哈啰单车携手上海银行接入蚂蚁链，通过应收账款上链，对上游供应商进行技术化管理，让企业技术资质和融资信息在区块链上以不可篡改的方式逐级流转，清晰留痕。全链路覆盖，打造供应链信任支付的新生态，提升上下游中小企业信贷可得性和融资覆盖面。

此外，天能股份与蚂蚁链展开合作，通过在电动车及电池中植入"蚂蚁链可信上链模组"，实现对设备的实时定位、远程锁车、数据通信上链；通过将数据在蚂蚁链管理平台上进行整合，进一步分析电池的日常运营数据，更好地实现智能调动和动态管理；基于区块链加密不可篡改的特点，天能锂电及其下游客户在换电和租电业务场景中，上链数据也会更好地为数以百万计的电池资产适配更多元的金融场景，为保险、租赁、监管等机构提供参考。

在未来开放包容的监管下，可利用区块链基础设施搭建绿色项目众筹平台和投资信息平台，支持社区、地方等小微企业以及土地、农业、森林的公益项目。不同区域的项目众筹在各自系统内运转，不同市场通过区块链集成和智能合约定义转换规则。图13-7所示是基于区块链的绿色众筹金融平台架构。

图13-7 基于区块链的绿色众筹金融平台架构

在这样的平台中，绿色金融产品（以绿色债券为例，本书中也称"绿债"）的发行和流通由三个步骤组成，平台流程图如图13-8所示。

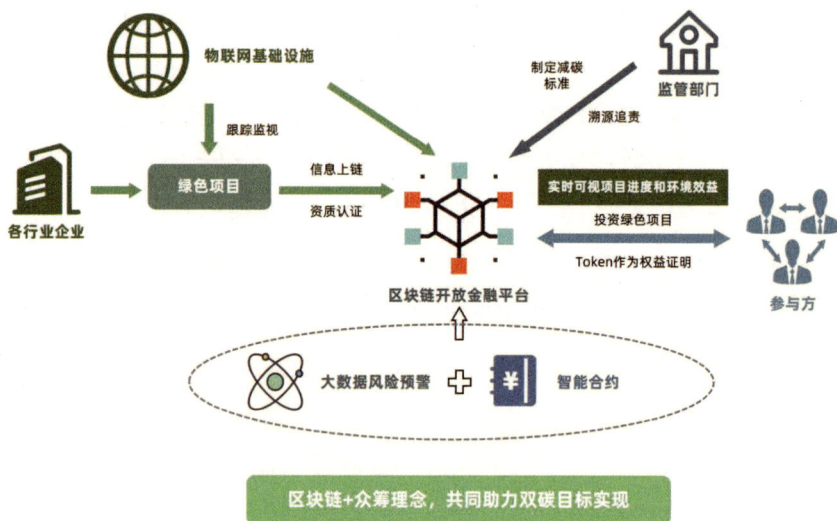

图13-8 绿色项目众筹开放金融平台流程图

首先是对于参与主体进行身份认证，颁发CA证书，用于数字签名认证及信息加密传输，提高数据交互的安全性。对申请加入的小微企业和个人的资产权属、历史合同履行和财务数据进行资质初步评估，投资人根据该声誉评分进行投资筛选，降低鉴定成本，此后将对该资质分数进行动态调整。同时，也为监管机构提供一个完全透明、监督和学习的节点。对于资金需求方来说，一个良好的信用评级意味着发债可以有更低的利率，既是外部监管评估的指标，也是对自身的激励。

接下来就是绿色债券在区块链所搭建的数字众筹平台上的发布和运营，通过将绿色债券发行的所有步骤转移到区块链上，任何人都可以拥有绿色资产、发起绿色项目，任何人都可以作为投资者找到投资机会。对于区块链债券发行而言，债券金额的多少并不会影响本身的发行成本，中小微企业以低成本发行绿色债券，除了主要基础设施和森林等大型项目，可以发起社区灌溉系统、微电网、土地管理和农业实践等社区级绿色项目，通过链上资产交易系统进行撮合，包括进行相关的用户验证、资产验证、需求验证和合规验证等流程，形成精准供需匹配，并在链上签署协议，而后将智能合约的认证机制和交易信息打包上链。

在绿色债券区块链运行过程中，Token[①]作为增长红利分享、权益证明和信用背书。为绿色项目提供资金或参与价值创造的主体都会得到Token的奖励，作为对项目未来收益、价值的承诺，可以在项目的生命周期内进行价值流动，让Token脱离二级市场，更多与实体经济联系。同时，Token的多少也决定了参与方对数据的访问控制权限，持有Token越多的人越能够对项目有更全局的认知。此外，Token基于项目的环境效益而发行，同样代表了持有方为"双碳"目标所做的贡献和信用评级。这样一来，Token的持有者既是区块链系统中的贡献者，也是使用者，还是决策者，三位一体。

为确保项目的实时追踪，链上信息要实时更新。由于绿色项目的供应链和项目周期较长，通过部署诸如物联网设备、可视化监控或嵌入绿色资产中的区块链芯片将碳排放基础数据（排放量、排放因子等）上传至分布式账本，对应到不同环节、不同企业、不同阶段，让投资者对全生命周期的项目进度、风险和环境效益实时可感可视，并利用债券发行时拟定的智能合约处理机构，以及由物联网反馈的信息，结合大数据分析和风险预警机制来验证项目环境效益，可将指标自动化映射到浮动利率的动态调整中。

此外，链上信息可以公开生成具有公信力的报告，用技术带来的自信任机制解决审计监管和追溯查证难题，帮助监管部门精确定责，

---

① 通证，区块链中发行的可流通的加密数字权益证明，是一种激励手段和价值流通方式。

将处罚信息、企业排污许可公开于链上，提升"绿债"环境和社会效益的透明度，增强投资者信心。

低成本、高效和公开透明的特质构成了一个正向循环的市场，所有权的透明度和可追溯性增加了投资者对绿色项目的信心，在投资通道的两端创造了更多的机遇。未来，一套基于区块链可信共享机制的绿色金融产品发行、流通体系，将会催生更多的金融创新点，如与"碳足迹"挂钩的贷款、能效信贷、碳配额质押贷款，以及绿色基础设施REITs、绿色资产证券化产品、绿色家电贷款、个人绿色信用卡、绿色建筑保险、光伏风电保险等。

13.3.2 绿色数据资产化增进普惠与包容

绿色数据的资产化旨在用科技驱动金融创新，将环境效益量化并提供流转、估值和变现的渠道，唤醒更大范围的减排环保意识，尤其是小微企业和个人，将金融属性、公益属性和共享属性相结合，推动绿色金融逐步实现普惠化。

联合国开发计划署在探索数智金融赋能绿色数据资产化的路径中，推出了UNDP Cedar Coin公益植树项目。该项目通过GPS定位种植的树木，将数据上传至区块链并共享给捐献者，实现绿色资产可追踪；通过物联网设备、图像识别技术等测量树木的氧气贡献值和生长状况，从而计算环境效益。

该模式是将多维度的数据综合计算，形成数据资产，进而激励植树这种绿色行为，与蚂蚁森林的模式类似，也可以被复制到社区场景的日常生活中，通过获取绿色行为数据，提供金融支持（如绿色信用卡等），鼓励绿色生活方式。此外，全球红树林信托基金[①]发起的项目，将森林密度的人工智能检测和可以交换商品的"树币"奖励相

---

① 即Global Mangrove Trust，致力于保护红树林的非营利组织。

结合，利用追踪资金和业绩的工具，让投资者看到"绿债"的发展过程，加强捐助者与项目之间的关系。

联合利华开发了一个跟踪和奖励可持续农业实践的系统，它将有关农产品的信息储存在区块链上，包括质量、可持续性指标和价格等，然后由银行等参与者进行评估，金融机构可以以优惠条件奖励农民。

"蚂蚁森林"搭建了一个全民参与、公益性质的个人碳交易市场，探索出了一套绿色行为正向激励的机制。不同于服务于大型企业的碳交易市场和绿色信贷体系，蚂蚁森林所打造的碳账户是将绿色金融融入每个人的生活当中，通过鼓励用户步行、借助公共交通出行、在线缴纳水电煤费用、网络购票等低碳行为来积攒"绿色能量"，折算成碳减排数值并累积到个人碳账户。然后将数据资产化，成立绿色低碳基金会，通过基金会购买个人碳账户中积累的绿色能量，进而转化为植树行为，并用遥感技术和人工智能技术推出卫星看树和实时看树功能。

目前，蚂蚁森林实现了"让地球上5%的人在手机里种树"，在用户规模上，已经成为全球最大的个人碳账户平台服务商。当个人碳减排活动被纳入国家体系，以及随着碳排放交易市场的不断成熟，可以预见个人碳交易在不久的将来会成为现实。

另外，钉钉的绿色办公也在助力企业绿色发展，提供视频会议、音频会议、电子日志、电子审批等减碳办公场景，激励更多用户绿色办公，并提供了多个绿色办公场景下的碳减排核算模型，形成钉钉碳减排账户。

依托海量的绿色行为数据，"蚂蚁森林"、钉钉等数智科技将会在未来助力监管部门制定相关标准，并将推动个人和企业碳交易的普惠金融体系。碳资产转化为真实环境保护和绿色效益，将会成为绿色金融未来的新理念、新模式、新价值。

【本章小结】

"双碳"目标的政策导向和数智金融的助力为绿色产业带来了前所未有的发展机遇。

（1）"双碳"目标主导的可持续经济发展模式为各产业转型升级提出新需求，其资金缺口较大，迫切要求金融资源支持。我国绿色金融的框架体系已逐步建立完善，但在激活碳金融交易、完善激励机制、搭建基础设施开展绿色数据监测分析等方面仍存在不足。

（2）基于数智技术赋能绿色金融的已有实践，我们进一步介绍了以云计算为核心的数智金融创新，如何实现产业多端更好地连接、融通和风控。

（3）众筹理念和小微碳账户等新模式和区块链等前沿技术的结合，创造出绿色债券的链上运行机制和绿色数据资产化的场景，让未来的"双碳"金融普惠全产业和全人群。

未来，我们期待出现更多的绿色金融和数智科技的应用场景，整个产业能够抓住"双碳"目标的时代机遇，实现可持续发展。

国内外实践

第 5 篇

在小微金融领域，发挥大数据、人工智能等技术的"雷达作用"，捕捉小微企业更深层次的融资需求，综合利用企业经营、政务、金融等各类数据全面评估小微企业状况，缓解银企间信息不对称问题，提供与企业生产经营场景相适配的精细化、定制化数字信贷产品。

运用科技手段和基础设施动态监测信贷信息资金流向流量，确保资金精准融入实体经济的"关键动脉"，提高金融资源配置效率，支持企业可持续发展。

——中国人民银行《金融科技发展规划（2022—2025年）》

各国对数智产业和数智金融的战略规划和部署持续加强，在战略、科技、市场、治理等多层面布局，将可持续、绿色化的创新机制作为推动经济社会高质量发展的重要动力。本篇对国际国内的先进实践进行扫描追踪和重点剖析，希望从体系演进的历程和不同角度出发，与读者共同见证产业数智金融生态体系逐步构建和发展的过程。

第14章
它山之石

如果将数智驱动下全球产业金融的发展比喻为一棵茁壮生长的大树，则作为"树根"的数智基础设施、"树干"的金融信用及风控体系、"保护漆"的数据安全共享、"阳光雨露"的监管科技与创新，共同滋养金融创新，使得代表产业企业的片片"树叶"得以生长。

在对全球发展进行环顾之后，我们聚焦英国、新加坡、美国、德国和印度五个国家各具特色的数智金融实践，以更清晰、直接的方式展示在数智浪潮碰撞中产生的产业金融新模式。

14.1 数智化产业金融全球扫描

2008年国际金融危机爆发后，作为数智经济革命的一个重要方面，金融科技开启了引人注目的发展进程。数智经济下的产业金融发展，其实就像一棵树的生长。如图14-1所示，从下向上可以看到，"树根"是由云计算、生物计量、分布式记账技术、人工智能和机器学习等技术驱动的数智科技基础设施建设；"树干"是科技驱动下的信用与风控体系，可进一步依托优化后的金融基础设施链接和服务产业。要成为根繁叶茂的百年大树，还要接受自然洗礼、雨露滋养，以及人工涂抹石灰浆、注射营养液。这些环境的滋养在产业金融新生态中，体现为政策支持监管创新，以及促进数据要素安全共享的实质内容，为大树生长赋予坚忍不拔的生命力和自发自觉的驱动力。最终通过金融产品和模式的创新，将养分注入实体产业、服务整个产业生态，尤其是以中小微企业为突破口，实现乘凉骄阳下、闲聊树荫里的美好愿景。

图14-1　数智驱动的产业金融树形结构图

14.1.1　深挖土下的"树根"：数智科技基础设施建设

当前，随着全球网络普及程度的提升，5G等技术的演进，信息基础设施加速向全覆盖、数智化方向发展。新型基础设施建设的创新发展成为新的国际热点，全球国家和地区政府均高度关注。在消费者保护、数据安全的前提下，以科技创新融合作为驱动力，全面重点发展普惠，同时注重风险防范，鼓励多元市场主体良性竞合成为全球统一共识。

中、英、美三足鼎立成为全球数智科技发展的第一梯队。根据零壹财经·零壹智库发布的《2021H1全球金融科技投融资简报》显示，2021年上半年，中、英、美三国金融科技融资数量分别为123、157和503笔，融资交易额分别占全球总额的6.5%、10.1%和44.7%。综合来看，中、英、美成为了全球金融科技投融资最为活跃的三国，其他国家的投融资数量以及金额分别见图14-2和图14-3。

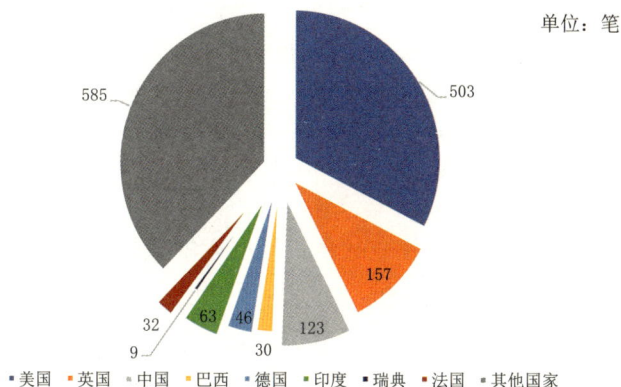

图14-2 全球金融科技投融资数量情况[①]

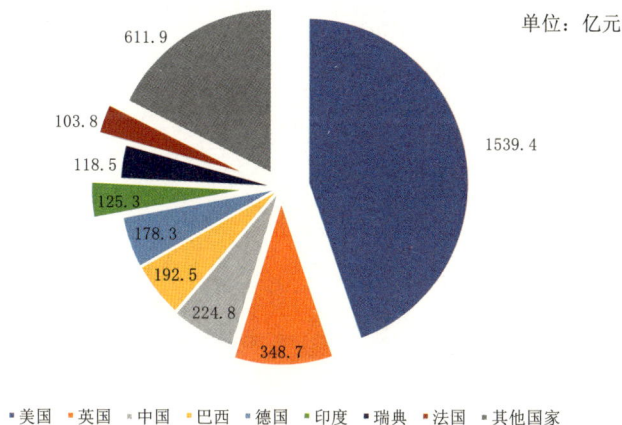

图14-3 全球金融科技投融资金额情况[②]

在城市的金融科技发展方面，根据"全球金融科技发展指数"

[①] 全球金融科技投融资数量详见零壹财经·零壹智库《2021H1全球金融科技投融资简报》。

（FinTech Development Index）[①]，2020年全球金融科技中心城市的数量有所增加，排名依次为北京、旧金山（硅谷）、纽约、上海、深圳、伦敦、杭州、新加坡、芝加哥。值得注意的是，这是新加坡首次从区域中心城市晋升到了全球金融科技中心城市。在区域中心城市的排名中，米兰、法兰克福、吉隆坡、胡志明市、华沙、西安、圣彼得堡、曼谷、内罗毕、阿布扎比等十座城市首次突围，成为了金融科技发展的新生力量。

在行业格局层面，纵观全球金融科技竞争态势，北美地区金融科技发展优势持续领先。据Fintech Times（2021年）数据显示，北美地区共有46家金融科技独角兽，其市场规模占全球近30%，位居全球首位。此外，以东南亚、拉美为代表的发展中经济体在金融科技领域的发展迅速，尤其是在数智支付、数智银行等方面。

聚焦到金融科技企业的发展，世界银行和剑桥大学新型金融研究中心（CCAF）于2020年联合发布了 *The Global Covid-19 Fintech Market Rapid Assessment Study*，对覆盖全球范围的1428家金融科技相关公司进行调研。结果显示，2020年上半年，受访企业整体交易规模扩大13%、交易数量平均增长11%。聚焦13个细分服务领域，如图14-4所示。除了数字信贷由于违约风险加剧，呈现交易数量下跌8%以外，其他行业均实现了增长。

---

① 全球金融科技中心指数说明详见杨涛等人主编的《中国金融科技发展报告》。

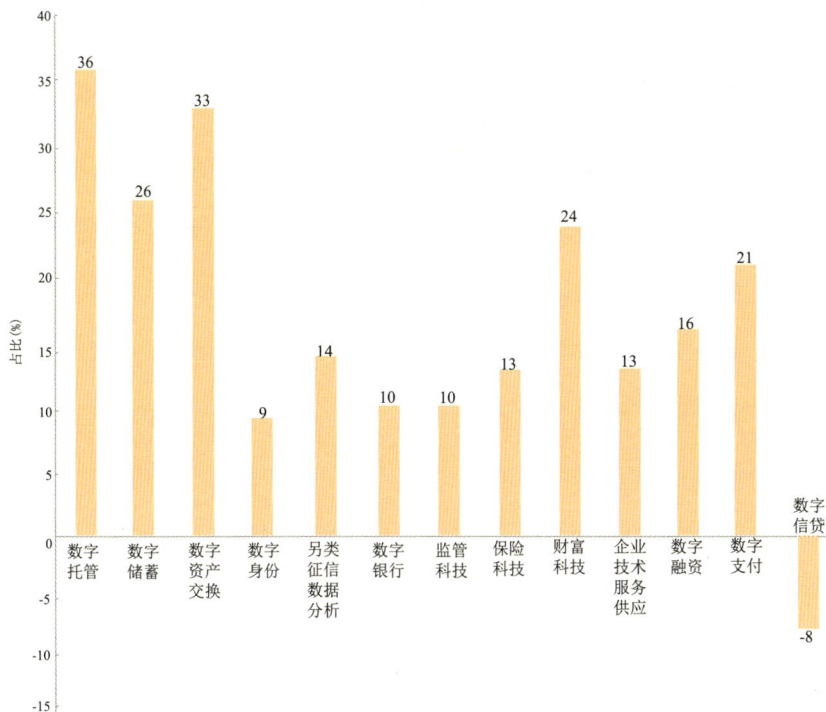

图14-4 2020年上半年金融科技细分服务领域交易数量增长情况[1]

14.1.2 坚实强壮的"树干":信用与风控体系建设

金融已经成为实体经济各行各业发展的基础之一,为了顺应数智经济与数智社会的发展需求,金融行业也面临着数智化转型升级的迫切需求,以使金融基础设施能适应数智化金融业态、模式和服务的需要。我们将从基础信用体系和客户风险管理这两个板块介绍全球金融基础设施建设情况。

---

[1] 参见世界银行和剑桥大学新型金融研究中心(CCAF)于2020年联合发布的*The Global Covid-19 Fintech Market Rapid Assessment Study*。

1. 基础信用体系

征信服务是准公共服务，征信产品具有准公共品属性。作为数智经济环境下变革最快的行业之一，各国政府逐渐认识到征信数据带来的社会效益和商业价值。比如在信用体系服务机制建设方面，多国政府都选择建设或者帮助建设具有公信力的征信机构，旨在通过市场化方式来发挥征信服务的商业价值。

世界银行近期发布的《2020年全球营商环境报告》结果显示，全球190个经济体中拥有征信机构的比例从2005年的127个增长到了2019年的168个，其中发展中国家贡献了超过20%的增长。此外，在世界银行的统计中，168个经济体中有56个经济体仅有以国家为主导的公共征信系统，76个经济体只设有市场化的个人征信机构，另外40个经济体两者兼备。

美国征信行业呈现出政府干预较少、数据多元化、私营机构主导市场的特点，在数智技术的应用方面最为充分，目前已经形成了成熟完备的法律体系、监管机制和产业运作模式。鉴于政治体制和市场发展等原因，美国没有设立统一的征信监管部门，而是"双级多头"的监管格局——"双级"指除了联邦监管，各州都设有各自的信用监管机构，"多头"是指多个行政监管机构和行业协会。自 20 世纪 60 年代以来，涉及美国征信业的主要法律有《消费者信贷保护法》《公平信用报告法》《平等信用机会法》《公平债务催收作业法》和《信用修复机构法》等。

法律体系完备、金融市场开放的征信体系催生了美国四大征信巨头公司——企业资信管理公司邓白氏集团（Dun & Bradstreet）和专注于中小微企业与个人征信的Experian、Equifax和Trans Union三大征信机构。征信公司利用大数据、人工智能等自动化的数据采集技术，收集和处理来源广泛的海量信息，并保证信息的及时性和真实性。同时运用识别欺诈的技术，警示企业，反向影响企业改变不良行为。

2. 风险管理体系

本节将从金融系统中的客户准入KYC原则（Know Your Customer，具体指金融机构对客户的了解和审核，特别是在客户开立账户时对其进行身份识别和尽职调查）、信用审批、反欺诈三方面，介绍国外先进的风险管理体系实践。

账户是资金活动的起点和终点，一切社会资金的运转都最终以银行账户为依托，数智技术的发展使得传统的线下账户申请得以在线上进行。在美国开立账户的流程和标准受开立地点和机构资质的影响有所不同。随着技术的进步，某些银行也支持客户用线上方式远程开立账户，并同时践行KYC原则。具体申请要素取决于面向的金融机构和所在地区。由于政策收紧，远程开立美国账户较之前难度增加，很多金融机构会要求客户有一定的信用记录，并且这些金融机构会人工参与一些远程开户的流程，如图14-5所示。目前，更多的国家开始探索并践行eKYC系统，即客户通过电子身份认证信息系统开设银行账户，无需直接到银行办理开户手续。

客户通过电子设备登录网站	在线填写申请表格	拍摄证件照片	拍摄自拍照	生物识别对比	数据库扫描	账户开立

图14-5 开立个人账户流程

在风控能力建设上，国际领先机构通过技术管理能力和数据能力两方面同时发力。德国储蓄银行聚合11家独立的信息技术服务商，利用其信息建立起集团层面的全球最大的分布式银行计算中心为旗下银行提供信息技术服务和数据治理情况评级，助力集团内部银行在风险管控方面降本增效。新加坡SaaS服务公司Lenddo通过分析数字足迹，使用社交网络关系数据、手机浏览数据、地理位置数据和其他非传统数据，判断客户的财务稳定性，将这一模式拓展到小微企业信贷。

14.1.3 给树干涂上"防护漆"：数据安全共享

根据国际数据公司（IDC）预测，到2025年，全球数据总量将达到163ZB，比2016年统计的数据总量增加十倍；全球大数据市场规模的复合增长率在2021—2025年间有望达到12.8%。随着数据持续爆发式增长，安全合规的实现融合和开放成为各领域创新发展的重要前提。

数智交易的几何式增长催生了数字身份系统的发展。目前国外很多国家陆续推出自己的数字身份系统，这不仅大大提升了公民的办事服务效率，同时也节约了政府公共服务成本。然而征信数据涉及个人隐私，由于流通方、加工方和使用方的分离，很多机构没有可靠的保障技术来确保征信数据的真实性和传输渠道的安全性。所以，要让各个行业留存的海量数据在征信体系中发挥作用，首先要解决的就是数据流通和交换的数据安全问题，以及用户隐私保护，数据授权等法律问题。

区块链技术的创新应用使得这一问题得到了有效的改善。运用区块链分布式网络进行机构间的KYC认证和联盟监管，能够打通金融机构与监管机构间的"数据孤岛"，保证监管的低成本和多重要求。区块链技术结合其他技术为征信行业的应用提供安全保障，比如"区块链+人工智能+联邦学习"可以在"数据不出门"的情况下，实现数据的互联互通。《中国金融科技生态白皮书》（2021）显示，区块链在金融业应用方向的创新呈历史新高，2021年第二季度达到40亿美元。零壹智库·零壹财经发布的《2021H1全球金融科技投融资简报》显示2021年上半年区块链+金融领域投资仍然保持火热状态，融资数量高达453笔，融资金额突破292.4亿元。

14.1.4 阳光雨露的滋养：政府支持政策以及监管沙盒实践

数智科技对产业金融的赋能，离不开各国政府的支持政策。其中最具影响的是"监管沙盒"的创新探索，以及对金融数据开放合作的政策护航。

1. 监管创新："监管沙盒"政策实践

未来，数智科技将主导全球金融增长与国际金融竞争，如何在夺取数智科技碉堡的同时防范金融风险的侵袭，是当前全球共同面临的挑战。而就目前全球发展来看，"监管沙盒"制度成为了当下监管创新的典型。

根据英国金融行为监管局的定义：一个"监管沙盒"，是一个"安全空间"，企业可以在其中测试创新产品、服务、商业模式和交付机制，而不会立即受到当前监管规则的约束。自2015年11月"监管沙盒"制度在英国施行以来，全球国家陆续开展相关业务，其中，新加坡和印度被分别视为发达国家和发展中国家的典例。三个国家具体的沙盒实践做法如表14-1所示。

表 14-1 英国、新加坡、印度监管沙盒模式 [1]

	英国金融行为监管局	新加坡金融管理局	印度储备银行
沙盒目标	1. "创新工程"的一部分 2. 维持英国欧洲创新中心的地位 3. 鼓励金融市场竞争	1. 发展智能金融中心 2. 提高人们生活质量	1. 加强金融服务的创新，提高效率、提高消费者福利 2. 促进新技术发展 3. 提高金融服务覆盖率
发布时间	2015 年 11 月	2016 年 11 月	2019 年 8 月
面向对象	不限，提供金融服务即可	不限，提供金融服务即可	不限，提供金融服务即可

---

[1] 参见蚂蚁金服研究院的《金融科技观察：沙盒制度推动多国实现金融科技持续创新 我国宜尽早推出"中国版沙盒"》。

	英国金融行为监管局	新加坡金融管理局	印度储备银行
持牌运行	沙盒中需要限制性持牌	沙盒中不需要牌照	沙盒中不需要牌照
管理手段	1. 限制性牌照 2. 规定豁免与修改 3. 单独指导 4. 无异议函 （以上手段可同时使用）	1. 明确给出可放松的条款：流动性要求、董事会构成、管理经验、财务安全、信用记录 2. 明确给出不可放松的条款：隐私与数据安全、交易安全、KYC/AML/CFT 要求等	1. 明确给出可放松的条款：公司管理要求、资本要求、牌照要求、信用要求等 2. 明确给出不可放松的条款：消费者保护、诚信要求、中介持有资金、KYC/AML/CFT 要求等
消费者保护	视情况确定企业需披露的信息、保护与赔偿细则	消费者知情同意、与企业达成一致即可	要满足所有消费者保护要求
持续时间	六个月 可申请延期	不定期 可申请延期	不超过六个月 可申请延期
业务变更	不能	提前一个月申请	不能

下面，我们分别来看英国、新加坡、印度三个国家颇具特色的监管思路：

（1）英国的"沙盒保护伞"思路：英国金融行为监管总局（Financial Conduct Authority，FCA）强调要结合"监管沙盒"制度与保护伞公司制度，形成"沙盒保护伞"。FCA 授权非营利性的行业组织成为沙盒保护伞（伞公司），FCA 只监管伞公司，其他未经授权的企业可以在伞公司下提供服务，并同时受伞公司的管理。这可以有效缓解 FCA 的压力，并发挥伞公司的评估能力和管理资源，同时也在一定程度上降低创新企业进入的壁垒。

（2）新加坡的"快捷沙盒"思路：新加坡金融管理局（Monetary Authority of Singapore，MAS）发现，对于某些类型的活动，风险可以在特定的边界内得到很好的管理，因此于 2019 年 8 月推出了快捷沙盒。目前，快捷沙盒暂时适用于保险、汇款、交易平台这三类流程相对标准化的行业。在快捷沙盒里，审核效率大幅提高：之前，告知是否接受申请书的受理需要 21 个工作日，随后的是否被接受进入沙盒的审批时间则完全不确定，但在快捷沙盒模式里，从递交申请书到反馈的总时间不超过 3 周。

（3）印度的"主题沙盒"思路：为了提高每一批申请的审核效率，缓减监管人员的业务能力压力，印度储备银行（Reserve Bank of India，RBI）对每一批次沙盒的主题进行了明确。比如，印度第一批沙盒监管主题是"零售支付"，包括移动支付、非接触支付以及离线支付解决方案等。

2. 数据开放："开放银行"政策实践

"开放银行"（Open Banking）一词最早由英国和欧盟在2015年正式提出，旨在促进银行与第三方机构的数据合作。合作方既包括其他的金融机构，也包括金融科技公司和产业组织。开放银行是银行业朝着数据开放共享方向进行重构进程中的重要趋势，领先国家纷纷出台促进开放银行发展的支持政策。英国和欧盟通过立法强制要求、新加坡发挥政府引导作用、美国以数据安全为保障进行市场驱动，是促进金融数据安全共享、实现"开放银行"转型的典型方式。

在开放银行的理念上做出重要贡献的英国和欧盟，通过政策先行、积极立法的方式推进金融数据开放。英国金融行为监管局（FCA）鼓励银行依托应用程序编程接口（API）等技术，实现银行数据的云端开放与共享。开放银行模式的法律规范《开放银行标准》（The Open Banking Standard，OBWG）于2016年颁布。针对开放银行的数据安全问题，OBWG在用户同意、身份认证、欺诈监控、用户授权四个方面提出了监管意见：金融机构与第三方共享数据以取得用户同意为前提，要求金融机构设立可让用户阅览与取消所有授权的机制；身份验证需要金融机构与第三方共同开展，建议使用OAuth2.0与Open ID connect相协同的身份认证协议；要求开放银行的API实践支持带外管理（Out-of-band，OOB）认证；为授权划分风险等级，并对授权的持续时间进行约束，API连接和数据传输需经过加密处理。2019年，欧盟支付服务修订法案第二版（Payment Services Directive 2，PSD2）中关于银行数据开放的条款正式生效。银行及其他传统金融机构被强制要求对第三方支付服务商（third-party Payment Service Providers，PSPs）开放用户账户信息，创建并提供必要的API接口权限以进行信息收集。

亚太地区对开放银行理念的紧密跟进以新加坡为代表。新加坡主要以政策引导的方式，鼓励金融机构积极"上云"开放数据。同时在主动开放政府数据方面进行先行先试。2016年7月，新加坡金融监管局MAS发布了关于外包风险管理的指导方针，明确提出支持金融机构使用云服务（包括公共云），并表示金融机构将从使用云服务中获益。新加坡银行协会（ABS）后续发布ABS外包服务提供商控制目标和程序指南，规定了服务提供商必须在云外包中实施基线组织控制，并需要外部审计师出具外包服务提供商的审计报告。2016年11月，MAS联合ABS公开发布了API指导手册（Finance-as-a-Service：API Playbook），该手册进一步规范了金融机构"上云"以及信息开放的新模式。近年，MAS还在积极推进API技术的跨国化、开放化，提供共同的标准、共用的API以及开放包容的金融基础设施，促进亚太地区金融机构和金融科技企业的跨境合作。

作为金融市场较为成熟的美国，主要通过完善数据保护体系，发挥市场力量促进金融机构最大程度挖掘数据价值，自发进行数据共享。在美国数据立法融合了数据隐私领域和数据安全领域，2017

年，美国消费者金融保护局（Consumer Financial Protection Bureau，CFPB）发布了金融数据共享的9条指导意见。另一方面，美国在联邦层面对数据保护采取"分散立法模式"。按照不同适用范围以及场景，由不同的行政主体及管理部门进行对数据的安全使用负责，进行立法、管理和监督。在包括电信、金融、健康、教育等在内的各个行业领域，美国均已颁布数据保护相关法律。大部分州也已经陆续健全数据保护的法律框架。

14.1.5　油然长出的树叶：数智赋能中小微金融

在数字经济背景下，各国采用数智科技手段加强数据要素的市场化应用，在金融"新基建"的有效建设下，帮助作为产业生态突破口的中小微企业降低运营交易成本，提高信贷可得性。

第一，多元支付体系的更新和进步。美国新兴支付和软件解决方案提供商以虚拟终端运行付款、卡片归档等内置工具节时增效、数字收据便利交易等形式帮助餐饮行业转型顺势。此外，为了改变餐饮行业使用第三方外卖平台所需支付高额佣金的现状，该平台通过直接POS集成和控制，打通餐馆与顾客间的连接。

第二，传统金融服务通过自身数智化转型降低小微融资成本、提高效率。国外很多机构通过建立基于场景的供应链金融服务平台，利用大数据精准采集用户画像、明晰历史交易记录，补全传统授信方式的不足。政府也积极提供政策支持，让传统金融机构转型更有底气。英国政府大力支持数智化挑战者银行（Challenger Bank）发展，鼓励其创新模式，利用新兴科技手段帮扶小微企业贷款，打破传统机构的市场垄断。

第三，发展开放银行以增值小微服务。英国是最早践行开放银行模式的国家之一，通过"白名单"方式确定参与机构、明确可共享数据类型、要求数据共享义务、制定统一API准则四大基本框架，应用API接口接洽传统金融机构与金融科技公司之间的数据访问以及使用，实现数据开放共享、促进金融服务数智化升级。

第四，建立小微融资配套机制，加大财政、金融政策支持，注重风险管理控制。日本建立了第一个信用风险管理数据库联盟体系，通过信用风险评级与认证，面向金融机构开发小微企业信用风险预测模型以及提高小微信用评级路线图。此外，还有新兴机构通过建立以中小微为核心，智能化、自动化、数据化、互联网化的反洗钱风控平台，帮助小微企业降低跨境交易风险。

14.2 数智化产业金融实践

本节将介绍英国、新加坡、美国、德国及印度整体的金融理念、体系、现状，以及金融科技实践和监管政策创新，并列举先进案例，说明特定企业是如何运用金融科技助力中小微企业金融及产业金融的。

14.2.1 英国：云端开放助力数智科技

英国是现代金融体制的发源地，其金融业发展已有600多年的历史。金融服务业是英国经济的重要支柱，涵盖银行、保险、股票、外汇、期货等多个领域，其首都伦敦是世界三大金融中心之一。

英国金融体系向来注重支持中小微企业，是发达国家扶持小微金融的典型代表。近年来，在信息化、智能化趋势下，得益于良好的金融产业基础和政府政策，英国试图抓住数智科技的机遇，成为该领域的全球领先者。2019年5月，《英国数智科技国家报告》显示，目前英国拥有超过1600家Fintech公司及5家独角兽。毕马威（KPMG）发布的数据显示，英国金融科技行业在2019年上半年的投资活动总额达到39亿美元。英国金融科技行业的数智化提升显著，在投资融资方面取得良好成效。

随着大数据、云计算、区块链、人工智能等技术的进一步深化，金融机构"云端化"的趋势明显，"监管沙盒"、"开放银行"的实践也为金融机构"上云"提供了良好的监管环境，鼓励银行依托应用程序编程接口（API）等技术，实现数据的云端开放与共享。

数智化银行Starling Marketplace具有明显的"集成开放"特征。该银行通过API接口等技术与其他金融机构、数智科技企业、垂直行业企业等合作伙伴共享信息和服务，实现信息流、商流等数据的有效沟通和流动，在横向、纵向共建开放的泛银行生态系统。在这样的金融生态系统中，中小企业能够安全高效地与银行、第三方机构分享数据，使其更好地了解企业经营的全貌，进而有助于中小企业获取融资及贷款。

数智科技独角兽OakNorth Bank则利用大数据和机器学习技术重新定义了中小企业贷款。OakNorth自创立起，便致力于打造一个"完全面向创业者和中小企业的银行"。近年来，由于云计算的高适用性和高性价比，越来越多的金融机构选择将服务设施转入云端。2016年，OakNorth与国际领先的云服务商达成合作，成为了英国首家将核心银行系统托管在虚拟专有云（VPC）的金融机构。这一做法显著减少了实体运营的水电、租金、网点等相关成本，低维护成本和高资源弹性使得OakNorth能够为中小企业提供更加优惠的贷款利率。

OakNorth Bank向创业者、中小企业提供快速信贷和投资服务，比如，它将50万~2500万英镑的贷款直接提交给自动化信贷审判系统，并在2020年实现了贷款零违约。通过使用云端的内外部数据、机器学习及金融建模，OakNorth Bank能够快速生成企业的信用报告、运营结构、竞品分析等信息。在提供贷款后，OakNorth将持续跟踪企业的财务、运营及信用数据，建立了完善的风险和违约预警机制，在贷前、贷中和贷后均降低了贷款无法回收的风险。

英国的数智化实践的"开放化"和"云端化"值得借鉴：监管在一定程度上引领了国家数智化发展的导向，英国宽松的金融监管环境促进了一大批新兴数智科技企业的崛起，而重视信息共享的政策则使得金融机构更为关注合作伙伴的集成、数据信息的流动及金融生态系统的构建，有效促进了新信贷产品、金融平台的涌现。

14.2.2　新加坡：数智金融升级国际化战略

新加坡是闻名的"花园城市"，同时也是世界第四大金融中心。"黄金水道"马六甲海峡吸引了大批商流、物流、资金流在此交汇、集散，为新加坡打造国际金融中心提供了得天独厚条件，全球超过1200家金融机构的总部设立于此。

新加坡是全球最早实施金融监管的国家，早在1971年便设立金融监管局（MAS）以加强市场监管。专门机构之外，新加坡还构建了完善的金融法律体系，包括银行法、保险法、证券法、期货交易法等法律法规。依托政府的支持及金融基础设施的完善，新加坡成为全球领先的金融中心。面对数智科技的发展浪潮，新加坡基于新变化、新形势采取了一系列政策和监管措施，如鼓励设立研发中心、监管沙盒、推出云服务指南等。

金融和科技的紧密结合、政府政策的及时跟进，促进了金融机构的数智化实践，星展银行（DBS Bank）是其中的典型例子。星展银行是新加坡最大的商业银行，业务遍布东北亚、东南亚和南亚市场，国际化开放化的特点显著。星展银行致力于使用数智技术使银行变得简单和无形，润物无声地优化客户金融服务。

星展银行从三个方面定义数智化革新[①]:一是核心业务的数智化,引入如大数据、人工智能、区块链等在内的领先技术;二是改变提供银行服务的方式,与客户融为一体,让银行变得隐形;三是从企业文化上转变成一家拥有2.6万人的初创企业,提高员工的信息数智化能力,鼓励内部创新。

星展银行计划将其支持50%客户流量和网上银行工作负载的所有公共网络资产转移到云端,作为数智化转型之旅的一部分,该银行还在尝试使用云技术、机器学习、网格计算和数据分析技术赋能业务。客户服务方面,星展银行利用大数据和分析技术实时关注客户行为,构建了星展e汇通、星展e链通、企业网银IDEAL等产品体系。数智跨境首付款方面,星展银行的应用程序编程接口(API)将银行服务无缝集成到客户的系统或平台中,全程实现电子化贯通,客户无需提交纸质文件。并且,网银集成的SWIFT支付创新计划能够提供7×24的实时付款情况追踪。

支持中小企业方面,星展银行提供相应的贷款融资和金融产品。例如,自2019年起,星展银行利用香港的快速支付工具FPS系统,推出中小企业移动支付应用程序,该款应用已经在零售、食品和材料等多个行业推出。客户通过扫描商家的FPS二维码,在手机银行进行实时支付。中小企业则可以直接通过DBS MAX收取费用。该系统方便了支付对账,降低了中小企业处理现金的成本和风险。

14.2.3 美国:数智赋能高科技产业

美国拥有世界上最发达的金融业:世界前两大证券交易所——纽交所及纳斯达克均位于美国。美元是国际储备货币,在国际贸易结

[①] 参见2020年11月24日星展银行(中国)董事总经理、中小企业银行业务部主管王伟强在《内生式+自驱力:普惠金融可持续发展之路》圆桌论坛上的主题演讲。

算中处于中心地位，在全球贸易投资支付的份额占比超过40%。以华尔街为代表的金融服务产业在全球占据领先地位。美国金融衍生业占GDP比重超过44%，股票、债券、外汇、期货等衍生产品在全球拥有极高的话语权和市场份额。

美国联邦存款保险公司（FDIC）的统计数据显示，2020年美国商业银行为5001家，大型银行13家，资产份额占比为56.19%，中小银行数量则相对减少。但与此同时，数智科技企业快速涌现，来自CB Insights的数据显示，2021年美国拥有46家数智科技独角兽，全球影响力不断提升。

传统商业银行与金融科技企业的竞合是当前美国金融业的特色：一方面，两者的核心业务领域存在较大重合，传统银行在线下渠道拥有主导地位，综合实力雄厚，但金融科技企业依托数智化信息技术，在服务半径、服务成本方面优于传统商业银行，将抢夺传统商业银行的客户，产生"金融替代"效应。预计到2025年，全球金融科技企业带来的冲击可能导致银行的消费金融领域收入降低40%、中小企业贷款领域收入降低25%，在财富管理、按揭等领域也将受到明显冲击[①]；另一方面，两者在服务产业及中小企业方面的诉求一致，可以通过合作，优势互补、整合资源，探索数智化服务的新方式和新渠道。麦肯锡对全球百家银行的调研结果显示，超过一半的银行与金融科技企业建立了合作关系。美国的花旗银行、高盛、摩根大通等领先银行均密切关注金融科技，通过外延性投资、并购等方式支持科技公司发展，并探索新技术在金融服务领域的应用，图14-6所示为近十年高盛通信和科技投资支出占比。

---

① 曾学文，荣九勇.欧洲银行业数字化转型启示[J].中国金融，2020（3）.

图14-6　近十年高盛通信和科技投资支出占比①

除金融业外，高科技产业是美国经济发展的另一支柱，包括互联网、信息、生物技术、纳米技术等细分产业。美国金融行业与高科技产业的融合走在世界前列，金融支持高科技产业的特征明显，服务机构包括传统商业银行及数智科技企业。硅谷银行和Kabbage是服务高科技中小企业的典例。

硅谷银行成立于1983年，专注为创业期的中小科技企业提供银行业务。在传统借贷业务外，硅谷银行还通过风险投资的方式，投资了超过200家风险投资基金，直接为高科技新兴企业和风投机构本身提供商业银行服务，这一方式极大降低了融资风险和成本。

近年来，硅谷银行的数智化转型成效显著。在风控信贷方面，早期硅谷银行着重依靠企业应收账款抵押控制信用风险，然而，初创企业难以获得稳定的应收账款，依旧面临融资困难的问题。针对此痛

① 资料来源：高盛集团华锐金融科技研究所。

点，硅谷银行应用基于数据沉淀的风控模型甄别单个客户风险[①]：一是依托硅谷银行入股多家创投基金的优势，实现一定程度的数据共享，了解贷款客户的发展前景、商业模式、资金需求等信息，做出正确的贷款决策。二是建立创业服务平台，收集客户历史信息和业务需求，防范客户的欺诈风险。三是开发基于数据整合的各类信贷风险评级模型，审核客户的风险准入及授信额度，并在贷款业务开展后及时跟进贷后检查，频率取决于客户的信用等级。受益于完善的数智化基础设施，硅谷银行投资的科技初创企业超过3万家，但贷款不良率低于1%。

Kabbage则是专注于中小企业的线上借贷平台。对于20万美元以内的贷款申请，Kabbage实现了平台自动化，最短能够在7分钟之内完成审批，而商业银行则需要2~30天。在快速贷款的背后是强大的大数据风控支撑能力，Kabbage Platform接入了支票账户、PayPal、Facebook等多个线上关于贷款人状况的数据，以此全面评估企业经营情况。若线上交易数据不足，Kabbage还能根据企业地址从UPS等快递公司查询物流订单数据，以此评估应收账款、营业收入等关键信息。丰富的数据来源、多样的数据维度和深入的数据应用，降低了自动化贷款审批的违约风险，同时用户体验得到极大的优化。截至2019年，Kabbage累计放款超过65亿美元，为17万余户小微企业提供了融资服务。

14.2.4　德国：数智金融支持智能智造

德国金融业发达，法兰克福是欧洲仅次于伦敦和苏黎世的第三大金融中心。但与英国和美国的高金融业占比的经济不同，德国是典型的"小金融、大实体"国家，金融业占总体GDP的比重长期低于5%，被认为是与英美模式比肩的另一类主要金融体系构建方式。

---

① 曹麟.数字化下中国创业银行构想——基于硅谷银行经营模式的思考[J].银行家，2021，(04)：108-112.

德国的银行业长期维持稳定结构，自19世纪中后期，私人所有的商业银行、国有或公共的储蓄银行、信用社形成三足鼎立的形势。此外，在德国高制造业占比的经济环境下，德国金融体系形成了亲实体经济的特性，为企业和产业发展提供长期资本支持，即关系型融资的管家银行。但自20世纪90年代开始，德国大型银行开始转型，银企亲密关系被削弱，业务模式转向距离型的交易或投资银行[1]。

德国的制造业在世界享有盛名，以"工业4.0"引领了制造业的智能化潮流，德国政府向来重视制造业的实体发展。2019年11月，《德国工业战略2030》指出，德国在钢铁、铜及铝工业、机械制造等10个工业领域处于世界领先地位。同时强调了占企业数量超过90%的中小企业对德国经济的重要作用，需要强化对中小企业的支持，提供个性化优惠和支持。

在这样的政策导向下，政策性银行是德国金融支持制造业的主力军。德国复兴信贷银行（KFW）是德国最大的政策性商业银行，主要为初创的中小企业提供资金支持和普惠性金融服务。KFW面向小微企业设立了创业贷款和一般性贷款，创业贷款的期限为5年或10年，每家企业总贷款金额不超过10万欧元。

一般性贷款的期限不超过20年，总贷款金额不超过25万欧元，贷款利率通常低于市场利率2%~2.5%。风控管理方面，KFW采用公开标准和流程对贷款银行进行筛选。除传统信贷外，KFW还与风险投资资本合作，以股权融资为中小企业注入资金，欧洲投资基金（European Investment Fund，EIF）也为KFW提供了融资支持。

商业银行是金融支持制造业的重要补充。在数智化服务的趋势下，德国领先商业银行也进行了相应的转型发展，德意志银行是其中

---

[1] 张晓朴，朱鸿鸣等. 金融的谜题——德国金融体系比较研究. 北京：中信出版集团，2021.

的代表性范例。

内部业务方面，德意志银行运用自然语言处理技术处理往来员工、合作伙伴及客户之间的电子邮件，充分发掘现有数据信息，以优化客户服务、挖掘新的业务机遇。流程优化方面，德意志银行与Blue Prism合作推进机器人流程自动化，与Work Fusion共同构建无人值守型智能自动化项目。前者是数智型应用程序，能够自动执行各种重复任务，实现数据的共享与收集。

例如，传统模式下，员工需要手工检查每一笔交易，以确定其符合反洗钱法规。智能系统运用下，德意志银行简化了审查过程中的手动环节，总计节约了原本需要21万名员工时的手工处理量。后者则允许其自动执行并做出决策，利用WorkFusion强大的人工智能技术，德意志银行的工作团队能够将不良客户的筛选时长缩短一半，更高效地进行其他必要工作。除此之外，德意志银行还综合运用了光学字符识别（OCR）与扫描技术、数字文档技术和机器学习技术，进一步降低了运营成本和贷款风险，优化了客户体验。

14.2.5　印度：新兴市场的弯道超车

印度是新兴市场国家金融业发展的代表之一。作为高基数、高增长的人口大国，高GDP增速与中产阶级的崛起共同推动了印度社会对金融服务的需求增长。从总量上看，印度的银行的信贷业务持续高速增长，印度储备银行（Reserve Bank of India，RBI）的数据显示，2019财年国内信贷规模达到1.40万亿美元，近十年的年均复合增长率为10.94%。

印度同时是全球增长最快的数智科技市场之一，截至2020年，拥有2100多家数智科技企业，涵盖支付、贷款、财富管理等新兴领域。安永会计师事务所发布的《2019年全球金融科技采纳率指数》显示，

2019 年印度的金融科技采用率为87%，远高于64%的全球均值，领先于美国、英国和新加坡等发达金融市场。

监管方面，印度政府提供了广泛包容的监管政策框架，鼓励银行和数智科技公司的创新。2015年，印度政府大力普及数字钱包和网上银行；2016年，印度政府提出"Stand Up India"的口号，从国家顶层设计的高度助力创业风潮。"数字印度"等战略的实施提升了社会对数智科技的了解度及认可度。

2017年，印度储备银行引入统一支付接口（UPI），并使用数字身份证绑定金融服务，前者已成为印度增长最快的支付工具。2019年，印度监管沙盒机制正式启动，在安全空间中的监管政策将会被适当放松，有助于数智科技测试创新产品，鼓励更多的创新方案实施落地。较高的社会科技认可、良好的监管政策有助于印度数智科技企业的业务及模式创新。

印度商业银行正通过数字渠道，快速、便捷地提供贷款，典型实践是印度开放银行模型，其中最重要的基础设施是"印度堆栈"（India Stack），其包含四层数智基础设施：一是"无实体层"，基于Aadhaar数字标识系统，允许身份验证和跨数据集的信息映射；二是"无现金层"，建立在独特的支付接口系统上；三是"无纸层"，允许验证可以取代传统纸张模拟的数字文档；四是"同意层"，涉及数据受托的运作，在经过顾客同意后，受托人可以与第三方共享这些数据。通过堆栈，金融机构能够引入标准和开放API，提高业务的数据化和智能化水平，并通过数据共享及时获取贷款人财务信息、需求信息，提供个性化金融服务。

此外，大数据、区块链技术在印度金融机构中也得到了应用。2019年11月，由印度11家主要银行组成的财团宣布推出印度首个中小企业区块链基金，参与的银行包括CICI、AXIS、HDFC、Kotak Mahindra、YES Bank、State Bank of India等领先机构。在开始阶段，参与银行将为来自印度各地的供应商搭建实时网络。在这之后，区块链基础设施公司（BIC）将会使用区块链技术赋能银行业务交易。该基金旨在消除提供金融服务时的沟通障碍，简化中小企业融资的流程，缩短从申请到发放贷款的时间。如印度工业信贷投资银行业务技术主管Abhijeet Singh所说，该区块链基金的主要目的是提升信贷支付业务的透明度，尤其是在一些银行服务不足的行业领域和地区。

14.3 启示

14.3.1 数据安全，保证发展合规创新

近几年来，随着数据安全问题上升到国家安全层面，国外对于数据安全的政策法规将持续优化。其一是不断加强完善数据安全的顶层设计，其二是继续强化数据以及个人信息保护立法、数据安全标准的相关领域工作。得益于近几年的努力，各国推动数据安全保护的政策初见成效，例如，苹果公司通过模糊定位技术限制第三方 APP获取用户精确地理位置信息等。其三，国外数据安全的保护机构排兵布阵逐渐完善、灵活，在提升执法效率的同时不限制企业创新活力。

我国也高度重视数据安全治理，目前已经形成了以《网络安全法》《民法典》《数据安全法》《个人信息保护法》四部基础法律框架为基础，逐步覆盖数据跨境流动、新技术新应用数据安全等多方面治理场景、地方及行业横纵联合的治理体系。

针对目前数字化、智能化新场景产业生态建设，我国一方面积极促进基于场景的数据安全产品及解决方案应用；另一方面设立相关数据安全学科、考核方案等力在培训人才队伍，如"中国网络空间安

全协会大数据安全人才培养基地"的设立；此外，我国积极探索发展数据安全示范区。希望未来，在敏感数据识别技术及防泄漏手段智能化、结构化与非结构化数据全方位全流程保障技术成熟化、数据追踪溯源技术发展化、细分场景数据加密技术新型化、数据脱敏匿名技术完善化等方面继续发力。

14.3.2 监管沙盒，激发市场澎湃活力

从全球范围的实施效果来看，各国的"监管沙盒"实践，包括前述的测试方案制定、测试完成后的监管安排等做法，充分说明"监管沙盒"制度实现了创新企业、监管、消费者三方利益的平衡，并对我国数智科技创新监管具有较强的借鉴意义。结合我国特有的金融监管体制，在发展"监管沙盒"时需要考虑中国特色、符合自身特点、适应市场形势。

关于风险防范，需注重风险补偿方案和退出方案的完整性、可操作性，而不是靠限制机构类型来实现。沙盒制度可以对持牌金融机构及新兴科技金融机构同时开放。任何进入沙盒的项目或者业务都必须提供完善的、可操作的恢复与处置计划，又称"生前遗嘱"，以防范和化解重大风险。但在这个确定性之上，应容许一些不确定性，如为满足"所有金融业务活动都需要持牌"的要求，可以考虑给沙盒中需要牌照的企业颁发"限制性牌照"。

关于监管人员压力和沙盒实施效率问题，可以多措并举。一是借鉴国内科创板，设立咨询委员会，发挥行业专家的专业作用；二是借鉴新加坡，对可以标准化的行业利用负面清单制度简化审批流程；三是借鉴印度，每一批次确定一个主题，提高审核的规模收益；四是借鉴英国，将风险较小的金融创新和不属于金融业务的科技创新，进行管理权下放，例如由行业自律支持。

14.3.3 构建场景，服务中小微企业

在数智驱动时代背景下，借鉴其他国家的先进经验——完善风险补偿机制和信用担保机制的做法，我国可以通过改善升级供应链金融的发展环境以及发展模式来完善企业信用担保、质押担保等融资活动。

首先，产业持续向好不断完善的前提是置其于公平、公正的环境，即制度的完善将是未来供应链金融能否持续发展的关键。制度的完善主要有两点：一是公平交易环境和完善法规的建立，如2020年7月国务院发布的《保障中小企业款项支付条例》，是制度完善的一大标志；二是对市场秩序进行有序维护，在如何界定供应链金融中各主体的地位、承担责任、活动范畴、合理收益来源等方面，继续研究完善。

其次，在大环境公平、有序、平稳的基础上，供应链金融模式能够借助数智化理论，开展从底层要素到上层应用的全方位革新。这其中的前提和关键是数据的安全治理。一是建立起数据提供、使用的多方主体之间通畅、透明的信息互通渠道，推动数据的共享与合作；二是借助区块链等数智化工具，让监管方也加入数据网络，"穿透式"跟踪和监控数据流转；三是强化数据治理体系建设，包括对数据网络、技术系统、运用平台的管理，也包括对治理标准规范、管理制度、法律法规的完善。

同时，我国金融机构可以利用数智化技术增强场景构建和流量优势，在客户获取、客户经营、数据风控方面形成核心竞争力，以多样的产品体系，更好地触达"长尾"客户的贷款需求，如乡村普惠金融、碳经济等金融领域。

14.3.4 金融与产业的数智化转型相向而行

传统银行与数智科技企业都是产业金融发展中不可或缺的参与主体。随着客户对高质量服务需求的加强和企业数智化转型的兴起，传统金融机构也在加快转型步伐，寻求提高效率的办法和获得新的利润增长点的路径。

数智科技企业天然在用数智化技术提升效率和降低成本方面具有显著优势，能够依托数据和技术能力，对外进行技术输出。而缺乏互联网基因的传统银行可以通过合作进行优势互补，弥补技术短板、享受技术红利。例如，美国富国银行于2016年成立了数字支付创新小组，寻求与数智科技企业在支付方面的合作；德意志银行的环球金融交易部门一方面为数智科技公司提供现金管理等服务，另一方面应用科技技术完善自身的供应链融资和供应链管理。传统银行与科技公司均需转变经营理念，在存在竞争的同时，走向分工协作，共同迎接数智化的技术潮流，实现战略转型。

【本章小结】

本章介绍了在数智经济大背景下，国际产业金融建设发展的框架以及具有领先优势的国家及企业实践，并针对我国实际情况给出了建议。

（1）全球数智驱动的产业金融建设思路总结为四个方面：

- 底层金融科技基础设施作为根本驱动；
- 便于支撑以信用、风控体系建设为核心的金融发展；
- 在产业金融生存的大环境中，政策以及监管不断更迭、创新，保证数据安全合规共享；
- 以中小微企业作为产业金融的突破口，实现数智、产业、金融的碰撞组合，从而服务于实体经济。

（2）国外先进的具有特色的实践值得借鉴：英国金融机构"云端化"配合监管沙盒政策方便了数据横纵向流动；新加坡重建银行的底层技术结构实现了数智化革新，推动国际开放和技术扩散；美国金融支持高技术产业的特征明显，银行与数智科技企业两者的竞合共同推动数智科技领域延伸；德国政策性银行与商业银行互为补充支持制造业；印度着重于数智基础设施布局，实现金融服务"弯道超车"。

（3）我国可从数据安全政策、监管沙盒实践、服务中小微企业、产业数智化转型、服务等方面对标全球先进做法，进行符合我国发展国情的金融推动和升级。

第15章
国内案例

　　本章选取了国内三个金融机构和三个产业平台的典型案例，条分缕析数智金融与产业的相互赋能过程。所选案例在主体类型上具有广泛性和代表性，其专注领域如跨境贸易、中小微企业融资、智慧供应链、场景金融等，在问题导向和实践落地上具有示范性。

15.1　交通银行"油企链"——数智化跨境贸易金融[①]

　　石油被称为现代工业的"血液"，是国家发展重要的战略资源。随着我国经济社会的快速发展，对石油资源的需求日益增长。我国70%以上的石油来源于进口，原油国际贸易兴盛。近年来，随着国家对原油进口资格和配额的放开及石油市场的变动，中国乃至全球的石油石化行业出现了全新业态。

　　交通银行始建于1908年，是中国历史上最为悠久的银行之一，业务涵盖离岸金融、证券、信托、保险等领域。作为国有大型银行集

[①]　本节内容素材由交通银行提供。

团，交行始终坚持围绕落实国家战略，服务实体经济。在石油石化行业变革背景下，交行"油企链"综合金融服务方案应运而生，融合交行综合化金融资源，为客户提供数智化、跨国化、一站式的石油产业链金融服务。"油企链"以创新性的跨境金融服务，助力全球石油石化行业生态圈建设，赋能企业的跨境结算、融资、投资、风险管理及国际化，推进原油贸易和投资便利化，以切实行动支持实体经济发展。

15.1.1 石油石化产业新需求与"油企链"解决方案

2015年，国家发改委下发了《国家发展改革委关于进口原油使用管理有关问题的通知》（发改运行〔2015〕253号），向符合条件的原油加工企业放开进口原油使用权。商务部下发了《商务部关于原油加工企业申请非国营贸易进口资格有关工作的通知》（商贸函〔2015〕407号），向符合条件的原油非国营贸易企业放开原油进口权。随着国家对原油进口资格和配额的放开，大型地方炼油企业可以独立开展原油国际采购，不再完全依赖中石油、中石化、中海油等大型央企，存续30年的传统石油供应链被打破。

在此情形下，中国乃至全球的石油石化行业出现了全新业态，大型石油央企和地方炼油企业同时成为国际原油贸易市场的活跃力量。石油石化行业变革催生了三种明确需要金融支持的场景：一是地方大型炼油企业开展原油进出口贸易；二是大型石油央企（中石化、中石油、中海油等）与地方民营炼油企业进行国内原油贸易；三是新加入国际市场的石油石化企业管控国际原油贸易的汇率、利率、原油价格等市场风险。

"油企链"深度贴合石油石化行业痛点，融合交银集团综合化金融资源和客户资源，首创"金融重构行业生态链"模式，强调全产品协同，为客户提供一体化的商业和金融服务（"油企链"对石油石化产业供产销的全流程服务场景，如图15-1所示）。

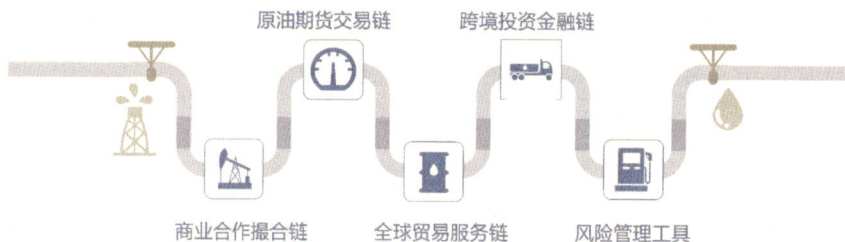

图15-1 "油企链"的产业全流程服务场景

在产业合作方面，"油企链"为全球油企提供商业撮合，从进口和出口两个方向服务供产销生态群。"油企链"对优选客户主动提供油企商业撮合，将传统的"核心企业和上下游链属企业"模式改变为新型的"商业伙伴"模式。在境内，"油企链"将交行存量优质民营炼化客户向中石油、中石化、中海油、中化、振华石油等特大型央企推荐，促成紧密商业伙伴关系。在境外，"油企链"通过交行在新加坡、伦敦、纽约等地的境外分行，向国内石油央企和民企推荐境外主要原油交易商。通过商业伙伴撮合，"油企链"解决了油企改革背景下新型商业伙伴间合作中出现的痛点，更兼顾了商业伙伴间的利益均衡与风险共担。

在金融支持方面，"油企链"针对商业撮合后油企双方的需求，提供跨境贸易融资、原油期货交易、全球贸易服务、跨境投资金融和贸易风险管理等服务，赋能产业链供产销全流程。通过数智化服务平台，"油企链"实现了产业链"物流""资金流"和"信息流"的完美结合，并使金融资源结合产业链运行形成闭环往复的模式，整体降低了产业链的运行成本和金融风险。

15.1.2 数智技术赋能金融创新

1."三流"数据贯通赋能风控信贷

在"油企链"融资中,交行采用预付款融资、应收账款融资、票据及信用证融资等方式,快速掌握产业链上下游交易,进而获取企业的信息流、资金流以及物流数据。在服务企业供产销全流程时,通过整条产业链形成闭环往复的模式,实现物流、资金流、信息流的"三流合一",助力金融风控的降本增效。

此外,由于区块链具备去中心化及保密传输特性,交行将其应用于风控信贷中的对外担保、跨境资产转让等业务,使得客户办理时间平均缩短50%。交行还对接央行"贸易金融区块链平台",通过联盟链进行数据传输,实现国内信用证电开、电子交单、中文报文传输等功能。相比于传统业务系统,区块链增加了业务透明度,减少了人工成本和业务处理时间,同时业务和单据的真实性得到了保证,风险得到了有效控制。

2.多源数据整合提升服务能力

"交银跨境e金融"平台是交行面向广大跨境客群建设的专业门户网站,可实现境内外、内外贸、投融资、离在岸一体化跨境金融服务。其中的"外贸管家"模块,通过企业金融数据、贸易数据和政务数据的整合,为企业的经营、交易、申报、结汇等多个环节提供全流程服务。"外贸管家"将企业客户数据整合分析,可视化呈现企业的外汇存款情况、国际收支情况、即期结构化数据、衍生品业务量,以及各类业务单证结算交易信息。运用大数据,交行能帮助企业清晰还原外贸经营全景视图,整合分析外贸业务状态和走势。

在此基础上,"外贸管家"叠加了国际贸易回款信息和结汇报价信息,主动向客户推送,提供挂单结汇和智慧结汇服务。同时,"外贸管家"实现了与"关、检、汇、税、商、物"等外部信息的关联共享，为企业提供交易撮合、收支申报、税务代理、信息分析等综合服务。

3. 数智技术助力跨境金融

交行的数智化金融实践具有跨境开放的特征。作为首批境内外原油期货投资者保证金存管银行，交行为期货交易境外投资者提供包括NRA账户开立、网银签约、资金汇划、结售汇、收支申报等一站式服务。

在资金汇划方面，交行首推全国集中式银期转账系统服务，在交行和期货公司系统联网的基础上，为期货投资者提供自助式的现金转账服务，实现资金在本人银行结算账户与期货保证金账户之间定向、实时划转，满足了投资者实时查询、转账的需求。在跨境支付方面，交行创建了全球支付系统，支持汇入资金快速自动入账、自动为客户进行国际收支申报。在进出口方面，交行一方面为油企境外采购提供国际信用证、国际汇款等国际结算工具，以及订单融资、国际保理、海外代付等贸易融资产品；另一方面为交易双方提供国内信用证、商业保理、快捷保理等国内贸易便利化结算工具。通过运用OCR（光学字符识别）、NLP（自然语言处理）和中文电子信息传输技术，单据处理效率提升40%。

15.1.3 构建数智化国际贸易综合服务体系

2020年上半年，交行加大数智化服务建设力度，推出了"EASY存、EASY汇、EASY证、EASY贷、EASY兑"系列产品，集成国际贸易综合服务体系，如图15-2所示。

EASY存，即线上外币存款服务。企业可以全流程无纸化、线上化开立外币对公定期存款账户；账户支持存入、支取和查询功能，并无须手动输入，一键同步活期结算账户信息；服务涵盖美元、港币、日元、欧元等多币种。

图15-2 交通银行"EASY"产品体系

EASY汇，即线上跨境汇款服务。企业通过包括柜面、网银、手机银行、单一窗口、银企直连等在内的全渠道提交汇款申请；可实现单次授权，批量办理汇出汇款业务；并支持SWIFT GPI服务、智能化查询服务。

EASY证，即网银开立信用证服务。国际信用证和国内信用证实现无纸化操作；标准化数字签名，在线合成、电子签署银企合约；支持影像单笔上传及批量办理，实现外管申报单线上化和电子合成。

EASY贷，即线上交单贸易融资。企业在线上完成融资申请、资料上传，直连银行业务系统完成放款；支持标准化数字签名，在线合成并电子签署银企合约；目前支持14大类贸易融资产品全流程线上无纸化处理。

EASY兑，即线上汇兑及挂单服务。企业可通过对公网银、手机银行等多渠道办理结售汇业务；还可通过电子渠道进行结售汇挂单，挂单内容包括交易货币、结售汇方向、挂单价格、挂单有效期等。

交行以多样化的数智金融产品，支持进出口企业跨境贸易、贷款、结算全过程，通过在线化和智能化提升企业线上办理国际贸易的效率，有效降低了企业经营成本。

15.1.4　成效与展望

交通银行持续深入推广"油企链"综合金融服务方案，已形成年度规模达千亿元级的行业链金融业务。在经济效益方面，从2018年年初至2021年11月，"油企链"项目已经累计办理国际业务逾500亿美元，服务的企业既包括中石油、中石化、中海油等大型央企，也包括东明石化、浙石油、荣盛石化等民营油企，为我国石油企业开展国际产能合作贡献了金融力量。在社会效益方面，交行撮合"五桶油"和民营炼油企业合作并配套产业链金融产品，有效提高了社会资源配置效率和经济运行质量，有力支持了实体经济发展。

尽管如此，石油石化行业仍面临着一系列挑战。一是民营企业的融资需求仍未被满足。考虑到市场风险和信用风险，部分民营石油企业在商业银行的授信额度无法满足原油采购需求。二是现货石油的质押执行问题。从市场情况看，部分商业银行的授信担保条件中设有油品质押的要求，如果某银行新增授信担保条件高于其他行，客户将不会提用在该行的授信额度。同时，油品质押的可操作性不强，引入监管公司监管将会产生一定的费用（押品金额的0.5%左右），目前民营炼化企业均比较抵触该担保模式，一定程度上制约了石油企业的发展。三是资源支持问题。石油炼化企业大多面临全球贸易供产销及风险管理各环节的痛点和难点。商业银行必须提供全产业链金融服务，才能满足油企的原油贸易结算、贸易融资、跨境投资、风险管理、全球化发展等需求。因涉及整个产业链，全方位金融服务需要商业银行持续创新金融工具，投入更多资源支持。

未来，"油企链"将继续围绕石油石化行业痛点，深化数智化建设与金融工具创新，致力于为产业发展提供新思路、新解法。交通银行将持续应用金融科技赋能跨境产业金融，积极服务民营企业，以金融支持实体经济发展。

15.2　厦门国际银行——大数据平台赋能金融创新[①]

长期以来，中小微企业融资难、融资贵等问题一直无法有效解决，制约了中小微企业的发展。近年，国家不断出台数据金融的政策建议，如2021年中国银保监会提出推动创新和科技赋能，积极探索促进科技创新的各种金融服务。在政策支持下，大数据应用领域不断扩展，如何利用好大数据技术更加精准、高效地服务中小微企业成了各大银行研究的重要课题。

2019年9月，在国家发展和改革委员会的指导下，全国信易贷平台正式上线启动。该平台自上而下整合打通政府部门间的信用"信息孤岛"，推进"信易贷"系列贷款产品的创新。基于良好的社会、政策、实践背景，厦门国际银行股份有限公司（简称"厦门国际银行"）经过深入探索，在2020年9月与全国信易贷平台建立合作，开启了数智化转型之路。

厦门国际银行成立于1985年8月，目前已形成了"以内地为主体、以港澳为两翼"的战略布局，在全国共设有130余家营业性机构网点。在"智慧革新、数字引领"的理念指导下，厦门国际银行以信易贷平台数据为基础，运用大数据、人工智能、区块链等前沿科技，实现了客户授信自动准入、自动核额、自动审批放款、贷后监控，为中小微企业提供了便捷高效的贷款服务，纾解了中小微企业融资难、融资贵、融资慢难题。

在产业支持方面，厦门国际银行秉承"回归本地""回归实体"

---

① 本节内容由厦门国际银行提供。

的服务理念，重点强化对优质制造业、科技创新型企业的服务，支持制造业及科技创新型企业在科技研发、技术改造、生产经营等方面的资金需求，支持分支机构所在地优质批发零售业发展。

15.2.1 数智技术破解平台难点

银行业当前正经历迈向全面数智化的特殊时段，客户的行为和偏好变化显著，个性化、线上化的用户需求成为主流，线上业务压力以及运维压力对传统银行的运营能力等带来了新的挑战。相比于传统的线下模式，将银行面向客户的基础设施信息化、智能化，建立线上服务平台，能够大大提高业务处理效率，优化客户服务并提升客户忠诚度。

在服务平台建设的过程中，厦门国际银行也面临着一些挑战：要构建与数智化转型相匹配的基础平台，需要较强的技术能力、智能化应用能力，以及对多维数据的快速处理能力，还需要银行具有健全的业务体系、高效的产品迭代、智能的风控实力。

数智化技术的赋能为平台提供了迭代升级的渠道。厦门国际银行的融资平台整合了前后台的各项数智科技应用：前台结合OCR识别、活体检测、生物识别比对、CFCA电子签名等技术，实现对客户身份真实性、操作意愿等多维度信息自动化识别；后台以云计算平台、大数据平台、智能决策平台、反欺诈平台等基础平台为支撑，建立了全方位的风险识别、风险防控模型，结合业务风险拦截、风险预警等自动化风控措施，为业务过程的安全性、稳定性保驾护航。

此外，厦门国际银行还综合应用大数据、人工智能、数字证书及区块链技术，进一步提升平台系统的安全性和稳定性。

1. 大数据

以国家信用大数据创新中心提供的数据服务为基础，在客户充分授权的基础上，对行内数据（包括行内风险数据）和行外数据（包括公共信用数据和工商、司法、征信、场景交易数据）进行融合，构建涵盖贷前授信评估、贷中风险监测、贷后综合评价的信贷风控模型，实现客户授信自动准入、自动核额。

2. 人工智能

运用图像识别、光学字符识别（OCR）等人工智能技术，在获得企业授权后，对企业法定代表人进行线上活体检测和身份验证，识别提取企业营业执照信息进行企业工商信息核验，高效确保小微企业线上申请贷款的"实名、实人、实意"。

3. 数字证书

运用数字证书技术，实现企业借款合同、个人担保合同等文件线上签署，并全流程记录时间戳、签约人等信息，提升合同签署的安全性和高效性。

4. 区块链

运用区块链技术，将客户在线业务申请、合同签约、贷款提用等关键信息上链存证管理，利用区块链共识算法的数据不可篡改、易追溯的特点，实现链上数据的多方可信共享，保障线上融资行为的真实性和有效性。

15.2.2 产业平台助力融资

为增强业务运行的效率、更好地服务中小微企业融资，厦门国际银行建立了中小微企业产业融资服务平台。平台秉承开放多元的创新理念，以大数据平台、互联网金融服务平台、智能决策平台等基础技术平台为支撑，以数字驱动的理念构筑贷前风险态势感知、贷中实时智能决策、贷后风险动态预警的大数据风控大脑，打造数字化、平台化、开放化的线上融资产品服务，通过数智化平台的建立为银行业务的开展提供了更广阔的渠道，提升了服务能力，以用户流量促进业务推广，以交易场景促进产品迭代，以链接集成促进数据应用。图15-3为产业融资服务平台架构图。

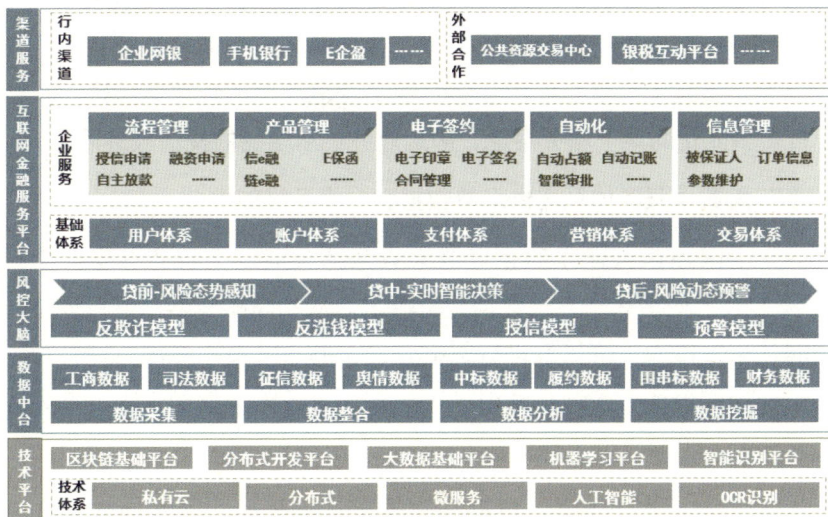

图15-3 产业融资服务平台架构图

1. 开放多元化渠道提供线上便捷服务

厦门国际银行将"外部合作"和"自建渠道"两种模式相结合，以"开放化"和"多元化"的理念，通过行内渠道为小微企业提供便捷的融资服务，通过互联网金融服务平台与外部合作方如信易贷平台、公共资源交易中心等对接，提供金融业务服务场景及渠道，满足客户多样化需求。

2. 五大服务体系满足多变业务需求

厦门国际银行互联网金融服务平台是中小微企业产业融资服务平

台的基础技术支撑，基于云原生技术，采用分布式、微服务理念进行设计，广泛应用分布式缓存、容器管理等私有云组件，支持微服务自动部署、资源动态扩展，有效保障平台运行的高性能、高可用、稳定安全。其上构建了"用户、账户、支付、营销、交易"五大基础服务体系，根据中小微企业产业融资服务需要，进行灵活的流程组装和服务拓展，提供授信申请、融资申请、合同签约、自助还款和贷款管理等服务，支持中小微企业产业融资线上特色产品的快速迭代推出，结合自建多元化的线上服务渠道，满足业务灵活多变的授信服务需求。

3. 大数据服务体系提供海量数据和强大运维能力

厦门国际银行建立的企业级大数据综合应用平台能够支撑全行TB级大数据处理和交互式数据分析需求。从2018年开始，该行逐步与政府、相关机构、第三方进行数据合作，颁布《采购外部数据管理细则》《外部数据技术评估指引》等规范，对外部数据的采购、准入、实施提出了明确的量化管理要求。

厦门国际银行表示，目前在数据合作中还面临两大问题：一是各家合作方的数据标准不一样，数据传输的安全性、传输过程数据是否加密、加签，数据标准没有形成业界标准，需要逐个协商对接。二是外部数据波动性相对较大，银行的阈值设定、模型优化工作相对烦琐。对此，厦门国际银行提出，需对关键外部数据进行动态监控，根据不同时期、不同政策、银行自身的管理要求进行反馈验证与调整，以便实现预期的效果。

15.2.3 决策平台实现风控无忧

针对融资中的信用评估和风险控制问题，厦门国际银行建立了统一风险引擎服务中台，如图15-4所示。该平台作为自动风险决策的核心大脑，统一管理全行各业务条线的风险策略及决策过程，实现审批决策的自动化、智能化。

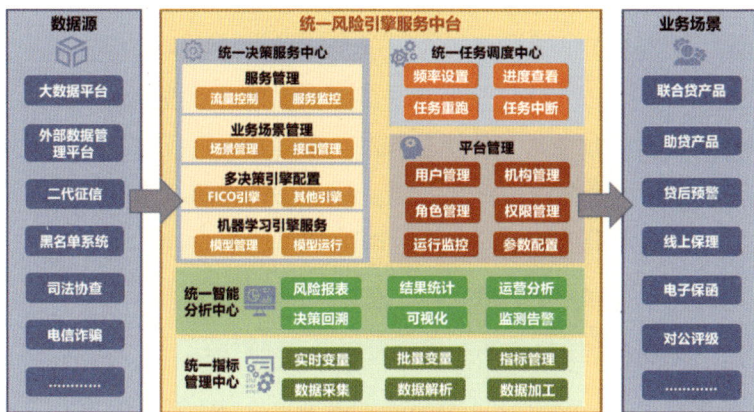

图15-4 统一风险引擎服务中台

统一风险引擎服务中台实现决策结果分析监控的数智化，构建决策服务接入、决策过程管理、决策结果分析的闭环。平台支持风控场景多样，包括线上贷款产品的授信准入、用信审核、信用评级、评分、额度、利率策略以及贷后预警策略。

此外，在数智风控研发方面，厦门国际银行进行了如下创新。

1. 模型开发平台化，形成完整研发链条

搭建机器学习平台，实现数据探索、数据处理、模型训练等流程的平台化和工具化；建立风险数据集市，统一进行外部数据接入、分发、监控等管理，为模型开发提供充足养料；建立人工智能及数字模型实验室，为模型开发人员提供安全、便捷、高效的模型研发工作环境。

2. 风控场景立体化，形成模型自学习能力

厦门国际银行利用XGboost、LGB等前沿算法，构建了包括反洗

钱、反欺诈、贷前授信评分、贷中行为预警等模型。为保障风控模型快速迭代的要求，通过滑窗机制、自动化数据预处理和特征衍生及筛选技术，实现模型自动迭代。反洗钱应用是厦门国际银行智能风控的成功案例，在通过智能反洗钱体系模型预测的可疑洗钱概率中，排名在前30名的客户预测准确率高达93%，可排除现有反洗钱监测规则中60%的预警客户，大大减少人工排查确认的工作量，有效提升了反洗钱监测的效率和准确性。

15.2.4　场景产品瞄准产业新金融

厦门国际银行已研发出国行信e融、数e融、贸e融、政采e贷等多款线上贷款产品，帮助降低中小微企业融资场景不良贷款率。其中，国行信e融作为平台首款线上化贷款产品具有重要意义。国行信e融直接连通国家大数据创新中心，数据详尽真实。该产品以大基建、工程、信息化行业、绿色产业作为目标客户，结合行业特色有针对性提供服务。与漫长的传统信贷流程不同，信e融最快支持1秒钟核定额度、1分钟准入审批、1天完成放款。产品前端通过灵活的微信H5搭载业务申请端，企业用户通过微信扫描二维码，即可进行自助申请。企业用户后续通过无接触方式提交申请材料并在线进行身份认证，由系统模型自动完成授信审批。授信申请入口可灵活挂载到全国信易贷平台、平台合作方、地方招投标网等，系统为每一个合作方提供专属渠道号标识。

WT环保集团有限公司是信e融产品服务的典型案例。该公司是以土壤、地下水修复为主体的综合性集团公司，近年来，该企业中标环保类工程数量日益增长，产生了较强的资金需求。厦门国际银行应用大数据征信技术，围绕企业背景、行业实力、运营状况等数据，面向环境环保、建筑工程、基建、信息化等行业推出国行信e融线上贷款产品。正是这款产品，帮助WT环保集团有限公司快速完成了信用贷款申请，在企业完成银行开户后一天，即通过企业网银顺利完成首次99万元自主支付提款，当日支付给上游企业，加快了货流与资金流的运转。

15.2.5 服务成就与转型探索

厦门国际银行的数智化平台运行一年来，推出了10余款企业线上贷款产品，累计服务企业客户超3000户，其中，首款上线的国行信e融产品，自上线以来为新基建、工程、制造、绿色产业中小微企业提供了超过27亿元的融资支持。

作为一家颇具特色的科技领先型中小银行，厦门国际银行巧妙利用中小银行联动快、链条短、技术新的后发优势，结合自身在内地与港澳地区的机构优势，紧跟时代步伐，遵循"系统化、信息化、智能化"发展路径，建设"场景+数据+模型"基础能力，采取差异化的经营策略，将金融服务全方位嵌入中小微企业生产经营活动，数字金融助力实体经济高质量转型发展。在"智慧革新、数字引领"的金融科技发展理念下，厦门国际银行从数字化平台、智慧化生态、场景化服务等方面发力，通过科技业务融合、总分行联动不断提升价值创造力和技术硬实力，促进科技与金融深度融合，以金融科技创新赋能银行新业态。

15.3 众邦银行——破解"不可能三角"的智慧供应链金融[①]

中小企业供应链金融的"不可能三角"（即同时实现风险可控、成本可控和规模效应）在长期以来一直是金融机构的共识性挑战——既要实行低利率降低融资成本，又要提高融资服务的可获得性，还要

---

① 本节内容由众邦银行提供。

将贷款风险控制在合理范围内，即同时实现成本可控、规模效应、风险可控。

"不可能三角"的形成主要有以下原因：一方面，在传统供应链中，核心企业掌握着产业链上下游绝大部分商流、物流等关键数据，金融机构围绕核心企业评估风险、提供信贷，但大量供应链上的中小微企业因缺乏必要、可信的数据，无法通过核心企业得到金融服务，信息不对称问题广泛存在。另一方面，传统银行服务模式与中小企业贷款特点不相匹配，银行看重传统资产与抵押物，审批周期长、速度慢，但中小微企业往往轻资产运营，缺乏抵押资产，且资金诉求"短小频急"，难以满足。

在近年的信息化、数智化潮流下，众邦银行围绕"聚焦小微、服务实体"的初心，以数智化的供应链金融模式，打通资金循环障碍，资金需求和供给得到全面贯通，为破解"不可能三角"提出了有效的模式和路径。

15.3.1 一家数字化原生银行

传统企业将经历信息化、线上化、数字化等不同阶段，而众邦银行直接从数字化阶段起步，是一家数字化的原生银行。众邦银行的主要数智化规划为"三横两纵一圈"，如图15-5所示。"三横"包括数字化战略、经营和支撑。其中数字化经营包括产品、营销、运营、风控。数字化支撑包括技术支撑、数据支撑。"两纵"是敏捷文化和创新机制，"一圈"就是生态圈。

截至2020年末，众邦银行资产总额达到725亿元，当年实现营业收入12亿元，净利润2.55亿元，一举跃升至民营银行第一梯队。

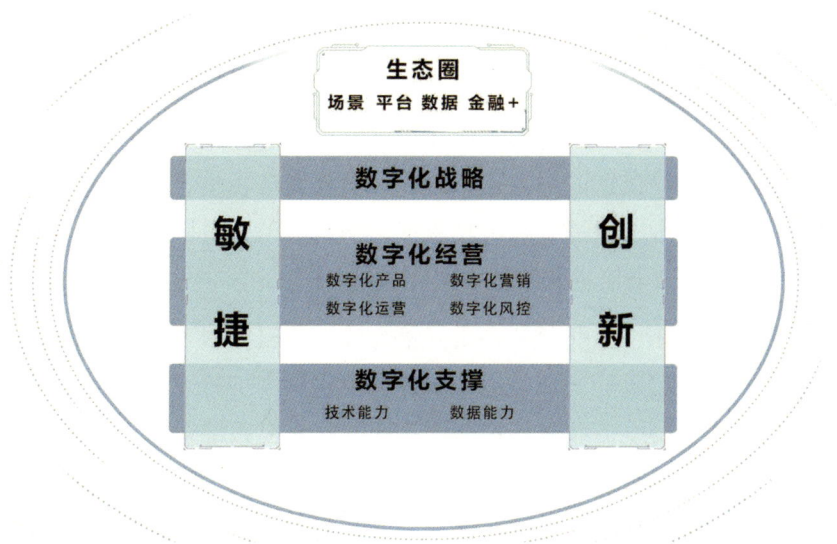

图15-5 "三横两纵一圈"战略规划

15.3.2 "交易信用"破解"不可能三角"

传统银行信贷模式高度依赖抵押物、担保及"三表",但面临报表延滞失真、抵押担保难、数据信息不对称的现实问题,银行很难使用传统离线的"主体信用"模型来识别小微企业风险并有效提供融资服务,"不可能三角"长期阻碍着金融机构向中小微企业提供高质量的融资服务。

众邦银行破解"不可能三角"的主要途径为推动"主体信用"向"交易信用"转化,真正"敢贷""愿贷"。"交易信用"模型的核心是要做到三个"实",即实时、实情和实物。实时是指借助5G、区块链、物联网等底层技术,7×24小时在线对企业交易、物流、仓储等全维度数据进行采集和验证,持续监测企业经营情况;实情是指使用大数据、人工智能等技术对企业全维度数据、供应链数据进行穿透式智能分析,确保企业交易行为可信;实物是指使用电子围栏、智能标签、云仓、生物识别等管控手段，对货物进行全生命周期管理，通过可视化、动态的货物监管实时管控企业的经营风险。

以"农链贷"产品为例，众邦银行之所以敢于为缺乏抵质押品的小微农产品企业提供信用类贷款，一个前提就是能基于真实场景有效开展供应链金融，通过获取可靠数据，解决信息不对称问题，从而控制信用风险，防范信贷欺诈，降低交易成本。

具体至潜江小龙虾业务，众邦银行从三方面控制风险：首先深入市场，了解市场风险。众邦银行驻点潜江，深度了解当地小龙虾市场业务，对小龙虾全产业链条进行调查研究，实时跟踪市场价格波动趋势。其次对接平台，获取真实经营数据。众邦银行与潜江小龙虾交易中心进行战略合作，通过平台获取虾农虾商的经营年限、主要产品、历史交易数据、历史发货数据等经营数据，建立数据模型核算营收，锁定第一还款来源。最后依托多方信息，筛选品质客户。众邦银行充分利用大数据，依托工商、税务、司法、征信等外部信息筛除劣质客户，同时结合客户经理现场尽调，收集非公开信息。整体而言，面对缺乏抵质押品的小微企业，众邦银行强化对第一还款来源的审核，坚持在特定交易场景上获取客户，在综合判断客户还款意愿和还款能力后方为其发放信用类贷款。

通过"实时、实情、实物"三个维度，众邦银行构建起交易信息可得、交易行为可信、交易风险可控的"交易信用"链上模型，实现批量化、自动化获客，提高了对中小微企业的风险识别和定价能力，大大降低了服务成本。图15-6所示为用"交易信用"模型破解"不可能三角"。

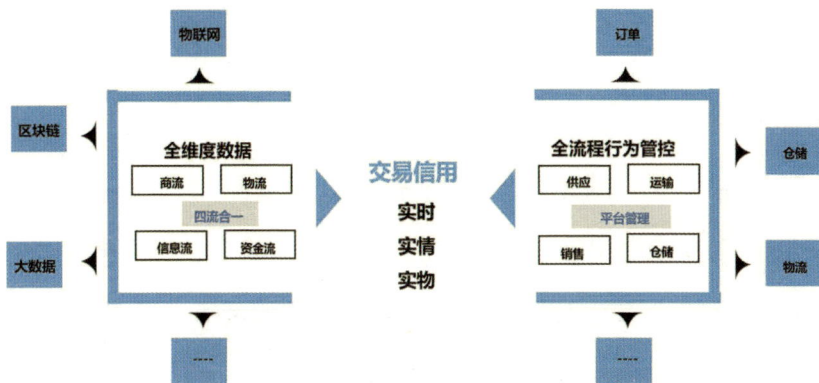

图15-6　用"交易信用"模型破解"不可能三角"

15.3.3　全流程平台赋能风控决策

随着数智科技在风险管理中的广泛应用，风控已经从"面对面"演化到"键对键"。众邦银行重点打造了"司南""天衍""倚天""洞见"和"众目"五位一体的大数据风控系统和"千人千面"的大数据风控模型，并向前后端全链路延伸。

"司南"是基于平台历史数据而建立的营销评级模型，筛选目标客户，帮助银行精准获客，并制定不同的业务方案；"天衍"可根据不同业务需求及特定场景，按需新增多维度、细粒度的衍生变量，并可对变量进行自由灵活组合和配置，从而实现对征信报告的全面解读；"倚天"是集个人反欺诈、团伙欺诈以及个人多维度评价于一体的贷前大数据审核体系；"洞见"用于贷中监控，评估客户还款能力，提前制定应对策略；"众目"用于辅助贷后催收工作，建立催收评分卡，对逾期客户进行分类，辅助催收工作。

由此，众邦银行实现了贷前审核、贷中管理、贷后监控、逾期催收等所有环节的智能化与自动化，做到让数据多跑路、企业不跑路。截至2021年12月，众邦银行大数据风控体系涵盖6556个数据维度、

15178个风控数据字段、114个风控子模型，单日可处理50万笔申请，最快1秒放款，可实现不间断运行。图15-7所示为众邦银行数智化决策体系。

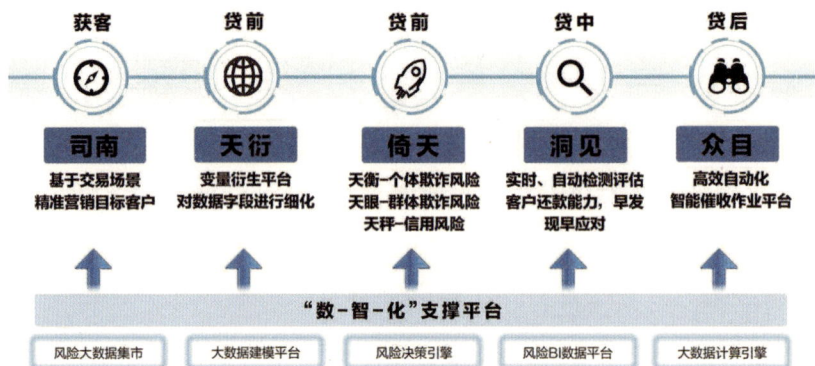

图15-7　众邦银行数智化决策体系

15.3.4　场景融合打造供应链品牌

众邦银行在传统供应链业务基础上，打造出了众邦特色供应链产品——众链贷。众链贷产品体系包括"邦信、邦采、邦收、邦链、邦票"五大子类，服务于预付、存货及应收三大类供应链金融业务阶段，如图15-8所示。

图15-8　众链贷主要产品

例如，众邦银行与阿里巴巴"1688平台"合作开展了邦信贷业务。1688是B2B电商批发采购平台，聚集了大量的电商卖家，但当面临销售旺季、希望扩大经营时，商家时常为借贷难而烦恼——大部分卖家企业都是轻资产企业，没有正规的财务报表，也缺乏足值的抵押物，传统银行借贷无法满足电商"短小频急"的贷款需求。针对此场景，邦信贷综合运用大数据、区块链、云计算等技术，通过卖家在1688商城的经营情况、征信情况等大数据信息对客户开展征信，快速发放纯信用贷款。目前，邦信贷在1688平台上累计为4388家企业授信，金额达4亿元，累计放款1.37亿元，户均授信额度9.1万元。

业务生态方面，众邦银行全面推进"超级平台+双核四驱全场景产融生态"，加快DSPB（自营、场景、平台、企业）服务矩阵建设，将BBC模式升级为PSBC模式（平台—场景—企业—个人），通过场景服务，挖掘产融生态潜力，为生态中的更多主体提供服务。图15-9为众邦超级平台"双核四驱"模式图。

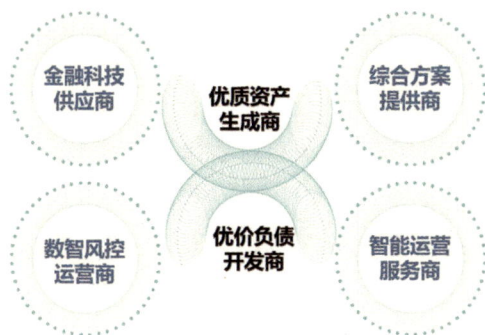

图15-9　众邦超级平台"双核四驱"模式图

15.3.5　智慧供应链与产业金融展望

众邦银行通过数智化技术应用，从自发到自觉，打造了线上线下融合、服务中小微企业的全场景供应链金融服务方案，有效破解了"不可能三角"难题。

一是创新业务模式，搭建起"产业+金融+互联网科技"的产融网生态业务模式，确保交易真实、全程管控、资金闭环。二是探索推出了以众链贷为核心的新产品，2020年以来，众链贷已成功切入阿里巴巴、京东等国内头部交易场景与瑞康医药等大型上市公司，为其交易链条上的近万家小微企业提供资金支持。众邦银行的客户如平台方的卓钢链、化塑汇、中农网等，终端方的众链贷产品用信客户，均对通过数智化合作开发的供应链金融产品表示高度认可。

在供应链金融外，众邦银行业将拓展的目光投向了产业金融。众邦银行行长程峰指出，在企业发展过程中，实体产业不断分化出细分产业金融需求，从单一货币结算及存贷款需求向直接融资、风险管理、资产保值增值等多样化需求转变。伴随企业日益增长的多层次融资需求、大量中小微企业亟待满足的贷款需求以及科技创新带来的金融机构创新需求，产业金融以企业生产经营活动为场景，提供数智金融服务，可以在"回归服务实体经济本源，主动防范化解金融风险"中大显身手。

依托在供应链中的长期深耕背景，众邦银行在服务产业上不断拓宽，在夯实传统农副、钢铁、建筑行业的基础上，陆续进入了大健康、大旅游、大建材等行业，针对不同行业的特点创设了商旅钱包、邦E链、酒店装修贷、农链贷等创新子产品，不断促进产品的精细化运作与产融结合，在支持新兴产业、支持乡村振兴上取得了丰硕成果。

对于数智化产业金融的挑战，众邦银行行长程峰指出，产业价值链复杂、链条长，目前产业金融数智化的程度和比例仍然很低，产业金融服务还远未达到面向个人端的数智金融智能化、便捷化的程度，这是未来发展的新蓝海。同时，产业金融在科技化、生态化、资本化等趋势发展中，相应风险的累积程度和传播速度也被放大，作为产业金融机构，需要重新思考自身在新产业金融生态中的定位和经营管理模式，制定更彻底的转型提升战略，迎接新挑战。程行长提出了三个应对挑战的建议：第一，要继续加大对科技的投入；第二，要在与客户的接触当中，对产业领域的专业性特点进行深入研究和布局；第三，要针对区分行业的金融需求特性，做不同的风控策略并按步骤实施。

此外，程行长也表示，金融机构的系统架构千差万别，数据形态、发展阶段也各有不同，缺乏规范与标准，期望监管机构和产业协会组织逐步形成金融行业数智化转型标准、数据资产标准等，提高数据质量和数据应用能力，更好地推动数智化转型。

15.4　1688新型场景金融"想你所需"[①]

阿里巴巴秉承"让天下没有难做的生意"的信念，是中国电商平台的开创者和引领者。"1688平台"作为阿里巴巴旗下最早的电商平台，经过十余年的发展，已成为全国最大的数智化流通平台。100万家工厂、5000多万个中小零售商在1688平台上进行着生意往来。当数智化浪潮涌来，有着21年行业积累的1688，一端连接百万家源头工厂，一端连接各种零售业态，通过数智科技缩短交流链路，为供需双方搭建稳定、高效的交互场景，为B端电商升级优化赋能助力。

2015年，1688成立了场景金融部门，帮助企业解决生产、经营、交易过程中的资金困难，进一步提升平台商家的买卖体验。基于对阿里场景业务的深度理解，1688助力金融机构进行金融模式和产品的创新，将金融支持"润物细无声"地带给平台上数千万名中小微商家。秉持"与产业深度结合、去金融化、普惠平等、开放协同、监管合规"的"新金融"理念，6年来，1688平台已累计为1000多万名中小微

---

① 本节内容由1688提供。

企业客户对接金融支持，真正做到了"新金融让好生意无忧"。

15.4.1　1688平台助力中小企业转型升级

1688的服务理念与数智化浪潮下的供需端快速变化密不可分。一方面，在供给端，"新制造"成为时代热点，规模化定制成为发展趋势，正顺应快速多变的小批量需求。1688的关注点从下游销售链路拓展到上游生产链路，重点关注"工厂"身份的客户。另一方面，在零售端，后疫情时期，以跨境、直播、下沉市场等为代表的新零售蓬勃兴起，消费分层和个性化导致需求细分、线上线下融合、全域管理的趋势越来越明显。

1688以数智化平台方式支持大量经销商、源头工厂、制造型企业进行转型升级，实现供需双方更高效、更精准的匹配。1688平台运营模式，如图15-10所示。

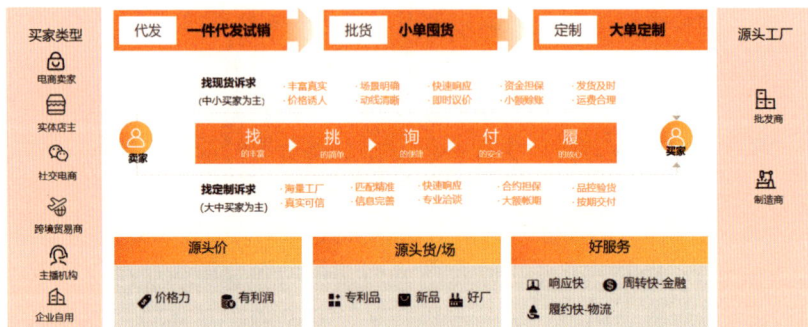

图15-10　1688平台运营模式

1688平台围绕询单、支付、履约三方面延展平台服务领域，提升客户交易体验，如图15-11所示。

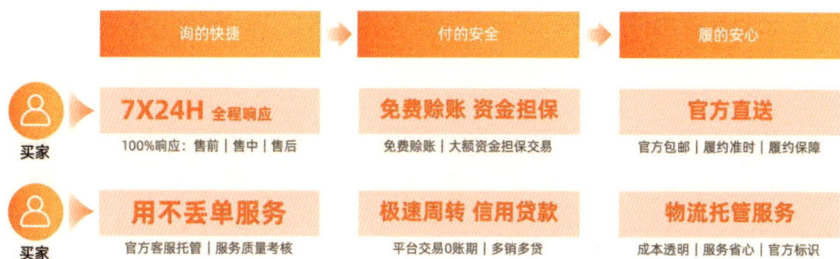

图15-11　1688平台服务

15.4.2　产业升级中的客户痛点和生意需求

对于B2B交易而言，供需的匹配是主要难点：在传统交易中，供给端的源头工厂由于缺乏现货流通渠道和电商运营能力，面临回款困难的风险；需求端的零售商则苦于找不到好工厂，产品质量难以保障，信任难以建立。且零售商以内贸批发企业为主，在1688进货，再销售到各个渠道零售。在需要大量备货的时候，大量中小零售商资金链紧张，进货风险及货物销售压力较大。

1688平台客户的生意"痛点"主要包括三个方面：一是针对融资成本，客户希望获得更便捷、成本更低的金融杠杆进行进货或生产；二是针对融资效率，希望资金可以快速周转；三是针对交易的确定性，包括交期物流的保障、产品价格的保障、产品品质的保障等。

1688平台上的买家客户以企业客户为主，主要分类为跨境电商从业者（如亚马逊、速卖通卖家）、线下实体店卖家（如档口摊贩）、淘宝卖家，以及微商、内容电商从业者等。1688买家的生意痛点及金融需求如图15-12所示。

卖家客户以源头工厂和经销商为主。源头工厂可以理解为制造型企业，大多为重资产，多以家族企业为主。经销商以组货、贸易经营为主，一般为轻资产运营，人员规模较小。近八成的核心商家拥有独立的电商运作团队，通常团队的规模为3~5人，也有部分商家成立了10人以上的电商团队。

买家类型		中小买家		中大买家
货盘		寻新打爆	快速追爆、低价尾货	定制
		聚焦时效和商品新趋势	聚焦价格和硬通货	制造能力、沟通、交付信任
买家交易核心需求	售前	新品优先权 服务响应	爆品确定性 源头低价 服务响应	开模打样
	售中	发货时效 免费除账	发货时效 免费除账	沟通议价 分阶段付款 按时发货
	售后	退款保障 退换货运费成本	/	品质保证
金融解的核心需求		降低决策成本 降低交易成本	加快资金/物流速度 提升交易效率	解决买卖家信任 提升交易确定性
金融解决方案	买家	交期保障 极速退款 退换货运费险 诚e赊	价保险 交期保障 贷款购	买家画像 质保险 赊购
	卖家	极速回款 贷款	极速回款	卖家实力评估 分阶段极速回款
场景		直播订货会 无忧购	伙拼	找工厂 安心购

图15-12　1688买家的生意痛点及金融需求

卖家主要的金融需求集中于快速回款（加速资金回笼）、缓解资金压力（资金备用金）、加速资金周转、扩展商机和月结分期。融资场景集中在日常采购备货、新品研发推广、旺季大促等场景。

15.4.3　新型场景金融的业务特点

生长在数智化趋势中的1688金融业务，代表着一种产融结合、按需定制、无处不在的创新金融模式，专注在B2B交易场景内帮助买卖双方破解金融难题，更好地实现交易可得、风险可控。1688的"新金融"理念具体体现在以下五方面：

一是基于产业客户需求，将场景与金融深度结合，助力商业升级。二是"去金融化",将金融服务无缝嵌入场景,做成易于理解、便于使用的平台产品,真正做到"场景在前,金融在后"。三是普惠平等,通过丰富的场景和数据叠加数智化手段,提升金融机构对中小微企业绘制信用画像和进行风控的能力,让中小企业同样有机会享受金融滋养。四是开放协同,1688场景金融部定位于助贷机构,广泛联合银行、保险及第三方数智科技企业,紧扣用户生产经营需要,提供契合的金融服务产品。五是拥抱监管,坚守合规底线,助力产融生态稳健发展。

基于以上理念,1688金融提出了"金牛模型"(图15-13),将金融业务与场景业务无缝对接,聚焦三大痛点,提供解决方案。为了解决买家"进货难"的问题,推出"免费赊账"的"诚e赊",帮助买家先采后付,想赊就赊,赊得放心;为了解决卖家"现金流"的问题,推出"极速周转""生意贷"等产品,帮助商家快速进货卖货;为了解决交易环节的"信任问题"和"履约确定性"难题,提供了一系列交易保障,如"安心购"。

图15-13　1688金融"金牛模型"

15.4.4 围绕场景的金融产品创新

1. 诚e赊——"去金融化"的产品创新

针对买家的账期需求，1688上线了可以免费赊账的企业数智化赊账工具诚e赊。买家从申请到赊账全部在线完成，无须抵押，即可便捷享受"先进货后付款"的服务。这种无抵押的免费赊账方式，对资金实力并不雄厚的小微买家特别友好和灵活。同时，1688卖家也可以付费开通诚e赊，提高店铺对买家的吸引力，享受回款保障、灵活到账服务。目前诚e赊是1688平台上最核心的金融产品，成功解决产业链上下游交易中账期交易回款难的痛点，与场景相伴共生，让买家在1688采购流程中顺滑使用，已经成为1688平台主流的交易工具。图15-14和图15-15分别展示了诚e赊产品介绍与其解决的生意痛点。

图15-14 诚e赊产品介绍

图15-15 诚e赊解决的生意痛点

2. 安心购——"按需定制"的服务创新

针对加工定制交易的信任和履约确定性难题，1688提供了加工定制交易履约保障类服务"安心购"。传统贸易交易没有可直接参考的信用体系，自建和维护合作方档案的方法效率低且存在较大的风险隐患，买家和工厂之间需要长时间才能建立信任关系。安心购产品则为解决履约问题而生，它是为加工定制赛道量身定做的金融解决方案。在安心购服务下，买家如果遇到商家交付的货品跟合约约定有差异，对定制的产品不满意，则有品质保障险；如果卖家不按合约约定日期交货，则有交期延期赔付险。

买家每一笔款项都由平台担保交易，直到确认收货后平台才释放货款给到卖家，确保了每笔交易的资金安全。对于卖家，平台为每一笔货款提供了额度内的极速回款，提升了卖家资金周转率，并为卖家提供免费的赊账服务，帮助卖家提升交易达成率。如果定制好产品后买家不提货，可通过履约保障险弥补损失。安心购给交易双方都提供了"定心丸"：买家在交货延期、品质保障、资金安全方面获得全面支持；卖家笔笔投保履约保障险，利用金融风控能力及时拦截恶意买家，恶意纠纷等问题也有专人团队处理，在额度范围内，买家一付款钱就到账，保障卖家资金周转效率。图15-16和图15-17分别展示了安心购对交易各流程提供的保障，以及对买卖双方体验的提升。

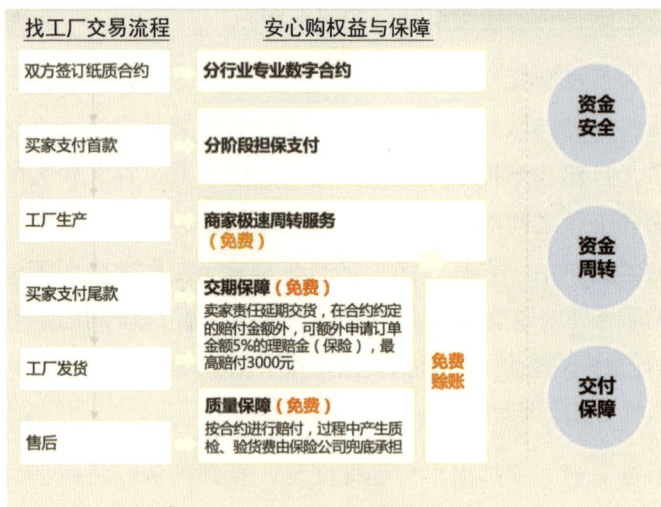

图15-16 安心购为交易全流程提供保障

图15-17 安心购提升买卖体验

"生鲜一姐"王一爽的创业故事，是1688场景金融助力中小微企业发展的鲜活例子。由于生鲜产品保质期短、更新快，对资金周转速度要求较高。之前，王一爽卖出水果之后，要等下游买家确认收货，十几天后才能收到货款，但另一方面她又需要立即使用现金从产地进货。

1688平台提供的"极速周转"服务解决了难题。在"极速周转"服务下，原本平均需等待10多天的确认收货到账钱款，可实现付款后立即到账，大大减轻了王一爽的资金周转压力。在客源获取方面，诚e赊也让她减少了后顾之忧，赊账交易在为她拓展客户的同时提供了回款保障。在市场拓展方面，王一爽使用"生意贷"的支持，确保仓储发货供应链通畅，业务得以迅速在全国铺开。

王一爽的创业故事正是1688平台上广大中小微商家的缩影。基于场景的金融解决方案实现了以下目标：一是提供交易保障，确保支付顺畅；二是降低商户成本，加速周转；三是实现营收目标，金融助力商业。

场景金融在1688平台上的运用，在供给、需求、交易三个方向实现了商业效率的提升，促进买卖双方、平台与金融机构共同构建高效且互信的产业新生态。

15.4.5 助力机构打造数智化动态风控体系

1688一端连结平台客户，一端连结金融机构（包括银行和保险等）。在与金融机构多年的合作实践中，助力金融机构形成了特有的"5+全链路"场景化风控体系（图15-18），全面整合内外部资源，依托线上线下风控措施，通过数据及流程识别风险，设置系统及人工双控，实现信用和欺诈风险防控。该体系充分融合了现代AI风控的数智化和场景运营的独特优势，在不断快速迭代的过程中，将场景客户的特点和业务发展趋势及时反馈到体系当中，不断沉淀，形成场景定制化风控能力，贴合场景和产业链，实现订单级的数智化风险管理。

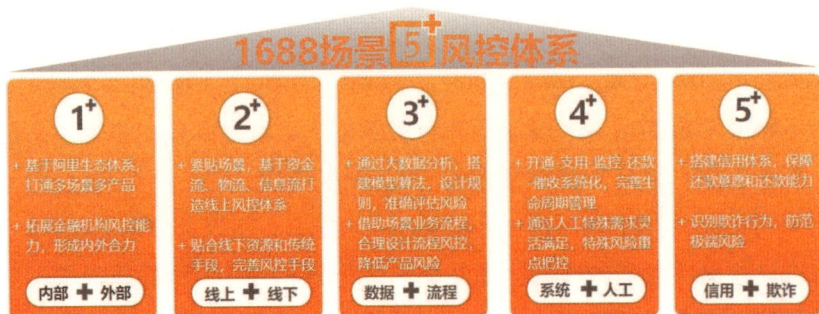

图15-18　1688场景5+风控体系

在风控底层技术上，1688助力金融机构将现代AI技术嵌入金融产品的整个风控链路。AI风险识别作为核心模块，利用前沿AI技术，建立信用风险、欺诈、经营等多维度模型，为准入、授信、支用、贷中和贷后提供数智化支持。风险感知模块实时追踪行业动态、洞悉客户经营状况、筛选高风险名单，为风控动态化管理提供先验指标。AI进化模块，则利用迁移学习、AutoML、无监督学习等深度学习技术，快速捕捉市场和客户变化趋势，并将学习结果反馈到风险识别模块，将整个风险防控体系从传统的被动式风控转为主动风控，从事后补防到实时防御，甚至是事前风险感知和预判，提升了风险的快速反应能力和主动应对能力，如图15-19所示。

图15-19　1688场景数智化技术辅助风控

15.4.6　总结

数智经济时代，B2B电商贸易要求有更高效的协同，不仅包括产业链上下游的协同，也包括金融与场景的协同。1688金融是构建在商业场景基础之上的金融，初心是为了买家和卖家在平台上交易更顺畅，资金周转更顺滑。诚e赊、安心购、品质险、交期险、生意贷等场景金融产品，依托平台大数据、资金的自偿性，以及与商流、信息流的闭环组合成风控的底层逻辑，无缝嵌入商业链路，实现"去金融化"的顺畅服务体验，与网站客户运营环节相嵌入，如在商家拉新、旺铺装修、产品引流、商家成长等环节进行金融权益加持，帮助客户便捷选择适宜的金融产品，不需要逐字理解金融产品的专业而复杂的条款。

1688通过场景金融赋能产业发展的领先实践，可总结为以下三个方面。

第一，通过服务建立互信。为交易各方提供数智化平台，企业销售、借贷、购买、赊账、跨境结汇等日常经营行为都可在平台上高效完成，在此过程中深度理解客户和相关产业运行规律；同时，通过合作伙伴或拓展自身服务的方式，整合线下数据，比如物流、进销存等数据，形成较为完整的用户画像，为支持金融服务的风险定价奠定扎实的基础。

第二，贯通四流，使数智金融更主动。基于技术和数据能力整合商流、物流、信息流和资金流数据，预判需求，预授信加快审批流程，符合小微企业信贷需求特点，也有助于主动发现问题，做好风险防范。

第三，聚焦交易通畅和企业成长，使场景金融更契合需求。1688场景金融的着眼点在于帮助客户解决问题，而非通过金融获利，因此在产品设计和体验改善方面，更贴合用户需求，从用户视角整合多种信贷、保险服务，降低金融服务的获取门槛和成本。在处理异常时，也能够判断客户是否有恶意行为，帮助客户争取贷款延期，促进了产业健康发展，也强化了客户黏性。

聚焦产业链运行的难点和堵点，以技术、数据和场景服务提升金融能力和效率，实现金融普惠，是1688对新产业金融的理解。未来，依托线上运营客户群，1688将会把金融服务延伸到产业源头和线下私域，用数字化的手段提升B2B全链路生意和资金周转效率，助力网站的升级变革。正如1688场景金融总裁唐家才所言："新金融的关键特征是与产业深度融合，成为产业升级过程中的润滑剂和助推器"。

15.5 斯兰一品嘉平台——"新制造"解决鞋材交易之三问①

运动鞋服产业，是福建省的世界级产业之一，产量占全球30%以

---

① 本节内容由斯兰一品嘉提供。

上，诞生了安踏、特步、匹克、361°等一批耳熟能详的民族品牌。斯兰集团创建于1986年，是福建省鞋服纺织化工原料交易的龙头企业。

斯兰一品嘉平台是斯兰集团以近30年鞋产业供应链上下游资源为基础，深耕鞋服产业，搭建的线上线下互动平台，是集信息流、商流、资金流和物流为一体的产业互联网平台。平台由斯兰集团旗下子公司——福建一品嘉云创信息技术股份有限公司承建，一品嘉公司于2016年作为全国唯一鞋产业供应链平台在新三板挂牌上市，并先后获评国家级服务型制造示范平台、福建省"专精特新"中小企业（新颖化）、福建省服务型制造公共服务平台等荣誉称号。

新冠肺炎疫情暴发以来，斯兰一品嘉平台进一步联合兴业银行增强供应链产业链的金融功能：一是，支持泉州本土的品牌企业的研发，通过核心供应商配合本土企业的生产需求，进行资源导入；二是，在业务数智化、数字安全上持续发力，将交易和协同平台接入企业的生产系统，将关键数据导入鞋服供应链模型以实现业务数智化，为企业提供行业化的供应链管理应用和平台交易，推动产业技术和材料升级。由此，平台进一步巩固了集合商流、物流、信息流、资金流的供应链金融服务新模式。

30余年的光阴使斯兰从最初创业的鞋材贸易商，成长为拥抱时代、发展"互联网+"建设的供应链服务商。斯兰一品嘉平台也从扎根福建，扩展为如今遍布四地——香港、温州、成都、东莞，并且具有中国格局和全球视野的大型服务商。业内人士喜欢把斯兰一品嘉平台称为"新制造"，总经理庄伟雄对于这样的定位也颇为认可。庄伟雄表示，从创办一品嘉到把一品嘉打造成鞋服供应链领域的首家上市公司，他的初衷始终没有改变，那就是用软件和平台弥补传统制造业的缺陷，在互联网时代，助力传统制造业转型升级。

15.5.1　鞋材交易之三问

鞋材交易产业链由原辅材料供应商、加工制造商、品牌企业制造代工厂、终端市场四个主体构成，如图15-20所示。

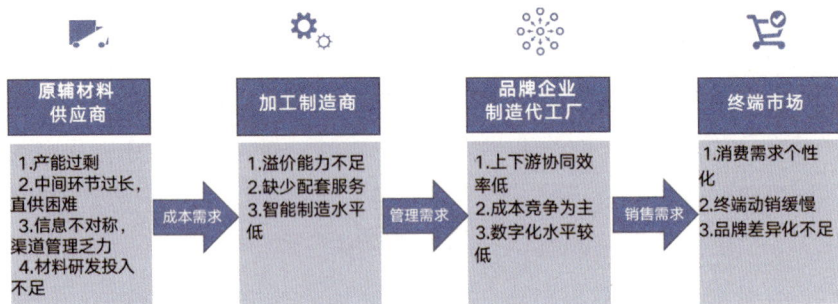

原辅材料供应商
1.产能过剩
2.中间环节过长，直供困难
3.信息不对称，渠道管理乏力
4.材料研发投入不足

成本需求 →

加工制造商
1.溢价能力不足
2.缺少配套服务
3.智能制造水平低

管理需求 →

品牌企业制造代工厂
1.上下游协同效率低
2.成本竞争为主
3.数字化水平较低

销售需求 →

终端市场
1.消费需求个性化
2.终端动销缓慢
3.品牌差异化不足

图15-20　鞋材交易产业链参与方

在泉州鞋服产业链中，具有较强议价能力的核心企业在采购时享有更长的付款期限，在供货时则要求买方预付货款，导致上游企业表内应收账款和下游企业表内预付账款堆积，使上下游中小企业承受较大资金压力。如何遏制核心企业的这种供应链行为？

较多中小企业资金实力欠缺，贷款抵押能力弱，即使与核心企业形成长期稳定的业务往来，亦难以在传统的金融服务框架内获得金融机构的资金支持。中小企业巨大的融资缺口将飘向何处？

由于中小微企业制度不全，资信较低，信用评价难度大，传统信贷评估的模型难以适应中小企业的授信评估。谁来构建金融机构与中小企业之间的沟通桥梁？

如果我们将上面的行业问题称为"鞋材交易之三问"，那么斯兰一品嘉平台给出了实践答案——通过资金流、信息流和物流提升中小微企业的业务稳定性，辅助供应链金融服务商，依托金融产品提供资金补充，帮助中小企业缓解资金压力。

15.5.2 "五流合一"的数智化服务

斯兰一品嘉平台于2016年开始与银行合作，辅助银行推行基于真实交易订单的商票金融服务。但该业务准入门槛高、手续繁复，服务范围较小。近年来，金融资源逐步向产业链、供应链集聚，一品嘉也在尝试着将交易数据充分转化为适配中小企业的金融方案，凭借深厚的平台数据积累，成为与多家银行均有合作的平台型企业。

1. 数智技术的运营底座

数智技术是斯兰一品嘉平台为中小企业以及产业链生态提供便利、敏捷服务的驱动力，其主打的技术产品有SCM、工业电商商城和数据分析业务。

（1）SCM底层技术。①基于互联网平台，促进供采双方在订单分发、收货质检、入库过账、对账结算等业务环节的紧密协作和高度协同。②能够采集到工序级别的小颗粒数据，帮助供方发现瓶颈工序，优化生产进度。关键开发技术主要有Java Spring、JBPM、ExtJS、WinForm和Resin等容器服务。

（2）工业电商。①主营鞋服化工原料交易和鞋服纺织企业的主流材料撮合交易，增值服务包括物流、金融、数据分析、新材料孵化等。②能够稳定支撑疫情期间物资需求和供应撮合的高并发、大规模集采和秒杀活动。关键开发技术主要有uni-app、前端页面可视化、扩展服务插件化、ThinkPHP 5.1、Python Selenium自动化测试。

（3）数据分析。①平台数据和行业数据承载一品嘉平台5年的交易记录、核心企业ERP接入数据，并引入卓创、金银岛等化工行业公共数据。②有基础算法应用和开发能力获得2018年度微软数据分析中国区赛事奖项。关键开发技术主要有Power BI、DAX、R、SPASS、SSIS、Python。

2. 两轮流转的平台服务

斯兰一品嘉平台通过构建电商平台和供应链云平台两个"齿轮",实现了产业链的前段聚合和后端支撑,如图15-21所示。

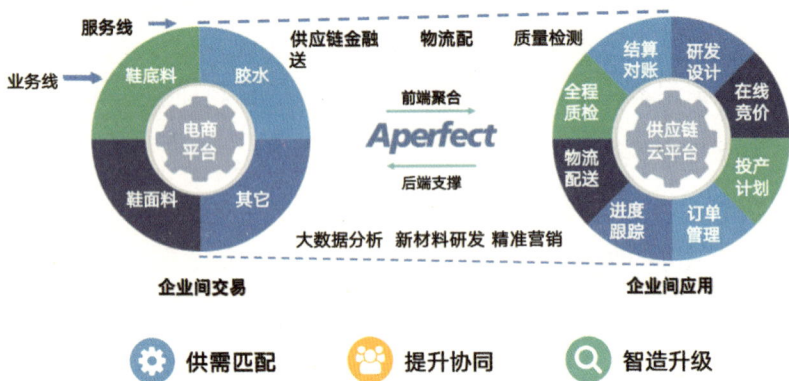

图15-21　斯兰一品嘉电商平台和供应链云平台联合服务图

其中,工业电商商城满足顾客采购及融资需求,鞋材行业中的底料、胶水、面料等原材料一应俱全。供应链云平台则解决跨链条、多层次的供应链数据互联互通,客户能够在平台上完成在线竞价、追踪订单、物流监控等业务。特别地,在产业物流方面,一品嘉依托母公司资质(是业界少有的三证齐全的危化品物流商)、设有2万平方米甲乙丙类危化品仓库、700~1700m³储罐24座,总容量3 7000m³,实现300km以内8h送达。

3. 合规引入金融服务

斯兰一品嘉平台支持兴业银行面向产业链企业推出"一品嘉信用贷",年利率3.85%起,可采用平台数据信用免担保方式,最高为200万元或与一品嘉云创平台年度交易额的25%,取二者中较低利率。服务过程中,一品嘉严格执行上市公司审计规则,公对公支付,票务合规。且持续改善业务合规和数智化程度，用于和银行供应链金融等高标准接轨。具体应用场景如图15-22所示。

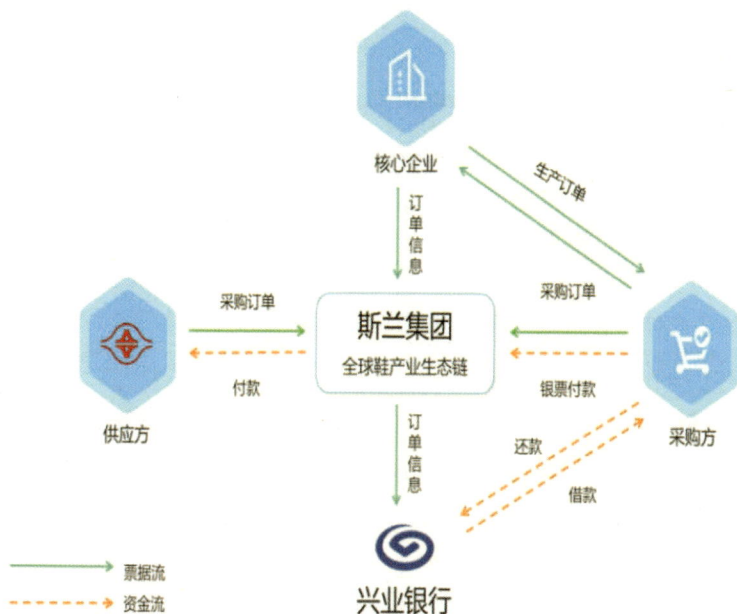

图15-22 一品嘉支持银行提供金融服务应用场景

综合来看，斯兰一品嘉平台联合兴业银行通过软件服务、物流服务、支付和金融服务三大板块，以原材料物流、危化品物流、合规支付和信息技术为支撑，成功构建交易与物流联动、支付与金融增值服务的商流、物流、信息流、资金流合一的数智化服务环境。

15.5.3 数据安全与智能风控

斯兰一品嘉平台的客商分布于产业链各个环节。面向上游原料厂商提供市场需求和客户分析，面向商贸企业提供行情研判和运营分析，面向下游制造企业提供生产计划和预测服务。此外还针对大客户提供交叉销售、预测维护和语义分析等深度分析服务。例如，一品嘉为销售部门提供了《客户采购预测》，用于精准营销和提前感知客户的下一次采购需求，以便提前做好备货和物流计划，为客户提供未雨绸缪的前置服务。

在贷前审核方面，银行会分别对产业链上的核心企业、中小企业提出可控且合理的要求，降低风险发生的可能性。

（1）要求核心企业出具推荐函，且原则上须同核心企业业务合作超过三年。

（2）对于有融资意向的中小企业，除提供银行授信所需基本材料外，还需提供核心企业的采购合同，或者与一品嘉的销售合同，并在该银行开户。

总体来看，获得授信企业的综合画像具有以下四个特点：企业无征信污点、同核心企业业务合作超过三年、过往三年均有较大的交易额、交易品类集中在大宗商品（EVA、聚氨酯）。未获得授信企业的多数问题都集中在此前有征信污点或者为试点以外地区的客户。

晋江泉盈鞋材有限公司就是与一品嘉平台合作的首家受益企业。企业在金服云平台发布线上融资需求，兴业银行通过与斯兰一品嘉平台的数据信息共享，当天完成授信审批，并成功发放"一品嘉信用贷"200万元，真正实现数据和信用到企业资产的跳跃。

此外，在数据安全流通方面，斯兰一品嘉平台在银行得到客户同意采集数据的授权后，负责每月提供相关贸易的货物流向、资金流向等平台交易信息，且保证被采用数据需具备订单、物流、结算发票、交易评价（可选）等数据的完整性。除了对于原始数据完整性的要求，在斯兰一品嘉平台与兴业银行的合作中，更是高度重视数据要素的安全、全局、突出特性。斯兰一品嘉平台和兴业银行基于OAuth 2.0

协议实现跨站网站信任。此外，银行在对客户授信数据的整合中，通常会全局考虑企业基本信息、生产经营过程中使用公共服务的信息、企业技术水平评价信息、其他合规渠道信息。对于信贷业务风控较为重要的数据指标有交易对手、交易金额、结算金额、交易品类等，并随着业务发展动态调整。

15.5.4　"新制造"成效与展望

截至2021年12月，斯兰一品嘉平台已吸引8000家鞋服产业链上的企业入驻，入驻企业中10%为上游化工巨头供应商，20%为品牌采购商，另有70%中间制造商企业在平台上既采购又供应。平台已初步实现供应链效率提升5.8天、国际和对台商业合作促进、助推数据转化为金融资产，较好的应急响应能力，自觉承担企业的社会责任。

其金融服务的主体服务商——福建省金融服务云平台，通过涉企政务数据及公共服务数据的跨层级、跨部门、跨地域采集、汇聚、整合、分析、共享，突破性地解决数据散落在各部门形成"信息孤岛"的问题；运用信息化科技手段做好信息共享及大数据挖掘、分析，为金融机构提供大数据服务，有效解决银企信息不对称的问题；实现资金供需双方线上高效对接，让信息"多跑路"、企业"少跑腿"，让银行产品服务更加切实便捷、合理化（因为中小微企业无其他可抵押实物资产，但确有订单），缓解中小微企业融资难、融资贵、融资慢的问题。

"道由白云尽，春与青溪长。"展望未来，斯兰一品嘉平台致力于打造集合信息技术、数据分析、金融服务、物流服务、交易服务五大板块的原辅材料交易中心、结算中心和大数据中心。联合产业上下游客商共同构建材料、采购、物流、生产、回收等要素协同驱动的产业服务平台，促进与产业上下游客商形成战略联盟网络与商业利益共同体，如图15-23所示。

图15-23　斯兰一品嘉平台未来展望

15.6　找铅网——捅破再生能源行业最厚的窗户纸[①]

深圳市找铅网环保科技有限公司成立于2015年，是国内首个第三方铅蓄电池再生循环产业服务平台，主要提供产业数智化转型、产业数据安全可信、供应链管理、再生资源交易等服务，是一家推动资源再生产业数智化和绿色发展、助力实现碳达峰和碳中和的集团企业。

作为再生资源产业中"最厚的窗户纸"，废铅蓄电池被划分为危险废物，其流通管控相当严格，跨省运输必须由国家生态环境部、当地省生态环境厅、地方生态环境局联合开具三方转运联单。因此，金融机构对于此方面的金融服务存在顾虑，废铅蓄电池回收产业因确权难题难以获得授信，自发形成的融资渠道也难以满足融资需求，每年存在约3000亿元的融资缺口。

找铅网坚持做"难而正确"的事，在"捅破再生能源行业最厚的窗户纸"这一初心下，是对于包括废纸张、废塑料、废铝废铜回收在内的整个再生资源产业的关注和支持。首先，找铅网希望将废铅蓄电

---

① 本节内容由找铅网提供。

池回收产业的产业数智化、数据安全可信、绿色金融标准、碳交易标准、公益活动等项目进行更好地落地，由地方试点推广至全国规范，构建找铅网品牌的"公信力"；再而，继续深化，和产业链中的利益相关方达成密切合作，通过产业各个参与方对闭环产业链外其他的再生资源产业的渗透、拉拢、聚合，共创共建生态伙伴关系，提高产业生产效率，助力产业生态升级，发挥产业社会价值。

15.6.1 回收链上的资金难题

找铅网所在的废铅蓄电池回收产业的上下游交易一直维持着简单供销关系，如图15-24所示。门店产生大量的报废铅蓄电池，回收资质商通过回收员将废旧的铅蓄电池进行收集、贮存并送到处置企业进行处置，处置企业冶炼废旧铅蓄电池，冶炼铅锭送至电池厂进行利用，生产新电池。

电动车门店	回收员	废旧铅蓄电池回收商	冶炼厂
产废端	回收端	收集、转运端	处置端
电动车门店、电动车维修门店、汽车4S门店等替换铅酸蓄电池	寻找各门店替换的废旧铅蓄电池进行回收，送至正规合法回收资质商	收集、贮存市场回收员收集废旧铅酸蓄电池转运正规合法冶炼厂冶炼	处置、冶炼废旧铅酸蓄电池，冶炼铅锭送至电池厂利用、生产新电池

图15-24 废铅蓄电池回收产业链

在五个角色共同构建的废铅蓄电池回收产业链中，随简单货物流通而出现的，还有一种特殊的行业交易性质：在产废端和回收端之间，往往实行"一手交钱一手交货"的现金交易形式；而回收商到处置企业再到电池厂，存在账期的行为。这就导致回收资质商夹在中间，左边喊着要钱，右边喊着给货，自己做了"三夹板"，如图15-25所示。

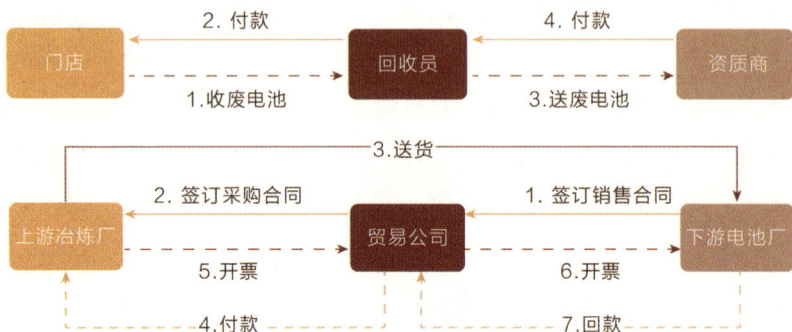

图15-25　废铅蓄电池回收产业链中的两种交易方式

回收资质商面临资金短缺的情况，开始四处去借钱，而传统的银行以及其他持牌金融机构对于废铅蓄电池回收产业的行业授信仅仅停留在供应链的核心企业，真正打通融资是很困难的。由于废铅蓄电池回收产业"危废""税务豁免""无票"等特性，处置企业的上游地方回收商没有开具发票的历史习惯，存在确权问题，因此无法判断回收资质商信用资质和风险。目前，回收资质商的融资渠道通常是地方信用贷，但是此种渠道的融资额度一般不超过20万元；此外，行业经过了长期发展还形成了"黄牛"这一类借贷角色，此种模式下的融资成本通常很高。这就是"三夹板"回收资质商深陷"正规渠道借不来，衍生渠道借不动"的双重困境。

在产业金融方面，供应链金融服务大多集中于供应链管理发达的领域，但很少涉及再生资源行业。具体而言，再生资源行业面临以下问题：一是由于行业内账期现象严重，导致上下游企业现金流紧缺，由于其特殊的上下游交易特性，甚至可能导致资金链断裂和企业停产；二是由于产业特性导致其信用体系缺失从而融资困难，主要依赖自有资金、民间资本进行发展，融资成本高；三是传统供应链金融业务供不应求、覆盖性差。

15.6.2 围绕磅单的产品创新

面对上述产业难题，基于在废铅蓄电池行业和供应链金融行业多年深耕的经验，结合行业现状，找铅网联合银行、小额贷款公司、区块链技术伙伴公司对废铅蓄电池行业进行了数智金融的设计，在这里，磅单相当于应收账款的确权转让书，是有追索权的公开性正向保理，围绕磅单的找铅网资质商融资平台流程如图15-26所示。

具体业务流程如下：

在注册阶段，找铅网与符合要求的处置企业达成合作，对回收流程进行信息化改造，包含传统线下磅单基于SaaS系统和智能硬件系统调整为电子磅单，安装GPS、WMS仓储管理系统，全程监管物流走向等。继而，找铅网与小额贷款公司、银行洽谈合作，合作银行协同给回收资质商开设监管账户以解决支付、还款、时效等方面的痛点。回收资质商在合作银行开户，用以收款和还款。

在授信阶段，回收资质商提交资料，找铅网协助小额贷款公司进行审核、预授信，并在APP上显示授信。其中预授信额度是根据历史交易数据得到的合作商总的预授信额度，APP显示额度是再根据实际电子磅单相关系列文件中的电子付款单显示的确权后的付款金额转化成可贷款额度。

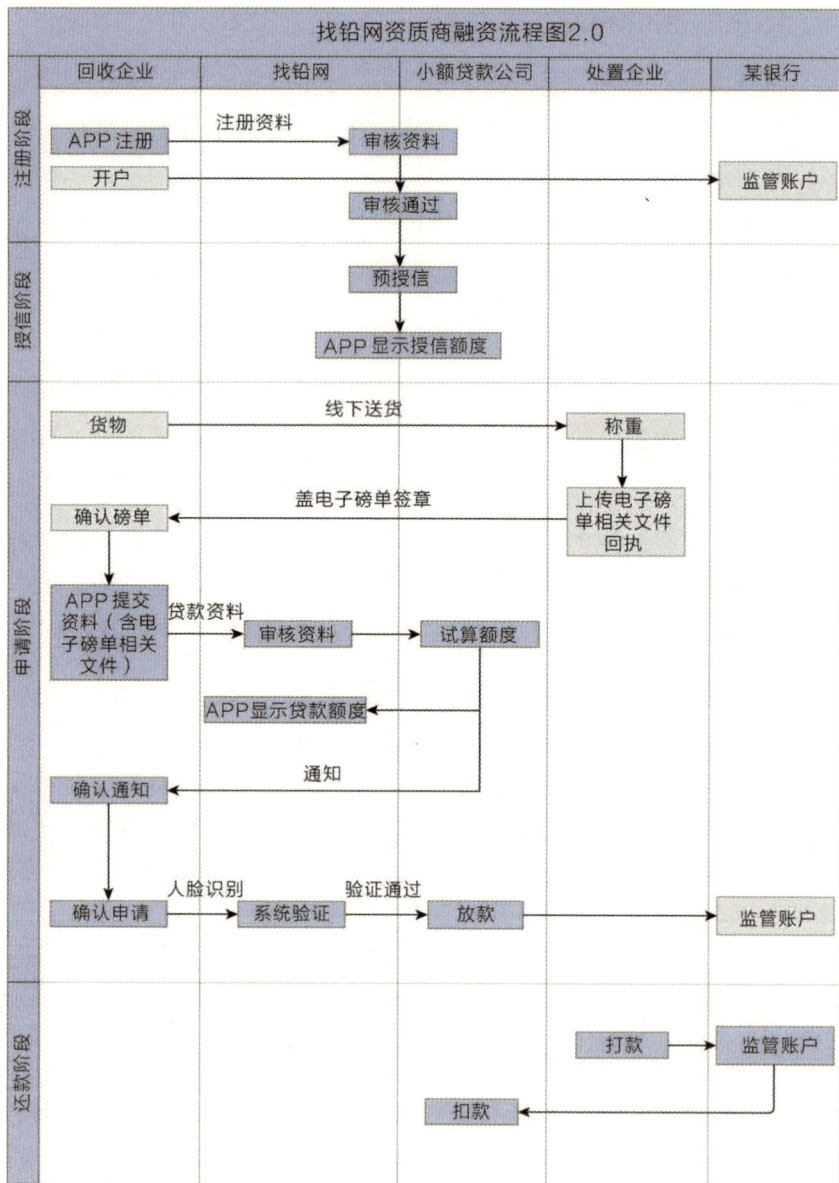

图15-26 找铅网资质商融资流程图

在申请阶段，回收资质商将货物送至处置企业，处置企业出具电子磅单相关系列文件（电子磅单、电子质检单、电子采购单、电子付款单），回收资质商通过APP回传电子磅单，应收账款质押申请用款。找铅网通过审核资料，并将资料同步传给小额贷款公司，小额贷款公司审核添加白名单，之后，小额贷款公司向回收资质商监管账户放款，回收资质商用收到的货款继续扩大经营。

账期结束后，处置企业向回收资质商第三方监管账户放款，小额贷款公司从监管账户扣款，流程实现闭环。

15.6.3 数智支持的信用与安全

1. 数智化信用

找铅网综合运用了区块链、数据存证、生物识别、物流监控系统等领先的数智科技技术，打造数智底座，使得商流、物流、信息流、资金流等数据清晰可追溯。其具体的技术逻辑如下。

（1）真实数据采集：利用合法、高效、稳定的数字存证技术实现信息批量鉴权存证，所有软件均按照银行安全级别进行设计开发，与纸质签署有同等法律效力，解决了信息失真的困难。

（2）可信数据流转：利用区块链技术打造联盟共信，有力解决"信息孤岛"困难，实现了去中心化、公开透明、不可篡改等数据库特质。

（3）数字信用生成：利用生物识别技术进行活体人脸识别，确认是本人进行借款，并与其身份证照片进行后台校验。

（4）信用智能转换：利用数据挖掘使历史数据形成预估未来数据值，即用原始平台沉淀数据跟未来使用金融产品数据进行双向校验，作为未来交易的真实性、可信性、安全性的预警提示。

（5）信用价值变革：用深度学习实现信用价值智能评估，实现信用价值变革。

（6）信用全面数智化：用机器人才流程自动化技术搭建智能风险预警系统，从而实现全面信用数智化革新。

那么"四流合一"的实现是如何做到的呢？具体而言，商流方面，要求商户在平台签署合作协议；物流方面，通过WMS物流仓储系统实现管理回收决策，从门店产生废源到回收装车的装车单、运输单，再到回收暂存点的入库单，回收集中站的调拨单，再转运到处置企业的出库单、送货单、运输单，货物转移车辆通过系统规划路线以及GPS进行全程定位；信息流方面，废铅蓄电池回收的下单和接单均通过订单系统在线完成，订单系统会关联回收订单的信息、回收员拍摄的回收视频，以及处置企业为回收商提供的智能电子磅单，因此，废铅蓄电池从回收到处置的全流程信息可追溯，一目了然；资金流方面，在线回收交易，上传支付凭证，并由平台财务专员进行审核。图15-27为找铅网主要技术架构及四流合一逻辑图。

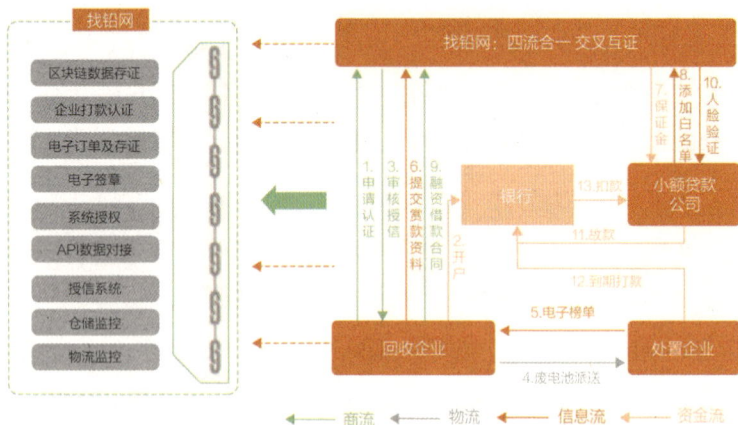

图15-27　找铅网主要技术架构及四流合一逻辑图

2. 数智化安全

找铅网联合银行等机构共同创建了全流程安全管理系统平台，支持供应链金融中对于数据安全合规的把控、参与主体可信任的筛选。该平台有以下几方面创新：①通过底层的技术运作机理，打通企业账务系统，清晰掌握处置企业的财务与业务相关的采购、收入等数据。②每笔业务通过存证链确保业务数据的真实性和正确性。③电子转运联单和可视化物流数据为物流、交付提供风险管控。④通过物联网技术实施仓储监控，监测处置企业生产，分析企业运行能力。⑤电子磅单实时在线签署功能，进行全流程风控，保证企业间交易的真实性，企业经营的效益性以及资金使用的合理性，让授信有的放矢。

在整个业务流程的安全管理上，找铅网辅助持牌金融机构在贷前、贷中、贷后三个阶段进行业务管理与控制。

15.6.4 成效与展望

找铅网通过数智化转型，联合银行等机构以供应链金融方式辅助满足废铅蓄电池回收行业的金融需求，获得了行业内客户的一致认可和支持。在数智化改造实施过程中以区块链技术为底层技术架构，结合SaaS、信息化改造等全流程风控系统，达到一分钟申请秒到账的效果，高效提升金融服务效率。从现实意义上看，找铅网联合银行等机构所做的实践为帮助废铅蓄电池回收行业摆脱融资困境，促进回收资质商和处置企业健康发展提供了可行的解决方案，同时也有利于银行等机构扩宽服务领域,探寻新的利润增长点。

身为国家生态环境部固体废物与化学品管理技术中心的委托企业，找铅网已积累6万家行业内企业的绿色交易数据，通过引入区块链、大数据、物联网等技术，自主建设了具备全流程检测及供应链管理功能的互联网系统，供应链交易额达170亿元，减少碳排放90万吨。

"大哉乾坤内，吾道长悠悠。"未来，随着国家铅蓄电池行业核心指标（环境指标、能耗指标等）纳入绿色金融支持铅蓄电池行业发展的标准，结合行业内各相关政策方、企业方、服务方的共同努力，通过数智模式的升级创新，废铅蓄电池产业一定会持续降本提效，有效解决再生资源产业融资难题。

【本章小结】

本章从金融机构（交通银行、厦门国际银行、众邦银行）拓展金融服务进行金融创新的角度，和产业机构（1688线上电商平台、斯兰一品嘉平台、找铅网环保科技公司）深度理解客户。支持金融服务创新和帮助企业客户发展的角度，对六个国内企业以数智金融赋能产业的创新实践进行了深度剖析。

（1）交通银行以"油企链"为代表的跨境金融实践，主动服务民营企业，以支持跨境贸易发展。油企链紧密围绕石油石化产业变化和金融新需求，首创了金融重构行业生态链的模式，通过多源数据和数智技术，进行油企商业撮合，与一站式、智能化的跨境金融产品配套，以新型的产业链"商业伙伴"模式，兼顾石油石化企业间的利益均衡与风险共担。

（2）厦门国际银行利用科技领先型中小银行联动快、链条短、技术新的优势，用数智技术突破金融服务平台的建设难点，以"开放"和"多元"的理念，建设"场景+数据+模型"的基础能力，为中小微企业提供高效便捷的贷款服务。

（3）众邦银行产融结合的智慧供应链金融实践，突破了中小微金融"不可能三角"，为金融服务乡村力度薄弱等现实问题提供有效的数智化解决方案。作为数字化原生银行，众邦以数智化技术动态获取、监控供应链数据，从"实时、实情、实物"三个维度破局信息不对称难题，实现对中小微企业的"敢贷"和"愿贷"。

（4）1688电商平台践行"与产业深度结合、去金融化、普惠平等、开放协同、监管合规"的"新金融"理念，支持金融服务定制与创新，并"润物细无声"地融入场景，助力平台B端电商企业的升级优化。通过场景、数据与金融的结合，帮助平台商家解决生产、经营、交易过程中的资金和信任问题，持续提升客户体验，助力客户长足发展。

（5）斯兰一品嘉平台沉淀自我、开拓天地，用三十余年的光阴从鞋材化工贸易商发展成为标杆供应链综合服务平台。平台积极拓展行业服务，为鞋材产业链企业提供融合技术保障、工业电商平台和供应链云平台；联合兴业银行，围绕鞋材供应链设计成本、风险可控的特色贷款产品，以实践成效回应"鞋材交易之三问"。

（6）找铅网平台嵌入的数智化供应链金融服务是再生资源产业金融的良好范例。找铅网深度参与废铅蓄电池回收产业链，利用数智技术转化磅单信息，赋能金融产品和服务流程创新，有效地促进了产业链参与方的协同合作，帮助废铅蓄电池回收行业摆脱资金困境。

第16章
展望

　　数智化是信息通信技术对人类社会活动和经济活动产生的持续影响和重大变革，是我国未来十年经济增长的最大机遇之一。其中，数据成为关键生产要素，与资本、劳动力、土地等传统生产要素不断融合，并引发生产要素呈现多维度、系统性的变革。数智科技进一步解放了生产力，促进数字产业的高速发展，并推动传统产业转型升级。在数智化的进程中，人与人之间、人与组织之间的生产关系逐步多元化，为劳动者提供更多就业选择，社会组织形态也更具流动性和分散化。社会生产底层逻辑的变化引起产业链层面的变化，各种生产、经营、服务、消费活动正经历着一系列解构和重构，所有参与方都在快速变化中寻找新的生态位，探索新的机会，寻找新的增长点。相对应的数智金融服务也在随着产业变革而变化，不断探索金融服务的新模式，拓展生态合作的新边界。

　　在前面的章节中，我们分析了国内外的创新实践，可以看到率先完成数智化转型的国家、产业和企业，都将会取得先发优势。因此，我们认为产业数智金融将会在六个方向有所突破，并有望取得长足发展。

16.1 数智化助力数字世界与物理世界深度融合，互促发展

（1）数字世界加速构建为相关产业升级打开新空间

国内外信息通信技术的应用发展趋势在不断变化，从二十年前的第二生命（Second Life），到十年前的社交媒体，再到今天热议的元宇宙，经历了从实到虚、由虚入实的螺旋式发展，不断引发数智科技推动生产生活向数字世界迁徙的新高潮，最终将达到虚实结合的未来信息社会模式。在这个虚实转化融合的过程中，各产业链的数字孪生世界逐渐建立，涉及从基础设施到上层应用和服务等多个层面，从研发、生产、贸易到服务、消费等各个环节，为全产业链升级打开新空间。

（2）物理世界与数字世界的规则体系逐步融合

在以科技竞争为主的物理世界中，资源聚集推动科技不断创新，科技的进步大大加快了数字世界的构建，同时需要与之相适应的新机制，包括一系列治理体系、制度流程、规则标准、组织设置、资源配置、支撑工具平台等。同时，数字世界的运行与物理世界息息相关，其创新和发展也推动了物理世界的生产方式、治理体系、商业模式、管理方法、服务模式等变化，形成新的体系，而且两个世界的体系相互交错，逐步融合。相应地，产业数智金融的管理和服务体系也在两套体系的渐行渐近中不断变化。

16.2 产业数智化与金融数智化相向而行

（1）数智化促进产业链重构为金融服务提供丰富的场景和数据

产业互联网正在从单点智能走向全局和全链路的数智化。

第一，全局数智化由外而内，协同更为流畅。目前很多组织是为了赶潮流而进行数智化，实施起来难免人云亦云，机械教条，而未来组织谋求发展必须进行数智化转型，以系统化的思维重新审视数智化转型的框架体系和实施路径，将自上而下的战略布局与由点到面的实践落地紧密结合，将组织运营的数智化与业务经营的数智化紧密结合，通过全局的数智化解决上下协同、内外联动的问题，通过对组织架构和激励机制的优化实现数智化转型中各步骤的流畅协调。

第二，全链路数智化从无序走向有序，资源配置更优化。数智基础设施支持贯通供、研、产、销、服务、消费的全流程，以"五流"数据的安全合规共享为驱动，帮助供应链上游环节及时了解终端用户诉求，促进产业链上下游的数智化联动，逐步破除"信息孤岛"建立互信，排除断点和堵点，形成上下游高效协作，持续优化协作规则和流程，降低整体成本，实现资源优化配置。

（2）智能、开放的金融赋能产业快速发展，前景广阔

第一，数智金融联合生态建立与产业链、供应链协同的高效可信网络，实现基于动产、专利和交易等的新型信用评价体系，构建着眼产业链整体的风控机制，使金融服务精准"滴灌"到实体经济的"毛细血管"，扶持"专精特新"企业。

第二，数智基础设施将成为绿色金融的重要支柱，帮助金融机构建立对绿色项目、绿色企业、碳足迹等智能化的识别和监测机制，助力绿色金融产品服务创新，更加契合绿色转型各环节的融资需求。

第三，部分金融机构依托数智优势实现科技能力输出，为产业发展提供附加服务，注入新活力和新动力。

第四，金融服务加速融入产业链各类场景，逐步从台前走向幕后，场景金融从"1.0的建立链接、单向输出模式"和"2.0的产品超市、供需撮合模式"走向"3.0的综合服务、敏捷互动模式"。

16.3 多元化发展为产业数智金融生态注入创新活力

（1）生态良性竞争格局逐步形成

未来是生态体系间的竞争，生态参与方有各自的生态位和价值诉求。生态协同可以帮助各方更全面地洞察市场需求，以企业客户的经营发展为原点理解客户需求，各方协同提供多元化的产品和服务，联合拓客、联合运营、联合服务，以更低的成本提供更优质的服务。

（2）数智化助力生态各方高效协同

数智科技进一步拉近了产业链上下游企业、龙头企业与周边企业的距离，帮助金融和产业机构建立更高效的交互渠道，建设更具弹性和韧性的底层架构，支撑更灵动的应用创新。

（3）中介组织将成为链接产业与金融的路由器

科技公司、产业服务平台等中介组织的生态位从边缘化走向相对重要的位置。中介组织一方面帮助金融理解千行百业的运行规律，助力金融机构动态优化信用评估指标；另一方面从支持产业顺畅运行出发，帮助产业"设计"金融服务内容和服务嵌入方式，帮助客户低成本选择最优的金融服务组合。

（4）专业化运营助力产业数智金融创新

数据资产价值的发挥依赖运营的推动，中介组织通过联合管理部门和金融机构，构建市场化的数据运营机制，促使数据合规、高效地转化为生产力，支持营销、场景和服务，提升客户体验。

（5）数据要素的创新利用是关键

产业链的商流、物流、信息流、资金流、人才流等数据交叉验证，将为主管部门和金融机构呈现出企业生产经营的"全景图"，有效降低信息不对称，支持建立新型的信用评估和风险管控模式。同时，数据驱动的产品服务创新和运营模式创新将为产业数智金融的生态带来源源不断的新变化。

16.4　监管合规和风险治理体系逐步完善

（1）数智化支持包容审慎的监管理念

数智化将成为金融创新的造影剂，帮助监管部门看清创新的脉络，将有限的监管资源投入到风险防控最紧迫的领域。未来，数智技术可以更多地应用于"监管沙盒"、检测认证和多方联合实验室等形式中，帮助监管部门更清晰、全面、主动地看到潜在风险，为创新提供风险可控、底线明确的探索空间。

（2）数智科技支持多元化，多层次的监管治理体系

金融产品和服务的创新往往涉及多个业态，需要跨业态、跨市场的综合监管。数智科技可以更好地支持监管部门贯通多个金融基础设施，联动多方开展多层次的监管，包括中央部委、各地方金融监管部门、行业组织、提供登记和清结算等服务的金融基础设施、大型金融机构及科技企业等，共同探索前沿技术下的数智化监管方式和方法。

（3）数智化支持多方协同的穿透式监管

为实现跨市场、跨业态的协同监管，需要各方运用数智技术实现联通，统一数据标准，助力监管以更直观、便捷的方式，看清基于新技术、新架构的运行情况，探查复杂资金流动过程中风险的流转和变化，预判各环节的风险点，以数据"穿透"提升监管主动性。

（4）数智技术助力构建算法监管能力

随着人工智能的广泛应用，算法模型风险已成为新型的风险类

型，监管部门需要与各方合作建立覆盖算法模型生命周期的管理机制，在研发、验证、运行、评估等关键环节设置安全评估和合规检查规则，推动算法的公平性和安全性。

（5）数智技术保障数据安全，隐私计算技术广泛应用

为落实数据安全与隐私保护要求，生态多方协同需要更加注重数据在采集、存储、计算、应用等全流程的安全保障，金融机构的数据开放与合作需要隐私计算等多种软硬件技术共同保障。可信硬件机密计算、零知识证明、同态加密、多方安全计算、联邦学习等隐私计算技术在金融行业将会大规模应用，为多方协同场景中的金融数据安全护航。

16.5 技术架构和业务场景将进行"云重构"，实现"云原生"

（1）IT架构向广义云原生发展

随着各行业生产经营加速上云，金融业务敏捷化、场景化、远程化是大势所趋。云原生架构可以帮助金融机构构建从业务到基础设施、从需求调研到设计研发、从开发态到运行态的系统性架构体系，加快需求交付，降低运营成本，支持容量伸缩，保证业务连续，通过提供更敏捷易用的架构工具，支持金融机构更从容地面对不确定性。通过构建更具弹性和韧性的架构体系，使金融机构能更容易接入新技术，多渠道触达产业的各个环节。

（2）技术普惠支持业务创新

未来，技术服务方将会提供面向非技术人员的易用型产品，平缓专业学习曲线，帮助各类业务人员、产业组织和金融机构，基于自身业务，通过拖曳组合功能模块进行自主定制开发，降低开发测试和集

成运维门槛。低代码平台将极大拓展云的应用边界，爆发式增长的云上创新将成为产业与金融数智化转型的颠覆性力量。

（3）云端协同促进产融高效连接互动

随着数智技术的快速发展，云原生的理念持续升级，行业应用从以IaaS为主向PaaS和SaaS延展，专业的SaaS服务将成为金融机构对产业机构形成黏性的重要因素。同时，云服务从中心节点延展到IoT端，伴随着智能物联、区块链等多种技术的快速发展，加快形成万物互联的技术体系，金融机构依托云端一体的技术体系，能够更好地与产业组织建立高效连接，实现双向赋能。

16.6 组织能力和人才体系是产业数智金融生态持续创新的保障

（1）数智化敏捷组织助力金融机构提升生态构建能力

为保持产业数智金融生态的活力，金融机构需要联动更多的内外部资源，更快地感知和应对变化，建立更多的合作，通过生态合作塑造竞争优势。由于生态协同对金融机构的协同能力和应变能力提出了更高的要求，因此金融机构迫切需要利用数智技术优化组织形态、运行机制、管理模式和决策逻辑，通过组织变革将数智技术转化为组织的竞争优势和生态的协同优势。

（2）人才培养和激励机制是数智化转型的关键

数智化是一项长期的工程，其可持续发展的动力在于人。人才的数智化思维、数智技术开发和运用能力、数智化创新和运营能力，是产业和金融数智化的重要推动力。具有科技、金融、产业三维知识能力的复合型人才将成为企业争抢的核心资源，它们能够为人才成长和保持创新活力提供适宜的环境，这对于各组织升级至关重要。

（3）顺畅的人才流动机制是数智化转型落地的重要保障

产业数智金融是典型的交叉领域，需要复合型人才来评估信用和风险。不同知识结构和行业背景的人才，包括金融从业者、各行业专家、科技人员、政府和行业组织人员，都可以为产业金融发展注入复合型资源和能力，金融机构着力探索通过联合实验室、项目共创等机制进行人才交流和联合培养。未来，我们将会看到更多各领域的专业人才进入金融机构，帮助金融更好地理解和服务产业客户，灵活的人才流动机制和跨部门虚拟组织的创新能力，将支持产业数智金融生态保持创新活力。

后　记

　　终于，在众多卓越伙伴们的共同努力下，在非常短的时间内，我们相对高质量地完成了数智化转型系列丛书的写作和出版，包括：

- 数字政府领域：《数智化：数字政府、数字经济与数字社会大融合》
- 金融领域：《数智金融与产业赋能》
- 新零售领域：《新零售之旅：数智化转型与行业实践》
- 组织领域：《数智化敏捷组织：云钉一体驱动组织转型》
- 产业互联网领域：《消费互联网和产业互联网：双轮驱动新增长》
- 乡村振兴领域：《数智驱动乡村振兴》

　　在对图书的研究和写作过程中，经常有人问我：为什么要写这一系列图书？为什么是跨度如此大的一系列图书？我又是如何在阿里云、阿里云研究院内外部培训分享、内外部资源整合和业务拉通、各种会议的众多事务中，多任务并行，腾出时间和精力精研细砺、沉淀思考"著书立说"的？

这一切的缘起，可追溯到2021年5月份，阿里巴巴集团董事局主席、CEO张勇（花名：逍遥子），阿里云智能总裁、阿里巴巴达摩院院长张建锋（花名：行癫）对我的工作岗位进行调整，从原来分管阿里云智能新零售行业到创建阿里云研究院，将原阿里云研究中心和阿里云CIO学院合并组建成阿里云研究院，职责是建立和传播科技驱动世界创新发展的理念。

经过深入了解团队情况、业务现状调研和共创，我们迅速明确了自己的定位，是阿里云智能事业群（现调整为阿里云&科技事业群）数智化转型智库机构，汇聚来自数字科技头部企业、国际知名咨询机构和国家高端研究平台的资深专家，以"定义行业、洞察态势、拓展赛道、引领心智"为愿景，以"引领数智化转型新思想"为目标，致力于"用科技探索新商业边界"。

阿里云研究院的研究领域涵盖云计算、人工智能、大数据与产业互联网，以及数字政府、新零售、新制造、新金融、新能源等各领域数智化转型方法和路径，关注前沿科技趋势、数字创新、数字治理、新基建等方向。以指数分析、战略顶层设计、行业数智洞察、产业研判、案例透视等为产出，与科研机构、智库、高校、行业组织、咨询机构、合作伙伴、客户等开展合作，联动阿里巴巴集团各事业群，共建研究新生态，共拓数字新未来。

同时，阿里云研究院与全球知名商学院共同开设数智创新学院，举办高端企业家和高管培训，培育面向未来的数智化创新领袖。同时，为推动企业创新与数智化升级，阿里云研究院打造"数智创新营"，针对政企客户举办高质量的培训和交流活动，构建一个走进阿里巴巴、了解阿里战略、文化与业务生态，学习最新科技趋势的平台，活动包括"CXO班""业务共创会""企业专班""走进标杆企业""年会""行业沙龙""线上定制课程"等多种形式。

目前，阿里云研究院已组织线上线下活动超过500场，累计超过240万人次线上观看，线下深度链接4500多位CXO，线上汇聚了20多万CXO和IT专业人士的钉钉群。

我们将研究和运营作为两大重点工作方向。秉承"著书立说布道场，数智驱动新增长"的使命，我们于2021年8月启动了六个方向的数智化研究工作，包括数字政府、金融、新零售、组织、产业互联网和乡村振兴，希望呈现阿里云实践思考和研究成果。

一开始，同时撰写6本书的决定几乎遭到了所有人的反对，他们都认为不可能，"难如上蜀道"，这么短时间集中所有人精力写1本相对高质量的书已属不易，经过慎重思考，我们还是决定坚持要同时开展6个方向的研究，挑战"不可能完成的任务"，为什么？又如何做？总结来说主要是以下7点：

1. 客户第一，满足客户对数智化转型的迫切需求

时代在巨变，消费者获取资讯和消费习惯在快速变化，在加速在线化、数字化，倒逼各行业市场主体加速在线化、数字化、智能化以快速反应并且满足需求。新兴科技快速成长、成熟和跨界融合，也加速了与各种生产生活场景的深度融合，大量政企类客户都有强烈的需求，想了解为什么要数智化转型、如何进行数智化转型、有哪些经验教训可借鉴。

政府和金融、制造、零售行业是阿里云重要的B端客户，他们不只关心技术本身，更关心行业发展趋势，针对当前的痛点、断点、堵点、卡点，如何通过数智化的方法解决，先行者都有哪些方面的实践和探索；如何实现组织的数智化转型，强化内生动力；如何赶上产业互联网和消费互联网发展大潮，推动业务快速创新；如何落实国家战

略，支持乡村振兴战略、专精特新，实现共同富裕，这些既是广大客户的关注点，也是阿里巴巴集团努力的方向，我们希望与各界共同探索，共同奋斗。简而言之，这6本书的选题来源于大量真实客户需求，希望通过6个方向的研究探索，把阿里巴巴与合作伙伴在数智化转型的实践探索做一个阶段性的总结，提炼方法论，总结经验教训和案例，展望发展前景，为同路人提供一些借鉴和参考。

2. 坚持做难而正确、有价值有意义的事

困难？肯定是有的！没有困难是假的，而且是大困难、大挑战。但正如阿里土话所说，"不难，要我们干吗？！""此时此刻，非我莫属！"我们存在的意义和价值就是变不可能为可能，把本来需要5~10年才能干好的事情1~2年干好。我非常认同《苏世民：我的经验与教训》一书里的观点："做大事和做小事的难易程度是一样的。所以要选择一个值得追求的宏伟目标，让回报和你的努力相匹配。""一个人的信念必须超越自我和个人需求，它可以是自己的公司、祖国或服役义务。任何因信念和核心价值观的激励而选择的挑战都是值得的，无论最终的结果是成功还是失败。"6个研究方向都是着眼于解决国家的、社会的、客户的问题。书途维艰添胆色，无限风光在险峰！同时，实战过程中也可以加速整个团队快速成长，一起克服困难、一起学习、一起成长、一起经历、一起打胜仗才是最好的团建。

之前我已发表过100多篇文章，出版过5本书，有一定的写书经验；同时，我带领云智能新零售团队帮助数百家各行各业头部企业进行全链路数智化转型升级，有较为丰富的数智化转型实战经验。2021年4月出版的《数智驱动新增长》一书，一经面市迅速成为淘宝、天猫、京东、当当等各大平台排名前列的畅销新书，短时间内多次加印，说明客户需求确实非常旺盛。基于《数智驱动新增长》的理论体系和研究方法，再加上与合作研究团队进行共同研讨，有针对性地讲解和辅导，我有愿力、有信心、有能力快速拉齐各研究团队的基本认知。"知行合一"是我的信念和价值主张，"立德立功立言"是我持续不懈的追求。我坚信："没有理论指导的实践是蛮干，没有实践支撑的理论是空想"。基于阿里云多年来服务政企各行各业的实践探索，以及合作伙伴的经验，我们的目标是形成一套理论与实践合一的数智化丛书，把之前的积累进一步提炼总结出来帮助更多客户少走弯路，持续开源、节流、提效、创新。

3. 找到同路人一起精心设计、快速推进

为快速实现研究目标，我们迅速精准找到相关领域内顶级的专家团队一起来研讨，取长补短，同时明确了写作目标、规范和要求：

- 开门见山、开宗明义，前面一定要破题，不破不立、先破后立，澄清一些似是而非的概念和观念；提炼总结要立得住、立得稳，直指本质；明确定义对象、问题、目标，讲清楚重要性，不要无"病"呻吟，为赋新词强说愁。

- 对症下药、药到病除，"不看广告看疗效"。管理学大师彼得·德鲁克说过，"管理是一种实践，其本质不在于'知'而在于'行'，其验证不在于逻辑而在于成果，其唯一权威就是成就。"我们需要剖析案例前后业务流程变化、组织变化、系统变化、效果变化。尽可能量化对比说明"疗效"，事实和数据更有说服力。

- 明确受众关注点，广泛阅读，充分积累。观点和论述紧扣读者的关注点，让读者有收获，否则就是"谋财害命"。围绕核心观点广泛收集各界研究和实践，在树立体系和展开论证时才能如数家珍，旁征博引；非"我注六经"，而是"六经注

我""六经皆着我之色彩"。

- 提纲挈领。先明确目录结构、核心大图、各章节框架和核心观点，再逐步展开。行文过程中反复打磨迭代，持续精进；既见森林，也见树木，有骨架也要有血肉。每周对焦，拉通进展和计划。

- 主题聚焦，详略得当，简明畅快，图文并茂，可读性强；重点的大幅笔墨讲透讲明白，多一些隐喻、类比、小故事、小案例，多讲场景、讲痛点、讲效果、做闭环。

- 高度+宽度+深度+角度，目标框架决定了从哪个独特的角度切入，决定了调研提纲，通过调研补充现有素材不足之处，案例调研前要学习消化素材和内部充分沟通，多去不同类型的实际案例现场，与不同层级、不同部门、不同角色的人多轮沟通交流，及时复盘总结，不断抽象总结提炼。

- 时间轴拉长：透过现象看本质。回溯行业本质和关键点，时空拓宽到古今中外，展望未来10~20年，大胆假设小心求证，正向反向都要经得起推敲；敢立潮头善于创新，又要逻辑自洽，合规严谨。

- 确保每本书有自己的独特价值、独特观点、独特视角。善于学习借鉴，敢于写出差异化。不要人云亦云，敢于和而不同，经得起时间检验的差异化独特价值才可能被记住，才可能成为经典。理论和实践紧密结合，要有适度科普的写法，注重可读性，力求打造读者愿意主动分享的精品。

在整个研究写作过程中，我们都不断对照上述原则和要求，若发现有不符合之处，则迅速讨论纠正，在各团队之间举一反三，持续学习、消化和理解，边干边学，边学边干，一起持续精进。

4. 精品是精心设计出来的

编写工作启动后，我花了近两个月亲自和研究院团队一起对每本书的大图、目录结构、核心观点反复打磨，提纲挈领、纲举目张，同时一起拉通阿里集团各相关BG（事业群）、BU（事业部），与架构师、客户产品经理、产品和技术人员等相关同事交流，快速学习了解相关产品和解决方案、客户案例和实践。开展行业专家访谈和案例调研，扎实开展基础工作。

5. 多轮对焦做好过程管理持续优化

研究需要多人合作，需要不断对焦和优化，对不合适的观点及时提出并进行修正，不够的材料和案例持续补充，很多案例需要到现场调研访谈、沟通、确认；为深入分析案例，我们多次面向六个团队分享案例研究方法，引导大家"跳出盒马看盒马""跳进盒马看盒马"，深入分析"消费互联网和产业互联网双轮驱动"等；在书稿完善过程中，通过自查、交叉检查等方式及时修正和完善，经常一对一、一对多进行辅导，振作团队士气。

6. 倾听多领域专家反馈持续精进

为了确保精益求精打造精品，在稿件内部评审后，邀请外部专家进行评审，根据专家给出的不同视角的宝贵意见，进一步完善。

7. 流程前置，任务切小，多任务并行抢占时间

书稿的出版得益于出版社的大力支持，我们合作的出版社给予大力的支持和帮助，各本书的编辑提前加入写作团队，在书稿编制前期就同步介入，参与例会讨论，提出规范要求和优化意见，并与书稿打磨同步开展审校工作，并行工作以节省时间。

打大仗、打硬仗、打胜仗必须有目标、有方法、有过程、有团队。

经过这场大的战役，回首凝望，有收获、有体会——打磨了一套快速写高质量书的方法论体系，也在实战中产出了数智化转型的系列丛书，部分填补了数智化转型的理论和实践空白；有欣喜、有骄傲——锻炼了一支能打硬仗的团队，借事修人，因人成事，因事成人，关爱人成就事。

"凡属过往，皆为序章"，中国和全球数智化未来可期，数字经济时代的大幕才刚刚开始，精彩才刚刚开始。

针对《数智金融与产业赋能》一书我想再做简要的回顾与总结，金融与产业的融合经历了百余年的历史，回顾这一过程中的变迁，本书提出了产业数智金融生态体系的架构，深入分析了各参与方的定位、功能、变化与趋势。在数智化大潮中，金融、产业和科技都在快速发展：

金融机构立足潮头，积极拥抱新理念，应用新技术，培育新能力，服务新需求，协同生态伙伴面向产业链提供多样化的服务，力求为产业链供应链的毛细血管注入活力。

产业机构数智化程度差异较大，或自建数智基础设施，或借助政务服务、第三方服务平台、科技公司等提供的数智化能力逐步贯通上下游的商流、物流、信息流、资金流和人才流，一方面实现产业链格局的优化和重构，提升产业链供应链运行效率，另一方面，牵引金融服务随需应变，拉动金融服务融入生产、贸易、流通的各环节，使服务内容更丰富，服务形式更灵活，为千百万企业，尤其是小微企业排除创新发展的后顾之忧。相应地，实体企业的生机勃勃也为金融体系的持续发展提供动力。

近期中央经济工作会议要求强化国家战略科技力量，强化企业创新主体地位，实现产业、金融、科技各方良性循环的新生态。为我们的研究和实践发展进一步指明方向，即大力发展数智基础设施，依托数智化理念推动机制创新，构建新型能力体系，实现金融和产业的双向赋能，进而实现社会经济的高质量发展。

面对清晰的方向和丰硕的研究成果，我脑海中不禁浮现出几个月来联合各方研究的过程，对一路同行的外部专家和内部同事都心中满怀感激。

非常感谢中国人民大学金融科技研究所、浙江大学金融科技研究院、中国中小企业协会金融科技分会作为本书的学术支持单位，本书得到了中国建设银行原董事长王洪章、中国互联网金融协会区块链研究工作组组长及中国银行原行长李礼辉、中信银行原行长陈小宪、瀚德科技董事长及中国中小企业协会金融科技分会创始会长曹彤、浙江大学国际联合商学院及浙江大学金融科技研究院院长贲圣林、中国人民大学财政金融学院院长庄毓敏、中国人民大学金融科技研究所所长王国刚、中国人民大学金融科技研究所执行副所长宋科、浙江大学金融科技研究院秘书长沈莉的大力支持与帮助。感谢中国中小企业协会金融科技分会常务副会长王宁桥的共同策划，正因为我们对产业数智金融不断碰撞逐步形成共识，才有了深入的合作和最终的成果，感谢执行秘书长魏娇娇的全程参与，为我们创造了与行业专家和实践先锋交流学习的机会，并全程参与访谈和研究，为本书的编写做出了重要贡献。

由于本领域的理论体系和实践都比较前沿，我们有幸邀请到国内顶尖的学者和行业专家给与指导，感谢中国人民大学教授王化成、中国社科院产业金融研究基地主任杨涛、中央财经大学金融学院院长李建军，厦门国际银行行长章德春、武汉众邦银行行长程峰、江苏苏宁银行董事长黄金老、广西壮族自治区农村信用社联合社党委书记和理事长罗军、厦门国际银行CIO王鹏举、中国工商银行信贷与投资管理部总经理李志刚、华夏银行龙盈智达科技有限公司首席数据科学家王彦博博士。同时，交通银行原首席信息技术专家及交通银行金融科技子公司首任董事长李海宁、深圳市大湾区金融研究院院长向松祚、万向区块链首席经济学家邹传伟等对本书的写作提出了颇有裨益的见解与建议。

在研究中，我们向行业实践者学习了丰富的经验，感谢交通银行总行国际部二级国际业务专家李英杰、厦门国际银行科技管理部总经理韩红梅、江苏苏宁银行微商金融部副总经理张海波、广西壮族自治区农村信用社联合社信息科技部总经理覃光明、市场总监兼网络金融部总经理杨俊宇、产品创新部总经理覃安革、桂盛金融信息科技服务有限公司总经理冯晓静、成都农商银行科技信息总监黄庄庄、武汉众邦银行办公室品宣负责人宣路佳、江苏苏宁银行品牌经理张福莉。同时，产业和科技专家也给予很多指导，感谢瀚信网总裁朱从双、公装云董事长刘宏洲、找铅网执行总裁张强、厦门国际金融技术有限公司总裁姚尧、时代农信CEO邵可弟、数信互融CEO罗杰、公装云CEO龙彦名、全球金融科技实验室主任梅昕、找铅网资金总监李麟、瀚信网产品经理苏春梅、瀚德共享科技品牌总监肖明煌、横琴数链数字金融研究院首席研究员陈钰什给与的指导和帮助。

为保证研究水准，撰写团队投入了大量心血，中国生产力促进中心协会副秘书长李志杰博士及其团队、中国人民大学商学院王阳雯老师、清华大学五道口金融学院研究员刘毅老师、中国工商银行刘小娟博士、智安链云金融科技部总监刘高远等十多位老师在工作之余研读了大量国内外文献，结合数字经济、产业数智化转型、数据要素、金融科技等方面的理论研究和国内外实践，对本书内容撰写做了大量细致的工作。受新冠肺炎疫情影响，撰写团队每周的例会，三十多次的专家访谈、研讨，资料的共享、研究成果的打磨和迭代，多采取线上模式，充分体现了数智化支撑下的协同模式。如果说在起步时，我们对各自领域已有深入的研究，那么在本书付梓时，大家对交叉领域的认识和对发展趋势的理解，都产生了质的飞跃，形成了更多的共识，在磨合中也有了更多的默契。

在出版过程中，出版社编辑老师同样倾注了巨大的心血，感谢电子工业出版社张彦红、李淑丽、高丽阳老师反复细致的修改。

感谢阿里巴巴集团董事局主席、CEO张勇先生的多次感召和支持，让我有机会亲身参与阿里巴巴集团新零售、云智能新零售、阿里云研究院的相关工作，有机会接触不同行业、不同发展阶段的更多政府和企业并探索数智化转型升级之路。他对阿里巴巴商业操作系统（ABOS）的深刻理解和洞察，对大型组织的敏捷化、数智化经营，以及数智化支持实体经济发展等智慧实践都让我获益匪浅。

感谢阿里云智能总裁、达摩院院长张建锋先生的理解和支持，他对云相关技术的前瞻性理解和洞察、对产品的专注、对数据智能应用的睿智、对阿里巴巴一路创新突破和文化的深刻理解都让我受益良多。

感谢阿里巴巴集团副总裁、阿里云新金融＆互联网事业部总经理刘伟光先生的支持，他带领新金融团队开创的金融云原生理念、全分布式架构和众多服务金融机构的实践对本书的研究有重要的启发和借鉴意义。感谢新金融事业部娄恒、张翅、付晓岩、李佳、高博奋、吴旭等同学的支持和指导。

感谢阿里研究院副院长安筱鹏先生的支持，他在产业发展、产业链重构以及本书框架结构方面给与多次重要指导。

感谢蚂蚁研究院院长李振华先生的支持，他在普惠金融发展、实践和趋势方面给与了指导，感谢钱玥、马冬冬、徐鹏、项立、张振宇、张世晶等同学提供了蚂蚁科技和网商银行丰富的实践案例。

感谢1688场景金融总裁唐家才先生的支持，1688场景金融的实践对我们探索产业数智金融的新模式有重要借鉴意义，也为研究产业金融的发展趋势指出方向。感谢罗伊丽、华兵、陈荣奇等同学帮助我们共同完成案例深度分析。

感谢菜鸟物流科技事业部总裁丁宏伟先生的支持，菜鸟在物流科技、支持物流金融等方面的实践让我们备受启发。感谢物流科技事业部副总经理赵威先生，以及钱洪岗、王攀、张强等同学帮助我们完善物流相关的观点和案例。

特别感谢肖剑、余婧、孟晔、崔维平、谢婷敏、陈雪琴、秦钖、刘建强、左延鹊、张宇泽、张靓、王佩杰、林剑、胡臣杰、杨博威、陈翌翊、周长远等阿里云研究院小伙伴及众多外部专家团队的高质量支持，他们和我们一起打造精品，一起打造心智和影响力！本书写作小组核心成员、阿里云研究院任妍负责协调业务部门、技术部门、行业专家等进行调研访谈，组织多次内外部专家研讨，并对本书目录大纲与书稿内容进行反复精雕细琢，为确保本书的质量和进度做出了巨大贡献。

本书的研究和写作得到了阿里云产品、技术、交付等各团队的支持，大家的思考和实践共同丰富了本书的观点和案例，感谢邓校锋、李中雨、李博、吴昊、黄博远、李大山、杨哲超、丘剑、张影强、胡星昱、李伟、洪钰、杨泾、蔡明明、郁泽阳等同事的支持和帮助。

要感谢的专家、伙伴和同事还有很多，就不再一一列举，一并深深谢过。和他们一起探索、实践、提炼升华的经历非常难忘。

学习和工作上"拼命三郎"的我，特别感恩父母岳父母、兄弟姐妹、爱人和小朋友们的理解、包容和无条件支持。让我可以心无旁骛专注一路向前冲，追求卓越，享受过程。

本书虽然经过了众多专家和同行深入的讨论与建议以及多轮修改，但由于涉及的领域宽、范围广、时间紧，产业和金融的数智化转型实践迭代很快，依然存在局限与不足，也期待广大读者多多批评指正。

希望本书能让更多人在数智化转型的路上有所思考并获益，成为数智化升级大时代的弄潮儿。阿里云愿与大家一起携手并肩，联合创新，为构建产业、科技、金融良性互动的数智生态体系而共同奋斗。

肖利华

阿里巴巴副总裁、阿里云研究院院长

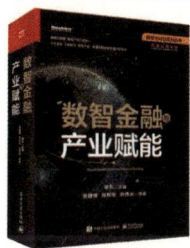

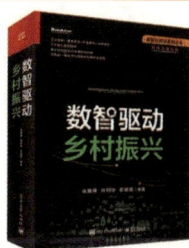

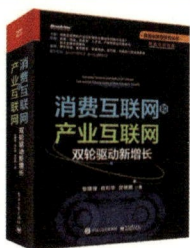

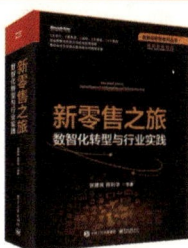